- 2025年全国高校、职业院校物流教改教研立项重大课题——"基于'创新竞赛'引领的物流专业产教融合型课程教学模式探索"（课题编号：JZW2025002）
- 东南大学至善出版基金项目

创新融合型电子商务

主　编　王小波　王　荣　顾颖菁

副主编　刘文萍　宋皓皓　顾　静
　　　　王圣元　汪世龙　严玉才

东南大学出版社
SOUTHEAST UNIVERSITY PRESS
·南京·

图书在版编目(CIP)数据

创新融合型电子商务 / 王小波,王荣,顾颖菁主编.
南京:东南大学出版社,2025.8. -- (知行经管产教融合系列教材 / 赵彤主编). -- ISBN 978-7-5766-2187-7

Ⅰ. F713.36

中国国家版本馆 CIP 数据核字第 2025FV2326 号

创新融合型电子商务

Chuangxinronghexing Dianzi Shangwu

主　　编	王小波　王　荣　顾颖菁
出版发行	东南大学出版社
社　　址	南京市四牌楼 2 号(邮编:210096)
出版人	白云飞
网　　址	http://www.seupress.com
策划编辑	孙松茜
责任编辑	孙松茜
责任校对	子雪莲
封面设计	王　玥
责任印制	周荣虎
经　　销	全国各地新华书店
印　　刷	广东虎彩云印刷有限公司
开　　本	700mm×1000mm　1/16
印　　张	25.25
字　　数	509 千字
版　　次	2025 年 8 月第 1 版
印　　次	2025 年 8 月第 1 次印刷
书　　号	ISBN 978 - 7 - 5766 - 2187 - 7
定　　价	88.00 元

(本社图书若有印装质量问题,请直接与营销部联系。电话:025-83791830)

总　序

在当今时代，高等教育如同一艘巨轮，承载着为国家和社会培育高素质专业人才的重任，破浪前行。习近平总书记高瞻远瞩，强调要全面提升高等教育质量，以契合经济社会发展的新需要。高等教育的终极目标，便是锻造出一批能顺应时代浪潮、引领行业风骚的卓越人才。遵循教育、教学及人才成长的规律，更新教育理念，将促进人的全面发展与满足社会需求视为衡量人才培养质量的"金标准"，构建起一个开放、灵活、互通、多样的教育生态，是当务之急。

面对新时代对高等教育人才培养提出的全新挑战，我们深刻认识到，新文科建设从理念、内容、方法、手段和评价等方面对传统学科的发展提出了一系列变革要求。商科专业作为与社会经济发展紧密相连的重要学科，其课程设置、教材选择和教学方式必须与时俱进，以确保培养出的学生能够精准对接社会经济发展的实际需求。教材作为教学活动的核心载体，是知识传承与创新的关键媒介，其质量直接关系到人才培养的成效。一本高质量的教材，宛如一盏明灯，为学生照亮专业领域内的探索之路。

在这样的背景下，我们组织编写了这套产教融合系列教材。本系列教材的编写团队汇聚了来自高校的学科教师、教育技术领域专家和行业一线的专家，借助他们深厚的理论功底和丰富的实践经验，最大化显现教材技术性和知识性，确保教材内容的适应性和科学性。

本系列教材的编写特色主要体现在以下几个方面：

一、行业参与，突出实践性

本系列教材以培养学生的实践能力为核心目标，组织行业专家深度参与教材编写，将行业最新的动态、技术、案例和需求融入教材，确保教材内容紧贴行业实际。教材内容选取了大量的实际案例，这些案例涵盖了经管领域的多个层面，从企业的日常运营到复杂的市场策略，从宏观经济政策的实施到微观经济行为的分析，让学生在学习理论的同时，能够通过案例分析深入理解知识的应用场景和解决实际问题的方法。此外，教材还设计了丰富的实践教学环节，如模拟实训、项目实践、企业调研等，引导学生在实践中锻炼技能、提升素养，增强解决复杂问题的能力。

二、技术赋能，内容丰富灵活

本系列教材紧跟时代步伐，适应人工智能发展和智慧教育需要，以技术赋能为导向，融合媒体资源，实现交互、共享、自适应等功能，以形态多样、直观形象、可听可视、可练互动的多样形式体现数智化时代"个性化""实时化""混合化"的学习特点；坚持贯彻习近平新时代中国特色社会主义思想，以学科融合的主题编排结构化知识，编写体例新颖，采用了图文并茂、案例引导、问题驱动等多种方式，确保教材内容丰富、多元、灵活，以满足国家人才培养需要和学生个性化情境化学习需求。

三、立德树人，服务学生终身全面发展

党的二十大提出，应持续推进教育数字化转型，建设全民终身学习的学习型强国。商科人才不仅要具备扎实的专业知识，更要具备如沟通能力、团队协作能力、创新思维能力、决策能力等综合能力。本系列教材适应数智化时代的要求，既指向情感态度、道德情操、价值观、知识技能等关键品格和能力，帮助学生实现德智体美劳的综合发展，又注重培养学生的创造发展性和多场景适应能力，促进学生多元智能创造性发展。比如，将音频、视频等学习材料技术整合，提供数智化探索与对话的新场景；通过案例分析、小组讨论、项目实践等方式，锻炼学生的沟通与协作能力；通过设置开放性问题和创新性任务，激发学生的创新思维和解决问题的能力；通过模拟决策场景，培养学生的决策能力和风险意识等等。

我们深知，尽管我们在教材编写过程中付出了大量努力，但由于时间和编者水平的局限性，本系列教材难免存在不足之处。但我们坚信，通过不断的实践检验和修订完善，本系列教材将能够更好地服务于商科专业的人才培养，为区域经济发展贡献一份力量。我们恳请行业专家、广大教师、学生关注我们的教材，帮助持续改进教材内容，使其更加贴合新的时代需求和社会发展，成为广大学习者们探索专业领域道路上的一盏明灯。

赵 彤

前　言

《"十四五"电子商务发展规划》重点考虑加强数字产业链全球布局,推进跨境交付、个人隐私保护、跨境数据流动等数字领域国际规则构建,倡导开放共赢的国际合作新局面。明确了创新驱动、商产融合、开放共赢等发展思路和重要举措。在数字经济浪潮重塑全球商业格局的今天,电子商务已从单纯的线上交易渠道进化为驱动产业变革的核心引擎。《创新融合型电子商务》教材的诞生,正是为了系统解析这一演进过程中"技术赋能"与"产业融合"的双重革命。

本教材分为三个部分。第一部分理论篇,主要讲述创新融合电子商务的基础知识,不仅剖析了电子商务的框架本质(第2章)与法律边界(第5章),更开创性地提出"创新融合型电子商务"的创新定义(第1章),剖析其与供应链(第3章)、网络营销(第4章)及第四媒体(第6章)的深度耦合机制;第二部分技术篇,聚焦人工智能(第11章)、大数据(第10章)、支付安全(第8～9章)等数字基石,揭示技术如何重构电商底层架构;第三部分应用篇,以全域视角展开产业融合实践,深度解构旅游(第12章)、农业(第13章)、跨境(第14章)、金融(第15章)四大领域的创新场景,通过典型案例验证融合模式的商业价值。本教材同时引入创新竞赛主旨,选用了国赛获奖作品作为案例选读,并选取两个团队制作的创新项目心得视频作为云思政视频。教材中给出了不同类型的视频,辅助理解相应知识点,并将思政主旨融入教学案例等云资源中。

本教材的创新与特色之处,突出其在理论构建、技术应用、行业融合等方面的独特价值:

1. 首次提出"创新融合型电子商务"作为独立研究范畴

教材开篇即从概念界定、分类、特点、发展历程等多个维度,系统阐释"创新融合型电子商务"的内涵与外延,填补了传统电商教材中"创新"与"融合"未被整合研究的空白。

2. 新兴技术深度融入

探讨AI在个性化推荐、智能交互、动态定价等场景的应用,并展望技术伦理与下一代电商形态;分析智能合约、跨境支付、数字资产等创新应用,展现区块链在重构金融信任机制中的价值;提出"数据驱动的智能物流网络"与"数据重构的智能仓储",推动物流行业从信息化向智能化跃迁。

3. 垂直行业深度融合

从平台构建、目的地营销、供应链整合到案例分析,全面展现旅游业与电商的创新融合模式;聚焦农业痛点,提出 C2F 定制农业、县域电商综合体、社会化协同网络等创新模式,推动农业数字化转型;分析技术、供应链、支付、营销等创新融合方式,结合案例探讨全球化背景下的电商发展路径;涵盖数字支付、供应链金融、区块链金融、智能投顾等前沿领域,展现金融科技与电商的生态化融合。

4. 案例驱动实践导向

每个行业章节均配备国内外典型案例(如第 12 章的旅游业 OTA 智能生态、第 15 章的区块链金融),通过真实场景解析创新融合的落地路径。

专设创新项目"实验实践"模块,设计可操作的实践项目,推动"理论—案例—实践"闭环学习。

本教材是 2025 年全国高校、职业院校物流教改教研立项重大课题——"基于'创新竞赛'引领的物流专业产教融合型课程教学模式探索"(项目编号:JZW2025002)的成果之一,也是东南大学至善出版基金项目。

本书由王小波、王荣、顾颖菁主编,刘文萍、宋皓皓、顾静、王圣元、汪世龙(京彩(江苏)科技有限公司)、严玉才(数字珊瑚(杭州)科技有限公司)为副主编。本书的内容比较广泛,涉及许多新理论、新技术,由于我们水平有限,如有疏漏和不足之处,恳切希望读者批评指正。

编　者
2025 年 7 月

0-1 云视频

目 录

第一篇 理论篇

第1章 创新融合型电子商务基本概述 ... 3
  1.1 创新融合型电子商务的概念和分类 ... 3
  1.2 创新融合型电子商务的产生与发展 ... 32
  1.3 创新融合对电子商务的作用与影响 ... 36
  1.4 创新融合型电子商务的环境 ... 49

第2章 电子商务框架结构 ... 66
  2.1 电子商务系统 ... 66
  2.2 电子商务基本框架 ... 75
  2.3 创新融合型电子商务框架 ... 83

第3章 电子商务与供应链 ... 86
  3.1 供应链管理的概念 ... 86
  3.2 供应链管理的特点 ... 97
  3.3 供应链电子商务 ... 100
  3.4 电子商务与供应链的相互影响 ... 104

第4章 网络营销 ... 107
  4.1 网络营销概述 ... 107
  4.2 网络营销策略 ... 125
  4.3 网络营销的常用方法 ... 130

第5章 电子商务法律体系 ... 150
  5.1 电子商务法律概述：技术倒逼下的制度回应 ... 150
  5.2 中国电子商务立法 ... 162

5.3 国外电子商务立法 …… 164
5.4 电子签名与电子认证法律制度 …… 166
5.5 电子商务法律问题的未来展望 …… 168

第6章 第四媒体运营 …… 170
6.1 第四媒体概述 …… 170
6.2 第四媒体类型 …… 174
6.3 第四媒体运营的策略与方法 …… 181
6.4 技术驱动的运营底层逻辑 …… 185

第二篇 技术篇

第7章 电子商务技术基础 …… 203
7.1 计算机网络概述 …… 203
7.2 网络拓扑结构基础 …… 207
7.3 网络协议 …… 211
7.4 数据库技术 …… 214

第8章 电子商务安全技术 …… 219
8.1 电子商务安全概念 …… 219
8.2 电子商务安全的外部威胁 …… 222
8.3 电子商务安全需求 …… 224
8.4 电子商务安全发展历程 …… 226
8.5 电子商务安全相关技术 …… 227
8.6 总结与展望 …… 239

第9章 电子支付 …… 240
9.1 电子支付概述 …… 240
9.2 我国电子支付的发展现状 …… 242
9.3 电子支付的主要类型及支付流程 …… 244
9.4 电子支付的安全问题 …… 250
9.5 电子支付的未来发展趋势 …… 252

第 10 章　大数据与物流 ········· 254
- 10.1　大数据的定义与特点 ········· 254
- 10.2　物流行业的现状与挑战 ········· 256
- 10.3　数据驱动的智能物流网络 ········· 261
- 10.4　数据重构的智能仓储 ········· 265

第 11 章　AI 与电子商务 ········· 271
- 11.1　数字商业新纪元 ········· 271
- 11.2　AI 驱动的消费体验升级 ········· 278
- 11.3　个性化营销的革命 ········· 281
- 11.4　挑战与未来展望 ········· 287

第三篇　应用篇

第 12 章　旅游业电子商务的创新融合 ········· 295
- 12.1　旅游业的发展现状与趋势 ········· 295
- 12.2　旅游业电子商务的发展历程 ········· 296
- 12.3　现代旅游业的新兴特征 ········· 298
- 12.4　旅游业与电子商务创新融合的模式 ········· 300
- 12.5　旅游目的地营销的创新与电子商务融合 ········· 302
- 12.6　旅游供应链与电子商务的融合 ········· 303
- 12.7　旅游业与电子商务创新融合的案例分析 ········· 305
- 12.8　旅游业与电子商务创新融合面临的挑战 ········· 309
- 12.9　旅游业与电子商务创新融合的发展趋势 ········· 313
- 12.10　结论 ········· 316

第 13 章　农业电子商务的创新融合 ········· 320
- 13.1　农业电子商务的现状与核心痛点 ········· 320
- 13.2　电子商务在农业领域的重要意义 ········· 323
- 13.3　技术驱动的农业电子商务创新融合 ········· 329
- 13.4　电子商务在农业领域的模式创新 ········· 332

第 14 章　跨境电子商务的创新融合 337
14.1　跨境电子商务的定义与发展历程 337
14.2　跨境电子商务的创新融合方式 342
14.3　跨境电子商务的创新融合案例 348

第 15 章　金融电子商务的创新融合 356
15.1　数字支付：从工具到生态的跃迁 356
15.2　供应链金融：普惠小微的智能解法 359
15.3　区块链金融：信任机制的重构 363
15.4　智能投顾：普惠理财的数字化革命 367
15.5　消费金融创新：场景即金融 371
15.6　跨境金融：全球化市场的数字桥梁 376

电子商务专业英语 380

实验实践 391

参考文献 393

第一篇

理论篇

第1章 创新融合型电子商务基本概述

1.1 创新融合型电子商务的概念和分类

1.1.1 电子商务的概念

电子商务(Electronic Commerce)是指全球各地广泛的商业贸易活动基于网络环境的商业运作和盈利模式。研究电子商务模式有助于挖掘电子商务的发展潜力,创新电子商务的内容和形式,也有助于电子商务企业拓展营销渠道,提高销售能力。目前还没有形成一个较为全面的、具有权威性的、能够为大多数人所接受的定义。

电子商务模式有 B to B、B to C、C to C 等多种类型,也有 B to Q、B to B 等新型模式。随着无线通信和人工智能的发展,电子商务的市场规模逐渐扩大,电子商务已经成为人们的主流消费渠道。

参考国内外众多专家学者的观点,本书将电子商务分为广义和狭义的电子商务。

1. 广义的电子商务的定义

电子商务是指交易当事人或参与人利用计算机技术和网络技术等现代信息技术所进行的各类商务活动,包括货物贸易、服务贸易和知识产权贸易(主要是企业与企业之间 B to B、企业与消费者之间 B to C)利用现代信息技术和计算机网络按照一定的标准所进行的各种商务活动。

对上述广义电子商务的定义,可以从以下几个方面来分析和理解。

第一,电子商务是一种采用最先进信息技术的商务方式。交易各方将自己的各类供求意愿按照一定的格式输入电子商务网络,电子商务网络便会根据用户的要求寻找相关的信息,并提供多种交易选择。一旦用户确定了交易对象,电子商务网络就会协助完成合同的签订、分类、传递和款项收付结转等全套业务。为交易双方提供一种"双赢"的最佳选择。

第二,电子商务的本质是商务。电子商务的目标是通过互联网这一最先进的信息技术来进行商务活动,所以它要服务于商务,满足商务活动的要求,商务活动是电子商务永恒的主题。从另一个角度来看,商务也是不断发展的,电子商务的广泛应用将给商务本身带来巨大的影响。从根本上改变人类社会原有的商务方式,给商务活动注入全新的理念。

第三,对电子商务的全面理解应从"现代信息技术"和"商务"两个方面思考。一方面,电子商务所包含的"现代信息技术"应涵盖各种以电子技术为基础的现代通信方式;另一方面,对"商务"一词应作广义的理解,是指契约性和非契约性的一切商务性质的关系所引起的种种事项。用集合论的观点来分析,电子商务是现代信息技术与商务两个子集的交集。

2. 狭义电子商务的定义

狭义的电子商务定义是仅仅将通过因特网(Internet)进行的电子商务活动归属于电子商务。从发展的角度来思考问题,在考虑电子商务的概念时,仅仅局限于利用因特网(Internet)进行商务活动是远远不够的。将利用各类电子信息网络进行的广告、设计、开发、推销、采购、结算等全部贸易活动都纳入电子商务的范畴比较符合发展实际。正如美国学者瑞维·卡拉塔和安德鲁·B.惠斯顿所指出的,电子商务是一种现代商业方法,这种方法用来满足企业、商人和顾客的需要为目的,通过增加服务传递速度,改善服务质量,降低交易费用来达到上述目的。今天的电子商务通过少数计算机网络进行信息、产品和服务的交易,未来的电子商务则可以通过构成信息高速公路的无数网络中的任何一个网络进行交易。也就是说现在电子商务以 Internet 为主要载体并不等于只能永远采用这一种载体,未来的电子商务必将采用比 Internet 这一现有的覆盖范围最为广泛的载体还要先进得多的其他网络载体。

3. IT 行业对电子商务的定义

IT(信息技术)行业是电子商务的直接设计者和电子商务软硬件设备的制造者。很多公司都根据自己的技术特点给出了电子商务的定义。定义虽然差别较大,但都认同电子商务是利用现有的计算机软件、硬件设备和网络基础设施,通过一定的协议连接起来的电子网络环境进行各种各样的商务活动的方式。

(1) HP 公司对电子商务的定义是:通过电子化的手段来完成商务贸易活动的一种方式,电子商务使我们能够以电子交易为手段完成产品与服务的交换,是商家与客户之间的联系纽带。它包括两种基本形式:商家之间的电子商务及商家与最终消费者之间的电子商务。HP 公司的电子商务解决方案,包括所有的贸易伙伴、用户、商品和服务的供应商、承运商、银行、保险公司,以及所有其他外部信息源的受益人。电子商务通过商家与其合作伙伴和用户建立不同的系统和数据库,使用客户授权和信息流授权方式,应用电子交易支付手段和机制,保证整个电子商务交易过程的安全性。

（2）SUN公司对电子商务的定义是：简单地讲，电子商务就是利用Internet网络进行的商务交易，在技术上可以给予如下三种定义：

①在现有的Web信息发布基础上，加上Java网上应用软件以完成网上公开交易。

②在现有企业内部交互网(Intranet)的基础上，开发Java的网上企业应用，达到企业应用Intranet化的目的，进而扩展到外部Extranet，使外部客户可以使用该企业的应用软件进行商务交易。

③商务客户将通过计算机、网络电视机顶盒、电话、手机、个人数字助理等Java设备进行交易。

这三个方面的发展最终将殊途同归——Java电子商务的企业应用和跨企业应用。

（3）IBM公司将电子商务定义为：电子商务是指采用数字化电子方式进行商务数据交换和开展商务业务的活动。它是因特网(Internet)的广阔联系与传统信息系统的丰富资源相互结合的背景下应运而生的一种相互关联的动态商务活动。这种活动在因特网(Internet)上展开，网络是电子商务的基础。因特网(Internet)、企业内部网(Intranet)和企业外部网(Extranet)是电子商务的三种基本模式。而这三种模式是有层次的，只有在因特网的基础上，先通过建立良好的企业内部网(Intranet)，建立起比较完善的标准和各种信息基础设施，才能顺利扩展到企业外部网(Extranet)，最后扩展到电子商务(Electronic Business)。

4. 世界电子商务会议关于电子商务的概念

1997年11月6日至7日，国际商会在法国首都巴黎举行了世界电子商务会议(The World Business Agenda for Electronic Commerce)，从商业角度提出了电子商务的概念：电子商务(Electronic Commerce)是指实现整个贸易活动的电子化。从涵盖范围方面可以将其定义为：交易各方以电子交易方式而不是通过当面交换或直接面谈方式进行的任何形式的商业交易；从技术方面可以将其定义为：电子商务是一种多技术的集合体，包括交换数据(如电子数据交换、电子邮件)、获得数据(如共享数据库、电子公告牌)以及自动捕获数据(如条形码)等。

电子商务涵盖的业务包括：信息交换、售前售后服务(如提供产品和服务的细节、产品使用技术指南、回答顾客意见)、销售、电子支付(如使用电子资金转账、信用卡、电子支票、电子现金)、运输(包括商品的发送管理和运输跟踪，以及可以电子化传送的产品的实际发送)、组建虚拟企业(组建一个物理上不存在的企业，集中一批独立中小公司的权限，提供比任何单独公司多得多的产品和服务)、公司和贸易伙伴可以共同拥有和运营共享的商业方法等。

5. 联合国国际贸易法委员会的看法

《联合国国际贸易法委员会电子商务示范法》(简称《电子商务示范法》)虽然在标题中提到"电子商务",在第二条中提供了"电子数据交换"的定义,但《电子商务示范法》并未具体说明"电子商务"系指何物。在拟订《电子商务示范法》时,联合国贸易法委员会决定,处理当前这一主题时须铭记电子数据交换的广泛含义,即"电子商务"标题之下可能广泛涉及的电子数据交换在贸易方面的各种用途,虽然也可使用另一些说明性术语。"电子商务"概念所包括的通信手段有以下使用电子技术为基础的传递方式:以电子数据交换进行的通信,狭义界定为电子计算机之间以标准格式进行的数据传递;利用公开标准或专有标准进行的电文传递;通过电子手段,例如通过互联网络进行的自由格式的文本的传递。

在另一方面,《电子商务示范法》对"电子商务"中的"商务"一词作了广义解释,使其包括不论是契约型或非契约型的一切商务性质的关系所引起的种种事项。商务性质的关系包括但不限于下列交易:供应或交换货物或服务的任何贸易交易、分销协议、商务代表代理、客账代理、租赁、工厂建造、咨询、工程设计、许可贸易、投资、融资、银行业务、保险、开发协议特许、合营或其他形式的工业或商务合作等。

1.1.2 创新融合型电子商务的概念

1. 创新融合型电子商务的定义

(1) 创新融合型电子商务的基本概念

创新融合型电子商务是指在传统电子商务的基础上,结合多种创新技术、商业模式与行业资源,实现不同产业、领域之间的深度融合与协同发展,为消费者提供更加个性化、高效的服务。这种新型电子商务不仅关注线上交易的便捷性,更强调跨界合作和资源共享,以促进商业生态系统的整体升级。它涉及大数据、云计算、人工智能、区块链等前沿技术,将消费者、生产者、供应链和物流等多个环节紧密连接,形成一个高效、透明和智能化的交易环境。这种模式强调的是创新与融合,旨在通过多元化的业务拓展和用户体验提升,构建一个更加智能化、个性化的商业生态系统。

(2) 核心理念及其重要性

创新融合型电子商务的核心理念在于"互联互通"和"资源共享"。它强调通过不同产业和领域之间的创新与协作,打破传统行业的壁垒,实现优势互补,提升整个商业体系的效率和价值。例如,传统零售行业可以借助先进的电子商务平台,借力大数据分析精准把握消费者需求,从而实现个性化营销和服务,这不仅提高了客户满意度,也推动了产业结构的优化。

这种融合不仅对企业至关重要,对整个社会经济的发展也有深远影响。随着全球经济的数字化转型,创新融合型电子商务为企业提供了新的增长机会,并在促进就业、推动技术进步、提升国家竞争力等方面发挥了重要作用。

(3) 推动商业模式创新与产业融合

推动商业模式创新与产业融合,主要从技术驱动、跨界合作、政策支持和教育与培训等几方面展开。

① 技术驱动

在当今快速变化的商业环境中,技术创新成为推动商业模式变革的核心动力。随着信息技术的迅猛发展,企业面临着前所未有的机遇与挑战。新的技术手段不仅使企业在运营效率、客户体验和市场响应能力等方面得到了提升,也促使传统商业模式进行深刻变革。充分利用大数据、人工智能和区块链等新兴技术,可以提升企业电子商务的智能化水平。例如,通过大数据分析了解消费者行为,预测市场趋势,从而优化产品供应链和服务模式。

技术创新如何推动商业模式的变化?技术创新改变了企业与客户之间的互动方式,重塑了价值创造的过程。例如,企业通过使用移动互联网技术,可以实现24小时不间断服务,极大提升了客户的便利性和满意度。同时,技术还能够帮助企业收集和分析大量数据,从而深入理解客户需求,优化产品和服务,推动个性化商业模式的发展。随着技术不断进步,企业必须灵活调整其商业模式,以便在竞争中保持优势。

关键技术的影响:在众多技术中,人工智能、大数据和区块链等关键技术对商业模式创新的影响尤为显著。人工智能(AI):AI能够通过算法分析大量数据,提供智能决策支持,提升业务自动化水平。许多企业利用AI进行客户服务,例如通过聊天机器人提高客户互动效率,减少人力成本。同时,AI还可以在产品设计与研发中,通过预测分析帮助企业更快地响应市场变化。大数据:大数据技术使企业能够收集和处理来自不同渠道的信息,形成全面的客户画像。这种洞察力使得企业能够开展精准营销,制定数据驱动的战略,从而提高市场竞争力。区块链:区块链技术以其去中心化和不可篡改的特性,为企业提供了新的信任机制。尤其在供应链管理中,区块链能够提高透明度,降低欺诈风险,从而提升整个产业链的效率和安全性。

许多企业已经成功地将技术创新融入其商业模式,如亚马逊:亚马逊通过大数据和人工智能技术,实施个性化推荐系统,极大提升了客户的购物体验。此外,亚马逊的云计算服务（AWS）不仅为自身提供了强大的技术支持，也为全球企业提供了灵活、可扩展的商业解决方案。特斯拉：特斯拉通过利用人工智能和大数据，实现车辆的自动驾驶功能，开创了智能汽车的新市场。其直销模式与传统汽车销售的经销商模式截然不同，推动了整个汽车行业的变革。IBM：IBM通过区块链技术，推动供应链管理的透明化和高效化，帮助企业优化其运营流程，降低供应链成本。同时，IBM还在金融服务领域运用区块链技术，提升交易的安全性和效率。

综上所述，技术驱动的商业模式创新不仅是企业保持竞争力的关键，更是推动产业融合与发展的重要力量。在这个技术迅速发展的时代，企业需要积极拥抱技术变革，探索新的商业模式，以抓住未来的机遇。

②跨界合作

鼓励不同领域和行业之间的合作，比如，电商平台可以与物流公司、金融机构以及制造企业建立深度合作关系，优化整体供应链管理，降低运营成本。在当今快速变化的商业环境中，跨行业合作已成为推动商业模式创新与产业融合的关键驱动力。随着市场竞争的加剧，单一行业内的创新往往难以满足消费者日益多样化的需求。因此，不同领域之间的合作不仅能够分享资源和技术，还能促进知识的交叉与融合，激发新的创意和商业机会。跨行业合作的优势主要体现在以下几个方面。资源共享：合作伙伴可以利用彼此的资源，包括技术、市场渠道和研发能力等，从而降低成本并提高效率；多样化创新：通过不同领域的视角和经验，企业能够创造出更具创新性的产品和服务，满足更广泛的市场需求；风险分担：跨行业合作有助于分散风险，一旦某一领域出现不确定性，合作伙伴可以共同应对，降低个体企业的风险负担。

跨行业合作的模式多种多样，主要包括战略联盟、合资企业、技术合作、供应链合作等。这些合作模式不仅能够促进企业自身的发展，还对整个产业的融合产生深远影响。战略联盟：通过建立长期合作关系，企业能够在技术开发、市场拓展等方面形成合力，实现资源的最优配置；合资企业：不同背景的企业通过合资的形式，共同投资和管理新项目，从而在新市场中快速获得立足之地；技术合作：在技术领域，企业可以通过合作研发新技术，提升自身的技术水平，同时推动行业的整体进步。

这些合作模式促使产业之间的界限愈加模糊，推动了产业深度融合。例如，传统制造业与互联网企业的合作，不仅提升了生产效率，还催生了智能制造这一新兴产业。

典型跨界合作的成功案例有:

苹果公司与 Nike 的合作:苹果公司通过与 Nike 的合作,推出了 Nike＋系列产品,成功将科技与运动相结合。这一产品不仅增强了用户体验,还推动了智能穿戴设备市场发展,创造了新的商业机会。

星巴克与 Spotify 的合作:星巴克与 Spotify 的合作使得咖啡店的顾客能够通过 Spotify 平台选择播放的音乐,这种跨界合作提升了顾客的消费体验,同时为两家公司带来了新的用户和市场曝光。

汽车制造商与科技公司的合作:例如,特斯拉与多家科技公司合作,开发自动驾驶技术和智能交通系统。这种合作不仅提升了特斯拉的技术水平,还推动了整个汽车产业向智能化、电动化的转型。

这些成功的跨界合作案例显示了不同领域之间的协同效应,进一步印证了跨行业合作在推动商业模式创新与产业融合中的重要作用。通过深度合作与协作,企业不仅能够增强自身的竞争力,还能为整个行业的可持续发展贡献力量。

③政策支持

在推动商业模式创新与产业融合的过程中,政府政策扮演着至关重要的角色。政策不仅为企业提供了发展方向和激励机制,也为产业的整体环境创造了良好的条件。同时,通过税收优惠、资金支持等措施,激励创业企业和中小企业加入创新融合型电子商务的浪潮中。在此背景下,以下几个方面对于理解政策支持的重要性尤为关键。

政府政策在商业模式创新与产业融合中的角色:政府政策的制定与实施直接影响着企业的创新能力与产业的融合速度。首先,政策可以通过财政补贴、税收减免等形式,降低企业的创新成本,激励企业投入更多资源进行商业模式的探索与实践。其次,政策还可以通过制定行业标准、推行技术规范,促进不同产业之间的协同与融合,进而推动整体经济的转型升级。此外,政府还可以通过引导和支持研究机构、企业、高校之间的合作,形成创新资源的有效配置,推动科技成果的转化与应用。

现有政策的评估与改进方向:尽管现有政策在某种程度上推动了商业模式的创新与产业融合,但其效果仍有待评估。首先,政策的实施效果常常受到地域、行业以及企业规模等多种因素的影响。因此,需要对各项政策进行系统的评估,以明确哪些政策在推动创新与融合方面效果显著,哪些政策则存在不足。其次,在评估过程中,应关注政策的适应性与灵活性,根据市场环境的变化及时进行调整与完善。比如,随着新兴技术的快速发展,某些政策可能需要针对新技术的特点进行更新,以更好地服务于企业的需求和市场的变化。

在全球范围内,不少国家和地区通过成功的政策实例,显著地推动了商业模式创新与产业融合。例如,某些欧洲国家通过设立创新基金,为初创企业提供资金支持,鼓励其探索新业务模式。这类政策不仅促进了新兴企业的成长,也为传统产业的转型提供了动力。此外,某些国家通过建立产业园区,聚集相关企业与科研机构,形成了良好的创新生态系统,推动了不同行业间的深度合作与融合。这些成功的政策实例表明,合理的政策设计与有效的执行能够为行业提供强大的动力,促进商业模式的创新与产业的融合。

④教育与培训

在推动商业模式创新与产业融合的过程中,教育与培训扮演着至关重要的角色。随着科技的飞速发展和市场环境的不断变化,企业和个人都需要不断更新和提升自身的知识和技能,以适应新兴市场的需求,确保企业能够在快速变化的市场中保持竞争力。因此,构建一个灵活且具前瞻性的教育体系,成为促进创新与融合的关键。

教育体系在推动创新与融合中的作用:教育体系不仅是知识传播的渠道,更是创新思维的培养基地。通过系统的教育,学生可以学习到最新的行业趋势、技术知识和管理理念,从而为未来的职业生涯打下坚实的基础。此外,教育体系还为跨学科的学习提供了可能性,促进了学生在不同领域之间的知识融合和创新。许多高校已经开始重视与企业的合作,设置有针对性的课程,以增强学生的实践能力和创新意识,进而推动商业模式的创新。

培训项目的重要性与实施方法:针对在职人员的培训项目同样至关重要。企业需要通过持续的培训来提升员工的技能水平,以应对快速变化的市场需求。有效的培训项目应当结合行业需求,注重实践和应用,采用多样化的教学方法,例如线上学习、工作坊、实地考察等。通过这些方法,员工不仅能够掌握新知识,还能够将其应用于实际工作中,从而促进企业内部创新文化发展。此外,企业还可以与专业培训机构合作,设计定制化的培训课程,以更好地满足自身需求。

近年来,许多院校与企业之间的合作取得了显著成效。比如,一些高等院校与知名科技公司共同开发课程,开设关于人工智能和大数据分析等专业,培养出了一批适应市场需求的人才。这种合作模式不仅提升了学生的就业竞争力,也为企业带来了新鲜的思维和创新的动力。

另一个成功的案例是某知名汽车制造商与职业培训学校的合作,通过建立实习基地,让学生在真实的工作环境中学习和实践。这种模式不仅为学生提供了丰富的实践经验,也让企业提前接触到潜在的人才,减少了招聘成本。

教育与培训在推动商业模式创新与产业融合中起到了不可或缺的作用。通过不断优化教育体系、实施有效的培训项目以及构建良好的校企合作关系,各方能够共同促进知识的更新与技能的提升,为未来的商业创新提供强有力的支持。

通过这些措施,创新融合型电子商务不仅能推动商业模式的持续创新,也能促进各行业之间的深度融合,实现经济高质量发展。

2. 创新融合型电子商务的发展

在当前数字经济快速发展的背景下,创新融合型电子商务逐渐成为企业转型和发展的重要方向。其发展历程、技术进步的影响以及新兴市场的机遇,共同构成了这一新模式的核心内容。

(1) 发展历程与趋势分析

创新融合型电子商务的兴起,源于传统电子商务与新兴商业模式的不断碰撞与融合。早期的电子商务主要依赖于在线交易平台,注重的是交易的便利性和效率。然而,随着消费者需求的多样化和市场竞争的加剧,单一的电子商务模式逐渐暴露出局限性。近年来,创新融合型电子商务开始崭露头角,强调跨界整合、资源共享和用户体验的提升。

从发展历程来看,创新融合型电子商务经历了几个重要阶段:首先是初期的标准化交易模式,其次是平台化的综合服务,再到如今的智能化与个性化服务。未来,随着人工智能、区块链等新兴技术的不断成熟,创新融合型电子商务将进一步朝着智能化和全渠道整合的方向发展。企业通过数据分析与用户画像,将产品和服务精准推送给目标用户,实现真正的个性化消费体验。

(2) 技术进步对电子商务的影响

技术进步是推动创新融合型电子商务发展的重要引擎。近年来,云计算、大数据、人工智能等技术不断渗透到电子商务的各个环节。云计算为企业提供了强大的计算能力和存储能力,助力企业搭建更为灵活和高效的电商平台。大数据技术则通过对消费者行为的深度分析,帮助企业实现精准营销,提升用户黏性和购买转化率。

此外,人工智能的应用正在改变传统的客户服务模式。通过智能客服和聊天机器人,企业能够在 24 小时内为用户提供个性化的服务,极大提升了用户体验。同时,区块链技术在提升供应链透明度和交易安全性方面也具有显著优势,为电子商务的健康发展提供了技术保障。

(3) 新兴市场与机遇

随着全球电子商务市场的不断扩大,尤其是在新兴市场,创新融合型电子商务展现出巨大的发展潜力。根据市场研究机构的数据显示,亚非拉等地区的互联网普及率和智能手机使用率逐年上升,消费者的电子商务消费热情高涨。这些新兴市场对创新融合型电子商务提出了新的需求,企业在探索这些市场时,可以通过本地化服务和创新的商业模式,抢占市场先机。

例如,在东南亚地区,社交电商和直播带货等新模式正在兴起,成为吸引年轻消费者的重要手段。这种融合了社交元素的电子商务模式,不仅提高了用户的参与感,也增强了品牌与消费者之间的互动。对于企业而言,抓住这些新兴市场的机遇,不仅可以实现销售增长,还能通过创新驱动商业模式的转型,提升竞争力。

综上所述,创新融合型电子商务的发展历程、技术进步的推动和新兴市场的机遇,构成了这一新兴商业模式的三大支柱。面对未来,企业需要灵活应对市场变化,积极探索创新,以实现更高效的资源配置和更优质的用户体验。

3. 世界电子商务会议关于创新融合型电子商务的定义

(1) 会议背景与目的

世界电子商务会议的召开源于全球经济环境的快速变化以及数字技术的迅猛发展。随着互联网的普及和移动设备的广泛应用,电子商务已成为现代经济的重要组成部分。会议的主要目的是探讨如何在这一瞬息万变的市场中,通过创新融合型电子商务的模式推动商业发展,促进产业升级,以及提升消费者的购物体验。与会专家、学者和企业代表齐聚一堂,分享各自的见解与经验,旨在为全球电子商务的发展提供新的思路和解决方案。

(2) 相关定义及其影响

在会议上,专家们对"创新融合型电子商务"进行了深入探讨与定义。简而言之,创新融合型电子商务是指利用先进的数字技术,将传统商业模式与新兴的电子商务形式相结合,以创造出新的价值。它不仅包括电子商务的交易环节,还强调数据分析、客户体验和服务创新等方面。通过这种融合,企业可以更有效地挖掘市场需求,提升运营效率,并在竞争中占据优势。

创新融合型电子商务的影响是深远的。它不仅改变了企业与消费者之间的互动模式,还推动了供应链的整合与优化。通过数据驱动的决策,企业能够更精准地预测市场趋势,从而做出更灵活的战略调整。此外,消费者也因享受到更个性化的服务和更便捷的购物体验而受益,这在提升消费者满意度的同时,也为企业带来了更高的回头客率。

(3) 全球电子商务发展的新视角

本次会议为全球电子商务的发展提供了新的视角。与会者一致认为,单一的电子商务模式已无法满足多元化的市场需求。创新融合型电子商务的提出,代表了企业适应市场变化、整合资源的全新思维方式。通过技术的不断进步,企业可以打破传统行业的边界,实现跨界合作,形成一个更加开放和灵活的商业生态。

例如,许多传统零售企业已开始探索通过数字化转型与新兴电商平台的合作,以提升自身的市场竞争力。与此同时,初创企业也在推动这一趋势,通过技术创新和市场洞察,快速进入市场并占据一席之地。全球电子商务的未来不仅依赖于技术的迅速发展,更依赖于企业在创新与融合方面的持续努力。

通过本次会议的讨论,参与者对未来电子商务的发展方向有了更清晰的认识,大家期待在后续的实践中,能够实现创新融合型电子商务的愿景,推动全球经济的持续增长与发展。

1-1 云阅读

1-2 云视频

1-3 云视频

1.1.3 创新融合型电子商务的分类

创新融合型电子商务是当今商业环境中日益重要的概念,其发展不仅促进了各行业的数字化转型,也推动了传统商业模式的变革。在对这一概念进行深入探讨时,我们可以从多个维度进行分类,以便更好地理解其内涵及应用。以下将从行业分类、模式分类以及结合传统与新兴电商的案例分析三个方面进行详细阐述。

1. 按照行业分类

按照行业进行分类,可以更清晰地看到创新融合型电子商务在各个领域的应用与发展的状况。主要可以分为以下几类。

(1) 零售行业

电子商务在零售行业的应用尤为广泛,传统商家通过线上平台拓展市场,创造了新的销售渠道。零售行业中的创新融合型电子商务不仅包括在线销售商品,还涉及线下体验、个性化服务、社交互动等元素的融合。例如,零售商通过数据分析来了解顾客的购物偏好,从而提供定制化的推荐,或者利用社交媒体平台进行营销和客户互动。这种创新融合旨在提升用户体验,增加客户黏性,并最终推动销售增长。

随着互联网技术的迅猛发展和智能手机的普及,在线零售在过去十年中经历了飞速增长。尤其是在新冠疫情防控期间,许多消费者因居家令而转向线上购物,使得在线零售的市场份额进一步扩大。根据统计数据,在线零售的年增长率已经超过了传统零售,且这种趋势在未来仍将持续。在线零售的兴起不仅改变了消费者的购物习惯，也促使传统零售商加速数字化转型，探索多渠道零售策略，以适应新的市场环境。

在零售行业的创新融合型电子商务中，主要参与者包括大型电商平台、传统零售商以及新兴的社交电商企业。以阿里巴巴和京东为代表的电商巨头，通过不断创新技术和服务，已成为市场的领军者。他们不仅提供丰富的商品选择，还通过大数据和人工智能提升用户体验。

例如，阿里巴巴的"新零售"战略，将线上线下购物体验进行融合，消费者可以在实体店体验商品后，通过手机下单，商品直接送到家中。此外，拼多多的社交电商模式，通过用户分享商品链接来获得折扣，进一步增强消费的互动性和参与感。这样的案例显示了创新融合型电子商务在不同商业模式下的成功实践。

展望未来，零售行业的创新融合型电子商务将面临几个重要趋势和挑战。首先，个性化和定制化将成为零售的主要趋势，商家需要利用数据分析提供更精准的产品和服务。其次，随着技术的进步，虚拟现实（VR）和增强现实（AR）等新兴技术将被更广泛地应用于零售场景中，以提升消费者的购物体验。

然而，零售行业面临的挑战也不可忽视。例如，日益激烈的市场竞争以及消费者对隐私和数据安全的关注，要求企业在提供个性化服务的同时，必须妥善保护用户的个人信息。此外，全球经济的不确定性和政策环境的变化，也可能影响零售市场的发展。因此，零售企业需要不断创新和适应，以抓住机遇，应对未来挑战。

（2）服务行业

随着互联网的发展，服务行业也逐渐向电子商务转型。在线旅游、在线教育和医疗电商等新兴模式不断涌现，为消费者提供了便捷的服务选择。服务行业的电子商务创新主要体现在如何将传统的服务模式与现代科技相结合，以提升客户体验、降低运营成本和提高服务效率。随着互联网技术的迅猛发展，服务行业逐渐摆脱了传统面对面服务的束缚，通过电子商务平台实现了服务的在线化。这一转变不仅使消费者能够更方便地获取所需服务，也推动了服务提供商在业务模式、营销策略和客户关系管理上的创新。

在线服务平台的出现是服务行业电子商务创新的重要标志。这些平台通过提供集中化的服务渠道，帮助消费者和服务提供商之间实现高效对接。例如，在线预约、在线咨询和众包服务等新兴模式的普及，极大地提升了服务的可获得性和灵活性。消费者可以随时随地通过手机或电脑进行服务预订，服务提供商则借助数据分析和用户反馈不断优化服务质量，从而增强客户满意度。

在服务行业中，许多企业通过电子商务实现了业务的快速增长。例如，Uber

和 Lyft 等打车服务平台通过技术创新颠覆了传统出租车行业,提供了更加灵活和高效的出行选择。医疗行业的在线问诊平台如好大夫在线和平安好医生,通过互联网技术使患者能够便捷地获得医疗咨询,改变了传统就医模式。此外,Coursera 和 Udemy 等在线教育平台也通过创新的授课方式和内容分发,使得教育资源更加普及,打破了地域限制。

未来,服务行业的电子商务将继续朝着个性化、智能化和自动化的方向发展。随着人工智能和大数据技术的不断成熟,服务提供商将能够更精准地分析用户需求,提供定制化服务。此外,区块链技术的应用也有可能在服务行业中引发变革,提升透明度和安全性。社交媒体和移动支付的普及,将进一步推动服务行业的在线化进程,使得服务消费的方式更加多样化和便捷性。在这一过程中,企业需要不断创新和适应市场变化,以保持竞争优势并满足日益增长的消费者需求。

(3)制造业

在当今快速发展的经济环境中,制造业正在经历一场深刻的变革。电子商务作为其重要组成部分,正不断推动制造业的转型与升级。制造业的电子商务应用主要体现在供应链管理和 B2B 交易中。以下将探讨制造业中的电子商务应用、电子商务如何提升供应链效率、行业内成功案例以及未来的电子商务趋势。

制造业中的电子商务应用多种多样,涵盖了从原材料采购到产品销售的各个环节。制造企业通过电子商务平台可以实现快速便捷的交易,降低运营成本,提高市场反应速度。具体应用包括:B2B 交易平台:制造商能够通过专业的 B2B 平台与供应商和客户进行高效的交易与沟通,节省时间和成本;在线市场分析:借助电子商务工具,制造商可以实时获取市场数据,分析消费趋势,从而指导生产和库存管理;定制化服务:通过电子商务,制造商能够提供个性化定制服务,满足客户的特定需求,增强客户黏性。

电子商务在制造业中的应用极大提升了供应链的效率,主要体现在以下几个方面:信息透明化:电子商务平台能够实时共享信息,使得供应链各方能够更加快速地获取所需数据,从而做出及时的决策;订单处理自动化:通过电子化订单处理流程,制造商能够减少人为错误,加快订单处理速度,提高响应效率;库存管理优化:电子商务工具能够帮助制造商实时监控库存水平,预测需求,优化库存配置,降低库存成本。

在制造业中,许多企业通过电子商务实现了成功的转型。以下是一些值得关注的案例。

阿里巴巴:作为全球最大的 B2B 电子商务平台,阿里巴巴为众多制造企业提供了一个展示产品、获取客户和进行交易的平台。许多中小制造企业通过该平台成功拓展了国际市场。

西门子:西门子通过其数字化平台"MindSphere",将设备连接到云端,利用大数据分析提升生产效率。同时,西门子也通过在线平台为客户提供设备维护和服务,进一步增强了客户体验。

GE:通用电气利用其"Predix"平台,将工业互联网与电子商务相结合,优化了自身的制造流程,并为客户提供实时监控和维护服务,提升了整体运营效率。

展望未来,制造业的电子商务将面临新的机遇与挑战。以下是一些可能的发展趋势:

智能化与自动化:随着人工智能和机器学习技术的不断进步,制造企业将更多地采用智能化的电子商务解决方案,以实现更高效的生产与销售流程。

个性化定制的普及:未来,个性化和定制化将成为制造业电子商务的重要趋势,企业将提供更多基于客户需求的定制产品,提升客户满意度。

绿色供应链:随着可持续发展理念的深入人心,制造业将更多关注环保与资源节约,电子商务将助力企业在绿色供应链管理方面取得突破。

全球化市场的进一步拓展:制造企业将继续通过电子商务平台拓展全球市场,尤其是新兴市场的机遇,这将成为企业增长的新动力。

总之,电子商务在制造业中的应用正不断深化,推动着行业的数字化转型。未来的制造业将更加依赖于创新的电子商务解决方案,以应对复杂多变的市场环境。

(4) 农业

近年来,农业电子商务作为一种新兴的商业模式,正在迅速崛起并改变传统农业的面貌。随着互联网技术的飞速发展和消费者购买习惯的改变,农业电子商务逐渐成为农民和农产品供应链中不可或缺的一部分。农民通过电商平台直接向消费者销售产品,减少了中间环节,提高了收益。根据统计数据,2023年中国农业电子商务的市场规模已突破数万亿元人民币,涵盖了农产品销售、农资供应、农业服务等多个领域。

农业电子商务的快速发展受益于多个因素:首先是电商平台的普及,使得农民能够更方便地接触到市场;其次是物流基础设施的改善,尤其是在农村地区,能够更好地支持农产品的运输与配送;最后是政策的支持,国家及地方政府纷纷出台鼓励农业电子商务发展的政策,为这一领域注入了新的活力。

在农业电子商务的实际应用中,多个在线农产品销售平台崭露头角,成为行业的佼佼者。例如,平台如"京东农场"和"淘宝农店"通过线上线下相结合的模式,极大地丰富了农产品的销售渠道。"京东农场"通过建立与农民的直接联系,减少了中间环节,让消费者能够以更实惠的价格购买到新鲜的农产品。同时,它还提供了农业知识的普及和技术支持,帮助农民提升生产效率和产品质量。"淘宝农店"则利用其庞大的用户基础,推动了地方特色农产品的销售,促进了地方经济的发展。通过精准营销和社交媒体的推广,这些平台不仅帮助农民增加了收入,也为消费者提供了更多优质、安全的选择。

电子商务正在深刻改变农业产业链的各个环节。首先,在生产环节,农民可以通过电商平台直接获取市场信息,及时调整种植计划,减少因信息不对称造成的损失。其次,在销售环节,电子商务打破了地域限制,使得农民的产品能够迅速进入城市市场,从而提高了销售效率。

此外,电子商务还促进了农产品的品牌化。农民通过线上营销可以塑造自己的品牌形象,提升产品附加值。而且,消费者在购买时更倾向于选择品牌好、信誉好的产品,这也推动了农业生产者不断优化产品品质和服务。

展望未来,农业电子商务的发展潜力巨大。随着消费者对食品安全和品质要求的提高,农产品的线上销售将趋向于高质量和高透明度。与此同时,随着区块链技术的兴起,农产品的追溯系统将进一步完善,增强消费者对农产品的信任感。

此外,智能化和数字化技术的应用将使农业生产更加高效。例如,利用大数据分析可以帮助农民精准施肥和灌溉,从而提高产量和减少资源浪费。而人工智能的应用则可以在市场预测、客户服务等方面提供更为智能化的解决方案。

综上所述,农业电子商务不仅在当前的市场中发挥着重要作用,未来也将继续引领农业产业的转型升级,推动农业现代化的发展进程。

通过行业分类,我们可以看到创新融合型电子商务具有广泛适用性和灵活性,它推动了多个行业的创新和发展。

2．按照模式分类

创新融合型电子商务的模式多种多样,主要可以分为以下几种。

(1) B2C

企业对消费者(Business to Consumer,简称B2C)模式是一种商业交易形式,其中企业直接向最终消费者销售产品或服务。这种模式的核心在于企业通过各种渠道与普通消费者建立联系,直接满足他们的需求。B2C模式通常依赖于互联网和数字技术,在网络环境下,消费者可以通过电子商务平台、社交媒体、移动应用等多种渠道进行购物。

B2C模式的典型例子包括在线零售商如亚马逊、阿里巴巴的天猫、京东、拼多多等,它们不仅提供商品的在线浏览和购买服务,还提供各种增值服务,如客户支持、退换货服务等,来优化消费者的购物体验。与传统的企业对企业(B2B)模式相比，B2C更注重个人消费者的需求和体验。

在现代商业环境中，B2C模式的重要性日益凸显。首先，随着互联网的普及和数字化转型的加速，消费者的购物习惯发生了显著变化。越来越多的消费者倾向于在线购物，因为这为他们提供了更大的便利性和更多的选择。B2C企业能够通过网络平台直接接触到广泛的目标受众，从而扩大市场覆盖范围。

其次，B2C模式使企业能够更好地收集和分析消费者数据。通过对消费者行为的研究，企业可以制定更有效的市场策略、个性化产品推荐，提升客户满意度和忠诚度。同时，B2C企业也能够通过社交媒体和在线社区与消费者进行互动，增强品牌影响力和改善客户关系。

最后，B2C模式的灵活性和适应性使企业能够快速响应市场变化。无论是通过新产品的推出、促销活动的开展，还是根据消费者反馈进行产品改进，B2C企业都能迅速调整策略，以抓住市场机会。

当前的B2C市场趋势主要体现在以下几个方面。

个性化和定制化：消费者越来越倾向于寻求个性化的产品和服务，企业通过大数据和人工智能技术，能够提供更加精准的个性化推荐，提升用户体验。

移动购物的崛起：随着智能手机的普及，移动购物成为B2C交易的重要渠道。消费者可以随时随地进行购物，企业需要优化移动端的购物体验以满足这一需求。

社交媒体营销：社交媒体成了企业与消费者互动的重要平台，企业通过社交媒体进行品牌宣传和产品推广，能够有效吸引潜在客户并增强品牌忠诚度。

可持续性和社会责任：现代消费者越来越关注企业的社会责任和可持续发展，企业在B2C模式中需要考虑环保和社会影响，以赢得消费者的信任和支持。

（2）B2B

企业对企业（B2B，Business-to-Business）指的是一种商业模式，其中交易的主体是企业与企业，而非企业与个人消费者。B2B交易通常涉及大宗商品、原材料、零部件或服务的购买与销售，目的是持生产、运营等商业活动。在这种模式中，企业可能会通过各种渠道，如批发、分销商或直接销售，向其他企业提供产品与服务。平台如阿里巴巴国际站，致力于连接全球的买卖双方。

B2B交易的特点包括交易金额较大、交易周期较长、客户关系较为稳定及需经过多重审批流程。与B2C（企业对消费者）模式相比，B2B交易往往需要更复杂的合同和价格谈判流程，且客户的需求往往更加专业化和定制化。

B2B市场在全球经济中占据着举足轻重的地位，市场规模庞大且日益增长。据相关数据显示，全球B2B市场的交易总额远超过B2C市场。例如，许多行业的销售额中,大约 70% 至 80% 来自 B2B 交易,这显示出 B2B 市场的广泛性和重要性。随着全球化和数字化进程的加快,B2B 市场的规模预计将继续扩大。

B2B 市场的重要性不仅体现在其交易额上,还在于其对其他行业的支撑作用。许多 B2B 企业提供的产品和服务是产业链中不可或缺的一部分,直接影响着生产效率和产品质量。例如,原材料供应商、设备制造商和专业服务提供商都是现代经济中不可或缺的组成部分。

此外,B2B 市场的健康发展还推动了创新和技术进步。为了满足不断变化的市场需求,许多 B2B 企业在研发和技术上进行大量投资,以提升产品附加值和服务质量。这不仅促进了自身的增长,也为整个行业带来了新的发展机遇。

综上所述,企业对企业(B2B)市场在现代经济中扮演着至关重要的角色,其独特的特点和广泛的影响力使其成为商业研究和实践中的重要领域。随着市场环境的变化,理解 B2B 模式及其运作方式,能够帮助企业在竞争中立于不败之地。

(3) C2C

①消费者对消费者(C2C)模式的定义

消费者对消费者(C2C)是指个人消费者之间通过在线平台进行商品或服务交换的商业模式。在这个模式中,消费者不仅是产品的购买者,同时也是产品的销售者。C2C 通常借助互联网技术和社交平台的便利,使得个人能够轻松地进行交易。常见的 C2C 平台包括电子商务网站、社交媒体市场以及专门的二手交易应用等。在这些平台上,消费者可以直接与其他消费者互动,发布商品信息,进行价格谈判和完成交易。这种模式不仅降低了交易成本,还为消费者创造了更多的选择机会。典型代表如闲鱼、转转等二手交易平台。

②C2C 的兴起背景

C2C 模式的兴起与多种因素密切相关。首先,互联网技术的飞速发展为 C2C 交易提供了基础设施。随着宽带网络的普及和智能手机的广泛使用,越来越多的消费者能够在线上进行交易,这为 C2C 市场的快速发展奠定了基础。

其次,传统零售模式的局限性促使消费者寻求更灵活、更便宜的购物选择。随着消费者对个性化和独特商品的需求增加,C2C 成为一个理想的解决方案。消费者通过 C2C 平台可以找到独特的产品,同时也能以更低的价格获取所需商品。

再者,环境保护和可持续发展的理念日益受到重视,许多人开始关注二手商品的使用价值。C2C 平台为人们提供了一个方便的渠道,以促进资源的循环利用,从而减轻环境负担。

最后,社交媒体的兴起也为 C2C 交易提供了强有力的支持。社交平台不仅促进了信息的传播,还增强了消费者之间的互动。消费者可以通过社交网络获取产品评价和推荐,从而做出更明智的购买决策。

③C2C的市场现状

目前,C2C市场正在迅速发展,并在全球范围内取得了显著的成就。根据相关市场研究,C2C市场的交易额逐年增长,越来越多的消费者选择通过C2C平台进行购物和销售。尤其是在年轻一代中,C2C交易已成为一种流行的消费方式。

在中国,C2C市场的代表性平台如淘宝、闲鱼等,已经成为数亿消费者日常生活的一部分。这些平台不仅提供了丰富的商品种类,还通过完善的交易保障和客服支持提高了消费者的信任感。

此外,C2C市场的多样性也在不断增加。从二手商品到手工艺品,从租赁服务到共享经济,C2C平台的功能和服务种类正在不断扩展,以满足不同消费者的需求。

总的来说,C2C模式的兴起不仅改变了传统的消费和交易方式,也为消费者带来了更多的机会和选择。随着技术的不断进步和消费者需求的变化,C2C市场将继续快速发展,成为未来商业生态系统中不可或缺的一部分。

(4) O2O

①线上到线下(O2O)的概念

线上到线下(O2O,Online-to-Offline)是一种商业模式,旨在将互联网的便捷性与线下实体店的实际体验相结合。该模式的核心在于通过线上平台吸引顾客,从而引导他们到线下实体店消费。O2O不仅仅是一个销售渠道的转变,更是顾客购买行为与商家营销策略的深度融合。在这一模式中,消费者可以通过手机应用、网站等线上渠道进行商品浏览、下单、支付等操作,而最终的商品交付、服务体验则在实体店完成。

O2O模式的兴起,特别是在电商迅猛发展的背景下,反映了消费者购物习惯的转变。随着移动互联网的发展和智能手机的普及,越来越多的消费者开始倾向于通过线上渠道获取信息、比较价格和下单,同时,他们也希望在实体店中享受更具体验感的购物过程。因此,O2O模式不仅满足了消费者的需求,也为商家提供了新的增长机会。

②O2O模式的发展背景与趋势

O2O模式的发展可以追溯到互联网商业的早期阶段。随着电子商务的崛起,传统零售业面临着前所未有的挑战。许多实体店发现,单靠线下销售已难以维持竞争优势。因此,商家们开始探索线上线下融合的新模式,以提升客户黏性和销售业绩。

近年来,O2O模式经历了几个重要的发展阶段。最初,O2O主要集中在餐饮、旅游、娱乐等行业,但随着技术的进步和消费者需求的多样化,越来越多的领域开始采用这一模式。尤其在新冠疫情防控期间,O2O模式的灵活性和便捷性使其成为许多企业生存与发展的关键。商家通过线上平台与顾客保持联系,提供外卖、预约、在线支付等服务,成功应对了疫情带来的冲击。

未来,O2O模式有望继续扩展,并与新兴技术(如人工智能、大数据等)相结合,以实现更精准的市场定位和个性化的消费体验。此外,随着消费者对线上线下购物体验的期待不断提高,O2O也将逐步向更深层次融合发展,促使零售商在数字化转型的过程中不断创新。

③O2O在不同领域的应用实例

O2O模式的应用已经遍及多个行业,以下是一些典型的应用实例:

餐饮行业:在餐饮业中,O2O模式得到了广泛应用。消费者可以通过外卖平台如美团、饿了么等进行线上点餐,选择店铺、查看菜品、支付后,再由骑手将餐食送到顾客指定地点。此外,许多餐厅还提供线上预订服务,顾客可以提前预约座位,避免排队等候。

零售行业:许多大型零售商如沃尔玛、京东等,通过设立线上商城,吸引顾客在网上下单,然后选择到店自提。这种方式不仅提升了顾客的购物体验,还有效降低了物流成本。

旅游行业:在旅游行业中,O2O模式的应用也十分广泛。例如,旅行社通过网站或手机应用提供线上旅游产品的预订服务,顾客可以在线选择并购买机票、酒店、门票等产品。同时,顾客在实际旅游过程中也可以通过手机获取实时的旅游信息并享受服务。

服务行业:在美容、健身、医疗等行业,O2O模式同样发挥了重要作用。消费者可以通过线上平台预约美容、按摩、健身课程等,享受便捷的服务体验。同时,商家也可以通过线上渠道进行营销,吸引更多顾客。

综上所述,O2O模式在各个行业的成功应用,不仅优化了消费者的购物体验,也推动了商业模式的创新与发展。随着技术的不断进步,O2O的未来将更加广阔,值得各行各业关注与探索。

这些不同的电子商务模式反映了商业环境的多样性和消费者需求的变化,促使企业不断调整策略,以适应市场竞争。

3. 创新融合型电子商务的其他分类

(1) 社交电商

①社交电商的定义和背景

社交电商(Social Commerce)是指利用社交媒体平台和社交网络进行商品或

服务的交易与推广的一种新型商业模式,利用社交互动提升用户黏性与购买转化率。通过社交电商,消费者能够在日常社交互动中发现、购买并分享产品,而商家则可以利用社交平台直接与消费者建立联系,提升品牌的曝光率和销售量。社交电商的兴起与互联网的发展密不可分,尤其是智能手机的普及和社交媒体的广泛应用,使得消费者与品牌之间的互动变得更加频繁和便捷。

近年来,随着消费者购物习惯的变化,越来越多的人开始倾向于在社交平台上进行消费。通过朋友的推荐和分享,消费者能够获得更为真实和可信的购物建议,这种基于社交信任的购物方式逐渐赢得了市场的青睐。

②社交电商的兴起与发展

社交电商的兴起可以追溯到21世纪初期,随着Facebook、Twitter等社交媒体的崛起,商家开始尝试通过这些平台进行品牌推广和产品销售。进入2010年代,Instagram、Pinterest等以视觉内容为主的社交平台迅速崛起,成为品牌营销的新战场。与此同时,结合社交元素的电商平台层出不穷,如小红书、淘宝直播等,进一步推动了社交电商的发展。

在中国,社交电商迅速成为一种主流的消费方式,尤其是在年轻消费者中。相关数据显示,社交电商的市场规模在短短几年内实现了爆炸式增长,并且在未来几年仍将保持高速增长的态势。

③社交电商的主要特征

社交电商具有若干显著特征,这些特征使其在电商领域中独树一帜。首先,社交电商强调"社交"元素,消费者不仅仅是购买者,还是内容的创造者和传播者。其次,社交电商通常采用UGC(用户生成内容)模式,消费者的评论、分享和推荐对其他消费者的购买决策具有重要影响。此外,社交电商往往融合了社交互动和娱乐元素,通过直播、短视频等方式提升用户的购物体验。

最后,社交电商的购买过程往往是即时的,消费者可以在浏览社交信息的同时直接完成购买,减少了传统电商中的信息搜索和决策时间。

④社交电商的主要平台

社交电商的主要平台包括但不限于以下几种。

微信:作为中国最大的社交平台,微信不仅提供了社交功能,还有小程序和微信支付等电商功能,商家可以通过公众号和朋友圈进行产品推广。

小红书:以生活方式分享和"种草"为主的小红书,成为年轻人获取购物灵感的重要平台,用户通过分享使用体验来影响其他消费者的购买决策。

微博:微博作为一个信息传播迅速的社交平台,品牌可以通过KOL(关键意见领袖)进行推广,快速吸引潜在消费者的关注。

抖音和快手:这两个短视频平台通过直播带货等形式,迅速成为社交电商的重要渠道,以其丰富的视觉内容吸引用户进行消费。

⑤社交电商的优势与挑战

社交电商的兴起带来了诸多优势。首先,社交电商能够通过社交网络的传播效应快速提高品牌的知名度和美誉度。其次,基于社交信任的购物模式能够降低消费者的决策成本,提高购买转化率。此外,社交电商还能够通过实时互动和反馈机制,帮助商家及时调整营销策略,从而满足消费者的需求。

然而,社交电商也面临着一些挑战。首先,市场竞争日益激烈,品牌如何在众多竞争对手中脱颖而出,成为一大难题。其次,社交电商的模式在一定程度上依赖用户的参与和互动,如何维持用户的活跃度和忠诚度是商家需要考虑的问题。此外,随着监管政策的日益严格,商家在社交电商中的合规风险也在增加。

⑥未来社交电商的发展趋势

展望未来,社交电商将继续朝着多元化、个性化和智能化的方向发展。首先,随着技术的进步,社交电商将越来越多地融入人工智能、大数据等技术,为消费者提供更加个性化的购物体验。其次,社交电商将更加注重用户生成内容的质量,鼓励消费者分享真实的使用体验,从而提高产品的可信度。

同时,社交电商的跨境发展将成为一个重要趋势,越来越多的国际品牌将通过社交平台进入新的市场。此外,随着5G技术的推广,直播、增强现实(AR)等新兴技术也将为社交电商带来更多的可能性,进一步提升消费者的购物体验。

综上所述,社交电商作为一种新兴的商业模式,正以其独特的优势和广阔的发展前景,改变着人们的购物方式和商业生态。

(2)直播电商

①直播电商的定义

直播电商,顾名思义,是指利用直播技术进行商品展示和销售的一种新型电商模式。这种形式结合了实时视频直播与在线购物,为消费者提供了更加直观和互动的购物体验。直播电商通常通过社交媒体平台、专门的直播平台或电商网站进行,主播通过实时展示产品、与观众互动、回答问题等方式,激发消费者的购买欲望。随着互联网技术的发展和社交媒体的普及,直播电商已成为当今电商行业中不可忽视的一部分,尤其在年轻消费者中更为流行。

②发展历程与背景

直播电商的兴起可以追溯到2010年代初期,随着网络直播技术的进步和移动互联网的普及,越来越多的品牌和个人开始尝试通过直播来进行产品推广。2016年,中国的直播平台如淘宝直播、快手、抖音等开始逐渐崭露头角,许多知名主播和网红通过直播带货的方式迅速积累了大量粉丝和销售额。

根据市场研究数据,直播电商在2019年迎来了爆发式增长,尤其是新冠疫情防控期间,消费者的购物习惯发生了转变,在线购物成为主要消费方式。此时,直播电商的模式被越来越多的商家接受,品牌方纷纷与网红主播合作,利用其影响力来提升产品的曝光率与销售业绩。

③直播电商的运作模式

直播电商的运作模式主要包括以下几个环节:

平台选择:商家和主播选择适合的直播平台,如淘宝直播、抖音、快手等。

内容创作:主播提前准备直播内容,包括产品介绍、使用方法、互动环节等,确保直播过程能够吸引观众。

直播互动:在直播过程中,主播与观众实时互动,通过回答问题、抽奖、赠品等方式增强用户参与感。

营销策略:通过限时折扣、团购、满减等促销手段,鼓励观众下单,提升转化率。

售后服务:直播结束后,商家需提供良好的售后服务,包括订单处理、物流跟踪、退换货等,提升消费者的满意度与忠诚度。

这种实时互动的模式不仅增强了消费者的购物体验,也为商家提供了新的营销渠道。

④直播电商的优势

直播电商的优势主要体现在以下几个方面:

增强用户体验:通过实时的视觉展示与互动,消费者能够更直观地了解产品,增强了购买的信心。

提高转化率:直播过程中主播的推荐和限时促销能够有效刺激观众的购买欲望,从而提高转化率。

品牌曝光:通过与知名主播合作,品牌能够迅速提升曝光度,吸引更多潜在消费者关注。

社交属性:直播本身具有社交特性,观众可以在直播间内进行交流和互动,增强用户黏性。

数据反馈:直播电商能够实时获取观众的反馈和数据,帮助商家快速调整营销策略。

⑤挑战与未来趋势

尽管直播电商发展迅速,但也面临着一些挑战。

市场竞争激烈:随着直播电商的热门,越来越多的商家和主播进入市场,竞争愈加激烈。

内容同质化:许多直播内容缺乏创意,导致观众的观看兴趣下降,影响了直播效果。

消费者信任问题:部分直播带货的产品质量难以保障,导致消费者对主播的信任度下降,影响了消费者的购买决策。

监管政策:随着行业的发展,政府对直播电商的监管也在不断加强,商家需遵循相关法律法规。

未来,直播电商将朝着多元化和专业化的方向发展。随着技术的进步,直播内容将更加丰富,互动形式也将不断创新。商家和主播将更加注重用户体验,通过数据分析精准定位目标消费群体。此外,结合虚拟现实(VR)、增强现实(AR)等新技术,直播电商可能会提供更加沉浸式的购物体验,进一步推动行业的发展。

(3) 内容电商

①定义和概述内容电商

内容电商,顾名思义,是指通过内容创作与传播来推动商品销售的一种新型商业模式。与传统电商以产品为中心的销售方式不同,内容电商更加注重通过优质的内容来吸引用户注意力、建立品牌形象并最终实现销售转化。这种模式不仅包括文字、视频、音频等多种内容形式,还强调与消费者的互动,从而增强用户的参与感和忠诚度。

在内容电商中,商家通常会通过社交媒体、博客、短视频平台等渠道发布高质量的内容,以此来吸引目标用户。例如,一家化妆品公司可能会通过化妆教程、产品评测和用户故事等形式来推广其产品。这种做法不仅能够提高产品的曝光率,还能有效提升消费者的购买意愿。

②内容电商兴起背景

内容电商的兴起有其深层次的社会和经济背景。首先,随着互联网的普及,消费者的信息获取方式发生了根本性的变化。传统的广告形式已不再能有效吸引用户,取而代之的是用户对真实内容的渴望。与此同时,社交媒体的快速发展使得消费者能够更方便地分享和获取信息,也促使商家在内容创作上加大投入。

其次,年轻一代消费者的购买习惯也在变化。他们更加倾向于相信来自社交圈或网络红人的推荐,而非传统广告。因此,品牌需要通过内容营销来建立与消费者之间的信任关系。此外,随着技术的不断进步,数据分析和精准营销的能力日益增强,商家可以更好地了解用户需求,从而创造出更具针对性的内容。

③内容电商的主要特点与优势

内容电商具有多个显著的特点和优势。首先,它强调内容的价值,通过提供有用的信息和娱乐来吸引用户。这种策略不仅能够促进用户的购买行为,还能提升品牌的形象和知名度。

其次,内容电商具有较强的互动性。与传统电商相比,内容电商更注重与消费者之间的双向沟通。通过评论、点赞、分享等互动方式,消费者能够直接参与到品牌的传播中,提升了用户的参与感和忠诚度。

此外,内容电商还具有较高的转化率。由于用户在消费内容后更容易产生购买欲望,因此,内容电商能够在较短的时间内实现销售转化。

最后,内容电商还具有较低的营销成本。相比于传统广告,内容营销的投入往往更为灵活,商家可以根据市场反馈实时调整策略,从而更有效地运用资源。

④内容电商的挑战与未来发展

尽管内容电商拥有诸多优势,但在实际操作中也面临着不少挑战。首先,内容创作的质量至关重要。随着内容电商的普及,市场上出现了大量内容,如何在竞争中脱颖而出成为一个关键问题。商家需要不断创新内容形式、提升内容质量,以吸引并留住用户。

其次,消费者的需求和偏好变化迅速,品牌必须具备快速反应的能力。如何及时了解市场动态并调整内容策略,是内容电商成功的关键。此外,数据隐私和信息安全问题也日益受到关注,商家在进行内容营销时需要遵循相关法律法规,保护消费者的隐私。

展望未来,内容电商有望继续发展壮大。随着技术的不断进步,人工智能和大数据将为内容电商带来更多的可能性。例如,通过智能推荐系统,商家能够更精准地把握用户需求,从而提供个性化的内容和产品推荐。

综上所述,内容电商作为一种新兴的商业模式,既面临挑战,也蕴含着广阔的发展前景。品牌如果能够适应市场变化,持续创新,将在内容电商的浪潮中获得新的机遇。

(4)跨境电商

①跨境电商的定义与背景

跨境电商是指通过电子商务平台进行的国际贸易活动,涉及不同国家或地区的买家与卖家之间的商品和服务交易。随着互联网技术的快速发展,特别是移动互联网的普及,跨境电商的兴起为全球贸易带来了新的机遇。传统的国际贸易往往需要复杂的流程和高昂的成本,而跨境电商通过简化交易流程、降低交易成本,使得企业和个人能够更方便地进行国际交易。

从背景来看,近年来全球化进程的加速和消费者需求的多样化推动了跨境电商的发展。中国的"互联网+"战略以及"一带一路"倡议也为跨境电商的蓬勃发展提供了政策支持和市场环境。同时,全球消费者对海外商品的需求不断增加,尤其是对高品质、独特商品的渴求,使得跨境电商成为一个不可忽视的市场。

②全球跨境电商的发展趋势

近年来,全球跨境电商市场持续扩大,预计未来几年还将保持高速增长。根据市场研究机构的数据,跨境电商的销售额预计在未来五年内翻一番。主要趋势包括:

市场多元化:越来越多的国家和地区参与到跨境电商的交易中,特别是东南亚、拉美及非洲市场的崛起,为跨境电商带来了新的增长点。

社交电商的兴起:社交媒体的普及使得社交电商成为跨境电商的重要组成部分,企业通过社交平台进行产品推广和销售,吸引了大量的消费者。

技术驱动:人工智能、大数据分析和区块链等新技术的应用,不仅提升了跨境电商的运营效率,也增强了消费者的购物体验。

物流与支付创新:随着跨境电商的快速发展,物流和支付解决方案也在不断创新,出现了更多便捷、高效的跨境物流和支付服务。

③跨境电商的优势与挑战

ⅰ.优势

市场拓展:跨境电商使企业能够打破地域限制,迅速进入全球市场,增加销售额。

成本优势:通过线上交易,企业能够减少传统贸易中的中间环节和降低运营成本。

消费者选择的多样性:消费者可以轻松获得来自世界各地的商品和服务,满足多样化的需求。

数据驱动:跨境电商允许企业通过数据分析了解消费者行为,从而优化产品和服务。

ⅱ.挑战

政策法规:不同国家的法律法规差异可能导致跨境电商企业面临合规挑战,包括税收、关税和进出口限制等。

物流复杂性:跨境物流涉及国际运输、清关等多个环节,可能导致运输时间长、成本高的问题。

支付安全:跨境支付的安全性和便利性问题也是企业需要解决的挑战,消费者对跨境支付的信任度可能影响购买决策。

市场竞争:随着越来越多的企业进入跨境电商市场,竞争加剧,企业需要不断创新以保持竞争力。

④跨境电商的未来展望

展望未来,跨境电商将继续受到技术进步和市场需求变化的推动。随着5G、人工智能和物联网等技术的成熟,跨境电商的运营将变得更加智能化和高效化。此外,随着全球消费者对个性化和定制化商品的需求增加,跨境电商将进一步向高品质、独特商品的方向发展。

与此同时,政策环境的改善和国际贸易的便利化也将为跨境电商提供更多机遇。各国政府将可能出台更为有利的政策,进一步促进跨境电商的发展。

总结来看,跨境电商作为现代商业的重要组成部分,未来的发展潜力巨大,机遇与挑战并存。企业需要灵活应对市场变化,积极探索新的商业模式,以在全球竞争中立于不败之地。

(5)智能电商

①智能电商的定义与概念

智能电商是指通过人工智能、机器学习、大数据分析等先进技术手段,提升电商平台的运营效率和用户体验的一种新型商业模式,代表性企业如京东。它不仅仅是传统电子商务的延伸,更是通过智能化手段实现个性化、精准化的购物体验。智能电商的核心在于利用技术对消费者行为进行深度分析,从而提供更符合用户需求的产品和服务。

在智能电商中,用户的购物行为、历史记录以及偏好都被数据化,商家可以利用这些数据进行精准营销,制定个性化的推荐策略。通过智能推荐算法,消费者不仅可以节省寻找产品的时间,还能发现更多适合自己的商品。

②智能电商的核心技术

智能电商的核心技术主要包括以下几种。

人工智能(AI):AI技术能够分析大量用户数据,识别用户的购物模式和行为,从而提供个性化的购物建议。自然语言处理(NLP)技术的应用,还可以提升客户服务的质量,让消费者通过语音助手或聊天机器人获得快速响应。

机器学习:机器学习算法能够通过不断学习用户的行为和反馈,优化产品推荐和广告投放策略。随着时间的推移,系统会变得越来越智能,能够更好地预测用户需求。

大数据分析:通过对海量数据的分析,电商平台可以识别市场趋势,优化库存管理,提升供应链效率。数据驱动的决策能够帮助商家更有效地进行市场营销,增强竞争力。

区块链技术:区块链技术的应用能够提高交易的透明度和安全性,确保消费者在购物过程中的数据隐私和资金安全。

③智能电商对传统零售业的影响

智能电商的崛起对传统零售行业产生了深远的影响。首先,消费者的购物习惯发生了变化,越来越多的人选择在线购物,导致实体店的客流量下降。传统零售商面临着巨大的压力,必须通过数字化转型来适应新的市场环境。

其次,智能电商提升了购物体验。消费者可以通过智能推荐系统快速找到自己需要的产品,享受更为便捷的购物流程。这种体验的提升,使得传统零售商不得不重新考虑他们的营销策略和顾客服务,力求在用户体验上与电商平台竞争。

最后,智能电商推动了供应链的创新。通过大数据分析,零售商可以更精准地预测库存需求,降低运营成本,提高效率。这一趋势促使传统零售商在库存管理、物流配送等环节进行变革,从而提升整体竞争力。

④智能电商的市场发展趋势

随着技术的不断进步,智能电商市场的发展呈现出以下几个趋势:

个性化服务的普及:未来,个性化推荐将成为电商平台的重要竞争优势。通过精准的用户画像和行为分析,商家能够提供更加符合消费者需求的产品和服务。

社交电商的兴起:随着社交媒体的影响力不断增强,社交电商作为一种新兴的电商模式,利用社交平台进行产品推广和销售,正在迅速发展。

无缝购物体验:未来的电商将更加注重无缝购物体验,线上线下整合将成为趋势。消费者可以在不同平台之间自由切换,享受一致的购物体验。

可持续发展:随着环保意识的增强,消费者越来越关注商品的可持续性。未来的电商平台将会更加注重绿色供应链和可持续发展的商业模式。

⑤智能电商面临的挑战与未来展望

尽管智能电商的发展前景广阔,但也面临着一系列挑战。首先,数据隐私和安全问题日益突出。消费者对个人信息的保护意识不断增强,电商平台需要采取有效措施,确保用户数据的安全性和隐私。

其次,技术的快速变化要求企业不断更新和迭代技术。这对于许多传统零售商来说,是一个巨大的挑战,他们需要投入大量资源进行技术升级,以跟上市场的变化。

最后,市场竞争也愈发激烈。越来越多的企业进入智能电商领域,竞争加剧。商家需要不断创新,才能在这个快速变化的市场中生存并发展。

展望未来,智能电商将继续朝着更加智能化、个性化和可持续的方向发展。随着技术的不断进步,智能电商将为消费者提供更加丰富和便利的购物体验,同时也将推动零售行业的全面转型。

(6) 几种创新融合型电子商务类型的比较

社交电商:该模式强调社区氛围与用户参与。以拼多多为例,其通过拼团的方式,激励用户分享和邀请朋友购买,成功吸引了大量用户。

直播电商:这种模式通过主播与消费者的实时互动,营造紧迫感,从而促进消费。以淘宝直播为例,许多品牌通过知名主播的直播间实现了销量的爆发式增长。

内容电商:依靠内容吸引用户,用户在浏览内容的同时被商品吸引。小红书就是一个典型案例,用户在分享生活方式的同时,也能实现消费转化。

跨境电商:通过互联网平台实现全球商品的交易,满足消费者对海外商品的需求。以亚马逊全球店为例,消费者可以轻松购买到全球各地的商品。

智能电商:利用智能技术提升购物体验,京东通过大数据分析为用户提供个性化推荐,极大提升了用户的购物体验。

总之,创新融合型电子商务不仅是传统电子商务的延伸与发展,更是顺应时代潮流的必然选择。通过对各类电子商务的深入理解,企业可以更好地把握市场机遇,实现可持续发展。

1.1.4 创新融合型电子商务的特点

电子商务与传统商务方式相比具有明显的特点,具体可归纳为以下几点:高效性、方便性、安全性、集成性和可扩展性。

1. 高效性

电子商务是提供给买卖双方进行交易的一种高效的服务方式。它的高效性体现在很多方面,例如:网上商店无需营业员,无需实体店铺,可以为企业节省大量的开销,并可以提供全天候的服务,提高销售量,提高客户满意度和企业的知名度;企业的电子商务系统还可以记录下客户每次访问、购买的情况以及客户对产品的偏爱,这样通过统计就可以获知客户最想购买的产品是什么,从而为新产品的开发、生产提供有效信息;等等。总之,电子商务为消费者提供了一种方便、迅捷的购物途径,为商店提供了一个良好的营销环境和遍布世界各地的巨大消费群体。因而,无论是对大企业还是中小企业以及个体经营者来讲,电子商务都是一种机遇。

2. 方便性

在电子商务环境中,客户不出门即可享受到各种消费和服务,受时间和空间限制的框框被打破。客户不再像以往那样因受地域的限制而只能在一定区域内、有限的几个商家中选择交易对象,寻找所需的商品,他们可以在更大范围内,甚至是在全球范围内寻找交易伙伴、选择商品。更为重要的是，当企业将客户服务过程转移到互联网上之后，过去客户要大费周折才能获得的服务，现在能很方便地获得。例如，将一笔资金从一个存款户头转至另一个支票户头，查询货物的收发情况，寻找和购买不常用的稀有商品等，都可以足不出户方便、实时地完成。可见，电子商务提供的客户服务具有很大的便利性，这使消费者和企业都能从中受益。

3．安全性

在电子商务中，安全性是必须考虑的问题。对于客户而言，无论网上的物品怎样具有吸引力，如果他对交易的安全性缺乏信心，就不敢贸然在网上进行交易，企业之间的大宗交易更是如此。信息系统中的欺诈、窃听、病毒和黑客的非法入侵都是电子商务的大敌，必须加以解决。

目前，电子商务的安全性主要通过技术手段和安全电子交易协议标准来保证。安全技术包括加密机制、签名机制、分布式安全管理、存取控制、防火墙、安全万维网服务器、防病毒保护等。安全电子交易协议标准比较多，符合国际标准的主要有安全套接层(Secure Socket Layer，简称 SSL)协议和安全电子交易(Secure Electronic Transaction，简称 SET)协议。采用这些已有的实用技术和协议标准可以为企业建立一个安全、可靠的电子商务环境。

4．集成性

电子商务中大量采用了计算机、网络通信等新技术。但是，这些新技术的运用并非意味着企业原有的信息系统和设备将被全部淘汰。电子商务系统将对原有的技术设备进行改造，充分利用企业已有的信息资源和技术，从而更加高效地完成企业的生产、销售和客户服务。电子商务的集成性还体现在事务处理的整体性和统一性上，它能规范事务处理的工作流程，将设备操作和电子信息处理整合成一个整体。这样，不仅能提高人员和设备的利用率，还可以提高系统运行的可靠性。

5．可扩展性

要使电子商务能够正常运作，必须确保电子商务系统的可扩展性，因为网上的用户数量是不断增长的。2025 年 7 月，《中国智能互联网发展报告(2025)》指出，2024 年全球互联网用户数量达到 57 亿人。中国互联网络信息中心发布的第 56 次《中国互联网络发展状况统计报告》显示，截至 2025 年 6 月，我国网民规模达 11.23 亿人，互联网普及率达 79.7%，5G 基站总数达 455 万个；新型信息基础设施加速布局，数字经济规模持续扩大。网络上的用户数量之大、增长速度之快，均要求电子商务系统能够有与其相适应的可扩展性，以便在网络用户数增加及出现传输高峰时，系统仍然能够正常工作。反之，会使客户的访问速度急剧下降,严重时,甚至会导致整个系统瘫痪,从而影响企业的营销工作,损害企业的形象和信誉。

1.2 创新融合型电子商务的产生与发展

1.2.1 发展背景与市场需求

近年来,随着科技的迅猛发展和消费者需求的不断变化,传统的电子商务模式面临着巨大的挑战。

电子商务作为现代商业模式的重要组成部分,其起源与演变始于互联网的普及。最早的电子商务形式可以追溯到20世纪90年代,随着网络技术的成熟,越来越多的企业开始在线上进行商品和服务的交易。在市场竞争愈加激烈的环境下,单一的线上销售模式已无法满足消费者对个性化和多样化的需求。随着技术的进步,动态网页、移动支付、社交媒体和大数据分析等新兴技术的引入,为创新融合型电子商务的产生提供了肥沃的土壤。消费者希望获得更加便捷、高效和个性化的购物体验,从而推动了这一新型商业模式的快速发展。

伴随着电子商务的演变,市场对融合型电子商务的需求也在不断增长。融合型电子商务不仅包括传统的B2C和C2C模式,还涵盖了O2O(线上到线下)及C2B(消费者到商业)等新兴模式。这种模式的兴起,反映了市场对灵活、便捷和个性化购物体验的强烈需求。消费者希望能够在不同的渠道之间无缝切换,享受到更为丰富的购物选择和服务,同时也希望能够在购物过程中获得个性化的推荐和服务。

技术的飞速发展,尤其是AI、区块链和云计算等新兴技术的应用,极大地推动了电子商务的发展。人工智能的引入,使得商家能够通过智能算法分析用户行为,提供个性化的产品推荐和服务;区块链技术的应用,则提升了交易的安全性和透明度;而云计算的普及,降低了企业的运营成本,使得小型企业能够快速进入电子商务领域。这些技术进步不仅提升了用户体验,也为企业提供了更多的创新机会。

此外,消费者购物习惯的改变也是推动融合型电子商务发展的重要因素。随着移动设备的普及,越来越多的消费者倾向于通过手机进行购物,这种趋势催生了移动电子商务快速发展。同时,社交媒体的兴起使得消费者在购物过程中不仅依赖于传统的广告与促销,而且更加重视用户评价、社交推荐和品牌的互动。这种改变促使企业必须重新审视其营销策略和渠道布局,以满足消费者日益多元化的需求。

综上所述,电子商务的发展背景与市场需求是相辅相成的。技术进步为融合型电子商务的崛起提供了可能,而市场对个性化、便捷化购物体验的需求则推动了这一模式的迅速发展。在未来,随着消费者需求的进一步演变,融合型电子商务将展现出更为广阔的发展空间。

1.2.2 主要特点与优势

在当前经济环境下,融合型电子商务作为一种新兴的商业模式,正在迅速崛起并改变传统的商业格局。其主要特点与优势不仅体现在其定义与基本概念上,更在于其通过多渠道销售、提升用户体验以及数据驱动的决策制定能力,为企业和消费者带来了诸多便利与价值。

1. 多元化商业模式的优势

多元化商业模式是融合型电子商务的一大核心优势。通过结合线上平台和线下实体店,企业能够实现更广泛的市场覆盖。消费者可以根据自己的需求和习惯选择最适合的购物方式。例如,消费者在网上浏览商品后,可以选择到实体店试穿或体验,随后再通过在线平台完成购买。这种灵活性不仅提升了消费者的购物体验,还能够有效降低购物决策的障碍。

此外,多元化的商业模式还为企业提供了丰富的数据来源。通过对不同维度的销售数据进行分析,企业可以更准确地把握消费者的偏好,优化产品组合和营销策略,从而实现更高的销售转化率。

2. 增强用户互动的创新模式

在融合型电子商务中,创新用户体验的模式层出不穷。企业通过引入新技术,如虚拟现实(VR)、增强现实(AR)等,为消费者提供沉浸式的购物体验,使得购物过程不仅仅是简单的交易行为,而是一种互动和参与的体验。例如,消费者可以通过AR技术在手机上试穿衣物,直观感受商品的效果,从而提升购买的信心。

此外,个性化推荐系统的推出也极大地提升了用户体验。通过分析用户的历史购买记录和行为数据,系统能够精准推荐符合用户兴趣的商品,使得购物过程更加高效和愉悦。综上所述,这些创新模式不仅增强了消费者的满意度,也为企业的客户忠诚度提升奠定了基础。

3. 数据驱动的决策制定能力

数据驱动的决策制定能力是融合型电子商务的一项重要优势。通过对用户行为、市场趋势和销售数据的深入分析,企业能够获得全面的市场洞察,为战略决策提供坚实的依据。大数据分析不仅可以帮助企业识别潜在的市场机会,还能够优化库存管理,提升供应链效率。

此外,实时数据监控使得企业能够及时调整营销策略和产品定位,确保在竞争激烈的市场中始终保持领先地位。企业通过数据分析,能够更精准地掌握消费者需求变化,并快速做出反应,进一步提升市场响应速度。

4. 高效的资源配置

创新融合型电子商务通过跨界合作、技术手段、资源共享和平台化运作,极大地提升了资源配置的效率。首先,创新融合型电子商务能够通过大数据分析精准识别市场需求,帮助企业合理安排生产和库存,降低库存成本。其次,创新融合型电子商务的在线交易模式使得供应链更加透明,企业能够及时获取市场反馈,从而快速调整资源配置。此外,创新融合型电子商务平台的广泛应用使得企业能够触及更广泛的市场,优化资源分配,提升整体经济效益。通过整合各类资源,创新融合型电子商务不仅提高了企业的运营效率,还促进了整个行业的资源整合与协作。

综上所述,融合型电子商务通过多元化商业模式的优势、增强用户互动的创新模式、数据驱动的决策制定能力以及高效的资源配置,不仅重塑了现代商业的运作方式,也为企业和消费者带来了前所未有的价值与便利。随着技术的不断发展和市场需求的持续增长,融合型电子商务的未来发展前景将更加广阔。

1.2.3 典型案例分析

在探讨创新融合型电子商务的产生与发展过程中,案例分析是至关重要的环节。本节将通过成功与失败的案例,深入分析这些企业在融合型电子商务领域中的表现、策略以及所带来的行业影响,旨在为未来的发展提供重要的启示。

1. 成功的融合型电子商务企业案例

阿里巴巴和京东是中国市场上最具代表性的成功融合型电子商务企业。阿里巴巴通过其多元化的平台,如淘宝、天猫以及阿里云,成功实现了线上线下(O2O)的无缝连接。京东则凭借其自建物流体系和强大的供应链管理能力,快速满足消费者的需求,提升了用户的购物体验。这两个企业不仅在产品销售上取得了显著成绩,还通过数据分析和用户反馈不断优化其业务模式。

2. 具体案例中的创新策略

在成功的案例中,企业往往通过一些创新策略脱颖而出。例如,阿里巴巴利用大数据分析,精准洞察消费者的购物习惯和偏好,从而实现个性化推荐,提升转化率。此外,阿里巴巴还通过"新零售"概念,将传统零售与电子商务相结合,创新推出了无人超市和智能便利店,推动了线下零售的数字化转型。

京东则通过其"京东到家"服务,创新性地扩展了其电商业务。在此模式下,用户可以在京东平台上购买生鲜食品、日用商品等,京东则在极短时间内将商品送至顾客家中,提升了用户的便利性和满意度。此类创新策略不仅增强了消费者黏性,同时也促进了业务的持续增长。

3. 案例对行业的影响与启示

这些成功案例为整个电子商务行业提供了重要的启示。首先,数据驱动的决策能力是企业成功的关键因素之一,它能够帮助企业更好地理解市场和消费者。其次,灵活的业务模式和创新的服务方式能够提升用户体验,增强品牌忠诚度。最后,融合型电子商务的发展趋势表明,线上线下协同发展将是未来电子商务的主要方向,企业需要不断探索新技术与新模式的结合。

4. 失败案例分析及其教训

尽管有成功的典型案例,但也有一些融合型电子商务企业未能如愿以偿。例如,某些创业型电商平台因未能有效整合线上线下资源,导致运营效率低下和用户体验不佳,最终被市场淘汰。这些失败案例的原因包括对市场需求的误判、缺乏创新能力以及未能及时适应技术变化等。

从这些教训中,企业应意识到,市场竞争日益激烈,单纯依赖传统的销售模式已无法满足消费者的需求。企业必须灵活调整战略,保持创新,才能在激烈的市场竞争中立于不败之地。同时,企业在进行战略转型时,也需充分评估自身的资源和能力,以避免因盲目扩张而导致的经营风险。

通过对成功与失败案例的分析,我们可以更全面地理解创新融合型电子商务的发展历程,以及在这一过程中所面临的机遇与挑战。这些经验教训将为未来的电子商务企业提供有价值的参考。

1.2.4 未来发展趋势与挑战

展望未来,创新融合型电子商务将继续朝着更加智能化、个性化和社交化的方向发展。随着人工智能、区块链等新兴技术的不断成熟,将推动电子商务的进一步变革。同时,消费者对购物体验的要求也将日益提升,商家需要不断创新以满足这些需求。然而,在数字经济的快速发展背景下,融合型电子商务作为一种新兴商业模式,在发展过程中正面临着许多潜在的发展方向和挑战。以下是对未来发展趋势与挑战的深入探讨。

1. 融合型电子商务的潜在发展方向

融合型电子商务的未来发展方向主要体现在以下几个方面。首先,跨界融合将成为重要趋势。传统零售商与电子商务平台的深度整合将推动新零售模式的形成，企业将通过线上、线下的无缝连接来提升用户体验。其次，社交电商的兴起使得用户在购物过程中不仅仅是进行商品交易，更是融入社交互动，这种模式将吸引更多年轻消费者。此外，个性化服务和定制化产品的需求日益增长，企业将利用大数据分析和人工智能技术，为消费者提供更具针对性的购物体验。

2．新兴技术对电子商务的影响

新兴技术正在深刻改变电子商务的运营模式。人工智能的应用使得企业能够更好地理解消费者行为，提供推荐系统和个性化服务，从而大幅提升用户黏性。区块链技术的引入则在保障交易安全和透明度方面展现出巨大潜力，尤其在供应链管理和支付处理领域。此外，虚拟现实（VR）和增强现实（AR）技术的应用，使得消费者能够在购物前获得更真实的产品体验，从而降低退货率，提高购买转化率。

3．监管政策与市场环境变化

随着融合型电子商务的快速发展，各国的监管政策也在不断调整。政府对于数据隐私保护、消费者权益保障等方面的立法日益严格，这将影响电子商务企业的运营模式。同时，市场环境的变化也要求企业具备更强的应变能力。国际贸易政策的变动、经济环境的不确定性，都可能对电子商务平台的跨境交易造成影响。因此，企业需要密切关注政策动态，灵活调整战略，以应对外部环境的变化。

4．企业在转型过程中可能面临的挑战

尽管融合型电子商务带来了众多机遇，但企业在转型过程中仍将面临不少挑战。首先，技术的快速迭代使得企业必须不断投资于新技术的研发和应用，尤其是在人工智能和大数据领域，这对资金和人才都是巨大的考验。其次，企业文化的转型也不可忽视。传统企业在向电子商务转型时，可能会遭遇内部抵制，如何提升员工的接受度和适应能力，是企业成功转型的关键。此外，市场竞争的加剧使得企业在产品创新、服务提升等方面必须保持持续的投入，以确保在竞争中立于不败之地。

融合型电子商务的未来发展充满潜力，但也伴随着诸多挑战。企业必须深入理解市场变化，灵活应对技术革新与监管政策的影响，以实现可持续发展。

1.3　创新融合对电子商务的作用与影响

在当今数字化时代，电子商务已经成为全球经济的重要组成部分。随着技术的快速发展，创新融合作为推动电子商务发展的关键因素，越来越受到重视。本节将探讨创新融合在电子商务中的作用与影响，从定义、形式、推动作用、案例分析、面临的挑战以及未来展望等多个维度进行深入分析。

1.3.1 创新融合的定义及其在电子商务中的重要性

1. 创新融合的定义

(1) 创新融合的概念解析

创新融合是指在快速变化的市场环境中,不同领域、不同学科、不同技术及不同商业模式之间的相互渗透与结合,形成新的创新模式和产品。在当今社会,单一的创新已难以满足复杂的市场需求,而创新融合通过打破传统的界限,促进跨界合作与资源整合,从而实现更为灵活和高效的创新输出。这一概念强调了不同领域知识和技术的交叉,以及通过这种交叉所带来的新机遇。

(2) 创新融合的特征

跨界整合:创新融合不仅限于某一行业或领域,而是通过整合不同领域的知识、技术和资源,形成新的价值链和商业模式。

多样性与灵活性:在创新融合的过程中,各种元素可以根据具体需求进行灵活组合,形成多样化的解决方案,从而提高了应变能力。

协同效应:不同领域的合作能够产生协同效应,通过资源的共享和优势互补,实现更高效的创新成果。

用户中心:创新融合的最终目标是提升用户体验,通过结合不同技术与服务,满足用户日益多样化的需求。

(3) 创新融合与传统创新的区别

来源与方式:传统创新往往依赖于单一领域内部的改进和突破,而创新融合则强调跨领域的合作与资源整合,注重多种元素的协同作用。

目标与导向:传统创新的目标常常是优化现有产品或服务,而创新融合则更关注创造新的价值和商业模式,推动行业变革。

适应性与反应性:在快速变化的市场环境中,传统创新可能面临较大的不确定性,而创新融合通过多元化的策略与灵活的组合方式,能够更好地适应市场需求的变化。

综上所述,创新融合作为一种新兴的创新模式,正在逐渐成为推动行业发展的重要动力,尤其在电子商务等快速发展的领域中,其重要性愈加凸显。

2. 电子商务中的创新融合

(1) 电子商务环境下的创新融合现状

在当今快速发展的数字经济中,电子商务的环境也在不断变化。创新融合作为一种新兴的战略思维,正在成为推动电子商务发展的核心动力。这一现状在各个行业中愈发明显,尤其是在互联网技术、移动支付、人工智能、大数据分析等新兴技术的助力下,企业之间的界限逐渐模糊,创新的方式和路径也日益多样化。

在这一背景下,企业通过跨界合作、资源共享、技术整合等手段实现了创新的融合。例如,一些零售企业与物流公司合作,共同开发智能配送系统,以提高配送效率并降低运营成本。同时,社交媒体平台也与电商平台进行深度整合,通过社交电商的形式,提升用户的购买体验,形成更为紧密的客户关系。整体来看,创新融合使得电子商务能够更快速地响应市场变化,提升运营效率,实现可持续发展。

(2)创新融合在电子商务中的应用案例

在电子商务领域,创新融合的应用案例层出不穷,充分展示了其在实际操作中的巨大潜力。例如,某知名电商平台与人工智能技术公司合作,推出了一款智能购物助手。这款助手通过大数据分析用户的购买习惯和偏好,提供个性化的产品推荐,从而提升了用户的购物体验和满意度。

另一个成功的案例是某家电商平台与传统零售商之间的合作,通过"线上线下结合"的模式,实现了资源的有效整合。消费者可以在网上选购商品,并选择到线下门店自取,或者直接选择送货上门的方式。这种模式不仅提高了消费者的选择自由度,还有效地平衡了线上与线下的销售渠道,增强了市场竞争力。

此外,区块链技术的引入也为电子商务带来了新的创新融合机会。一些电商平台通过区块链技术实现了供应链的透明化,提升了消费者的信任感,同时降低了假货的流通风险。这些案例充分表明,创新融合不仅提升了企业的运营效率,也为用户带来了更好的购物体验。

(3)通过创新融合提升电子商务竞争力

创新融合为电子商务提升竞争力提供了多种途径。首先,通过技术与业务的深度融合,企业能够快速适应市场变化,灵活调整战略。例如,利用大数据和人工智能,企业可以实时监测市场动态,及时调整产品和服务,以满足消费者不断变化的需求。

其次,创新融合有助于企业打造独特的品牌价值。通过跨界合作,企业可以借助合作伙伴的优势资源和技术,形成独特的竞争优势。例如,一些电商平台与知名品牌合作推出限量版商品,吸引了大量消费者的关注和购买,从而提升了平台的品牌影响力。

最后,创新融合能够促进企业内部的协同合作。通过打破部门之间的壁垒,企业能够实现信息的快速流通和资源的高效配置,从而提升整体运营效率。员工在创新融合的环境中,也更容易激发创造力,推动企业不断向前发展。

综上所述,创新融合在电子商务中的应用不仅提升了企业的竞争力,也为整个行业的发展注入了新的活力。随着技术的不断进步和市场需求的变化,未来的电子商务将会更加依赖于创新融合的理念与实践。

3. 创新融合对电子商务发展的重要性

在当今快速变化的市场环境中,创新融合被视为推动电子商务发展的重要力量。它不仅促进了电子商务的增长,还在提升用户体验和增强市场适应能力方面发挥了关键作用。以下是创新融合在电子商务中重要性的几个方面。

(1)促进电子商务发展与增长

创新融合通过整合不同的技术、商业模式和市场策略,为电子商务带来了新的增长机遇。在这个信息爆炸的时代,消费者对产品和服务的需求不断变化,企业必须迅速适应这些变化。通过引入新技术,如人工智能、大数据和区块链,企业能够更好地分析市场趋势,预测消费者需求,从而优化自身的运营模式。此外,创新融合还推动了跨界合作,使传统行业与新兴行业之间的界限变得模糊,形成了新的商业生态系统,进一步促进了电子商务的多样化发展。

(2)提升用户体验与满意度

用户体验是电子商务成功的关键因素之一。通过创新融合,企业能够提供更加个性化和便捷的服务。例如,利用大数据分析,企业可以根据用户的浏览和购买记录,推荐相关产品,从而提高转化率。同时,增强现实(AR)和虚拟现实(VR)等技术的应用,使得用户在购买之前能够更直观地体验产品,从而提升购买决策的满意度。通过不断创新和融合,企业能够不断优化用户体验,增强消费者的忠诚度,进而提升整体满意度。

(3)增强市场适应能力与灵活性

在竞争激烈的电子商务市场中,企业的市场适应能力和灵活性至关重要。创新融合使企业能够快速响应市场变化,及时调整其战略和运营模式。例如,疫情防控期间,许多企业通过创新融合,加速了向线上转型的步伐,利用电子商务平台进行销售,保持了业务的连续性。此外,灵活的供应链管理和多渠道销售策略的实施,使得企业能够在不同的市场环境中快速调整,确保其竞争力。因此,创新融合不仅提高了企业的抗风险能力,还增强了其在市场中的生存与发展能力。

综上所述,创新融合在电子商务中的重要性体现在多个方面,它不仅推动了行业的发展与增长,也提升了用户体验,增强了市场适应能力。这些因素共同促进了电子商务的持续繁荣,帮助企业在瞬息万变的市场中立于不败之地。

经过对创新融合的深入探讨,我们可以明确地认识到其在电子商务中的核心作用。创新融合不仅是现代电子商务发展的动力源泉,更是提升企业竞争力和市场适应能力的关键因素。通过将不同领域的创新理念和技术进行有效整合,企业能够创造出更具吸引力的产品和服务,从而在激烈的市场竞争中脱颖而出。

与此同时,我们鼓励企业积极探索创新融合的路径。在这个瞬息万变的商业环境中,仅依靠传统的经营模式和创新手段已难以满足消费者日益增长的需求。企业应当勇于打破行业壁垒,借助跨界合作、技术变革等方式,寻求新的商业机会和发展空间。通过不断尝试新的思维方式和实践方法,企业将能够更好地适应市场变化,提升其核心竞争力。

展望未来,电子商务的发展趋势必将更加依赖于创新融合。在数字化、智能化迅猛发展的背景下,消费者的需求日益多样化和个性化,只有通过创新融合,企业才能快速响应这些变化,提供更加优质的用户体验。可以预见,未来的电子商务将是一个充满创新与合作的生态系统,各种新兴技术与商业模式的结合将推动行业的持续进步。

总的来说,创新融合在电子商务中不仅是提升竞争力的工具,更是引领未来发展的重要策略。企业应积极拥抱这一趋势,持续探索和实施创新融合战略,以实现可持续的增长与发展。

1.3.2 创新融合的不同形式

1. 技术融合

(1) 技术融合的定义及其在电子商务中的重要性

技术融合是指将不同的技术领域、工具和平台有机结合,以创造出新的价值和应用。在电子商务中,技术融合是推动行业发展的重要动力,它使得在线商业活动更加高效、灵活和智能化。通过整合多种技术,电子商务能够实现更快速的交易、个性化的用户体验以及更为安全的支付环境。随着消费者需求的不断变化和技术的迅猛发展,技术融合在电子商务中不仅意味着提升效率,也意味着开辟新的商业机会,助力企业保持竞争优势。

(2) 技术融合带来的效率提升和创新机会

技术融合不仅提升了电子商务的运营效率,还为行业带来了诸多创新机会。首先,自动化和智能化的流程减少了人工干预,提高了交易速度。例如,通过AI驱动的库存管理系统,商家能够快速响应市场变化,降低库存风险。其次,技术融合促进了数据驱动决策的普及,企业可以通过大数据分析洞察市场趋势、消费者行为,从而制定更有效的市场策略。

此外,技术融合还催生了新的商业模式和服务。例如,随着区块链技术的普及,基于去中心化的市场平台正在出现,消费者和商家能够直接交易,降低了交易成本。再比如,IoT的应用使得个性化服务成为可能,用户可以通过智能设备获取定制化的购物体验,提升了顾客的满意度。

综上所述,技术融合在电子商务中扮演着至关重要的角色,它不仅提升了效率,还为企业提供了创新的机会。这些技术的结合将继续推动电子商务的发展,塑造未来商业的格局。

2. 商业模式融合

在当今快速发展的电子商务环境中,商业模式的多样性和融合性成为推动行业进步的重要力量。例如,社交电商、直播电商等新兴模式的出现,使得企业能够通过更直接的方式与消费者互动,从而提升销售转化率。这些模式各自具有独特的优势和特点,但随着市场需求的变化和技术的进步,它们之间的界限逐渐模糊,商业模式融合的趋势愈发明显。

(1) 商业模式融合的趋势和实例

随着市场竞争的加剧和消费者需求的变化,许多企业开始探索商业模式的融合。比如,传统的 B2B 电商企业开始拓展 B2C 业务,直接接触终端消费者;而一些 B2C 平台则开始引入 C2C 元素,鼓励消费者之间的交易。例如,淘宝在其平台上不仅销售商家的商品,还允许个人用户进行二手交易,这一举措有效提升了平台的活跃度和用户黏性。

另一个突出的例子是社交电商的崛起。通过将社交媒体与电商相结合,企业不仅能够直接向消费者销售产品,还能够利用用户之间的互动和分享来提升品牌知名度和销售额。拼多多就是一个成功的例子,它通过社交裂变和团购的形式,快速占领了市场。

(2) 如何通过融合商业模式来满足用户多样化需求

商业模式的融合不仅能够提升企业的竞争力,还能够更好地满足消费者的多样化需求。首先,融合可以扩大产品和服务的种类,使消费者在一个平台上就能找到他们所需的各种商品。例如,结合 B2B 和 B2C 模式的电商平台,可以为企业提供批发采购的选择,同时也满足了消费者的零售需求。其次,融合可以提升用户体验。通过整合不同商业模式,企业可以利用大数据分析消费者的购买习惯,从而提供个性化的推荐和服务。这种个性化的体验能够有效提高消费者的满意度和忠诚度,进而推动销售。最后,商业模式的融合还可以促进创新。不同模式之间的相互借鉴和融合,能够催生出新的商业机会和商业理念。企业可以通过跨界合作,探索新的市场和商业潜力,从而在竞争中脱颖而出。

商业模式的融合不仅是电子商务发展的必然趋势,也是满足用户多样化需求的有效策略。在未来,随着技术的进步和消费者需求的不断变化,商业模式的融合将会更加深入,推动电子商务向更加多元化和个性化的发展方向迈进。

3. 用户体验融合

用户体验是电子商务成功的关键。通过整合线上、线下的服务，企业能够提供无缝的购物体验。例如，O2O(Online to Offline)模式的盛行，使得消费者能够在网上选购商品，并在实体店体验和提货，提升了购物的灵活性和便捷性。

(1) 用户体验在电子商务中的关键作用

在当今电子商务的迅速发展中，用户体验(User Experience, UX)已成为影响消费者购买决策的核心因素之一。良好的用户体验不仅能够提高客户满意度，还能增加用户的忠诚度和回购率。随着竞争的加剧，企业越来越意识到，提供愉悦的购物体验是吸引和留住顾客的关键。

用户体验涵盖了用户在与电子商务平台互动时的所有感受，包括网站的易用性、界面设计、页面加载速度、客服的响应时间等。研究表明，用户在购物过程中若遭遇不顺畅的体验，往往会选择放弃购买。因此，企业需要重视每一个细节，以确保用户能够在网站上轻松找到所需产品，并享受顺畅的购买流程。

(2) 用户体验融合的策略

为了提升用户体验，电子商务企业可以采取多种融合策略。以下是几种有效的方法：

个性化推荐：利用大数据和人工智能技术，分析用户的购买历史和浏览行为，为其提供个性化的产品推荐。这种策略不仅可以增加用户的购物兴趣，还能提高转化率。例如，亚马逊和 Netflix 等平台通过个性化推荐算法，成功增强了用户的黏性和购买欲望。

跨平台体验：用户在不同设备(如手机、平板电脑和电脑)上购物时，期待获得无缝的体验。企业应确保其电子商务平台在多个设备上的一致性，提供统一的界面和功能。这种跨平台的用户体验可以帮助用户在不同场合下轻松完成购物，提高满意度。

社交媒体整合：社交媒体的兴起为电子商务提供了新的机会。通过在社交媒体上与用户进行互动，企业可以更好地了解用户的需求和偏好。此外，社交媒体平台上的购物功能(如 Instagram 购物、Facebook 商店)使得用户能够在浏览社交内容时直接进行购物，提升了购物的便捷性和乐趣。

(3) 实际案例分析，展示成功的用户体验融合

为了更好地理解用户体验融合的有效性，以下是几个成功案例的分析：

Zalando：作为欧洲领先的在线时尚零售商，Zalando 通过个性化推荐和用户评价系统提升了购物体验。用户在浏览产品时，可以看到基于其历史行为的推荐，同时，真实的用户评价也帮助他们做出更明智的购买决策。Zalando 还通过移

动应用提供无缝的购物体验,确保用户在任何地方都能方便地购物。

Alibaba:阿里巴巴通过其平台的多种功能,成功实现了用户体验的融合。例如,天猫平台结合了直播购物、社交互动和个性化推荐,为用户提供了丰富的购物体验。此外,阿里巴巴还针对不同用户群体推出了不同的界面和功能,进一步提升了用户的满意度。

Shopify:作为一个电商平台,Shopify通过提供简洁的界面和强大的支持工具,使得用户能够快速搭建自己的在线商店。其易用的后台管理系统和丰富的插件选择,使得商家能够灵活调整和优化用户体验,吸引更多顾客。

通过这些案例分析,我们可以看到,成功的用户体验融合不仅能够提升购物的便利性和乐趣,还能有效促进销售和提高用户品牌忠诚度。随着电子商务环境的不断变化,企业应持续关注用户体验的提升,不断创新和优化,以满足消费者日益增长的期望。

1.3.3 创新融合对电子商务行业的推动作用

1. 电子商务行业的现状与挑战

目前,电子商务行业正处于快速发展的阶段。根据最新统计数据,全球电子商务交易额已突破数万亿美元,尤其是在疫情防控期间,线上购物的需求激增。然而,电子商务行业也面临不少挑战。

(1) 竞争加剧

电子商务行业的快速发展和市场规模的扩大,推动了市场竞争的加剧。近年来,随着互联网技术的进步和消费者购物习惯的变化,电子商务行业呈现出迅猛增长的态势。根据统计数据,全球电子商务市场的规模预计将继续扩张,吸引了大量企业和投资者的关注。这个行业的蓬勃发展不仅使得现有企业面临更大的市场压力,同时也为新进入者提供了机遇。随着越来越多的新兴企业进入市场,竞争愈发激烈,价格战和服务质量的争夺使得企业难以维持稳定的利润水平。

①新进入者与传统零售商的竞争

在这个竞争日益激烈的市场环境中,新进入者与传统零售商之间的竞争愈发激烈。新兴的电子商务平台通过创新的商业模式和灵活的运营策略,迅速占领了市场份额。例如,许多新兴平台通过社交媒体营销、直播带货等方式吸引年轻消费者关注和购买。而传统零售商虽然在品牌认知度和客户忠诚度方面有一定优势,但在数字化转型的过程中,他们面临着技术更新和供应链管理的挑战。为了应对激烈的市场竞争,传统零售商也在积极探索线上线下融合的经营模式,以增强其市场竞争力。

②不同平台之间的竞争情况

除了新进入者与传统零售商之间的竞争,各大电子商务平台之间的竞争同样不可忽视。各平台在产品种类、价格政策、用户界面设计、支付方式等方面展开激烈地竞争。为了吸引更多的消费者,各个平台纷纷推出促销活动、会员制度及个性化推荐等策略,以提升用户的购物体验和满意度。此外,随着全球化的推进,跨国电子商务平台的崛起也为本土企业带来了新的挑战,企业需要不断提升自身的核心竞争力以应对外部竞争的压力。

③如何通过差异化策略应对竞争

在如此复杂多变的竞争环境中,企业必须采取有效的差异化策略来应对竞争。首先,企业可以通过提供独特的产品和服务来吸引目标客户,比如定制化商品、限量版产品等,以满足消费者的个性化需求。其次,提升品牌形象和价值也是差异化的重要手段。通过优秀的品牌营销和口碑传播,企业能够在消费者心中树立良好的品牌认知,从而增强客户黏性。此外,企业应注重数据分析,通过对消费者行为和偏好的深入研究,制定更具针对性的市场策略,以提高市场竞争力。最终,持续的技术创新和优质的客户服务也是企业保持竞争优势的重要保障。

总之,面对日益激烈的竞争环境,电子商务企业需要灵活应对,通过差异化策略和创新驱动,才能在竞争中立于不败之地。

(2)顾客体验的提升

在电子商务行业中,顾客体验的提升已成为企业成功的关键因素之一。随着市场竞争的加剧,消费者的期望不断提高,简单的线上交易已无法满足其个性化和便捷化的需求。企业必须在顾客体验方面持续创新,以吸引和留住客户。

①顾客体验在电子商务中的重要性

顾客体验不仅影响消费者的购买决策,还关系到品牌忠诚度和口碑传播。在电子商务中,顾客的购物体验包括网站的易用性、产品的展示、支付的便捷性以及售后服务的质量等多个方面。良好的顾客体验能够有效提升客户满意度,增强品牌形象,进而推动销售业绩。因此,企业应高度重视顾客体验的设计与优化,将其视为战略发展的核心内容。

②个性化购物体验的实现

随着数据分析技术的进步,个性化购物体验已成为提升顾客体验的重要手段。通过大数据和人工智能技术,电子商务平台可以分析消费者的购买历史、浏览行为和偏好,从而提供定制化的产品推荐和个性化的营销信息。这种个性化的体验不仅能够提升顾客的购买意愿,还能增强消费者的归属感和满意度。例如,许多平台会根据用户的浏览记录,推送相关的商品或优惠信息,帮助顾客快速找到他们感兴趣的产品。

③快速配送和服务质量的提升

在当今快节奏的生活中,消费者对于配送速度和服务质量的要求越来越高。为满足这一需求,许多电子商务企业开始优化其物流网络,采用先进的仓储管理系统和运输技术,以实现更快的配送。同时,服务质量的提升同样不可忽视。企业应加强客服团队的培训,提高服务响应速度和解决问题的能力,以确保顾客在购买过程中获得满意的体验。例如,提供24小时在线客服和便捷的退换货政策,能够有效提升顾客的购物满意度。

④如何利用顾客反馈不断优化体验

顾客反馈是企业改善顾客体验的重要依据。通过收集和分析顾客的意见和建议,企业可以发现当前服务中的不足之处,并进行针对性的改进。例如,定期开展顾客满意度调查,或是在购物后主动邀请顾客提供反馈,能够帮助企业及时了解顾客的需求和期望。此外,企业应建立良好的反馈机制,对反馈信息进行有效的管理和分析,以便在产品和服务上进行持续改进。通过不断优化顾客体验,企业能够增强顾客的忠诚度,提升市场竞争力。

综上所述,顾客体验的提升是电子商务行业发展的重要驱动力。企业应不断创新和完善顾客体验,以适应市场的变化和消费者需求的多样化,从而在竞争激烈的市场环境中立于不败之地。

(3) 技术适应性

新兴技术的迅速崛起,尤其是人工智能(AI)和大数据的应用,正重塑这一行业的运营模式和商业策略。企业需要不断更新其技术基础,以满足消费者日益增长的需求和市场变化的节奏。

①新兴技术在电子商务中的应用(如人工智能和大数据)

随着技术的进步,人工智能和大数据在电子商务中扮演着越来越重要的角色。利用大数据分析,企业能够精准把握消费者的购买习惯、偏好和行为模式,从而制定个性化的营销策略。这不仅提高了顾客的购买体验,也促进了销售额的增长。同时,人工智能的引入使得企业能够实现自动化的客户服务、智能推荐系统和库存管理,显著提升了运营效率。

②企业如何适应技术变革

在快速变化的技术环境中,企业必须具备灵活的适应能力。这包括对新技术的持续学习和投资,以及在组织结构和业务流程中融入这些新技术。例如,企业可以通过培训员工来提高其数字技能,以更好地利用新技术。此外,企业建立与科技公司或研究机构的合作关系,能够帮助企业更快地获取前沿技术,保持竞争优势。

③移动设备和社交媒体的影响

移动设备的普及和社交媒体的兴起,正在重新定义消费者的购物方式。越来越多的消费者选择通过手机进行在线购物,并通过社交媒体平台获取产品信息和分享购物体验。因此,电子商务企业需要优化其移动端网站和应用程序,确保用户能够方便快捷地进行购物。同时,利用社交媒体进行品牌推广与用户互动,能够增强客户的忠诚度和参与感,从而推动销售。

④安全和隐私问题的技术解决方案

随着电子商务的迅猛发展,安全和隐私问题日益凸显。消费者在进行在线交易时,对个人信息的安全性和隐私保护愈加关注。为此,企业需要采用先进的安全技术,例如加密算法、双重身份验证以及网络监测系统,以保护顾客信息。此外,透明的隐私政策和用户数据处理方式也是赢得消费者信任的重要因素。通过这些技术解决方案,企业不仅能有效防范网络安全威胁,还能增强消费者对品牌的信赖感。

总之,技术适应性不仅是电子商务企业应对市场挑战的必要条件,更是未来成功的基石。随着技术的不断进步,企业应持续关注并投资于新兴技术,以保持竞争力并满足不断变化的消费者需求。

(4)供应链管理

供应链不仅是企业运营的核心环节,更是连接生产、仓储和销售的关键纽带。全球化的供应链体系使得电子商务企业在面对突发事件时容易出现物流延迟和库存管理难题。以下将详细探讨供应链在电子商务中的关键作用、灵活性与效率、现代化技术支持,以及未来发展趋势。

①供应链在电子商务中的关键作用

供应链在电子商务中起着至关重要的作用。它不仅影响产品的交付速度和成本控制,还直接关系到顾客的满意度和忠诚度。在高度竞争的市场环境中,企业需要迅速响应顾客需求,确保产品能够及时送达。有效的供应链管理可以帮助企业降低库存成本、降低风险,从而提高整体运营效率。此外,供应链的透明度和可追溯性也成为现代消费者关注的重要因素,企业必须通过优化供应链来提升品牌形象和市场竞争力。

②供应链的灵活性与效率

灵活性与效率是现代电子商务供应链管理的两个核心指标。随着市场需求的不断变化,企业必须具备快速调整供应链的能力,以应对不同的销售季节和突发的市场变化。例如,在促销活动期间,企业需要迅速增加库存并保障配送能力,这就要求供应链能够迅速作出反应。同时,效率的提升不仅仅体现在物流速度上,还包括信息流的高效传递、资源配置的合理性等。通过优化物流路径、减少中间环节,企业能够在提高效率的同时降低成本,提高利润。

③现代化供应链管理的技术支持

现代技术的进步为供应链管理带来了革命性的变化。云计算、大数据分析和人工智能等技术的应用,使得供应链管理变得更加智能化和自动化。例如,企业可以利用大数据分析来预测市场趋势,优化库存管理。同时,物联网技术的应用使得物流信息实时可见,企业能够在任何时间跟踪产品的状态,及时调整运输方案。通过建立数字化的供应链管理平台,企业能够实现跨部门、跨地域的协同工作,从而提高整体运营效率和响应速度。

④未来供应链管理的发展趋势

展望未来,供应链管理将继续朝着智能化、绿色化和全球化的方向发展。智能供应链将通过更先进的技术手段提高决策的准确性和响应的灵活性,企业将更加依赖人工智能和机器学习进行数据分析和预测。同时,环保和可持续发展将成为供应链管理的重要考量,企业必须在降低环境影响的同时保持经济效益。此外,随着全球化的深入,企业需要加强国际供应链的管理,面对不同国家的法规、文化和市场需求,提升全球运营的协调性和效率。

供应链管理在电子商务行业中发挥着不可或缺的作用。随着技术的不断进步和市场环境的变化,企业必须不断优化和调整其供应链策略,以保持竞争优势和满足消费者的期望。

2. 创新融合如何解决这些挑战

面对上述挑战,创新融合为电子商务行业提供了有效的解决方案。通过整合不同领域的创新技术与管理理念,电子商务企业能够更灵活地适应市场变化。例如:

技术整合:企业可以通过人工智能和机器学习技术,实现对消费者行为的精准分析,从而优化产品推荐和个性化营销,提高客户转化率。

跨界合作:通过与传统零售商、物流公司及技术提供商合作,形成资源共享和优势互补的局面,进一步提升供应链的效率和灵活性。

互动平台建设:企业可以利用社交媒体和移动应用,建立与消费者的实时互动平台,增强用户参与感和品牌忠诚度。

灵活的商业模式:创新融合使得企业能够探索新的商业模式,如订阅制、共享经济等,以满足市场对多样化服务的需求。

1.3.4 实际案例分析

在电子商务行业的创新融合案例中,阿里巴巴的"新零售"模式值得一提。阿里巴巴通过将线上线下资源整合,构建了一个全面的商业生态圈。该模式不仅利用大数据分析来优化库存管理和顾客体验,还通过线下商店合作,提升消费者的购物便利性。此外,阿里巴巴还通过其支付系统(如支付宝)和物流平台(如菜鸟网络),进一步提升了整个供应链的效率。

京东的无人仓库和无人配送技术。京东通过引入先进的自动化技术与人工智能,极大地提升了仓储和物流的运营效率,同时也减少了人力成本。这种创新融合的方式,不仅解决了物流效率低下的问题,还提升了顾客的购物体验。

创新融合在电子商务行业的推动作用不可忽视。它不仅促进了技术和商业模式的变革,还推动了行业标准的建立和市场的规范化。在技术融合的推动下,电子商务平台得以实现更高效的运营和管理,提升了整个行业的效率。

此外,创新融合也促进了市场的多元化发展。随着社交媒体的兴起,用户生成内容(UGC)成为新的营销方式,企业通过与消费者的互动,建立起更加紧密的关系。这种关系不仅帮助品牌提升了知名度,也增强了消费者的参与感和归属感。

1.3.5 未来展望

展望未来,创新融合将在电子商务行业中发挥越来越重要的作用。随着技术的进一步发展,跨界融合的趋势将愈加明显。未来的电子商务将更加注重个性化和智能化,企业需要不断创新,以适应新的市场环境。以下是一些可能的发展趋势:

智能化和自动化:随着人工智能技术的不断进步,电子商务企业将越来越多地采用智能化和自动化的解决方案,以提升运营效率和用户体验。

可持续发展:环保和可持续发展将成为电子商务行业的新趋势,企业需要在创新融合中考虑如何减少资源浪费和碳排放。

个性化服务:消费者对个性化和定制化的需求将促进企业在产品设计、营销策略和服务模式上的创新融合。

全球化与本地化结合:在全球化的背景下,电子商务企业需要更好地平衡全球策略与本地市场需求,通过创新融合实现更精准的市场定位。

随着全球化进程的加快,电子商务将面临更多的国际竞争。企业需要积极拓展国际市场,借助创新融合的力量,提升全球竞争力。总之,创新融合将是推动电子商务持续发展的重要动力,企业应积极应对挑战,把握机遇,以实现更高水平的增长与发展。

1.4 创新融合型电子商务的环境

在当今数字化时代,电子商务已经不再是一个单一的商业模式,而是一个复杂而多元的生态系统。创新融合型电子商务作为这一生态系统中的重要组成部分,正在快速发展并逐渐成为企业竞争的关键。

1.4.1 当前市场环境的特点

1. 数字化转型加速

在当今迅速变化的商业环境中,电子商务行业正经历着前所未有的数字化转型。这一转型不仅仅是技术的更新换代,更是整个商业模式、运营流程以及消费体验的深刻变革。数字化转型的加速为企业提供了新的发展机遇,也带来了诸多挑战。这种转型不仅体现在销售渠道的变化,还包括供应链管理、客户关系管理等各个方面。

(1) 电子商务行业的数字化转型概述

电子商务的数字化转型涉及从传统的线下交易模式向在线平台的全面迁移。随着互联网技术的普及和移动设备的广泛应用,消费者的购物方式发生了根本性变化。企业纷纷利用数字技术来优化供应链管理、提升客户服务、实现精准营销等。近年来,云计算、大数据分析、人工智能等技术的飞速发展,为电子商务的数字化转型提供了强有力的支撑,使得企业能够更加高效地运营,满足快速变化的市场需求。

(2) 数字化转型对企业运营模式的影响

数字化转型深刻地改变了企业的运营模式。首先,企业能够通过数据分析获取更加精准的市场洞察,从而制订更为有效的营销策略。其次,数字化工具的应用使得企业在库存管理、销售预测等方面的效率显著提升,降低了运营成本。同时,企业内部的协作也因数字化而变得更加高效,信息的共享与沟通能够实时进行,减少了传统业务流程中的摩擦与延误。

数字化转型还推动了企业向以"客户为中心"转型,企业开始更加关注用户体验,通过数字化手段与消费者建立更为紧密的联系,形成良性的互动关系。这种转变不仅提升了客户的满意度,也提高了客户的忠诚度,为企业的长期发展打下了坚实的基础。

(3) 通过数字化提升用户体验的实例

在数字化转型的浪潮中,许多企业通过创新实践成功提升了用户体验。例如,某知名电商平台利用大数据分析用户的购物行为,推出个性化推荐系统,根据用户的历史浏览和购买记录,为其推荐相关产品。这种个性化体验不仅提高了用户的购买意愿,也增加了消费者的回访率。

也有些企业通过虚拟现实(VR)和增强现实(AR)技术,为消费者提供更为沉浸式的购物体验。例如,家居用品公司利用 AR 技术,让消费者在购买之前可以通过手机应用看到家具在自家环境中的实际效果,从而帮助他们做出更为明智的购买决策。这样的数字化应用不仅提升了用户体验,也有效降低了退货率,提升了整体销售业绩。

总的来说,数字化转型加速为电子商务行业带来了新的机遇和挑战。企业需要不断探索与创新,在数字化转型的过程中提升自身的竞争力,以适应快速变化的市场环境。

2. 消费者需求变化

在当今快速变化的电子商务环境中,消费者的需求正经历着显著的变化,他们希望能够享受到更加便捷、高效和个性化的购物体验。这些变化不仅影响了消费者的购物习惯,也深刻影响了企业的市场策略和运营模式。以下是当前消费者需求变化的几个主要特点。

(1) 消费者购物习惯的演变

随着互联网的普及和技术的不断进步,消费者的购物习惯发生了翻天覆地的变化。过去,消费者在实体店购物是主要的选项,而现在,越来越多的人选择在网上进行购物。根据统计数据,近年来在线购物的增长率显著高于传统零售,这一趋势在疫情防控期间尤为明显。消费者不仅能够在家中轻松浏览商品,还可以通过各种平台比较价格、查看评论并且享受送货上门的便利。这种习惯的转变使得电子商务成为许多消费者的首选,企业必须根据这种新趋势调整其市场策略。

(2) 个性化和定制化需求的上升

在数字化时代,消费者的个性化和定制化需求日益增强。现代消费者不再满足于标准化的商品,他们希望产品能够反映个人的品位和生活方式。这促使企业在产品设计和营销上进行创新,为消费者提供更多的个性化选择。例如,通过大数据分析,企业能够深入了解消费者的偏好,从而提供量身定制的产品推荐和个性化的购物体验。此外,个性化的服务不仅能够提高客户满意度,还能增强品牌忠诚度,成为企业在竞争中脱颖而出的重要策略。

(3)社交媒体和移动设备对消费行为的影响

社交媒体和移动设备的普及深刻地改变了消费者的消费行为。社交平台如微信、微博、Instagram等成了消费者获取产品信息和评价的重要渠道。许多人在购买决策前,往往会参考朋友的推荐、网红的意见或是用户生成的内容。此外,移动设备的便捷性使得消费者可以随时随地进行购物,这种无缝的购物体验显著提高了消费频率。企业需要积极利用社交媒体进行品牌推广,吸引消费者的注意力,并通过移动优化的网站和应用程序提升用户体验。

综上所述,消费者需求的变化对电子商务环境的影响深远。企业需要密切关注这些变化,通过创新的产品和服务策略,灵活应对不断演变的市场需求,以保持竞争优势。

3.竞争激烈

在当前的创新融合型电子商务环境中,竞争的激烈程度不断加深,成了企业必须面对的重要挑战。无论是新兴市场还是传统市场,竞争现状都表现出多样化和复杂化的特征,给企业的生存和发展带来了巨大的压力。

(1)新兴市场和传统市场的竞争现状

新兴市场的崛起为电子商务行业注入了新的活力,吸引了大量创业者和投资者的关注。例如,东南亚和非洲市场因其快速增长的互联网用户和移动支付的普及,成为国际企业争相进入的热土。然而,传统市场并未显现出退却的迹象,依然在持续优化其电商平台,与新兴市场企业展开全面竞争。相较于新兴市场,传统市场的竞争往往更加集中和成熟,参与者众多且实力相当。

在这种竞争环境下,企业不仅要面对来自同类行业的竞争者,还要警惕跨行业的竞争威胁。例如,连锁零售商正逐步进入电子商务领域,通过线上线下的整合来争夺市场份额,这使得原本专注于电商的企业不得不重新审视自己的市场定位和竞争策略。

(2)企业应对竞争压力的举措

为了在激烈的市场竞争中生存和发展,企业应采取多种策略来应对竞争压力。首先,企业可以通过提升产品和服务的质量来增强竞争力。关注消费者反馈和市场需求变化,使产品更具吸引力,是企业提升竞争优势的重要途径。

其次,企业应加强品牌建设和市场营销,提升品牌知名度和美誉度。通过精准的市场定位和有效的推广手段,企业能够更好地吸引目标客户群体,增强客户的忠诚度。此外,企业还可以通过技术创新和数字化转型来提升运营效率、降低成本,从而在价格竞争中占据优势。

最后,企业应重视合作与联盟,尤其是在供应链管理和物流方面,通过与其他企业的合作,提升整体的服务水平和响应速度,从而更好地满足客户需求。

(3) 成功企业的竞争策略分析

在竞争激烈的市场环境中,一些成功企业通过独特的竞争策略脱颖而出。以亚马逊为例,该公司通过不断扩展其产品线和服务,利用大数据分析提升用户体验,形成了强大的市场竞争力。亚马逊的 Prime 会员制度通过提供一系列增值服务吸引了大量用户,进一步巩固了其市场地位。

另一个例子是阿里巴巴集团,其通过构建完善的生态体系,将电商、支付、云计算等多种业务相互融合,从而提高了客户的黏性。在这个过程中,阿里巴巴还积极拓展国际市场,通过收购和合作不断增强其全球布局。

总之,在当前的竞争环境中,企业要想取得成功,就必须具备敏锐的市场洞察力和灵活的应变能力,通过不断创新和优化,才能在激烈的市场竞争中立于不败之地。

4. 技术驱动

在当今的电子商务环境中,技术驱动已经成为推动行业发展的核心动力。随着新兴技术的不断涌现,电子商务的运营模式和消费者体验都在经历着深刻的变革。以下是一些关键的技术驱动因素及其对电子商务的影响。

(1) 物联网。物联网技术通过连接各种设备,帮助企业实时收集和分析数据。例如,智能购物车和智能货架可以自动记录用户的购买行为和库存情况,从而实现精准营销和库存管理。这种高效的数据获取方式使得企业能够更好地理解消费者需求,优化产品供给。

(2) 人工智能。人工智能在电子商务中的应用日益广泛,从推荐系统到客服机器人,AI 技术正在提升用户体验。个性化推荐通过分析用户的浏览历史和购买习惯,为用户提供量身定制的产品推荐,进而提高转化率。此外,AI 驱动的聊天机器人能够全天候提供客户服务,解决用户的疑问,提升客户满意度。

(3) 区块链。区块链技术以其去中心化和不可篡改的特性,正在为电子商务带来新的信任机制。在供应链管理中,区块链可以追踪商品的来源和流转过程,确保产品的真实性和安全性。消费者能够通过区块链技术验证产品的合法性,从而增强对品牌的信任感。

(4) 技术创新对企业的业务效率和客户满意度产生了显著的影响。一方面,通过技术的引入,企业能够优化运营流程,降低运营成本,提升服务质量。例如,自动化仓储系统和智能物流管理能够加速订单处理和配送速度,减少人工错误,提高整体效率。另一方面,消费者的购物体验得到了极大的提升。无论是通过个性化的产品推荐,还是通过便捷的支付方式和快速的物流服务,技术的应用让用户在购物过程中感受到更高的满意度。

总之,技术驱动的电子商务环境为企业提供了前所未有的机遇和挑战。随着新兴技术的不断演进,未来的电子商务将更加智能化、个性化和高效化,企业必须紧跟技术发展的步伐,才能在竞争中立于不败之地。

1.4.2 影响电子商务创新的因素

1. 政策环境

在电子商务的快速发展过程中,政策环境扮演着至关重要的角色。政府的政策导向、法规和标准的制定以及政策变化对市场动态的影响,都是影响电子商务创新的重要因素。

(1) 政府政策对电子商务创新的支持

政府在推动电子商务创新方面发挥着积极的作用。通过制定鼓励创新的政策,政府可以为企业创造一个良好的发展环境。例如,提供税收减免、资金支持和技术研发补助等举措,能够有效降低企业创新的成本,激励其开展新的业务模式和技术探索。此外,政府还可以通过设立电子商务专项基金,支持中小企业的数字化转型,帮助它们在竞争中脱颖而出。

政策的稳定性和透明度同样重要。若政府能够持续推行有利于电子商务发展的政策,企业将更有信心进行长期投资和战略规划,从而推动整个行业的创新和发展。

(2) 法规与标准对企业操作的影响

电子商务的快速崛起,一系列新的法律法规也相继出台。适当的法规与标准能够为行业提供指导,确保市场的公平竞争和消费者的合法权益。然而,过于严格或不合理的法规可能会限制企业的灵活性,抑制创新。例如,数据隐私保护法律的实施,虽然是为了保护消费者,但如果法规过于复杂,企业在合规过程中可能会增加运营成本,从而影响其创新能力。

行业标准的建立也至关重要。统一的标准能够提高交易的透明度和效率,推动各方参与者的合作与交流。例如,在支付安全、物流配送等方面的标准化,能够提升消费者对电子商务平台的信任感,进而促进消费。

(3) 政策变化对市场动态的影响

政策的变化往往会引起市场动态的剧烈波动。无论是国际贸易政策的调整,还是国内市场监管政策的变化,都会直接影响电子商务企业的运营策略和市场布局。例如,若政府放宽对跨境电子商务的出口限制,将可能促使更多企业进军国际市场,拓展新的业务机会。

此外,政策变化还可能导致消费者行为的转变。比如,若政府推广绿色消费政策,消费者可能更倾向于选择环保产品,这将促使电子商务平台相应调整产品策略,推出更多符合政策导向的商品。

综上所述,政策环境对电子商务创新的影响是多方面的。政府的支持政策、法规与标准的适当制定,以及政策变化带来的市场动态,都需要企业在制定战略时予以认真考虑。只有在良好的政策环境下,电子商务才能持续创新,满足日益变化的市场需求。

2. 技术进步

在当今快速发展的商业环境中,技术是推动电子商务创新的核心动力。新技术的不断涌现,如云计算、大数据和人工智能,为电子商务带来了前所未有的机遇和挑战。这使得企业能够更有效地进行数据分析、市场预测和用户行为跟踪,从而推动产品和服务的创新。以下将详细探讨这些技术如何影响电子商务的创新。

(1) 新技术(如云计算、大数据、人工智能)的出现

云计算的出现使得企业能够以更低的成本获取强大的计算能力和存储空间。这种灵活性不仅降低了创业门槛,还使得中小企业能够与大型企业竞争。此外,大数据技术的应用使得企业能够收集和分析海量的用户数据,从而更好地了解消费者的需求与行为模式。人工智能的进步则使得企业能够实现自动化、个性化和智能化的服务,这对于提升用户体验和提高运营效率至关重要。

(2) 技术如何推动电子商务的新模式

随着新技术的不断发展,电子商务的新模式层出不穷。例如,基于云计算的电子商务平台使得商家可以轻松地搭建在线店铺,迅速进入市场。同时,社交电子商务的兴起使得消费者可以在社交媒体上直接购物,进一步打破了传统购物的界限。大数据和人工智能的结合催生了智能推荐系统,这些系统能够根据用户的历史行为和偏好,提供个性化的产品推荐,从而提升销售转化率。

(3) 技术创新对用户体验的提升

技术创新不仅改变了电子商务的运营模式,更大幅提升了用户体验。通过实时数据分析,企业能够及时响应用户的需求,提供更加精准的服务。此外,人工智能助手的应用使得客户服务更加高效,消费者可以随时随地获得帮助和支持。移动支付和无缝购物体验的实现,使得消费者能够更加便捷地完成交易,这些都在不同程度上提升了用户的满意度和忠诚度。

综上所述,技术进步在电子商务创新中扮演着至关重要的角色。新技术的出现不仅推动了新的商业模式的形成,也极大地改善了用户体验,使得电子商务行业在竞争日益激烈的市场中持续蓬勃发展。

3. 市场需求

市场需求是影响电子商务创新的一个关键因素。在快速变化的商业环境中，了解消费者的行为、市场的细分以及需求预测与供应链管理的关系，对于电商企业有针对性地创新至关重要。本节将深入探讨这几个方面，以阐明市场需求如何推动电子商务的创新。

（1）消费者行为变化对电商策略的影响

消费者行为的变化直接影响着电子商务的战略制定。随着科技的发展和生活方式的改变，消费者的购物习惯、偏好和期望也在不断演变。例如，越来越多的消费者倾向于选择在线购物而非传统实体店，这促使电商企业必须不断调整其销售策略和营销手段。面对消费者对便捷性和个性化服务的高要求，电商企业需要通过数据分析识别消费者行为趋势，从而制定出更具针对性的市场策略。

此外，社交媒体的普及使得消费者的购物决策越来越受到网络评价和社交影响的左右。电商企业需要注重建立良好的在线口碑，利用用户生成的内容（如评论、分享和推荐）来增强消费者信任，从而提升购买转化率。通过对消费者行为变化的敏锐洞察，企业可以更有效地满足市场需求，实现创新。

（2）市场细分与个性化服务的重要性

市场细分是实现个性化服务的基础。电商企业通过对市场的深入分析，可以识别出不同消费者群体的独特需求和偏好，从而制定差异化的营销策略。个性化服务不仅能提升用户体验，增加客户忠诚度，还能够在竞争日益激烈的市场中为企业创造竞争优势。

例如，许多电商平台利用大数据技术分析消费者的购买历史和浏览行为，从而为用户推荐个性化的商品。这种基于数据的个性化推荐不仅提高了用户的购买意愿，还增强了用户与平台之间的互动。因此，市场细分与个性化服务的结合，成为电商企业创新的重要驱动力。

（3）需求预测与供应链管理的关系

需求预测与供应链管理密切相关，二者的有效结合能够显著提升电商企业的运营效率。准确的需求预测能够帮助企业更好地规划库存，减少商品滞销或缺货的风险，从而降低成本并提高客户满意度。在快速变化的市场环境中，电商企业需要借助先进的分析工具和算法，实时监测市场动态，预测未来的消费趋势。

同时，供应链管理也需要灵活应对市场需求的变化。企业应建立高效的供应链体系，以实现快速响应市场需求的能力。通过优化供应链流程，电商企业不仅能够提高运营效率，还能够更好地满足消费者的期望，推动创新和增长。

综上所述，市场需求是推动电子商务创新的重要因素。通过深入理解消费者行为、市场细分与个性化服务以及需求预测与供应链管理的关系,电商企业能够更有效地应对市场挑战,实现可持续发展。

4. 行业竞争

在电子商务行业中,竞争是推动创新的一个重要因素。随着技术的快速发展和消费者需求的不断变化,企业面临着来自各个方向的竞争压力。要在这一环境中保持领先地位,企业不仅要关注自身的创新能力,还要分析竞争对手的策略、行业内的合作与竞争关系,以及如何在竞争中保持持续的创新。

(1) 竞争对手的创新策略分析

了解竞争对手的创新策略是电子商务企业制定自身战略的重要环节。竞争对手的创新可能涉及产品、服务、市场推广、用户体验等多个方面。例如,一些企业可能会在用户体验上进行深度优化,通过个性化推荐系统和简化的购买流程来吸引客户。而其他企业则可能更注重在价格战中通过技术投入降低成本,从而提升竞争优势。因此,企业需要定期进行市场调研,深入分析竞争对手的创新动态,以便及时调整自己的市场策略。

(2) 行业内合作与竞争的平衡

在高度竞争的电子商务环境中,合作与竞争并存的局面逐渐显现。一方面,企业间的竞争促使每个参与者不断创新,以满足日益增长的市场需求;另一方面,合作为企业提供了共享资源和交流技术的机会。例如,不同电商平台之间可以通过联盟合作,共享物流资源、用户数据和技术平台,从而降低运营成本并提升服务质量。成功的企业往往能够在合作与竞争之间找到平衡,既能保持自身的竞争力,又能通过合作实现互利共赢。

(3) 如何在竞争中保持创新

在竞争日益激烈的市场中,如何持续保持创新是每个电商企业必须面对的挑战。首先,企业需要建立一种鼓励创新的企业文化,激励员工提出新想法并实践这些想法。其次,企业可以通过建立开放的创新平台,与外部创业公司、技术机构以及高校合作,获取新的灵感和技术支持。此外,持续的市场反馈和消费者需求分析也至关重要,企业应通过大数据和用户行为分析,及时调整产品和服务,确保创新方向与市场需求保持一致。通过这些方法,企业可以在竞争中不断突破自我,实现可持续的创新。

总之,行业竞争是影响电子商务创新的重要因素。通过对竞争对手的策略分析、在合作与竞争中寻找平衡,以及建立创新驱动的企业文化,电商企业能够在复杂的市场环境中保持领先地位,实现长远发展。

5．企业文化

企业的文化氛围和创新意识对电子商务的创新能力起着重要作用。它不仅塑造了企业的价值观、信念和行为规范,还直接影响了员工的创新意识和创造力。鼓励员工提出创意和建议、支持风险尝试的企业文化,能够为创新提供良好的氛围,有助于激发员工的创造力,从而推动企业的持续创新。

(1) 企业文化如何影响创新氛围

企业文化能够在多个层面上影响创新氛围。首先,开放和包容的企业文化能够鼓励员工提出新想法和建议,从而激发创新。在这样的文化中,员工感受到自己的意见受到重视,进而愿意分享自己的见解和经验。相反,封闭和保守的文化可能会抑制员工的创造性思维,使他们不敢冒险提出新的想法。

其次,企业文化对于促进团队合作的作用也是推动创新的重要因素。一个强调协作与沟通的企业文化,能够使不同部门的员工相互交流、分享知识,从而产生新的创意和解决方案。创新往往是不同领域知识碰撞的结果,因此,良好的企业文化能够为这种碰撞提供平台。

(2) 激励机制与员工参与的重要性

除了企业文化本身,激励机制也是促进员工参与创新的重要手段。有效的激励机制可以鼓励员工主动参与到创新活动中来,包括为新产品或服务提供创意、参与项目开发或提出改进建议。激励机制可以是物质奖励,也可以是精神鼓励,如表彰、晋升机会等。

员工参与创新的过程不仅仅是为了获得奖励,更是他们自我价值实现的重要途径。当员工看到自己的努力能够带来实际的改变和成果时,他们的工作满意度和归属感会显著提高,从而形成良性循环。这种积极的参与感也会在企业内部形成良好的创新氛围,进一步推动创新进程。

(3) 案例研究:成功企业的文化特点

在众多成功的电子商务企业中,企业文化的独特性常常是其取得成功的重要因素之一。例如,亚马逊以其"以客户为中心"的企业文化而闻名。该文化鼓励员工从客户的角度出发思考问题,进而激发出许多创新的产品和服务,如亚马逊 Prime 和 Alexa 等。

阿里巴巴的企业文化强调"团队、诚信、激情与敬业"。这种文化不仅促进了员工之间的相互信任与支持,也激发了他们在日常工作中不断创新,推动了整个公司快速发展。

通过分析这些成功企业的文化特点,我们可以看到,它们的共同点在于都重视员工的参与和创新,营造了一个开放、包容且充满激励的环境。这不仅使员工能够在工作中找到乐趣,也使企业在激烈的市场竞争中保持了持续的创新能力。

总的来说,企业文化在电子商务创新中扮演着不可或缺的角色。通过建立良好的企业文化,激励员工参与创新,企业能够不断适应市场变化,推动自身的持续发展。

1.4.3　创新融合型电子商务在国际上的发展环境

1. 全球电子商务市场概述

近年来,全球电子商务市场经历了快速增长,特别是在疫情防控期间,更多消费者转向在线购物。全球电子商务市场已经成为现代经济中不可或缺的一部分。根据统计数据,全球电子商务销售额在2022年已突破4.9万亿美元,预计到2025年将达到7万亿美元。不同地区的电子商务发展不均衡,北美和亚太地区是主要市场,其中中国凭借巨大的消费市场和完善的物流体系,成为全球最大的电子商务市场。此外,欧洲市场也在不断扩大,但面临着较为复杂的法规和竞争环境的挑战。本部分将深入探讨全球电子商务的定义、市场规模及增长趋势、主要参与者及竞争格局、不同地区的电子商务发展情况,以及未来发展预测和面临的挑战。

(1) 全球电子商务的定义和重要性

全球电子商务是指通过电子方式进行的商业交易,包括购买和销售产品或服务。这一概念涵盖了多个领域,包括在线零售、数字支付、电子市场以及 B2B 和 B2C 交易等。电子商务的重要性体现在以下几个方面:首先,它显著降低了交易成本,提高了市场效率;其次,它为消费者提供了更广泛的选择和更便捷的购物体验;最后,电子商务还促进了全球化,使得企业能够在全球范围内拓展市场。

(2) 当前市场规模和增长趋势

根据最新的市场研究数据,全球电子商务市场的规模在2023年已达到数万亿美元,并预计在未来几年继续增长。尤其是在疫情后,许多消费者习惯了在线购物,这一趋势推动了电子商务的快速发展。预计到2025年,全球电子商务市场将以年均复合增长率(CAGR)将达到10%以上,尤其是在移动电商和社交媒体电商的推动下,市场规模将进一步扩大。

(3) 不同地区的电子商务发展情况

全球各地区的电子商务发展情况各不相同。在北美,电子商务已经成熟,消费者的在线购物渗透率非常高;在欧洲,尽管市场相对成熟,但各国之间的法规和消费者偏好差异仍然存在;而在亚太地区,尤其是中国,电子商务正以前所未有的速度增长,移动支付和社交电商成为主要驱动力。其他发展中国家,如印度和东南亚国家电子商务也在快速崛起,吸引了大量投资和创新。

(4)未来发展预测和挑战

展望未来,全球电子商务市场将继续保持强劲增长。然而,行业也面临着一系列挑战,包括数据安全和隐私保护、市场监管的不断加强,以及物流和供应链管理的复杂性。此外,随着消费者对可持续性和社会责任的关注加深,企业需要调整其商业模式以满足这些新兴需求。因此,企业在制定战略时必须密切关注市场动态和消费者趋势,以确保在竞争中保持领先地位。

2. 全球创新融合型电子商务概述

全球创新融合型电子商务是指在全球范围内,通过整合多种创新技术与商业模式,促进商品和服务的跨境交易与流通的一种新型电子商务形态。这种电子商务不仅仅局限于传统的网上交易,还通过技术的融合与创新,带来了全新的消费模式和商业生态。

随着互联网的普及和技术的迅猛发展,全球电子商务经历了显著的变革。相关数据显示,全球电子商务市场在过去十年中呈现出快速增长的趋势。特别是新冠疫情的影响,促使更多企业和消费者转向在线购物,加速了电子商务的数字化转型。如今,越来越多的企业意识到创新和融合的重要性,积极探索新的商业模式,以应对激烈的市场竞争。

(1)主要参与者和竞争格局

全球电子商务市场竞争激烈,主要参与者包括亚马逊、阿里巴巴、eBay 和沃尔玛等。这些巨头公司凭借其强大的品牌影响力、广泛的商品种类和高效的物流系统,在市场中占据了重要地位。此外,随着技术的进步和市场需求的变化,许多新兴企业和初创公司也在不断涌现,推动市场多元化发展。在这一竞争格局中,企业需要通过创新、提高用户体验和优化供应链来维持竞争优势。

(2)全球创新融合型电子商务发展趋势

全球创新融合型电子商务在未来继续保持快速发展的趋势。随着技术的不断进步,消费者的需求也在不断变化,企业需要灵活应对这些变化。预计未来会出现更多基于人工智能的智能购物体验,例如,虚拟现实(VR)和增强现实(AR)技术的应用,将使消费者的购物体验更加丰富和沉浸。

环保和可持续发展将成为未来电子商务的重要主题。越来越多的消费者倾向于选择环保产品,企业也将面临向可持续发展转型的压力。因此,如何在创新与可持续发展之间找到平衡,将是未来电子商务发展的重要课题。

全球创新融合型电子商务不仅是技术与商业模式的结合,更是经济全球化发展的重要体现。在这一过程中,各国企业应积极参与,共同推动电子商务的创新与发展,以应对未来的挑战与机遇。

3. 各国对电子商务的政策支持

各国政府对电子商务的发展提供了不同程度的政策支持。有的政府出台了一系列政策以促进电子商务的健康发展,包括税收优惠、资金扶持和基础设施建设等。有的则通过推动技术创新和保护知识产权来激励电子商务的成长。有的政府侧重于数据保护和消费者权益的立法,力求在促进市场活力与保护消费者权益之间取得平衡。发展中国家也在逐渐加强对电子商务的政策支持,以应对快速增长的市场需求,并吸引外资。

(1) 各国政府在电子商务发展中扮演的角色

各国政府在电子商务的发展中扮演着至关重要的角色。政府不仅是政策的制定者,还承担着监管和促进的双重职能。不同国家根据自身的经济发展阶段和市场需求,制定了相应的电子商务政策。例如,在一些发展中国家,政府可能更多地集中于基础设施的建设和网络普及;而在发达国家,则可能更注重消费者权益的保护和税收政策的完善。此外,政府还通过举办电子商务博览会、提供技术支持和培训等方式,鼓励企业参与数字经济。

(2) 政策支持的主要形式和措施

政策支持的主要形式和措施可以分为以下几类:

政策法规的制定:政府通过立法来明确电子商务的法律框架,保护消费者和商家的合法权益,规范市场秩序。

税收优惠政策:一些国家为电子商务企业提供税收减免等优惠政策,鼓励更多的企业进入电子商务市场。

资金支持:政府设立专项基金,支持初创企业和中小企业在电子商务领域的发展,帮助它们克服资金短缺的困难。

基础设施建设:投资建设网络基础设施,尤其是在偏远地区,确保所有人都能平等地参与电子商务。

培训和教育:提供电子商务的培训课程,提升企业和消费者数字化能力,以适应快速变化的市场需求。

(3) 中国对电子商务的政策支持

通过实施"互联网+"战略,中国政府推动了电子商务的蓬勃发展,特别是在农村市场,电子商务成为农民增收的重要途径。政策支持包括金融服务的普及、物流网络的建设,以及电子支付系统的完善。

①政策背景与发展历程

中国的电子商务政策支持可以追溯到 21 世纪初。2005 年,《中华人民共和国电子签名法》(简称《电子签名法》)开始实施,为电子商务的发展奠定了法律基础。随着市场的不断扩大,政府逐渐意识到电子商务在经济中的重要性,开始出台一系列政策以促进其健康发展。2015年,国务院发布了《"互联网+"行动计划》,明确提出要推动电子商务与传统产业的深度融合。此后,电子商务政策的制定逐渐加快,各地政府也纷纷出台地方性政策,形成了全国范围内的政策支持网络。

②现行政策措施的概述

当前,中国政府对电子商务的支持政策主要集中在以下几个方面:

税收优惠:为了鼓励中小企业参与电子商务,政府对相关业务实施税收减免政策,减轻企业负担,促进创业和创新。

基础设施建设:政府加大对互联网基础设施的投资,推动宽带网络的普及,提高偏远地区的网络覆盖率,为电子商务的发展提供了良好的基础环境。

人才培养:政府与高校和职业培训机构合作,推动电子商务相关课程的设置,培养专业人才,满足行业发展的需求。

市场监管:为维护市场秩序,政府加强对电子商务平台的监管,打击虚假宣传和侵权行为,保护消费者权益,提升市场信任度。

③未来政策趋势与展望

中国电子商务政策将继续向着更加规范化、系统化和创新化的方向发展。首先,政策将更加注重数字经济的可持续发展,推动绿色电子商务的发展。其次,随着全球数字经济竞争加剧,中国将积极参与国际规则的制定,推动全球电子商务的交流与合作。此外,政府还将加大对新兴技术的支持力度,如区块链、人工智能等,以提升电子商务的数字化水平和市场竞争力。

中国对电子商务的政策支持在不断演进中,既响应了市场的需要,也为经济的进一步发展提供了坚实保障。未来,随着政策的不断优化和完善,中国的电子商务领域将迎来更多的发展机遇。

(4)美国对电子商务的政策支持

美国政府对电子商务的政策支持可以追溯到20世纪90年代,当时互联网刚刚开始普及。随着信息技术的迅猛发展,政府认识到电子商务不仅是商业活动的未来趋势,也将极大地推动经济增长。1996年,美国国会通过了《互联网税收自由法案》,该法案禁止对互联网交易征收税款,旨在促进在线商业的发展。此后,政府不断调整政策,以适应电子商务的快速变化。

进入21世纪后,电子商务得到了更为广泛的关注。2000年,美国政府发布了《电子签名法》,这项法案赋予电子签名法律效力,为在线交易提供了法律保障。随着全球化和数字化的加速发展,政府对电子商务的支持政策也在不断演进。2010年后,随着社交媒体和移动互联网的兴起,政府开始关注跨境电子商务和数据保护问题,出台了一系列政策措施来应对这些新挑战。

美国政府通过完善的法律体系和创新环境,促进亚马逊、eBay 等电商巨头的崛起。此外,政府对数据保护和网络安全的重视,为消费者提供了更安全的购物环境。

①电子商务在经济中的重要性

电子商务已成为美国经济的重要组成部分。根据美国商务部的数据,电子商务对 GDP 的贡献不断上升,已经成为推动消费、促进就业的重要力量。随着消费者购物习惯的改变,越来越多的人选择在线购物,这不仅提高了商业企业的运营效率,也优化了资源配置。

电子商务的成长也带动了相关产业的发展,包括物流、支付、网络安全等领域。尤其是在新冠疫情防控期间,电子商务的增长速度加快,许多传统企业迅速转型,依托在线平台维持经营。这一现象显示了电子商务在经济中的韧性和适应性,同时也反映出其在促进经济复苏和实现可持续发展方面的重要作用。

②政策支持的目标和影响

美国政府对电子商务的政策支持主要集中在几个方面。首先,目标是促进创新与竞争,确保各类企业都能公平地参与到数字经济中。通过减税、提供融资支持以及简化监管程序,政府希望能够降低企业的运营成本,鼓励更多创业者进入市场。

其次,政府致力于保护消费者权益和数据安全。随着电子商务的普及,消费者在网上交易中面临的信息安全和隐私保护问题日益突出。因此,政府通过立法和监管措施,确保消费者在电子商务中的合法权益,增强公众对网上交易的信任。

最后,政策支持还包括推动国际合作与交流。在全球化背景下,电子商务的跨境交易日益频繁。美国政府通过与其他国家达成贸易协议,加强信息共享与合作,旨在为本国企业创造更好的国际市场环境。

美国对电子商务的政策支持不仅推动了行业的快速发展,也为经济的全面复苏和未来的可持续增长奠定了基础。随着技术的进步和市场的变化,政府的政策也将继续调整,以适应新的经济形势和消费者需求。

(5)新加坡对电子商务的政策支持

新加坡政府通过数字经济战略,积极推动电子商务的国际化,设立了许多创业基金和孵化器,支持初创企业的成长。

①概述新加坡的电子商务发展背景

新加坡作为东南亚地区的金融、贸易和科技中心,其电子商务的发展始于 20 世纪 90 年代。随着互联网的普及和移动设备的迅速发展,电子商务逐渐成为商家和消费者之间重要的交易方式。根据统计数据,新加坡的电子商务市场在过去十年中持续增长,尤其是在新冠疫情暴发后,在线购物、数字支付和虚拟服务的需求急剧上升。

新加坡的电子商务环境受到多个因素的推动,包括先进的基础设施、良好的网络覆盖率和高水平的数字技术应用。此外,政府在推动数字经济发展方面采取了积极的措施,如投资信息通信技术(ICT)基础设施和促进数字化转型,从而为电子商务的发展营造了良好的生态系统。随着更多消费者和企业转向在线平台,新加坡的电子商务市场展现出强劲的增长潜力。

②政府对电子商务的重视与支持

新加坡政府对电子商务的重视体现在多项政策和计划的实施上。政府认识到,电子商务不仅是推动经济增长的关键驱动力,也是提升国家竞争力的重要因素。为了支持这一领域的发展,新加坡实施了"智慧国计划"(Smart Nation Initiative),旨在利用科技提升生活质量和促进经济发展。该计划包括加强数字基础设施建设、推动云计算应用和促进大数据分析等方面,旨在为电子商务提供更加稳固的基础。

新加坡还通过相关机构,如新加坡企业发展局(Enterprise Singapore)和新加坡信息通信媒体发展局(IMDA),提供各种支持措施,包括资金补助、培训和咨询服务等。这些措施帮助企业,特别是中小企业,顺利进行数字化转型,实现电子商务的落地和发展。

在国际层面,新加坡也积极参与全球电子商务规则的制定,与其他国家和地区进行合作,推动电子商务的跨境发展。这种政策支持不仅为新加坡的企业打开了国际市场,也增强了新加坡作为全球电子商务中心的地位。

综上所述,新加坡在电子商务领域的政策支持体现在其全面的战略规划和持续的投资上,旨在通过创新和数字化推动经济的可持续发展。随着政策的不断完善和市场的快速变化,电子商务在新加坡的未来发展前景将更加广阔。

(6)未来政策的发展方向和趋势

数字化转型的加速:随着技术的不断进步,政府将更加注重推动传统行业的数字化转型,支持企业利用电子商务提升竞争力。

可持续发展:未来的政策将更加关注电子商务对环境的影响,鼓励绿色物流和可持续消费。

全球化与本地化的平衡:在促进国际电子商务的同时,各国也将更加重视本地市场的保护和发展,确保本国企业的竞争力。

数据隐私和网络安全:随着电子商务的普及,数据隐私和网络安全问题将成为政策关注的重点,政府将制定更为严格的数据保护法规。

跨境电商的支持政策将在促进跨境电商方面发挥更大作用,简化国际贸易流程,降低交易成本,从而推动全球电子商务的繁荣。

各国对电子商务的政策支持不仅推动了经济的数字化转型,也为全球经济的可持续发展奠定了基础。随着技术的不断演进,政策的适应性和前瞻性将是未来电子商务发展的关键。

1.4.4 创新融合型电子商务在我国的发展环境

1. 当前我国电子商务的发展现状

近年来,我国电子商务发展迅速,已成为全球最大的电子商务市场之一。根据相关统计数据,2022年我国电子商务交易总额超过40万亿元人民币,用户规模已超过10亿。这一增长得益于移动互联网的普及、消费习惯的改变以及政策环境的支持。电商平台如淘宝、京东、拼多多等迅速崛起,形成了多样化的商业模式,推动了零售、服务业及其他行业的数字化转型。

然而,虽然市场规模庞大,但电子商务的发展也面临一些挑战。例如,市场竞争激烈、用户黏性不足、跨境电商的政策壁垒等问题亟待解决。对此,创新融合型电子商务的出现为行业带来了新的机遇。

2. 创新融合型电子商务的背景与重要性

随着科技的迅猛发展和消费者需求的多样化,传统的电子商务模式已难以满足市场的变化。因此,创新融合型电子商务应运而生,它不仅能够提升交易效率,还能通过大数据分析、个性化推荐等方式,增强用户的购物体验。其重要性体现在多个方面:

促进产业升级:通过技术的融合与创新,企业能够实现生产、销售、服务的全面升级,从而提升整体竞争力。

满足多样化需求:消费者对个性化、便捷化的需求日益增强,创新融合型电子商务能够提供更加精准的服务。

推动可持续发展:通过资源的优化配置和高效利用,创新融合型电子商务有助于实现经济的可持续发展。

3. 政策环境与技术环境的影响

我国政府对电子商务的发展给予了高度重视,出台了一系列政策措施以支持其创新与发展。《电子商务法》和《"互联网+"行动计划》的实施为行业的规范化提供了法律保障,而国家对数字经济和新基建的重视,也为创新融合型电子商务的快速发展创造了良好的政策环境。

在技术环境方面,移动支付技术(如支付宝、微信支付)的普及,极大地方便了电子商务交易;5G、人工智能和云计算的应用提升了电子商务的个性化推荐和精准营销能力;区块链技术在供应链管理和防伪溯源中的应用,提高了电子商务的透明度和信任度。新技术的持续进步,为创新融合型电子商务的落地提供了强有力的支撑。这些技术不仅提高了交易的效率,还为用户提供了更加丰富的体验。同时,物流体系的完善也为电子商务的创新融合奠定了基础。

1-4 云习题

第2章 电子商务框架结构

2.1 电子商务系统

2.1.1 前端用户界面

这是客户与电子商务平台交互的地方,通常包括网站或移动应用,设计上需注重用户体验和可用性。

1. 电子商务系统前端用户界面的定义

电子商务系统前端用户界面(User Interface,UI)是指用户与电子商务平台进行交互的可视化部分。它包含了所有用户能够看到和操作的元素,例如网页布局、按钮、菜单、图像和文本内容等。前端用户界面不仅仅是一个静态的展示平台,而是一个动态的交互空间,用户可以通过它进行浏览、搜索、选择商品、下单、支付等一系列操作。整体上,它是连接用户与后端系统(如数据库和服务器)的桥梁,确保信息的有效传递和用户体验的顺畅。

2. 前端用户界面的重要性

前端用户界面的重要性体现在多个方面。首先,良好的用户界面设计能够提升用户体验,使用户在使用电子商务平台时感到愉悦和方便。研究表明,用户在体验良好的界面时更可能进行购买和重复消费,这直接影响到平台的转化率和客户忠诚度。

其次,前端用户界面对于品牌形象的塑造至关重要。一个专业、整洁且具有吸引力的界面能够增强用户对品牌的信任感,从而提升品牌的认知度与美誉度。在竞争激烈的市场中,出色的用户界面设计能够帮助企业从众多竞争者中脱颖而出。

最后,用户界面的可访问性和易用性对于不同类型的用户群体也非常重要。无论是技术熟练的年轻用户还是对科技不太熟悉的老年用户,设计师都需要考虑到不同用户的需求,以确保所有用户都能轻松找到所需的信息和功能。

3. 设计原则与最佳实践

在设计电子商务系统的前端用户界面时,有几个原则和最佳实践需要遵循,以确保界面的高效性与用户友好性。

一致性:一致性是指在整个界面中使用相同的设计元素,例如颜色、字体、按钮样式等。保持一致性能够帮助用户更快地理解系统的操作逻辑,从而降低学习成本,提高使用效率。

直观性:用户界面的设计应尽量直观,使用户能够轻松理解每个功能的用途。使用常见的图标和术语,并在必要时提供清晰的指引和反馈,能够帮助用户快速上手,减少困惑。

响应式设计:随着移动设备的普及,响应式设计变得尤为重要。设计师应确保用户界面在各种设备(如手机、平板电脑、电脑等)上均能流畅运行,提供一致的用户体验。这不仅能够吸引更多用户,还能满足用户多样化的使用场景。

视觉层次:良好的视觉层次能够帮助用户快速识别信息的重要性。通过合理使用大小、颜色和间距,设计师可以引导用户的注意力,使他们在浏览时更容易找到关键的信息和功能。

用户测试:进行用户测试是验证设计有效性的重要步骤。通过收集用户的反馈,设计师可以发现潜在的问题并进行改进,确保最终的用户界面能够满足目标用户的需求。

总的来说,电子商务系统前端用户界面的设计不仅是技术实现的问题,更是提升用户体验、增强品牌形象和促进销售的重要因素。通过遵循上述设计原则与最佳实践,企业可以打造出更符合用户期望的电子商务平台。

2.1.2 后端管理系统

后端管理系统是电子商务平台的核心,通常指的是企业用于管理和优化内部运营的系统。它包括数据存储、业务流程、用户权限管理等多个模块,旨在提高企业的工作效率和数据处理能力。

1. 后端管理系统的重要性

提升效率:通过自动化业务流程,减少人工干预,从而提高工作效率和响应速度。

数据集中管理:能够将分散在不同部门和系统中的数据集中存储与管理,便于进行数据分析和决策。

增强安全性:相较于传统的管理方式,后端管理系统可以更好地保护敏感数据,通过权限管理和审核机制,保障企业信息的安全。

2. 后端管理系统的基本功能和特性

后端管理系统的功能和特性是其成为企业重要工具的基础。以下是主要的功能模块。

商品管理：添加、编辑、删除商品信息，管理库存。

订单管理：处理订单，更新订单状态，管理退货和退款。

促销管理：设置折扣、优惠券、满减活动等。

内容管理：管理网站内容，如公告、广告、博客等。

用户管理：支持多用户权限设置，确保不同角色的人员只能访问其所需的信息。

数据管理：提供强大的数据存储、查询和分析功能，使企业能够快速获取所需数据，进行有效决策。

业务流程管理：设计和实施标准化的业务流程，确保各项任务顺利进行和跟踪。

报告生成：自动生成各类业务报告，为管理层提供精准的决策依据。

系统集成：支持与其他系统（如前端应用、第三方服务等）集成，实现数据的无缝流动。

此外，现代后端管理系统通常具备良好的可扩展性和灵活性，以适应企业不断变化的需求。

3．技术实现

编程语言：如 Java、Python、Node.js、PHP 等。

框架：如 Spring Boot(Java)、Django(Python)、Express(Node.js)等。

数据库：如 MySQL、PostgreSQL、MongoDB 等。

API 设计：RESTful API 或 GraphQL。

4．后端管理系统在现代企业中的应用

后端管理系统在现代企业中得到了广泛应用，涵盖了多个行业和领域。以下是一些典型的应用场景：

电子商务：在电子商务平台中，后端管理系统能够有效管理商品信息、用户订单以及库存情况，确保交易顺利进行。

人力资源管理：企业可以利用后端管理系统来管理员工信息、考勤记录、薪资计算等，从而提高人力资源管理的效率。

财务管理：后端管理系统帮助企业进行财务数据的集中管理与分析，支持预算编制、成本控制和财务报表生成等功能。

客户关系管理（CRM）：通过后端管理系统，企业能够更好地管理客户信息、跟踪销售进度，从而提升客户满意度和忠诚度。

随着技术的不断进步，后端管理系统将持续演变，以适应日益复杂的商业环境和用户需求。企业应重视后端管理系统的建设与优化，以在激烈的市场竞争中立于不败之地。

2.1.3 支付网关

支付网关是现代电子商务中不可或缺的一部分，它为商家和消费者提供了安全、便捷的交易方式。随着互联网技术的不断发展，支付网关的功能和重要性也在不断增强。

1. 支付网关的定义及其功能

支付网关是一种在线服务，它充当商家与支付处理机构之间的中介，负责安全地传输交易信息。其主要功能包括：

交易验证：通过加密技术（如 SSL/TLS）和认证机制（如 3D Secure），确保消费者的支付信息是有效和安全的。

数据加密：保护消费者的敏感信息，如信用卡号和个人身份信息，防止泄露。

资金转移：在消费者、商家和银行之间顺利进行资金的转移。

交易记录：提供交易历史和报告，便于商家进行财务管理和分析。

支付方式集成：支持多种支付方式，如信用卡、借记卡、支付宝、微信支付、PayPal 等。

支付状态更新：实时更新支付状态，通知用户和平台。

退款处理：支持退款操作，处理退款请求。

2. 支付网关在电子商务中的重要性

在电子商务快速发展的今天，支付网关的角色愈发重要。它不仅为消费者提供了多样化的支付选择，包括信用卡、借记卡、电子钱包等，还提升了购物体验。商家通过集成支付网关，可以：

提高转化率：简化的支付流程可以降低购物车放弃率。

增强信任感：安全的支付环境提升了消费者对平台的信任度。

拓展市场：支持多种支付方式可以吸引不同的消费群体，尤其是在国际市场上。

3. 支付网关的工作原理

支付网关的工作原理可以分为几个关键步骤：

消费者选择商品并进入支付页面，在结算过程中，消费者填写支付信息。

信息加密与传输：支付网关对消费者的支付信息进行加密，并通过安全通道将其发送给支付处理器。

支付处理：支付处理器验证交易信息，并向发卡银行请求授权。

响应:发卡银行返回授权结果,支付网关将结果传输给商家和消费者。

资金转移:一旦交易被批准,资金将在消费者的账户与商家的账户之间进行转移。

4．常见支付网关的类型

支付网关主要分为以下几种类型。

直通型支付网关:允许消费者直接在商家网站上输入支付信息,适合对安全性要求较高的商家。

重定向型支付网关:消费者的支付信息在第三方网站上处理,商家通过链接重定向消费者到第三方网站,适合初创企业。

API集成型支付网关:通过API接口实现与商家系统的无缝连接,适合技术能力较强的企业使用。

5．技术实现

支付接口:如Stripe、支付宝API、微信支付API、PayPal API等。

安全协议:SSL/TLS、PCI DSS合规。

日志与监控:记录支付日志,监控交易状态。

6．选择支付网关时的考虑因素

在选择支付网关时,商家需要考虑以下几个因素。

安全性:支付网关必须符合PCI DSS(支付卡行业数据安全标准)等安全标准。

交易费用:不同支付网关的手续费和交易费率差异较大,商家应选择性价比高的服务。

兼容性:支付网关需要与现有的商户网站或系统兼容,以确保集成顺利。

技术支持:商家应确保支付网关提供良好的技术支持,以便及时解决问题。

用户体验:支付流程的简便性直接影响消费者的购买决策。

7．支付网关的未来发展趋势

随着科技的不断进步,支付网关的未来发展趋势主要体现在以下几个方面。

移动支付的普及:随着智能手机的普及,移动支付将成为支付网关的重要组成部分。

人工智能的应用:通过人工智能技术,支付网关将能够提供更加个性化的服务和更高效的风险监控。

区块链技术的应用:区块链技术的应用将提升交易的透明度和安全性,可能会改变传统支付网关的运营模式。

多币种支付支持:全球化商业的需求推动支付网关支持多种货币交易,以满足不同国家消费者的需求。

支付网关在电子商务中扮演着至关重要的角色。随着技术的不断发展,支付网关的功能和服务将不断完善,为商家和消费者提供更加安全、高效的交易体验。

2.1.4 物流系统

高效的物流系统能够保证商品的及时配送,是提升客户满意度的重要因素。同时也是现代商业运作中不可或缺的一部分。随着全球化和电子商务的发展,物流系统的重要性愈发凸显,成为企业提升竞争力、优化资源配置和提高客户满意度的关键因素。

1. 定义物流系统及其重要性

物流系统是指在商品流通过程中,为满足消费者需求而进行的一系列管理和操作活动的综合体。它包括货物的运输、储存、装卸、包装、配送以及相关的信息处理和管理。物流系统的核心目标是以最低的成本和最高的效率,将产品及时送到消费者手中。

在现代商业环境中,物流系统的重要性体现在多个方面。首先,它是实现供应链管理的基础,帮助企业协调生产、库存和销售之间的关系。其次,合理的物流系统可以显著降低运营成本,提高资源利用率,从而提高企业的整体效益。此外,良好的物流系统还能够提升客户满意度,通过快速、准确的配送服务增强客户的购买体验,进而提高客户的忠诚度和重复购买率。最后,在全球竞争愈加激烈的背景下,企业通过优化物流系统,可以提升市场响应速度,增强其在市场中的竞争优势。

2. 物流系统的组成部分

物流系统的组成部分主要包括以下几个方面。

(1) 运输

运输是物流系统中最核心的环节之一,它涉及选择合适的运输方式(如陆运、海运、空运等)以及制定合理的运输路线。运输的效率直接影响到物流成本和客户满意度。

(2) 仓储

仓储是指对商品进行存储和管理的环节。仓储的合理布局和管理不仅能够提高库存周转率,还能够降低仓储成本。现代仓储技术,如自动化仓库和智能库存管理系统,正在逐渐改变传统的仓储方式。

(3) 订单处理

订单处理是物流系统中连接消费者与供应商的重要环节。它涉及订单的接收、处理、配货和发货等多个步骤。高效的订单处理能够缩短交货时间,提高客户满意度。

(4) 信息系统

信息系统在物流中起着至关重要的作用,它负责收集、处理和传递物流信息。通过信息系统,企业可以实时跟踪货物状态、优化运输路线、管理库存,从而提高物流运作的透明度和效率。

(5) 包装

包装不仅是保护商品的手段,也是有效物流的关键因素。适当的包装可以减少运输过程中的损坏,降低物流成本,同时提升产品的市场吸引力。

3. 技术实现

物流 API:如顺丰、京东物流、菜鸟物流等第三方物流接口。

仓储管理系统(WMS):管理库存和仓储操作。

配送管理系统(TMS):优化配送路线和资源分配。

4. 物流系统在现代商业中的应用

物流系统的应用贯穿于现代商业的各个领域,以下是几个具体的应用实例。

(1) 电子商务

在电子商务快速发展的今天,物流系统的优化尤为关键。企业通过建立高效的物流网络,实现快速配送,满足消费者日益增长的时效需求。例如,许多电商平台采用了"次日达"或"当日达"的服务,这离不开强大的物流系统支持。

(2) 制造业

在制造业中,物流系统的有效管理可以优化生产流程,降低生产成本。通过精准的原材料配送和成品仓储管理,企业能够提高生产效率,缩短生产周期,从而更好地满足市场需求。

(3) 零售业

零售业依赖于高效的物流系统来确保及时补货,防止缺货或库存过剩。现代零售商常常利用数据分析工具,预测销售趋势,优化库存管理和物流配送。

(4) 医药行业

医药行业对物流系统的要求极高,必须确保药品在运输和存储过程中保持适宜的环境条件。通过建立冷链物流系统,企业能够有效地管理对温度敏感的产品,确保药品的安全性和有效性。

物流系统在现代商业中有着非常重要的作用。随着技术的不断进步和市场需求的变化,物流系统将持续演变,以满足不断变化的商业环境和消费者期望。

2.1.5 数据分析工具

数据分析工具在当今数字化时代扮演着至关重要的角色。随着数据的快速增长和复杂性增加,企业和组织需要有效的工具来处理、分析和可视化数据,帮助优化运营和决策。

1.数据分析工具的定义和重要性

数据分析工具是指用于收集、处理、分析和可视化数据的各种软件和应用程序。这些工具能够帮助用户从大量的数据中提取有价值的信息和见解,从而支持决策过程。数据分析的目的不仅是理解过去的趋势,还包括预测未来的表现。

数据分析工具的重要性体现在以下几个方面。

决策支持:通过数据分析,企业能够更好地理解市场趋势、客户需求和运营效率,从而制定更加科学的战略和决策。

提高效率:自动化的数据处理和分析减少了对人工干预的需要,节省了时间和资源,使得团队能够将更多精力集中在核心业务上。

竞争优势:在竞争激烈的市场环境中,能够快速有效地分析数据的企业能够获得更大的市场份额和客户忠诚度。

风险管理:通过数据分析,企业能够识别潜在风险和问题,从而及时采取预防措施,降低损失。

2.功能与特点

用户行为分析:分析用户浏览、搜索、购买等行为,优化用户体验。

销售数据分析:分析销售趋势、热门商品、客户群体等。

库存分析:优化库存管理,避免缺货或积压。

营销效果分析:评估促销活动的效果,优化营销策略。

可视化报表:通过图表和仪表盘展示数据分析结果。

3.主要类型的数据分析工具

数据分析工具可以根据其功能和用途分为多种类型,以下是一些主要类别:

数据采集工具:这些工具用于收集和整合来自不同来源的数据,如数据库、网页和传感器等。例如,Apache Nifi 和 Talend 等工具可以帮助用户轻松地进行数据提取和转换。

数据清洗工具:在数据分析的过程中,数据清洗是一个重要的步骤。工具如 OpenRefine 和 Trifacta 可以帮助用户识别和修复数据中的错误和不一致性,确保分析结果的准确性。

数据分析和可视化工具：这类工具是进行数据探索和分析的核心，常见的有 Tableau、Power BI 和 Python 的 Pandas 库等。它们能够帮助用户通过图表和图形将复杂的数据转化为易于理解的可视化形式。

统计分析工具：这些工具专注于数据的统计分析，帮助用户进行假设检验、回归分析等。例如，R 语言和 SPSS 是被广泛使用的统计分析工具。

大数据分析工具：对于处理海量数据的需求，Hadoop 和 Spark 等大数据处理平台提供了强大的数据存储和分析能力，适合需要高效处理大规模数据集的企业。

4. 如何选择合适的数据分析工具

选择合适的数据分析工具是一个关键的决策过程，以下是一些帮助用户做出选择的考虑因素：

需求分析：首先需要明确分析的目标和需求。不同的业务场景可能需要不同的工具组合，因此在选择工具之前，首先要清楚自己要解决什么问题。

数据类型和来源：考虑待分析数据的类型（结构化、半结构化或非结构化）以及数据的来源。某些工具可能更适合处理特定类型的数据。

用户技能水平：团队成员的技术能力和经验也会影响工具的选择。对于技术人员较多的团队，可以选择功能更强大的编程工具，而对于非技术人员则应考虑易用性更高的可视化工具。

成本：工具的成本也是一个重要考虑因素。市场上有许多免费和开源的工具，但也有一些高价的商业软件。需要评估工具的性价比，并考虑长期使用的成本。

社区支持与更新：选择一个有活跃社区支持和定期更新的工具，可以确保在使用过程中能够获得帮助，并能及时获得新功能和修复。

通过上述分析，可以帮助企业和组织找到最适合自己的数据分析工具，提升数据分析的效率和效果，从而在竞争中获得优势。

在电子商务系统中，前端用户界面是用户与平台交互的入口，直接影响用户体验；后端管理系统是平台的核心，负责业务逻辑和数据管理；支付网关确保交易的安全和便捷；物流系统保障商品的及时配送；数据分析工具帮助优化运营和决策。这些部分相互协作，共同构建一个高效、安全、用户友好的电子商务平台。通过对电子商务系统的理解，我们可以更好地把握这一领域的发展动态，为未来的电子商务创新提供理论基础和实践指导。

2.2 电子商务基本框架

2.2.1 电子商务基本框架概述

电子商务的基本框架为其运作提供了结构性指导,涵盖了多个关键要素。这些要素不仅定义了电子商务的不同类型,还涉及支持其运作的技术基础,以及从商品展示到交易完成的整体流程。为了确保整个系统的高效性和稳定性,电子商务平台必须设计出良好的架构,以适应不同规模和类型的商业活动。

2.2.2 关键技术支持

为了确保电子商务的顺利运行,必须依赖一系列关键技术支持。这些技术不仅提升了用户体验,还保障了交易的安全性和可靠性。

1. 网站架构

一个良好的网站架构是电子商务成功的基础。它应具备清晰的导航、友好的用户界面以及良好的响应速度,以确保用户能够便捷地找到所需商品。

(1) 电子商务网站的重要性

在当今数字化时代,电子商务网站已成为商业运营中不可或缺的组成部分。随着互联网的快速发展,越来越多的企业意识到,建立一个高效、用户友好的电子商务网站不仅仅是为了提升销售额,更是为了增强品牌形象和客户忠诚度。电子商务网站能够为企业提供 24 小时不间断的服务,使消费者能够随时随地进行购物。此外,它还能够利用大数据分析消费者行为,优化产品推荐和营销策略,从而提高转化率。

电子商务网站的成功不仅依赖于产品质量,也依赖于网站设计和架构的合理性。一个布局清晰、操作简便的网站能够提高用户体验,促使顾客更愿意购买。相反,如果网站设计不当,可能会导致用户流失,从而影响销售业绩。因此,理解电子商务网站的重要性有助于企业在竞争激烈的市场中立于不败之地。

(2) 网站架构的基本概念

网站架构是指网站的整体结构和组织方式,包括页面之间的链接关系、信息的分类和层次等。良好的网站架构能够确保用户在访问网站时能够快速找到所需信息,提高网站的可用性和用户体验。网站架构不仅涉及前端用户界面的设计,还包括后端数据库的设计和服务器配置等技术性问题。

在设计网站架构时,需要考虑多种因素,包括用户需求、信息流动、搜索引擎优化(SEO)和系统扩展性等。明确网站的目标受众和核心功能是设计网站架构的第一步。只有在此基础上,才能创建出一个既符合用户使用习惯,又具备良好性能的网站架构。

(3)电子商务网站架构的组成部分

电子商务网站架构主要由几个关键组成部分构成,这些部分相互关联,共同支持网站的功能和性能。

①用户界面(UI)

用户界面是用户与网站交互的部分,包括网页的设计、布局、颜色搭配和导航菜单等。一个直观、简洁的用户界面能够提升用户体验,使用户更容易找到所需的产品和服务。

②数据库

数据库是电子商务网站的重要组成部分,负责存储和管理网站上的所有信息,如商品信息、用户数据、订单记录等。一个良好的数据库设计能够提高数据检索的速度和效率,确保网站能够快速响应用户请求。

③服务器

服务器是电子商务网站的核心基础设施,负责处理用户请求、托管网站文件和运行后台应用程序。选择合适的服务器配置能够确保网站的稳定性和安全性,从而提升用户信任度。

④购物车和支付系统

购物车和支付系统是电子商务网站的关键功能模块,直接影响用户的购买体验。一个功能完善的购物车能够支持用户添加、删除商品、修改数量等操作,而安全、便捷的支付系统则能够有效降低用户放弃购买的概率。

⑤安全性

电子商务网站涉及大量用户的个人信息和交易数据,因此安全性是网站架构设计中的一个重要方面。采用SSL证书、数据加密技术和安全支付通道等措施,能够有效保护用户信息,增强用户信任。

⑥内容管理系统(CMS)

内容管理系统使得网站管理员能够轻松地更新和管理网站内容,如产品信息、促销活动和博客文章等。一个灵活易用的CMS能够提高网站的运营效率,帮助企业保持与市场需求的同步。

综上所述,电子商务网站架构的设计和实施是一个复杂而系统的过程,需要综合考虑用户体验、技术实现和安全性等多方面因素。通过合理的架构设计,企业能够构建一个功能强大、用户友好的电子商务平台,从而在激烈的市场竞争中获得优势。

2．数据库管理

在当今数字化时代,电子商务已成为商业活动的重要组成部分,数据的管理和利用在这一过程中扮演着至关重要的角色,如存储客户信息、产品信息、交易记录等。电子商务数据库管理不仅涉及数据的存储和检索,还关乎企业的运营效率、客户体验以及决策支持。高效的数据库管理系统能够快速处理用户请求,确保信息的及时更新与安全存储。

(1) 电子商务数据库的定义与重要性

电子商务数据库是指用于存储、管理和检索电子商务相关数据的系统。它包括但不限于客户信息、订单数据、产品目录、支付记录和物流信息等。数据库的设计和管理直接影响企业的业务流程和服务质量。

电子商务数据库的重要性主要体现在以下几个方面。

数据驱动决策:企业通过分析数据库中的数据,可以获得对市场趋势、客户偏好和购买行为的深刻洞察,从而做出更为精准的商业决策。

提高效率:高效的数据库管理可以减少数据冗余,优化存取速度,从而提升整个电子商务平台的响应速度。

增强客户体验:通过对客户数据的有效管理,企业可以提供个性化的推荐和服务,改善客户的购物体验,提升客户的忠诚度。

安全性与合规性:在处理大量用户数据时,保护数据安全和用户隐私变得尤为重要。电子商务数据库必须遵循相关法律法规,以确保用户信息的安全和合规处理。

(2) 数据库管理系统的角色

数据库管理系统(DBMS)是用于创建、管理和操作数据库的软件工具。在电子商务环境中,DBMS发挥着极其重要的作用,包括以下几个方面。

数据存储和维护:DBMS提供了一个结构化的环境来存储数据,确保数据的完整性和一致性。

数据检索与查询:通过高效的查询处理能力,DBMS能够快速响应用户请求,提供所需信息,支持实时分析和决策。

用户管理与权限控制:DBMS允许企业为不同的用户设置不同的用户权限,确保敏感数据的安全性,避免未经授权访问。

备份与恢复:在面对数据丢失或损坏时,DBMS提供了备份和恢复功能,确保企业数据的安全性和可用性。

(3) 电子商务中使用的数据库类型

在电子商务中,常见的数据库类型主要包括以下几种。

关系数据库:如 MySQL、PostgreSQL 和 Oracle,关系数据库通过表格来存储数据,适合处理结构化数据和复杂查询,广泛应用于需要事务处理的电子商务平台。

非关系数据库:如 MongoDB 和 Cassandra,非关系数据库能够灵活处理非结构化数据,适合快速变更和扩展,适用于大数据和实时分析等场景。

图数据库:如 Neo4j,图数据库特别适合处理复杂的关系数据,如社交网络或推荐系统,能够帮助企业更好地理解客户之间的关系与互动。

数据仓库:如 Amazon Redshift 和 Google BigQuery,数据仓库用于存储和分析来自不同源的大规模数据,适合进行深度数据挖掘和商业智能分析。

综上所述,电子商务数据库管理是现代商业活动不可或缺的一部分。它不仅为企业提供了数据支持,更为企业的成长和发展打下了坚实的基础。随着技术的不断进步,数据库管理的方式和工具也在不断演变,企业需要不断适应这些变化,以便在竞争激烈的市场中保持领先地位。

3. 网络安全

随着电子商务的普及,网络安全问题日益突出。企业需要采取有效的安全措施,如 SSL 加密、数据备份及防火墙设置,来保护用户的个人信息和交易安全,防止数据泄露和网络攻击。

在电子商务的生态系统中,网络安全起着至关重要的作用。首先,网络安全能够保护用户的个人信息和支付数据,防止这些敏感信息被黑客窃取。消费者在进行在线交易时,往往需要提供信用卡信息、地址以及其他私人数据,因此,保障这些信息的安全是建立用户信任的基础。其次,网络安全能够确保交易的完整性,防止数据在传输过程中被篡改或丢失。通过采用加密技术和数字签名等方法,商家可以确保交易的真实性和合法性。最后,良好的网络安全策略不仅能够防止外部攻击,还能够提升企业的声誉和品牌形象。消费者在选择在线购物平台时,往往会考虑其安全性,因此,实施有效的网络安全措施可以为企业在竞争中赢得先机。

2.2.3 电子商务的基本框架结构

电子商务的基本框架结构(图 2-1)主要由两大支柱、四个层次构成。两个支柱为国家政策与法律法规、技术标准和网络协议,四个层次为网络基础层、多媒体/消息发布层、一般业务层和应用层。

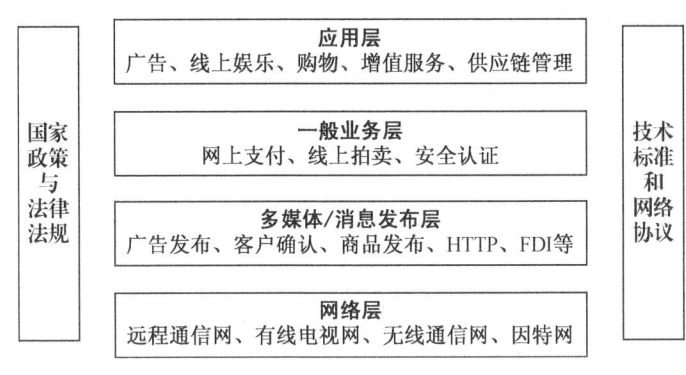

图 2-1 电子商务的基本框架结构

1. 国家政策与法律法规

(1) 国家政策对电子商务的促进作用

国家政策在电子商务发展中扮演着至关重要的角色。为了推动电子商务的健康发展,各国政府纷纷出台相关政策,以支持企业和消费者。例如,许多国家实施了税收优惠政策,鼓励创业和创新,推动中小企业利用电子商务拓展市场。同时,国家还通过基础设施建设,提高网络覆盖率和带宽,降低了电子商务的进入门槛。

此外,国家政策还包括对跨境电子商务的支持,鼓励国内企业走出去,拓展国际市场。通过签署自由贸易协定、简化海关手续等措施,国家为企业在国际市场上的电子商务活动提供了便利条件。

(2) 相关法律法规的建立与实施

随着电子商务的快速发展,针对该领域的法律法规也逐渐建立和完善。各国开始制定电子商务法,明确电子交易的法律地位,保护交易双方的合法权益。这些法律法规通常涉及合同法、消费者权益保护法、知识产权法等多个方面,以确保电子商务的合规性。

在中国,政府相继出台了一系列政策法规,如《中华人民共和国电子商务法》、《中华人民共和国消费者权益保护法》(简称《消费者权益保护法》)等。这些法规不仅明确了电子商务经营者的责任和义务,还加强了对消费者的保护,确保消费者在电子交易中的知情权和选择权。同时,相关执法机构也加强了对电子商务市场的监管,打击虚假宣传、侵权等违法行为。

(3) 电子商务中的消费者保护措施

消费者在电子商务中面临着诸多风险,如信息泄露、商品质量不合格、售后服务缺失等。因此,建立有效的消费者保护措施显得尤为重要。在这方面,各国普遍采取了多种措施来保护消费者的权益。

首先,商家在进行电子商务活动时需提供真实、准确的商品信息,确保消费者在购买决策时有充分的信息依据。其次,强化售后服务体系,建立健全退换货机制,保障消费者在购买后能够顺利处理相关问题。此外,政府和行业协会也会定期发布消费者权益保护指南,提高消费者的自我保护意识。

2. 技术标准和网络协议

(1) 技术标准在电子商务中的重要性

在电子商务中,技术标准的建立和实施至关重要。技术标准确保了不同系统和平台之间的互操作性,使得交易过程更加便捷和安全。例如,支付标准如 PCI DSS(支付卡行业数据安全标准)保障了消费者的支付信息安全;物流标准如 GS1(国际物品编码协会)则使得商品的追踪与管理变得更加高效。这些标准不仅提升了交易的透明度,还增强了消费者的信任感,从而促进了电子商务的健康发展。

(2) 网络协议如何支持电子商务的运行

网络协议是电子商务的基础,保障了数据在网络中的传输安全和有效性。常用的网络协议包括 HTTP(超文本传输协议)、HTTPS(安全超文本传输协议)、FTP(文件传输协议)等。HTTPS 的出现尤其重要,它通过 SSL/TLS 加密技术保护用户与网站之间的通信安全,防止数据被窃取和篡改。此外,API(应用程序编程接口)的使用使得不同平台和服务能够无缝对接,提升了系统的灵活性和扩展性。这些网络协议的支持使电子商务能够高效、安全地运行。

3. 网络基础层

(1) 远程通信网是现代信息社会中不可或缺的一部分。它不仅改变了我们交流的方式,还在多个领域中发挥着重要的作用。本文将探讨远程通信网的定义、重要性及其应用领域。

远程通信网由多个关键部分构成,包括但不限于:

通信设备:如计算机、手机、路由器和服务器等,负责信息的发送和接收。

网络基础设施:包括光纤、无线基站和卫星通信等,提供物理连接和数据传输通道。

通信协议:如 TCP/IP 等,确保不同设备和系统之间的信息能够有效地进行传输和处理。

应用软件:如即时通信软件、视频会议工具和协作平台,提供用户友好的界面和功能,以提升沟通效率。

这些组成部分相互协作,共同构建了一个高效、可靠的远程通信网络。

(2) 无线通信网是指通过无线电波传输信息的网络系统。与传统的有线通信网络相比,无线通信网不依赖于物理连接的电缆,而是利用无线信号进行数据传输。这种网络结构可以包括多种技术,如蜂窝网络、卫星通信、Wi-Fi、蓝牙等。无线通信网的基本组成要素包括无线终端、基站、网络运营商以及核心网络等。

无线通信网的主要技术有:

蜂窝网络:包括2G、3G、4G及5G技术,广泛应用于移动电话通信。蜂窝网络通过基站的覆盖,实现了广域的移动通信。

Wi-Fi:是一种局域网技术,广泛应用于家庭和办公环境。Wi-Fi允许设备在一定范围内无线连接互联网,提供高速的数据传输。

蓝牙:主要用于短距离无线通信,常见于耳机、智能手表等设备的连接。

卫星通信:通过卫星进行信息传输,可以覆盖广泛的地理区域,适用于偏远地区的通信需求。

物联网(IoT)技术:在无线通信网中,物联网技术使得各种设备可以通过无线网络互联互通,形成智能家居、智能交通等应用场景。

(3) 关于因特网的具体内容,我们会在第7章详细讲解。

4. 多媒体/消息发布层

(1) 定义多媒体/消息发布层

多媒体/消息发布层是信息通信技术中的一个关键组成部分,它主要负责将各种媒体内容(如文本、图像、音频和视频)以有效的方式发布和传播给最终用户。该层不仅涵盖了信息的生成和编辑,还包括信息的传输、接收和展示。多媒体/消息发布层是连接内容创作者与受众之间的桥梁,确保信息能够在不同的设备和平台上进行无缝传递。

(2) 该层在现代通信中的重要性

随着信息技术的迅猛发展和社交网络的普及,多媒体/消息发布层的重要性愈发突出。首先,现代人们对信息获取的需求日益增加,用户期望能够快速获取有价值的信息和娱乐内容。多媒体/消息发布层通过提供多样化的内容形式,满足了这种需求。其次,信息传播的速度和广度也成为现代通信的重要特征,而多媒体/消息发布层在这一过程中起到了至关重要的作用。它使得信息能够迅速传播到全球的每一个角落,打破了地域和时间的限制,促进了信息的共享与交流。

此外,随着移动设备的普及,用户的阅读习惯和消费方式也发生了变化。多媒体/消息发布层能够通过适应不同的设备和平台,实现响应式设计,使得信息在手机、平板和电脑上都能获得良好的展示效果,从而提升用户体验。总之,多媒体/消息发布层在现代通信中不仅是信息传播的通道,更是推动社会信息化进程的重要力量。

(3) 主要功能和作用

多媒体/消息发布层的主要功能可以归纳为以下几个方面：

内容创建与编辑：这一层支持各种媒体形式的内容创建和编辑，允许内容创作者利用图像、视频和音频等多种元素，丰富信息的表达方式，使其更加生动和吸引人。

信息传输：多媒体/消息发布层负责将创建的内容通过不同的通信渠道（如互联网、社交媒体、电子邮件等）进行传输，确保信息能够及时到达目标受众。

数据分析：在信息发布后，多媒体/消息发布层还可以进行数据分析，收集用户的反馈和行为数据，从而了解用户的偏好和需求，进一步优化内容和传播策略。

跨平台兼容性：该层确保发布的信息能够在不同的平台和设备上兼容运行，包括桌面电脑、移动设备和智能家居设备等，以便用户在任何时间、任何地点访问内容。

互动性：现代多媒体/消息发布层还注重增强用户的互动体验，通过评论、分享和点赞等功能，促进用户之间的交流和互动，提升信息的传播效果。

5. 一般业务层

在电子商务的架构中，一般业务层是指支撑整个电子商务平台的核心业务逻辑和操作流程。它不仅涉及商品的管理、用户的管理、订单的处理等基本功能，还包括与第三方服务的对接，例如支付网关、物流服务等。一般业务层的设计和实现直接影响电子商务平台的运行效率和用户体验。

一般业务层的主要目的是为电子商务平台提供一个稳定、灵活、可扩展的业务处理环境。通过合理的架构设计和技术实现，一般业务层能够有效地整合各项业务功能，确保平台的持续稳定运行。

6. 应用层

电子商务应用层是连接消费者与商家、促进交易的重要桥梁。其重要性体现在多个方面。

(1) 提升效率与便利性

电子商务应用层通过在线平台和应用程序，使消费者能够随时随地访问商品和服务，简化了传统购物的繁琐过程。这种便利性不仅提升了消费者的购物体验，也降低了商家的运营成本。

(2) 拓展市场

电子商务打破了地理限制，企业可以轻松进入全球市场，吸引更多的潜在客户。无论是大型企业还是中小型企业，都能通过电子商务平台扩大其市场覆盖面，增加销售机会。

(3) 数据驱动决策

电子商务应用层提供了丰富的数据分析工具,商家可以通过收集和分析消费者行为数据,了解市场趋势和客户需求,从而做出更为精准的市场决策。这种数据驱动的运营模式使得企业能够在激烈的竞争中保持优势。

2.3 创新融合型电子商务框架

当亚马逊的无人机掠过得克萨斯州的天空投递包裹时,当抖音直播间里一件新中式连衣裙被 AI 实时渲染出 100 种虚拟穿搭时,传统电子商务的边界正在消融。这不是简单的技术叠加,而是一场由数据、算法和生态重构引发的商业范式革命。创新融合型电子商务框架,正将碎片化的数字技术、离散的商业要素和多元的用户需求,编织成自生长的价值网络,旨在通过创新的方式提升用户体验、优化运营效率并创造新的商业价值。本节将探讨框架概述、核心要素、实施策略以及一些成功的创新型电子商务平台案例。

2.3.1 框架概述

创新融合型电子商务框架是一个以用户需求为核心,结合多种电子商务模式、技术和策略的综合体系。它旨在通过创新的方式打破传统电子商务的界限,实现线上与线下、平台与自营、供应链与物流等多方面的深度融合,从而提供更加便捷、高效、个性化的购物体验。

2.3.2 核心要素

1. "平台+自营+供应链"模式

平台运营:搭建一个开放的平台,吸引第三方商家入驻,提供商品展示、交易撮合、支付结算等服务。如微信小程序商城日均交易笔数突破 5 亿,实现社交场域与交易场域量子纠缠。

自营业务:电商平台直接参与商品的采购、仓储、物流、销售等环节,形成自营业务,确保商品品质和服务标准化。

供应链整合:通过整合上下游资源,提高供应链的效率和响应速度,降低成本并增强抗风险能力。

2. 线上线下融合

渠道整合:将线上电子商务与线下实体店铺相结合,形成一个完整的商业生态系统。如即时零售模式下,美团闪电仓实现 3 公里内 15 分钟履约。3D 打印微工厂使 Warby Parker 眼镜定制周期从 3 周减至 48 小时。

用户体验提升：通过线上线下融合，提供更加丰富、便捷的购物方式，满足用户个性化的需求。如犀牛智造的 C2M 系统，将 100 件起订量压缩至 1 件。

3. 创新技术应用

感知神经网：菜鸟物流的智能仓储中，运用了云计算与物联网技术，10 万+传感器实时监测货物状态，温度波动超过 0.5℃ 即触发预警；宜家 APP 空间计算运用的 AR 测量工具误差率＜2 cm，将用户空间数据转化为设计参数；

决策引擎：动态定价算法每秒处理 3 000 个变量，SHEIN 的爆款定价误差率控制在 1.2% 以内；京东智能补货系统将缺货率从 8% 降至 0.5%，库存周转率提升 3 倍；AI 客服系统通过情绪识别，将投诉升级率降低 40%；

信任协议：区块链溯源技术使阳澄湖大闸蟹的验真时间从 3 天缩短至 3 秒；NFT 数字证书为奢侈品二级市场提供不可篡改的流通记录。

4. 生态系统构建：

领导种群：提供电子商务平台及监管服务，为系统成员提供共享资源。如小米社区用户贡献 MIUI 系统 60% 的创新功能。乐高 IDEAS 平台将玩家设计转化为量产套装，爆款率超传统产品 3 倍。亚马逊"Build It"计划让消费者投票决定新品开发方向。

关键种群：包括商家、消费者等，通过竞争和协同实现生态系统的良性循环。如饿了么超级会员的信用分可兑换保险、租房等跨界权益。得物"潮流鉴定师"认证体系孵化出新型职业群体。Decentraland 虚拟土地所有者组建 DAO 治理社区。

支持种群：提供物流、支付、金融等配套服务，确保电子商务生态系统的正常运行。如 DeFi 支付协议实现跨境结算成本归零。

2.3.3 实施策略

明确战略定位：电商平台应明确自身的战略定位和发展方向，合理规划自营与平台业务的比例和布局。

加强供应链合作：与供应链上下游企业建立紧密的合作关系，共同优化供应链流程，提高供应链效率。

注重用户体验：通过不断优化物流配送，加强售后服务等措施，提升用户体验和服务质量。如泡泡玛特盲盒社群每年举办 5 000 场线下交换会，用户黏性达日均打开 APP 8 次。

推动技术创新：积极探索和应用新技术，如人工智能、大数据、区块链等，提高运营效率和改善用户体验。

2.3.4 案例分析

以京东全球购为例,其成功实践了"平台+自营+供应链"模式。京东全球购通过搭建一个开放的平台吸引第三方商家入驻,同时大力发展自营业务。在供应链管理方面,京东全球购建立了完善的海外直购、品牌商直供的供应链体系,确保了商品的品质和供应的稳定性。此外,京东全球购还注重用户体验和服务质量的提升,通过优化物流配送、加强售后服务等措施赢得了消费者的信任和好评。而 TikTok Shop 的"内容即货架"模式,将用户停留时长直接货币化,商品转化效率比传统货架电商高 3 倍。沃尔玛的元宇宙仓库,通过数字孪生技术将实体库存与虚拟展示深度绑定,将库存准确率提升至 99.99%,同时为 VR 购物提供实时数据支撑。

创新融合型电子商务框架是一个以用户需求为核心,结合多种电子商务模式、技术和策略的综合体系。通过实施该框架,电商平台可以实现线上与线下、平台与自营、供应链与物流等多方面的深度融合,从而提供更加便捷、高效、个性化的购物体验。同时,电商平台还应注重技术创新和生态系统构建,以适应市场的变化和用户需求的变化。

2-1 云习题

第3章 电子商务与供应链

在全球经济一体化的背景下,供应链管理(Supply Chain Management,SCM)作为现代企业管理的重要组成部分,已成为企业实现竞争优势和可持续发展的关键。

3.1 供应链管理的概念

供应链管理是一个涉及协调和整合从原材料采购到产品交付给最终消费者的整个过程的管理体系。其核心在于通过有效的管理流程、信息流和资金流,确保各个环节高效运作,从而实现企业的整体目标。供应链管理不仅关注产品的流通,还包括信息的传递、资源的配置和风险的控制。

3.1.1 供应链管理的定义

供应链管理可以被定义为一种跨组织的管理方法,目的是通过优化各个供应链环节的活动,提升产品和服务的价值。它包括规划、实施和监控供应链活动,确保从供应商到制造商,再到分销商和零售商,最终到达消费者的每一个环节都能够顺畅无阻地进行。有效的供应链管理能够帮助企业降低成本、提高效率、增强市场竞争力。

1. 供应链管理与传统管理的区别

供应链管理与传统管理在理念和实践上有显著不同。传统管理往往侧重于企业内部的功能优化,强调各部门的独立运作与绩效评估,缺乏跨部门和跨企业的协作。而供应链管理则强调供应链各个环节之间的协同作用,注重信息的共享与流程的整合。例如,传统管理可能将生产、销售和采购视为相互独立的部门,而供应链管理则主张通过增强部门之间的沟通与合作,来提升整个供应链的效率。

此外,传统管理通常以成本控制为主要目标,而供应链管理则更关注整体价值链的优化,力求在降低成本的同时提升响应速度和客户满意度。这种转变使得企业能够在快速变化的市场环境中保持灵活性和适应性。

2. 供应链管理的核心功能和流程

供应链管理的核心功能包括需求规划、采购管理、生产计划、库存控制、运输与分销以及客户服务等。这些功能不仅相互关联,而且共同构成了供应链管理的整体流程。具体而言,供应链管理的主要流程可以分为以下几个步骤。

需求预测:通过市场分析和历史数据,预测客户需求,并据此制订相应的生产和采购计划。

采购管理:选择合适的供应商,进行原材料的采购和合同管理,以确保供应的及时性和原材料的质量。

生产计划:根据需求和库存情况,制订生产计划,优化生产流程,提高生产效率。

库存控制:通过科学的库存管理方法,保持合理的库存水平,降低库存成本,避免库存积压。

运输与分销:选择最佳的运输方式和路线,将产品及时送达客户手中,确保供应链顺畅运作。

客户服务:建立有效的客户反馈机制,及时响应客户需求和投诉,提升客户满意度。

通过以上核心功能和流程的有效实施,供应链管理能够帮助企业在竞争激烈的市场中实现更高的效率和更好的客户体验。这使得企业在面临市场变化和客户需求变化时,能够更快地做出反应,保持竞争优势。

3.1.2 供应链的组成部分

供应链是现代企业运作中至关重要的一环,涵盖了从原材料获取到最终产品交付给消费者的全过程。了解供应链的组成部分对于优化管理流程、提升运营效率具有重要意义。本节将详细探讨供应链的主要环节、各组成部分之间的相互关系,以及现代供应链管理中所应用的技术。一个完整的供应链通常由以下几个主要部分构成。

1. 供应商

在现代商业中,供应商扮演着至关重要的角色。随着全球化和市场竞争的加剧,供应商不仅仅是提供商品和服务的实体,更是企业成功的关键因素之一。

(1) 供应商的定义和重要性

供应商通常被定义为提供产品、服务或原材料以满足企业需求的公司或个人。他们的作用不仅限于物资的供给,还包括技术支持、售后服务和市场反馈等。供应商在企业运营中扮演着多重角色,直接影响着产品质量、成本控制和交付时间。

在经济活动中,选择合适的供应商是企业成功的关键因素之一。一个可靠的供应商能够为企业提供高质量的产品、合理的价格和稳定的供货能力,这不仅能提高企业的竞争力,还能增强客户满意度和品牌价值。

(2) 供应商在供应链中的角色

供应商在供应链中通常位于生产环节和分销环节之间。他们负责将原材料或组件提供给制造商,后者再将产品推向市场。供应商的效率和可靠性直接影响生产流程的顺畅性和产品的市场供应。

供应商还可能在产品的设计和开发过程中提供专业知识和技术支持,帮助企业优化产品性能和降低生产成本。此外,供应商在市场上也扮演着信息提供者的角色,他们的市场反馈可以帮助企业及时调整策略,以适应市场变化。

(3) 选择合适供应商的标准

选择合适的供应商是确保企业顺利运营的基础。以下是一些选择供应商的关键标准。

质量控制:供应商提供的产品或服务质量必须符合企业的标准和客户的期望。

价格竞争力:在确保质量的前提下,合理的价格能够有效降低企业的运营成本。

交付能力:供应商的交货时间和能力直接影响生产计划的实施和产品上市的时间。

技术支持:优秀的供应商通常能提供技术支持和售后服务,这对企业的长期发展非常重要。

信誉和稳定性:供应商的市场声誉及其财务稳定性也应作为考量因素,以确保能够长期合作。

(4) 供应商管理的最佳实践

有效的供应商管理不仅可以降低成本,还能提升企业的市场竞争力。以下是一些供应商管理的最佳实践。

建立良好的沟通机制:与供应商保持定期沟通,有助于及时了解彼此的需求和挑战。

定期评估:通过对供应商的定期评估,确保其绩效和服务质量达到企业的标准。

合作共赢:与供应商建立长期合作关系,共同开发新产品和技术,推动双方共同发展。

灵活应变：在市场环境变化时，能够迅速调整与供应商的合作策略，以适应新的挑战和机会。

(5) 未来供应商管理的趋势

随着科技的发展和市场环境的变化，供应商管理也面临着新的趋势。

数字化转型：越来越多的企业开始采用数字化工具和平台来管理供应商关系，以实现数据驱动的决策。

可持续发展：企业在选择供应商时，越来越重视其环境友好性和社会责任，从而推动可持续供应链的发展。

全球化合作：随着全球市场的融合，企业与国际供应商的合作将日益增多，如何管理跨国供应商成为一大挑战。

风险管理：在不确定性增加的市场环境中，企业需要建立健全的供应链风险管理机制，以应对潜在的供应中断。

总之，供应商不仅仅是原材料和服务的提供者，更是企业成功运营的合作伙伴。理解供应商的角色和功能，认识其在供应链管理中的重要性，以及掌握选择合适供应商的标准和方法，将为企业的长远发展奠定坚实的基础。

2．制造商

制造商在现代经济中扮演着至关重要的角色。

(1) 制造商的定义和角色

制造商是指那些通过将原材料转化为成品，以满足市场需求的企业或个体。制造商的核心功能是生产，涉及将各种资源——包括人力、设备和原材料——有效整合，以创造出具有价值的产品。制造商在供应链中扮演着中枢的角色，他们不仅影响着产品的质量和成本，还直接影响市场的供应和消费者的选择。

制造商的角色可以进一步细分为设计、生产、质量控制、分销与售后服务等多个环节。每一个环节都对最终产品的成功至关重要。因此，制造商必须具备一定的技术能力、管理水平和市场敏感度，以适应快速变化的市场环境。

(2) 制造业在经济中的重要性

制造业是推动经济增长的重要引擎之一。根据经济合作与发展组织（OECD）的数据，制造业在许多国家的国内生产总值（GDP）中占据了相当大的比例。制造业不仅为经济增长提供了基础，也创造了大量的就业机会，促进了技术创新和基础设施建设。

制造业的繁荣还对其他行业产生了积极的溢出效应，例如服务业、物流、金融等领域。随着全球化的推进，制造业的国际竞争力也日益凸显，成为各国提升经济实力的重要战略。

(3)制造商的分类和类型

制造商可以根据不同的标准进行分类,主要包括以下几种类型。

①按生产方式分类:

离散制造商:生产可分离的产品,如汽车、电子产品等。

流程制造商:通过连续的生产流程制造产品,如化工、食品等行业的制造商。

②按规模分类:

大型制造商:通常拥有更大的生产能力和市场份额,能够进行大规模生产。

中小型制造商:灵活性较强,能够快速响应市场变化,通常聚焦于特定的细分市场。

③按行业分类:

消费品制造商:生产直接面向消费者的产品,如家电、服装等。

工业品制造商:生产用于其他企业的设备和材料,如机械、建筑材料等。

(4)制造商面临的挑战与机遇

在当前经济环境下,制造商面临着多重挑战与机遇。

①挑战:

全球竞争:随着全球化的加剧,制造商必须面对来自不同国家与地区的竞争,特别是来自低成本国家的挑战。

技术变革:快速的技术进步要求制造商不断投资于新技术和设备,以保持竞争优势。

供应链管理:全球化的供应链使得原材料的采购和生产过程变得更加复杂,任何环节的中断都可能影响整体生产。

②机遇:

数字化转型:通过实施智能制造、物联网(IoT)和大数据分析,制造商可以提升生产效率、降低成本并改善产品质量。

绿色制造:随着环保意识的增强,采用可持续的生产方式和材料将为制造商提供新的市场机会。

定制化生产:市场对个性化和定制化产品的需求日益增加,制造商可以通过灵活的生产模式满足消费者的个性化需求。

(5)制造业的发展趋势

智能制造:随着人工智能、自动化和机器人技术的发展,制造业将逐步实现智能化,提升生产效率与灵活性。

可持续发展:制造商将更加重视环境保护,推进绿色制造,努力减少生产过程中的能源消耗和废物排放。

全球化与本地化的平衡：虽然全球化依然是制造业的重要趋势，但因应地缘政治和供应链安全的考虑，制造商将更加注重本地化生产与供应链的重组。

创新驱动：技术创新将成为制造业发展的核心动力，企业需要加大研发投入，以保持市场竞争力。

综上所述，制造商在经济中的重要性不容忽视，他们面临的挑战与机遇将决定未来制造业的发展方向。通过适应新的市场环境和技术趋势，制造商将能够在全球竞争中立于不败之地。

3．分销商

（1）分销商定义及其在供应链中的角色

分销商是连接制造商与最终消费者的重要中介机构，负责将产品从生产环节转移到市场上。分销商在供应链中扮演着至关重要的角色，他们不仅帮助制造商扩大市场覆盖面，还为零售商提供所需的产品。通过有效的分销网络，分销商能够提高产品的可获得性，从而促进销售和提高客户满意度。

（2）分销商的类型

分销商根据其操作模式和市场定位的不同，可以分为几种主要类型：

批发分销商：主要面向零售商或其他分销商，通常以大宗购买的方式获取产品，并在此基础上进行二次销售。批发分销商通常享有较低的采购成本，从而能够在市场中提供有竞争力的价格。

零售分销商：直接面向最终消费者，通过实体店铺或电子商务平台销售产品。零售分销商提供产品展示、顾客服务等直接互动，增强消费者购物体验。

特许经营：这种模式允许个人或企业使用知名品牌的商业模式和商标进行经营。特许经营通常具有较强的品牌支持和市场推广优势，但也需要遵循品牌方的管理和业务规范。

（3）分销商的功能

分销商在供应链中承担多个关键功能，包括但不限于：

库存管理：通过合理的库存策略，分销商能够降低库存成本，并确保及时满足市场需求。

物流：分销商负责将产品从制造商处运输到零售商或最终消费者手中，优化物流环节，提高配送效率。

客户服务：分销商为客户提供咨询、售后服务等，增强客户满意度，提升品牌忠诚度。

（4）分销商与制造商和零售商的关系

分销商与制造商和零售商之间的关系是相互依赖的。制造商依赖分销商来扩大其市场覆盖面和销售渠道,而零售商则依赖分销商来获取所需的产品。分销商在这两者之间充当桥梁,协调供需关系,并通过市场信息反馈帮助制造商和零售商优化其产品和服务。

(5) 分销商在市场推广和品牌建设中的作用

分销商不仅是产品的供应者,更是品牌的传播者。在市场推广和品牌建设方面,分销商通过广告、促销活动和市场调研等手段,提升品牌的知名度和美誉度。此外,分销商还可以利用其与消费者的直接接触,收集市场反馈,帮助品牌优化产品和市场策略。

(6) 面临的挑战

竞争:市场竞争日益激烈,尤其是电子商务的崛起,使得传统分销商面临来自新兴平台的强烈竞争。

技术变化:科技的快速发展推动了数字化转型,分销商需要不断更新技术以提升运营效率和客户体验。

市场需求变化:消费者偏好和市场需求的变化要求分销商快速响应,以保持竞争力。

(7) 分销商发展的未来展望

随着技术的不断进步和市场环境的变化,分销商的角色也将持续演变。未来,分销商需要更加注重数字化转型,利用大数据和人工智能等技术来优化库存管理,提升客户服务体验。此外,分销商将越来越重视可持续发展,采用环保和社会责任为导向的商业模式,以满足消费者日益增长的环保意识。通过不断创新和适应变化,分销商将在未来的市场中继续发挥重要作用。

4. 零售商

(1) 零售商的定义及功能

零售商是指那些直接向最终消费者出售商品或服务的商业实体。它们充当生产者与消费者之间的桥梁,承担着将产品从生产环节引入市场的关键角色。零售商的功能不仅限于简单的商品销售,还包括市场调研、产品展示、顾客服务、售后支持以及商品的存储与配送等。通过这些功能,零售商能够有效满足消费者的需求,提升购物体验,并促进产品的流通。

(2) 零售商在经济中的重要性

零售商在经济中扮演着重要角色。首先,它们是消费市场的主要参与者,对国家经济的增长起着推动作用。零售行业的健康发展能够促进生产、创造就业机会并增加税收。其次,零售商能够影响供应链的各个环节,通过优化库存管理和需求预测,提高资源的利用效率。此外,零售商还促进了产品的创新和多样化。

通过与消费者的直接互动,零售商能够更好地理解市场需求,从而推动企业的产品创新。

(3) 不同类型的零售商及其特点

①按规模分类:

大型零售商:这些零售商以自助式购物为主,商品种类繁多,通常具有较低的价格和高效的运营管理。如沃尔玛、家乐福等,拥有广泛的产品线和多个门店。

中小型零售商:是指规模较小、通常专注于特定区域或产品类别的零售企业。它们在市场中扮演重要角色,尤其在服务本地社区和提供个性化体验方面具有优势。

如社区超市、专卖店,通常专注于特定区域或产品。

②按经营模式分类:

实体零售商:通过实体店销售,如百货商店、超市等。

在线零售商:通过网络销售商品,提供便捷的购物体验,并能覆盖更广泛的消费群体。

通过电商平台销售,如亚马逊、淘宝等。

全渠道零售商:结合线上与线下,提供无缝购物体验。

③按产品类型分类:

综合零售商:销售多种商品,如百货商店。

专卖店:专注于特定品类的商品,如服装、电子产品或家居用品,以提供专业的顾客服务和产品知识而著称。专注于特定品类,如电子产品、服装等。

④按所有权分类:

独立零售商:独立零售商是指不属于任何大型连锁体系的零售商,通常由个人或小型企业拥有和经营。这些商家在经营模式、产品选择和顾客服务等方面具有较大的自主权。如家居用品店、特色食品店、时尚服装店及其他小型专卖店。

连锁零售商:连锁零售商是指由多个零售店组成的商业组织,这些店面通常由同一公司或品牌拥有和运营。连锁零售商的运作模式旨在通过标准化的管理流程和品牌形象来提升效率、降低成本并提供一致的消费体验。连锁零售商在全球经济中扮演着重要角色,其发展和演变显著影响了消费者的购物习惯和市场结构。

(4) 零售商的供应链管理

供应链管理是零售商运营中的关键环节。有效的供应链管理可以帮助零售商降低成本、提高效率,从而增强市场竞争力。零售商需要与供应商、配送中心以及其他合作伙伴紧密协作,确保商品的及时供应和库存的合理管理。此外,现代科技的应用,如数据分析和自动化系统,使得零售商能够优化库存水平,进行精准的需求预测,从而降低过剩或短缺的风险。

(5) 零售商面临的挑战与机遇

在快速变化的市场环境中,零售商面临着诸多挑战。例如,消费者偏好的变化、技术的迅速发展以及竞争的加剧都对传统零售商构成压力。此外,全球经济环境的不确定性也可能影响零售商的经营策略。

然而,这些挑战同样为零售商提供了丰富的机遇。数字化转型的浪潮使得零售商能够通过线上渠道拓展市场,提升客户体验。通过大数据和人工智能的应用,零售商可以实现个性化营销,增强顾客黏性。同时,随着可持续消费理念的兴起,零售商也可以通过绿色经营和社会责任来吸引更多的消费者。

总的来说,零售商在现代经济中发挥着不可或缺的作用,面对挑战的同时,也需抓住机遇,以实现可持续发展。

5. 消费者

(1) 消费者的定义与重要性

消费者是指购买商品或服务以满足其个人或家庭需要的个体或群体。消费者不仅仅是市场中商品和服务的使用者,他们的选择和行为直接影响着市场的供应、价格和营销策略。消费者在经济中扮演着至关重要的角色,因为他们的需求驱动着生产和服务的提供。企业通过理解消费者的需求和偏好,能够更好地制定产品策略、定价策略和市场推广策略,从而实现盈利和可持续发展。

(2) 消费者行为的影响因素

消费者行为受多种因素的影响,包括心理因素、社会因素和文化因素。心理因素如个体的动机、感知、信念和态度等,都会影响消费者的决策过程。例如,品牌的知名度和消费者对品牌的情感联结可以显著影响其购买意愿。社会因素包括家庭、朋友、社交网络等,这些因素会通过口碑传播和社会影响来改变消费者的选择。此外,文化因素也起着关键作用,不同的文化背景会塑造消费者的价值观和消费习惯,从而影响其购买决策。

(3) 消费者的类型与特征

消费者可以根据其购买行为和需求被划分为不同的类型。常见的消费者类型包括理性消费者、情感消费者、习惯性消费者和冲动消费者。理性消费者通常会进行深入的市场调查以做出明智的决策,而情感消费者则更容易受到广告和品牌形象的影响。习惯性消费者倾向于购买他们熟悉的品牌,而冲动消费者则可能在没有计划的情况下做出购买决策。这些消费者类型的特征使得企业在制定市场策略时,需要针对不同类型的消费者采取不同的营销手段。

(4) 消费者在市场中的角色

在市场经济中,消费者不仅仅是被动的购买者,也是市场的积极参与者。消费者的购买行为和反馈可以影响产品的创新、价格的变化以及市场竞争格局。通过市场调研和消费者反馈,企业能够了解市场需求的变化,从而做出及时的调整。此外,消费者的选择也会推动企业在产品质量和服务水平上的提升,形成良性的市场竞争环境。

(5) 现代市场中消费者的变化趋势

随着科技的进步和社会的发展,现代市场中的消费者也在不断发生变化。数字化和互联网的普及使得消费者的购买行为更加多样化和便捷。消费者现在可以通过在线平台获取海量的信息,进行价格比较和产品评估,从而做出更加理性的购买决策。此外,现代消费者越来越注重品牌的社会责任与可持续发展,越来越多的人愿意选择环保和社会责任感强的品牌。这种趋势迫使企业在产品开发和市场营销中更加关注社会价值和环境影响,以满足现代消费者的需求。

总的来说,消费者在市场中扮演着至关重要的角色,他们的需求和行为对市场的动态变化起着直接的推动作用。了解消费者的特征和行为模式,将有助于企业在激烈的市场竞争中立于不败之地。

此外,供应链管理还涉及信息系统的管理、物流管理和供应链金融等多个层面,以确保各个环节高效协作。

3.1.3 供应链管理的目标与重要性

1. 供应链管理的主要目标

供应链管理的主要目标包括降低成本、提高效率、缩短交货时间和增强客户满意度。具体内容如下:

降低成本:在企业运营中,供应链管理的一个重要目标是降低成本。通过优化供应链流程,企业可以有效减少原材料采购、生产和运输等各环节的费用。此外,通过与供应商建立稳固的合作关系,企业能够获得更具竞争力的价格,从而进一步降低总体成本。

提高效率:供应链管理的另一个关键目标是提升运营效率。通过精益生产、库存管理和物流优化,企业能够缩短交货周期,提高生产能力,减少资源浪费。这不仅有助于降低运营成本,还能加快市场响应速度,增强企业的灵活性。

缩短交货时间:缩短交货时间已成为供应链管理的重要目标之一。通过精益生产、供应链协作、智能化技术应用和库存管理优化等措施,提升响应速度,满足市场对快速交付的需求。

增强客户满意度：客户满意度是衡量企业成功与否的重要标准。供应链管理通过确保产品的及时交付、质量保障及售后服务，能够有效提升客户的满意度。客户满意度的提升不仅能增加客户的忠诚度，还能带来良好的口碑，从而推动企业的持续发展。

2. 供应链管理对企业竞争力的影响

随着市场竞争的加剧，供应链管理在提升企业竞争力方面的作用愈加显著。有效的供应链管理能够帮助企业在以下几个方面获得竞争优势：

市场适应能力：一个高效的供应链能够迅速适应市场需求的变化，帮助企业及时调整生产计划和物流安排。这使得企业能够在竞争中保持领先地位，抓住市场机会。

创新能力：通过优化供应链，企业可以更快地将新产品推向市场。供应链管理的创新性策略，如采用新技术和新材料，能够推动产品的创新和升级，从而提升企业的市场竞争力。

品牌价值：良好的供应链管理不仅能够提高产品质量，还能提升品牌形象。消费者越来越重视企业的供应链透明度和可持续性，企业通过有效的供应链管理展现其社会责任和价值观，能够提升品牌的市场认可度。

3. 当今全球化背景下供应链管理的重要性

在全球化的背景下，供应链管理的重要性愈发显著，主要体现在以下几个方面：

全球市场的拓展：企业在全球范围内采购原材料和分销产品，供应链管理成为连接不同市场和文化的桥梁。有效的供应链管理可以帮助企业更好地理解和满足各地消费者的需求，拓展市场份额。

应对风险：全球化带来了机遇的同时，也增加了供应链面临的风险，如自然灾害、政治动荡和经济波动等。企业通过建立灵活的供应链战略，能够更好地应对这些风险，保障运营的稳定性。

技术驱动：科技的迅猛发展为供应链管理提供了新的工具和方法。大数据、人工智能和区块链等技术的应用，使得供应链管理更加高效和智能化。这种技术驱动的变革不仅提升了供应链的透明度和可追溯性，也为企业的决策提供了更为科学的依据。

供应链管理不仅是企业运营的重要组成部分，更是提升企业竞争力和适应全球市场变化的关键因素。通过有效的供应链管理，企业能够实现成本控制、效率提升和客户满意度的统一，从而在激烈的市场竞争中立于不败之地。

3.2 供应链管理的特点

在现代商业环境中,供应链管理(Supply Chain Management,SCM)已成为企业成功的关键因素之一。随着全球化和信息技术的迅猛发展,供应链管理展现出独特的特点,这些特点不仅影响了企业的运作方式,也在一定程度上决定了企业的竞争力。

3.2.1 供应链管理的复杂性

供应链管理的复杂性主要体现在多个方面。首先,供应链本身是由多个环节和参与者组成,包括供应商、制造商、分销商、零售商,甚至最终消费者。每一个环节都有其独特的流程和需求,使得整个供应链的协调变得极具挑战性。其次,随着产品种类的增加和市场需求的变化,供应链的设计和管理需要不断进行调整,以适应动态的市场环境。这种复杂性不仅涉及物理产品的流动,还包括信息流、资金流等多重因素的综合管理。

1. 供应链管理的多样性与全球化

随着经济全球化的发展,供应链管理的多样性日益明显。企业不仅面临国内市场的竞争,还需应对国际市场的挑战。全球化使得企业能够从全球范围内寻找最佳的资源配置,然而同时也带来了复杂性。国际供应链通常涉及多种文化、法律和市场环境的差异,企业需要在这些多样性中寻找到最佳的运营模式。

全球供应链的管理也受到地缘政治、经济波动、自然灾害及其他不可预见因素的影响,使得供应链的管理变得更加复杂。企业必须具备应对这些挑战的灵活性和适应能力,以维持其竞争优势。

2. 不同产业供应链的特征

不同产业的供应链在结构和运作方式上存在显著差异。例如,快消品行业的供应链通常以快速反应和高库存周转率为特征,而重工业或高科技行业则可能更注重生产周期的管理和质量控制。此外,服务行业的供应链更多地涉及与客户的互动和服务交付。

各产业的供应链特征不仅影响其管理策略,还决定了企业在市场中的定位和竞争模式。因此,企业在制定供应链管理策略时,必须充分考虑其所在行业的特点,制定符合自身需求的管理方案。

3. 复杂性对供应链效率的影响

供应链的复杂性直接影响其效率。复杂的供应链结构往往导致信息传递效率低下、决策延迟以及资源配置不合理,从而增加企业的运营成本。为了提高效率,企业需要在复杂性与效率之间找到平衡点。

通过引入先进的信息技术、优化流程和加强协作,企业可以有效降低复杂性带来的负面影响。例如,采用数据分析工具能够帮助企业实时监控供应链各环节的表现,及时发现问题并进行调整。通过简化流程、减少不必要的环节,企业能够提高供应链的响应速度和灵活性,从而提高整体运营效率。

供应链管理的复杂性是一个多层面的挑战,企业在应对这些挑战时,需综合考虑各组成部分的协调、全球化的多样性、产业特征的差异以及复杂性对效率的影响,以实现高效的供应链管理。

3.2.2 实时信息共享的必要性

在复杂的供应链环境中,实时信息共享显得尤为重要。随着市场环境的快速变化和消费者需求的不断多样化,企业必须能够迅速适应和响应。

1. 实时信息共享的定义及重要性

实时信息共享是指在供应链的各个环节之间,能够及时、准确地传递和获取信息。这包括库存水平、订单状态、运输信息、生产进度等关键数据。实时信息共享不仅有助于提高供应链的透明度,还能增强各个环节之间的协作,降低信息不对称带来的风险。

重要性方面,实时信息共享可以显著提升供应链的响应能力。当市场需求发生变化时,企业能够迅速调整生产计划和库存策略,避免出现缺货或库存过剩的情况。此外,实时信息共享还可以帮助企业更好地进行风险管理,及时发现潜在问题并进行预警,减少对业务的负面影响。

2. 信息共享中技术的角色

技术是实现实时信息共享的关键驱动力。物联网(IoT)技术使得各种设备和传感器能够互联互通,实时收集和传递数据。例如,运输车辆上的GPS设备和货物监控传感器可以实时更新货物的位置信息和状态,从而使得相关方能够及时了解运输进度。

云计算技术也为实时信息共享提供了强有力的支持。通过云平台,各个供应链参与者可以方便地存储和访问共享的数据,实现跨企业的信息整合。此外,云计算的高可用性和弹性使得数据共享的过程更加高效,企业无需投入大量资源建设和维护本地信息系统。

3. 信息共享对决策和响应速度的影响

信息共享对企业的决策过程和响应速度具有深远的影响。首先,实时获取的信息可以为决策提供更为准确的依据。通过分析实时数据,企业可以识别市场趋势,评估客户需求,从而做出更加精准的市场预测和生产计划。

其次,信息共享加速了响应速度。在供应链中,各环节之间的快速沟通能够减少信息传递的延迟,确保各方在同一时间内掌握最新信息。当出现突发事件时,企业能够迅速采取行动,调整策略,降低潜在损失。

4. 案例分析:成功的信息共享实践

在供应链管理中,有许多成功的信息共享实践可以作为参考。例如,某全球知名的电子产品制造商通过建立一个集成的信息共享平台,连接其全球供应商、分销商和零售商。该平台利用物联网技术实时监控生产和运输过程中的数据,使得所有参与者能够及时获得生产进度和库存状态的信息。

通过这一平台,该公司能够显著提高供应链的效率,减少了库存成本,缩短订单交付时间。此外,实时的信息共享还让各个环节能够在需求变化时快速响应,确保产品能够及时到达消费者手中。

总的来说,实时信息共享在现代供应链管理中发挥着不可或缺的作用。通过技术手段的支持,企业能够提升决策效率和响应速度,最终实现供应链的优化和价值的提升。

3.2.3 供应链的协作与整合

供应链的协作与整合是实现高效管理的另一个关键特征。现代供应链管理强调各个环节之间的紧密合作,而不仅仅是单独的运作。通过协作,各个环节可以实现资源的优化配置,降低成本,提升响应速度。同时,供应链整合也意味着打破传统的部门界限,促进跨部门、跨企业的协同工作。通过整合,企业可以更好地利用信息技术,提升供应链的透明度和灵活性,从而在竞争激烈的市场中占据优势。

1. 协作与整合的概念及区别

协作通常指的是不同利益相关者之间的互动与合作,目的是实现共同的目标和利益。在供应链上下游的合作中,企业之间通过信息共享、资源整合和共同决策来提升整体效率。而整合则更强调将不同环节、部门或企业的资源和流程进行有效整合,以实现资源的最优配置和流程的无缝衔接。简单来说,协作是建立在沟通和信任基础上的合作关系,而整合则是对资源和流程的系统性优化。

2. 协作的优势

通过协作,企业可以更有效地利用资源,减少冗余操作,从而提升供应链的整体效率。例如,供应商和制造商之间的紧密合作可以减少库存积压,缩短生产周期。此外，协作还有助于降低成本。通过共享运输、仓储等资源，企业可以实现规模经济，从而减轻单个企业的负担，最终在价格上形成对消费者更具竞争力的优势。

3. 整合策略

整合战略不仅仅限于企业内部的各个部门之间的协调，还扩展到跨企业的合作。通过建立跨部门的工作小组和跨企业的合作网络，企业能够打破"信息孤岛"，实现数据的无缝流动。例如，制造企业可以与供应商和分销商进行整合，形成一个高效的供应链网络，从原材料采购到产品交付的每一个环节都能够实现信息的实时共享与反馈。这种跨界整合能够显著提高供应链的反应速度和灵活性。

4. 成功案例：协作与整合在供应链管理中的应用

在实际操作中，许多企业已经成功实施了协作与整合策略，在供应链管理中取得了显著成效。例如，某家大型汽车制造商通过与其零部件供应商建立紧密的合作关系，不仅缩短了生产周期，还显著降低了库存成本。通过信息系统的整合，合作伙伴能够实时获取生产进度和库存状态，从而做出快速反应，确保生产线的顺利运行。

另外，有些零售巨头通过整合供应链中的各个环节，成功地降低了运营成本并提升了客户满意度。这些成功案例表明，协作与整合不仅是供应链管理的趋势，而且是企业在激烈市场竞争中生存与发展的必要条件。

供应链的协作与整合是提升效率和降低成本的重要手段。通过明确各自的角色及责任，企业能够在更大、更复杂的环境中实现资源的最优配置和流程的高效运作，从而增强市场竞争力。

总的来说，供应链管理的复杂性、实时信息共享的必要性以及供应链的协作与整合是现代企业面临的重要挑战和机遇。只有充分理解和应对这些特点，企业才能在快速变化的市场环境中立于不败之地。

3.3 供应链电子商务

在当今全球化和数字化的商业环境中，电子商务（E-Commerce）作为一种新兴的交易形式，已深刻影响了供应链的运作模式。它不仅改变了商品和服务的交付方式，还提高了整个供应链的效率，增强了灵活性。以下将从电子商务在供应链中的应用，以及其对供应链效率的提升等方面进行探讨。

3-1 云阅读

3.3.1 电子商务在供应链中的应用

电子商务在供应链中的应用主要体现在以下几个方面。首先,电子商务平台为供应链各环节提供了高效的沟通渠道,使得供应商、制造商、分销商和消费者之间的信息能够实时传递。这种信息共享减少了传统供应链中的信息不对称,提升了响应速度。其次,电子商务使得企业能够更好地进行需求预测与库存管理。通过数据分析和实时交易记录,企业能够更准确地把握市场需求,从而优化库存水平,降低库存成本。最后,电子商务还促进了全球化供应链的形成,使得企业能够轻松地与国际供应商和客户建立联系,从而拓展市场和提升竞争力。

1. 电子商务如何促进供应链各环节的协作

电子商务的核心优势在于其能够打破传统供应链中"信息孤岛"的局限,促进不同参与方之间的协作。通过使用电子数据交换(EDI)、云计算和大数据分析等技术,企业能够实现信息的实时共享,使得各参与方(如制造商、供应商、分销商和零售商)能够在同一平台上进行沟通与协作。这种协作不仅提高了信息透明度,还减少了误解和延误的可能性。

例如,在电子商务平台上,采购部门可以直接从供应商那里获取产品信息和报价,销售部门也能即时了解库存情况,从而更准确地制定销售策略。通过这种方式,整个供应链的响应时间得以缩短,生产和配送的精准度也显著提高。

2. 案例速递

在全球范围内,有很多企业成功地将电子商务融入他们的供应链管理中,从而实现了业务的快速发展和市场竞争力的提升。

作为全球最大的电子商务平台之一,阿里巴巴通过整合供应链上的各个环节,帮助中小企业与全球市场接轨。其平台不仅提供了产品交易的便利,还通过大数据分析为卖家和买家提供了精准的市场洞察,帮助他们优化库存和销售策略。

通过其高效的物流网络和电子商务平台,亚马逊在供应链管理上实现了极大的效率提升。其"Fulfillment by Amazon"服务使得卖家能够将库存存放在亚马逊的仓库中,亚马逊负责订单的处理和配送。这种模式不仅提高了客户的购物体验,还使卖家能够专注于产品的开发和市场营销。

海尔通过其"人单合一"模式,将用户需求直接反馈至供应链的各个环节。通过电子商务平台,消费者的需求可以实时传递给设计、生产和配送部门,从而使得产品能够更快地满足市场需求,提升了整体供应链的灵活性。

这些成功案例表明,电子商务不仅能为企业带来直接的销售增长,更能通过优化供应链管理,提高企业的综合竞争力。随着技术的不断进步和市场环境的变化,电子商务在供应链中的应用将会愈加广泛和深入。

3.3.2 电子商务对供应链效率的提升

电子商务的兴起显著提升了供应链的整体效率。首先,通过电子商务平台,企业能够实现更快速的交易处理和订单履行,从而缩短了交货周期。这对于满足消费者日益增长的即时需求至关重要。其次,电子商务促进了供应链的透明化,企业能够实时监控库存状态、运输进度等信息,从而更好地管理供应链风险。此外,电子商务还推动了流程的自动化,减少了人工干预和错误,提高了运营效率。最后,电子商务的数字化特性使得企业能够更加灵活地应对市场变化,快速调整供应链策略,以适应新的市场需求和挑战。

1. 电子商务在信息共享和提高透明度方面的作用

电子商务平台为供应链参与者提供了一个集中化的信息共享渠道。通过这一平台,供应商、制造商、分销商及零售商能够实时访问相关数据,包括订单状态、库存水平和市场需求等。这种信息共享不仅提升了各方之间的沟通效率,也增强了透明度,使得所有参与者能够对供应链的整体状况有更清晰的了解。

例如,企业可以通过电子商务平台及时更新产品的生产和运输状态,从而帮助客户实时掌握订单进展情况。这种透明度不仅提高了客户满意度,还可以减少由于信息不对称导致的误解和冲突,进而降低管理成本。

2. 优化库存管理

电子商务的引入使得库存管理变得更加科学和高效。传统的库存管理往往依赖于历史数据和经验判断,容易造成库存不足或过剩的现象。而通过电子商务系统,企业可以根据实时的销售数据和市场需求动态调整库存水平。

例如,电子商务平台可以利用大数据分析技术预测未来的销售趋势,从而优化库存结构。这不仅减少了资金的占用,还降低了库存持有成本。此外,企业可以实施及时库存管理(Just-in-Time),根据客户实际需求进行发货,进一步提升供应链的灵活性和响应速度。

3. 实时数据分析对供应链决策的影响

实时数据分析是电子商务赋予供应链管理的重要优势。通过对销售数据、市场趋势和客户反馈的实时监测,企业能够做出更为精准的决策。例如,当销售数据表明某一产品的需求急剧上升时,企业可以迅速调整生产计划或采购策略,以满足市场需求。

此外,实时数据分析还可以帮助企业识别潜在的供应链风险,如供应商交货延迟或市场需求的突变等。通过及时调整策略,企业能够降低风险带来的损失,并确保供应链的稳定性。

电子商务在提升供应链效率方面发挥着不可或缺的作用。通过信息共享和透明度的提升、库存管理的优化以及实时数据分析,企业能够实现更高效的运营模式,增强市场竞争力。随着技术的不断进步,电子商务将进一步推动供应链的转型与升级,为企业创造更大的价值。

3.3.3 供应链在电子商务中的重要性

在电子商务环境中,供应链管理(Supply Chain Management,SCM)起着至关重要的作用。供应链指的是从原材料采购到产品交付给最终消费者的整个过程,包括采购、生产、运输、存储、销售等环节。在电子商务中,快速而高效的供应链管理能够直接影响客户满意度和企业的竞争力。

1. 供应链管理对电子商务增长的支持

供应链管理是电子商务成功的基石。首先,良好的供应链管理可以提高企业的响应速度,使其能够快速满足消费者的需求。在电子商务环境下,消费者的期望不断提高,尤其是在交货时间和产品可得性方面。因此,企业需要通过优化供应链,确保在正确的时间以合理的成本提供合适的产品。

其次,现代供应链管理技术的应用,例如云计算和大数据分析,能够为企业提供实时的市场洞察,帮助企业预测需求波动并进行相应的调整。这种灵活性不仅可以降低库存成本,还能提升整体运营效率,从而支持电子商务的持续增长。

2. 物流和配送在电子商务中的关键角色

物流和配送是电子商务中不可或缺的环节。有效的物流管理确保产品能够及时、安全地送达消费者手中,直接影响到客户的购物体验和满意度。随着电子商务的迅猛发展,消费者对物流服务的要求也越来越高,期望能够享受到快速、便捷的配送体验。

为此,企业需要建立高效的配送网络,利用先进的物流技术,如自动化仓储和智能配送系统,以提高配送效率和准确性。此外,企业还应考虑多种配送选项,以满足不同客户的需求,提升客户满意度和忠诚度。

3. 供应链与电子商务的融合趋势

随着技术的不断进步,供应链与电子商务的融合趋势愈发明显。未来,企业将更多地依赖创新技术来优化供应链管理。例如,人工智能和区块链技术的应用将极大提升供应链的透明度和安全性,促进信息实时共享,减少供应链中的摩擦和不确定性。

此外,个性化和定制化的趋势也将推动供应链的变革。企业将通过深入分析消费者行为和偏好,提供更加个性化的产品和服务。这一变化将要求供应链具备更高的灵活性和响应速度,以便快速调整以满足市场需求。

总之,供应链在电子商务中扮演着至关重要的角色。通过优化供应链管理、提升物流效率以及紧跟未来趋势,企业能够在竞争激烈的市场中脱颖而出,实现可持续发展。

3.4 电子商务与供应链的相互影响

在当今数字化的商业环境中,电子商务已成为推动供应链变革的重要力量。随着网络技术的迅速发展,电子商务不仅是产品和服务交易的方式,更是影响整个供应链结构和运营模式的重要因素。以下是电子商务对供应链影响的几个关键方面。

3-2 云阅读

3.4.1 电子商务对供应链的影响

1. 电子商务改变了供应链的传统模式

传统的供应链模式主要依赖于线下交易和纸质文档,信息传递缓慢且容易出现错误。然而,电子商务的兴起促使供应链的各个环节实现了数字化和自动化,极大地提升了效率。供应链各参与者可以通过电子平台实时共享信息,从而加速订单处理、库存管理以及物流调度的速度。

例如,通过电子商务平台,企业可以直接与消费者进行互动,减少中间环节,降低成本并提高响应速度。这种直销模式不仅提升了供应链的灵活性,同时也增强了供应链的透明度,使得各参与者能够更好地进行决策和规划。此外,数据分析技术的应用使得企业能够预测市场需求,优化生产和库存管理,从而进一步提升供应链的运作效率。

2. 增强了客户体验与满意度

电子商务的普及使得消费者的购买方式发生了根本性的变化。客户如今可以随时随地通过互联网获取产品信息并进行购买,极大地提升了购物的便利性和灵活性。这种变化直接影响了供应链的设计与管理,企业需要通过优化供应链来满足客户不断变化的需求。

例如,采用电子商务的企业能够快速响应客户的订单,并提供个性化的服务。这种以客户为中心的供应链管理模式,不仅能够提高客户满意度,还能够增加客户忠诚度。通过分析客户的数据,企业能够更好地了解消费者的偏好,及时调整产品和服务，进一步增强客户体验。

3．需求预测的精准性

电子商务平台的实时数据分析能力使得企业能够更准确地预测消费者需求。这种精准的需求预测有助于优化库存管理，减少库存积压和缺货现象。

4．订单处理速度

电子商务的快速交易特性要求供应链具备更高的响应速度。企业必须快速处理订单，确保从下单到交付的过程尽可能缩短。实现这一点需要优化物流和配送网络。

5．供应链透明度

电子商务推动了供应链透明度的提升。消费者可以轻松获取关于产品来源、生产过程和运输状态的信息，从而增强对品牌的信任。这种透明度不仅促进了企业的合规性，也促进了可持续供应链的发展。

3.4.2　供应链对电子商务的影响

与电子商务的影响相对，供应链管理的高效性和灵活性同样对电子商务的发展至关重要：

1．物流与配送能力

一个高效的供应链能够确保商品快速且安全地到达消费者手中。物流的高效性直接影响消费者的购买决策，及时的配送服务可以显著提升客户满意度和忠诚度。

2．成本控制

优化的供应链可以有效降低运营成本，这使得电子商务企业在定价上更具竞争力。通过整合供应链资源，企业能够以更低的成本提供更具吸引力的产品和服务。

3．产品多样性与创新

一个灵活的供应链能够更好地适应市场变化，支持电子商务企业快速推出新产品和服务。这种创新能力是吸引消费者的重要因素，尤其是在竞争激烈的市场中。

4．风险管理

供应链的有效管理可以帮助电子商务企业识别和应对潜在的风险，如供应中断、需求波动等。通过建立强大的供应链网络，企业能够更好地应对市场的不确定性，保障电子商务的持续运营。

3.4.3 电子商务与供应链的协同发展

1. 全渠道零售

线上线下融合:电子商务与线下零售的融合要求供应链支持全渠道销售。

无缝体验:提供无缝的购物体验,消费者可以在线上下单、线下提货或退货。

2. 数据共享与协同

信息共享:电子商务平台与供应链各环节的信息共享,提高协同效率。

协同计划:通过协同计划、预测与补货(CPFR)提高供应链的整体效率。

3. 可持续发展

绿色供应链:电子商务平台推动绿色供应链管理,减少对环境的影响。

社会责任:关注供应链中的社会责任,提升品牌形象。

综上所述,电子商务与供应链之间形成了一种相辅相成的关系。随着技术的不断进步和市场环境的变化,企业需要不断调整和优化其电子商务策略与供应链管理,以保持竞争优势并满足日益增长的消费者需求。在这个数字化和全球化的时代,能够有效整合电子商务与供应链的企业,必将在激烈的市场竞争中脱颖而出。

3-3 云习题

第4章　网络营销

4.1　网络营销概述

4.1.1　网络营销的基本概念与认知维度

1. 技术革新中的定义困境

当美国市场营销协会(AMA)将网络营销定义为"利用互联网技术创建、传播、交付和交换对顾客、客户、合作伙伴及社会具有价值的市场供给物"时,这个经典定义在Web3.0时代正遭遇解构性挑战。定义中的"互联网技术"已从早期的网站、邮件扩展到区块链、元宇宙等新型数字空间,"市场供给物"的形态也从实体商品裂变为数字资产、虚拟服务等复合型产品。

技术迭代速度与概念稳定性之间的矛盾,折射出网络营销研究的根本困境:如何在动态演进的数字生态中捕捉其本质内核?这要求我们必须超越工具层面的理解,进入商业哲学层面进行深层思辨。

2. 网络营销的三重认知维度

技术驱动论:从TCP/IP协议到5G通信,技术创新始终是网络营销发展的底层逻辑。搜索引擎优化(SEO)算法的演进史,本质上就是网络爬虫技术与反爬策略的博弈史。这种技术赋能使营销活动突破时空限制,实现全球市场的即时触达,但技术决定论的解释框架容易陷入工具理性的窠臼。

关系重构论:社交媒体的兴起颠覆了传统营销的单向传播模式。Twitter上品牌与用户的实时对话、小红书中的KOC(关键意见消费者)生态,都印证了菲利普·科特勒(Philip Kotler)提出的"营销3.0"理论:营销正在从交易艺术进化为关系科学。这种视角下,网络营销的本质是数字化社会关系的价值转化系统。

数据本体论:在数据成为新生产要素的时代,网络营销呈现出鲜明的数据化特征。用户画像构建、预测性分析、动态定价模型等实践表明,营销决策正从经验驱动转向数据驱动。阿里妈妈智能投放系统每秒处理百万级广告请求的背后,是数据要素重构营销价值链的深刻变革。

3. 范式转型：从 4P 到 C2B 的认知跃迁

传统营销的 4P 理论（产品、价格、渠道、促销）在网络空间遭遇解释力危机。拼多多通过分布式社交网络实现需求聚合，SHEIN 以实时数据反馈驱动柔性供应链，这些都体现营销活动的起点从企业供给转向用户需求。C2B（Consumer to Business）模式不仅改变了交易流程，更颠覆了价值创造的底层逻辑。

网络营销的重新定义体现价值的三大核心：价值主张的重构：用户数据成为产品设计的核心参数；价值传递的变革：算法推荐取代传统渠道层级；价值捕获的迭代：注意力经济催生新型盈利模式。

4. 认知误区的辩证批判

（1）渠道万能论的谬误

将网络营销等同于电商平台运营的认知偏差，忽视了线上线下融合（OMO）的生态化趋势。完美日记的线下体验店与私域流量运营的协同效应证明，数字化渠道的价值在于创造无缝衔接的消费旅程。

（2）技术乌托邦的幻象

过度强调技术赋能容易陷入"营销自动化"的迷思。ChatGPT 生成内容引发的伦理争议警示我们：算法黑箱可能消解品牌的人性化温度，技术应用必须与人文价值保持动态平衡。

（3）流量迷信的陷阱

在 GMV（成交总额）崇拜的驱动下，某些企业陷入"买量—转化"的简单循环。但泡泡玛特依靠 IP 运营实现用户自发传播的案例表明，网络营销的终极价值在于构建可持续的品牌资产。

5. 网络营销的再定义

综合技术、关系、数据三重维度，可将网络营销重新定义为：基于数字生态系统，通过智能技术整合数据要素，在动态交互中持续创造并传递用户价值的价值网络构建过程。这个定义包含三个核心认知坐标系：

生态化存在方式：突破企业边界，形成平台、用户、合作伙伴共生的价值网络；智能化运作机制：机器学习、自然语言处理等技术构成新型营销基础设施；价值共创本质：用户从价值接受者转变为价值共同生产者。

网络营销的定义会伴随着元宇宙重构空间概念、Web3.0 重塑所有权范式新场景持续进化。但无论技术如何迭代，其本质始终围绕两大永恒命题：如何更精准地理解人性需求？如何更高效地创造商业价值？这将成为网络营销研究的元命题，也是所有商业创新最终需要回归的原点。

4.1.2 网络营销的历史和发展

近年来,网络营销经历了几个重要的发展阶段,从最初的简单广告投放,逐渐演变为如今的精准营销、个性化推荐和全渠道整合营销。通过分析用户行为和偏好,企业能够更有效地制定营销策略,提高转化率和顾客满意度。

1. 网络营销的早期发展阶段

网络营销的起源可以追溯到 20 世纪 90 年代,当 1994 年 10 月 27 日第一个横幅广告"你点击过这里吗?"出现在 HotWired 网站时,没有人意识到这标志着商业文明进入新纪元。这个由 AT&T 投放的广告以 44% 的点击率开启了营销史上的"大航海时代",将麦迪逊大道的创意与硅谷的二进制代码编织成全新的商业叙事。随着互联网的逐渐普及,企业开始探索通过在线渠道进行产品推广的可能性。在这一早期阶段,网络营销主要以电子邮件营销和简单的网页广告为主。尽管当时的技术和用户基础相对有限,但这一创新的营销方式逐渐引起了企业的关注。

前互联网时代的数字基因(1960—1993 年):在 ARPANET 的实验室胚胎中,网络营销的原始基因已然显现。1971 年雷·汤姆林森发送首封电子邮件时,这个简单的"@"符号不仅重构了通信方式,更埋下了精准营销的时空坐标。1980 年代 CompuServe 和 Prodigy 等在线服务商开创的 BBS 广告版块,用 300 波特的调制解调器速率播撒着数字营销的种子。

此时的商业实践呈现出鲜明的技术乌托邦色彩:美国航空 Sabre 系统通过实时票务数据优化航线定价(1964 年);法国 Minitel 电子目录实现远程购物(1982 年);首封垃圾邮件"绿卡促销"突破道德边界(1978 年)。这些原始形态的数字化尝试,为即将到来的互联网商业化浪潮奠定了关键基础设施与行为范式。

2. 互联网的普及与网络营销的兴起

进入 21 世纪后,互联网的迅猛发展为网络营销带来了新的机遇。随着宽带互联网的普及,越来越多的人开始上网,这为企业提供了庞大的潜在客户群。社交媒体的崛起,如 Facebook、Twitter 和后来的 Instagram 等平台,进一步改变了人们的沟通和消费方式,使得网络营销的形式更加多样化。此时,搜索引擎优化(SEO)、搜索引擎营销(SEM)以及内容营销等新兴策略开始流行,企业能够通过这些手段提升在搜索引擎中的可见性,从而吸引更多的流量。

(1)门户时代的流量霸权(1994—2004 年)

随着 Netscape 浏览器的图形化界面打破技术壁垒,网络营销进入"黄金十年"。这个阶段的本质是注意力经济的原始积累:

点击率暴政:DoubleClick(1996年)的广告服务器技术建立CPM计费标准;

搜索霸权雏形:GoTo.com(1998年)首创竞价排名模式,后被谷歌AdWords继承发展;

数据觉醒:Cookie技术的应用(1994年)使行为追踪成为可能。

雅虎目录式导航与谷歌PageRank算法的对决,本质是两种信息组织哲学的商业化碰撞。亚马逊的协同过滤推荐系统(1998年)则预示着个性化营销的黎明,其"购买了X商品的顾客也买了Y"的算法逻辑,重构了零售业的底层逻辑。

(2) 社交图谱重构营销范式(2004—2016年)

Facebook在2004年的诞生掀起了关系链革命,营销重心从"找到用户"转向"理解用户"。关键进化节点包括:2005年谷歌Analytics实现全链路追踪,2006年推特实时信息流催生病毒营销,2010年Instagram滤镜美学改写品牌视觉语言。

这个时期的核心矛盾体现在数据采集与隐私保护的拉锯战中。欧盟《cookie法案》(2011年)与苹果IDFA新政(2021年)构成监管与技术博弈的典型案例。营销策略从广谱传播转向精准触达,DSP(需求方平台)与DMP(数据管理平台)构成的程序化购买体系,将广告交易变成毫秒级的算法战争。

(3) 移动生态的时空折叠(2007—2020年)

iPhone引发的智能终端革命,使营销战场从桌面扩展到掌心。值得载入史册的变革有:

2008年Groupon基于LBS的O2O闭环,2013年微信生态培育的社交电商,2016年抖音算法推荐重塑内容消费。

超级APP的崛起创造了"数字虫洞",美团将用户从信息流直接传送至线下场景,拼多多利用微信关系链实现裂变增长。MarTech(营销技术)支出在2020年首次超过传统广告预算,标志着营销正式进入"Cyborg时代"——人类创意与机器智能的共生体。

(4) 元宇宙与后人类营销(2021年—)

当Epic Games在《堡垒之夜》举办千万人参与的虚拟演唱会时,营销的物理边界彻底消融。当前演进呈现三大趋势:空间计算营销:AR试妆、虚拟陈列室构建沉浸式体验;AIGC革命:Stable Diffusion生成广告素材,ChatGPT改写文案创作流程;DAO营销:社区代币经济重构品牌—消费者权利关系。

Web3.0带来的去中心化挑战,使得"注意力经济"向"意图经济"转型。ERC-1155协议支持的多形态数字藏品,正在创造品牌资产的新型载体。当脑机接口开始记录神经反应数据时,传统市场调研方法论面临根本性质疑。

3．未来网络营销的趋势与挑战

随着技术的不断进步,网络营销面临着新的趋势和挑战。首先,人工智能和大数据分析的广泛应用将使得网络营销更为精准和个性化,企业可以根据用户的行为数据提供量身定制的产品和服务。其次,视频营销和直播带货的兴起,特别是在年轻消费群体中,正逐渐成为新的营销趋势。

然而,网络营销也面临着诸多挑战,如数据隐私和安全问题日益突出、用户对广告的厌倦以及市场竞争的加剧等。企业在利用网络营销工具的同时,必须加强对用户数据的保护,提升广告内容的质量,以保持用户的信任和忠诚度。

每一种形式都有其独特的优势和适用场景,企业需要综合考虑自身情况来制定相应的网络营销策略。

纵观网络营销的发展,技术载体从文本到视频再到虚拟现实,但人的需求始终是营销的方向和动力。程序化购买无法抹杀创意的重要性,反而让"对的人看到对的创意"成为可能;大数据分析也无法替代消费心理学,而是为霍华德—谢思的购买行为理论提供了验证工具。在算法与灵感的交织中,那些同时掌握神经网络技术与人脑情感回路的品牌,将在数字文明浩瀚海洋中找到自己的轨道。

4.1.3 网络营销的特点

1．网络营销与传统市场营销的差别

(1) 定义和基本概念的区别

传统市场营销通常指的是通过如电视、广播、报纸、杂志等传统渠道进行的推广活动,强调的是品牌的形象塑造和信息的单向传播。消费决策遵循 AIDA 线性模型(注意—兴趣—欲望—行动)。而网络营销则是利用互联网和数字技术,通过多种在线平台进行推广,强调互动性和即时性。决策路径呈现量子态特征:消费者可能在直播间冲动下单,也可能因差评放弃购物车,通过 AR 试妆完成转化,整个过程交织着理性比较与情感共鸣。网络营销不仅仅是信息的传播,更是与消费者建立关系、获取反馈、提供个性化服务的过程。

(2) 目标受众的定位与覆盖范围

在传统市场营销中,特劳特"定位理论"应用更广泛,目标受众的定位往往基于人口统计特征,如年龄、性别、收入水平等,覆盖范围相对较广,但精准度有限。而网络营销则强调"动态定位",利用大数据分析和用户行为追踪技术,能够更精准地识别目标受众,甚至可以根据用户的兴趣和在线行为进行细分。护肤品牌借助 AI 肤质检测实现产品定制,汽车厂商通过车联网数据动态推送服务,这种实时反馈机制让品牌定位从静态坐标变为流动的过程。这种精准定位使得网络营销能够以更低的成本触达特定的受众群体，从而提高营销的效率。

（3）营销渠道的多样性与灵活性

传统市场营销渠道通常较为单一，企业在选择广告媒体时，往往需要投入大量的资金和时间。而网络营销则提供了多种多样的渠道，包括社交媒体、邮件营销、搜索引擎优化（SEO）、内容营销等。KOL经济的信任重构，让数字时代信任机制发生了本质变革，如薇娅、李佳琦等现象级主播持续的内容输出构建人格化IP，直播间即时互动形成情感羁绊，粉丝社群演变为商业价值的蓄水池。企业可以根据市场反馈和用户需求实时调整营销策略和渠道选择，使得网络营销具有更高的灵活性和适应性。

（4）数据分析和反馈的实时性

在传统市场营销中，营销效果的评估往往需要较长的时间周期，企业可能需要等待几个月才能分析出广告的效果。而网络营销则通过各种在线工具和平台，实时获取用户数据和反馈。这种实时性不仅帮助企业快速了解市场趋势和消费者偏好，还能及时调整营销策略，优化投放效果。

（5）成本效益的比较

传统市场营销通常涉及高额的广告费用，尤其是在电视、广播等媒体的大规模投放中，往往需要企业承担巨大的财务压力。相比之下，网络营销以其相对较低的成本和高效的传播能力，成为许多中小企业的首选。通过精准的广告投放和多样化的渠道，网络营销能够以更低的成本实现更高的投资回报率（ROI），使得资源配置更加合理。

当人类开始构建数字分身，当NFT重新定义所有权，营销正在突破物理与虚拟的次元壁。传统营销与网络营销的界限将不断被模糊，但核心法则始终未变：在技术狂潮中守护人性温度，在数据洪流里洞察情感真谛。或许未来的营销大师，将是那些既能驾驭算法算力，又深谙人心奥秘的"数字吟游诗人"。

2. 网络营销的主要特点

网络营销作为现代商业的重要组成部分，具有许多独特的特点，使其能够在竞争激烈的市场中脱颖而出。以下是网络营销的五个主要特点：

（1）全球化的触达能力

网络营销使企业能够跨越地理界限，接触到全球的潜在客户。通过互联网，品牌不仅能够在本地市场推广其产品或服务，还能够迅速扩展到国际市场。无论是通过社交媒体、电子邮件营销，还是通过搜索引擎优化，企业可以在全球范围内展示其品牌形象，吸引不同国家和地区的消费者。这种全球化的触达能力为企业带来了前所未有的机会，但同时也带来了更为激烈的竞争。

①全球化如何改变营销策略

全球化的浪潮彻底改变了企业的营销策略。以往,企业通常局限于本地市场,而在全球化背景下,网络营销使得跨国经营成为可能。企业需要制定适应不同文化、消费习惯和市场需求的营销策略。需要精准的本地化策略:从语言适配(如 TikTok 针对东南亚市场的方言运营)、文化符号解码(如可口可乐春节生肖瓶设计),到合规性考量(欧盟 GDPR 对数据跨境流动的限制)。企业必须构建"全球—本土化"(Glocalization)的双层战略,既保持品牌内核的统一,又实现区域市场的深度渗透。例如,某些产品在西方市场受到欢迎,而在亚洲市场则可能需要进行调整或改进才能符合当地消费者的口味。此外,全球化还促使企业更加注重品牌形象的统一性与多样性,以应对不同地区的市场需求和消费者偏好。

②案例研究:成功的全球品牌

许多全球品牌通过有效的网络营销策略成功实现了跨境扩展。例如,耐克(Nike)利用社交媒体平台与全球消费者建立互动,推出了多样化的广告宣传,吸引了不同国家和地区的消费者。耐克的"Just Do It"广告活动不仅在美国取得了巨大成功,还通过本地化的广告内容在全球范围内引起共鸣,成功塑造了品牌形象。

一家位于杭州的跨境电商,可通过亚马逊平台向柏林家庭销售丝绸制品;印度程序员开发的软件工具,能通过 Google Ads 吸引硅谷科技公司的关注。

另一成功案例是可口可乐(Coca-Cola)。可口可乐在全球各地开展了一系列针对不同文化的营销活动,如"分享可乐"系列,通过定制化的产品和互动活动吸引消费者。其全球化的营销策略使得可口可乐成为世界各地人们喜爱的饮品,进一步巩固了其品牌地位。

(2) 个性化营销与用户体验

在网络营销中,个性化营销成了一种趋势。借助大数据分析,企业可以深入了解用户的兴趣、行为和偏好,从而制定针对性的营销策略。个性化的用户体验不仅能够提升客户满意度,还能提高客户的忠诚度。通过理解消费者的独特需求和偏好,品牌能够提供更具针对性的产品和服务,从而提升用户体验。

①个性化营销的概念与发展

个性化营销是指根据消费者的特定需求、兴趣和行为,量身定制营销内容和产品推荐的过程。随着技术的进步,特别是大数据和人工智能的快速发展,个性化营销的实现变得更加可行。早期的个性化营销主要依赖于消费者的基本信息,如年龄、性别和地理位置等,而如今,品牌可以通过分析消费者的在线行为、购买历史以及社交媒体互动等,获取更深层次的洞察。

个性化营销不仅仅是一种销售策略,更是提升客户满意度和忠诚度的有效途径。研究表明,个性化营销能够显著提高转化率,并降低客户流失率。因此,品牌在制定市场营销策略时,越来越多地将个性化作为核心要素。

②如何提升用户体验

提升用户体验是个性化营销成功的关键。为了实现这一目标,品牌需要关注以下几个方面:

深入了解消费者:通过调查、访谈和数据分析等手段,获取消费者的反馈和需求,了解他们的痛点和期望。

个性化内容与沟通:根据消费者的兴趣和行为,提供定制化的内容和沟通方式。例如,通过电子邮件营销,品牌可以向消费者发送符合其喜好的产品推荐和促销信息。

优化用户界面:确保网站和移动应用界面友好、易于导航,能够为用户提供流畅的购物体验。个性化推荐系统的引入也是提升用户体验的重要手段,它能够根据用户的历史行为自动推荐相关产品。

实时反馈与调整:通过实时监测用户的反馈,品牌可以快速调整策略,以满足消费者不断变化的需求。

③利用数据分析实现个性化营销的实例

数据分析在个性化营销中扮演着至关重要的角色。通过对消费者数据的深入分析,品牌能够识别出潜在客户并及时调整营销策略。以下是一些成功的案例,展示了如何利用数据分析实现个性化营销:

Netflix:Netflix 推荐算法通过 4000＋个性标签实现内容精准推送,可以利用观众的观看历史和评分数据,向用户推荐个性化的电影和电视剧。这种精准推荐不仅提高了用户的观看体验,还有效地增加了用户的留存率。

亚马逊:亚马逊根据用户的浏览和购买行为,生成个性化的产品推荐列表。通过分析用户的购买历史和搜索记录,亚马逊能够提供量身定制的购物体验,从而提升销售额。

Spotify:Spotify 通过分析用户的听歌习惯,创建个性化的播放列表,如"每日推荐"和"发现周刊"。这种个性化的音乐推荐使用户感受到独特的关怀,增强了他们对平台的忠诚度。

(3)社交媒体与互动性

社交媒体的兴起彻底改变了传统营销的方式。网络营销通过社交媒体平台实现了与消费者之间的互动,增强了消费者的参与感。品牌能够通过社交媒体发布内容、进行广告宣传、与用户互动,甚至通过用户生成内容(UGC)来提升品牌形象。这种互动性不仅能够提高品牌的曝光率,还能够通过消费者的反馈直接影响企业产品和服务的改进。

①社交媒体在网络营销中的角色

社交媒体的兴起彻底改变了传统的营销方式。过去,品牌主要依靠广告和促销活动来吸引顾客,而如今,社交媒体为品牌提供了一个与消费者直接沟通的渠道。通过平台如Facebook、Instagram、Twitter和TikTok等,品牌不仅能够发布信息、展示产品,还能实时与消费者进行互动。这种双向沟通的方式使品牌能够更深入地了解消费者需求,从而制定更有效的营销策略。

社交媒体也为品牌提供了更高的曝光率和影响力。用户分享的内容、评论和点赞都能迅速传播,形成口碑效应。此外,社交媒体的算法推荐机制使得品牌能够将信息精准地推送给目标受众,提高了营销活动的效果。

②互动性对品牌忠诚度的影响

互动性是社交媒体的核心特征之一,它对品牌忠诚度的影响不可小觑。当消费者在社交媒体上与品牌互动时,他们不仅能获得信息,还能感受到品牌的关怀和重视。这种互动能够增强消费者与品牌之间的情感联系,从而提升品牌忠诚度。

研究表明,积极的互动不仅能提高消费者的满意度,还能促使他们在未来的购买决策中更倾向于选择品牌。在社交媒体上,品牌可以通过回复评论、参与讨论、组织线上活动等方式来增强与用户的互动。这种关系的建立,使得消费者更愿意为品牌发声,形成忠实的粉丝群体。

③社交媒体营销案例

在社交媒体营销的实践中,有许多成功的案例值得借鉴。例如,Nike通过其"Just Do It"运动激励了无数消费者,并利用社交媒体平台发布用户生成的内容,展示真实用户的故事,这不仅提升了品牌的形象,也加强了用户与品牌之间的联系。

另一个典型的案例是Coca-Cola的"分享可乐"营销活动。该活动鼓励消费者在社交媒体上分享他们与个性化可乐瓶的合照,成功引发了广泛的用户参与和传播。通过这种互动,Coca-Cola不仅增加了品牌的曝光率,还增强了消费者的参与感和归属感。

(4) 24/7的可访问性

网络营销的一个显著优势就是其全天候的可访问性。不同于传统零售,消费者可以随时随地通过互联网获取信息、购物或与品牌互动。这种便利性大大提高了用户的购买意愿和品牌忠诚度。企业也能够通过自动化工具和在线客服系统,确保客户在任何时间都能获得支持和服务,提升整体用户体验。

①网络营销的全天候特点

网络营销的 24/7 可访问性意味着无论是在白天还是夜晚,消费者都可以随时随地访问品牌的产品和服务。这种无时无刻不在的可用性使得企业能够全天候与潜在客户进行互动,提供即时的服务和信息支持。无论是通过电子商务网站、社交媒体平台,还是移动应用程序,消费者只需通过个人设备,便可以轻松获取所需的信息和产品。这种便捷性不仅提高了用户的购买体验,还使品牌能够抓住更多的销售机会。

②消费者行为的变化

随着网络营销的普及,消费者的购买行为也发生了显著的变化。现代消费者越来越倾向于通过互联网进行购物,尤其是在夜间或周末等传统零售店关门的时段。他们希望能够随时获取产品信息,并进行比较和选择,而不必受限于商店的营业时间。此外,消费者在购买决策过程中也更加依赖在线评论和社交媒体的反馈,这进一步推动了他们在非传统时间段进行购物的倾向。

这种行为的变化促使企业重新审视其营销策略,尤其是在广告投放和客户服务方面。今天的消费者希望在任何时候都能得到快速的响应和支持,企业必须通过即时聊天、社交媒体互动和电子邮件等多种渠道,保持与客户的沟通。

③实例:如何利用可访问性提高销售

许多成功的企业已经充分利用了网络营销的 24/7 可访问性来提升销售。例如,某知名电子商务平台通过优化其网站界面和用户体验,使得消费者在任何时间都能轻松找到所需的产品,并能够快速完成购买。同时,该平台还提供了 24 小时客户服务支持,通过在线聊天和智能客服系统,及时解答消费者的问题,减少潜在的购买障碍。

此外,该平台还利用大数据分析,识别出消费者的购买习惯和偏好,从而在合适的时间向他们推送个性化的促销信息。这种策略不仅提升了消费者的购物体验,也显著提高了转化率和销售额。

总之,网络营销的全天候可访问性为企业提供了前所未有的机会。通过灵活应对消费者的需求变化,企业可以在任何时刻与客户保持联系,提升品牌忠诚度,最终实现销售增长。

(5) 数据驱动的决策

在网络营销中,数据的收集与分析是制定有效营销策略的基础。企业可以通过各种工具和平台,实时监测营销效果,收集用户行为数据,并进行深入分析。通过数据驱动的决策,企业能够更精准地识别市场趋势、优化广告投放、调整产品策略,从而实现更高的投资回报率。此外,实时的数据反馈机制使得企业能够快速响应市场变化,保持竞争优势。

①数据在网络营销中的重要性

数据是网络营销的核心,能够为企业提供深刻的市场洞察和消费者行为分析。通过收集相关数据,企业可以更好地理解客户需求、偏好和购买行为,从而制订出更为精准的营销策略。这种数据导向的决策方式不仅提高了营销活动的有效性,还能够显著降低营销成本。根据研究,数据驱动的营销策略能够提高企业的投资回报率(ROI),并增强市场竞争力。

②如何收集和分析数据

数据的收集和分析是一个复杂而系统的过程。首先,企业需要确定他们希望收集哪些类型的数据,包括客户的基本信息、购买历史、浏览习惯等。常见的数据收集方法包括:

网站分析工具:如 Google Analytics,通过分析网站流量、用户行为等数据,帮助企业了解访客的来源和互动行为。

社交媒体监测:通过社交媒体平台收集用户对品牌的反馈、评论和互动情况,从而了解品牌的市场表现。

调查问卷与反馈:直接向客户发放问卷,获取他们对产品或服务的意见和建议,以便更好地调整营销策略。

归因模型:(如 Shapley Value 算法)量化各渠道贡献值。

预测分析:LSTM 神经网络预测用户生命周期价值。

实时竞价(RTB):AdTech 平台每秒处理百万级广告位竞价请求。

数据分析通常需要借助数据科学和统计学的方法,使用数据挖掘、机器学习等技术,从海量数据中提取有价值的信息。企业可以利用可视化工具将分析结果转化为易于理解的图表和报告,为决策提供依据。

③数据驱动决策的成功案例

许多企业已经成功地实施了数据驱动的决策模式,从而在市场中取得了显著的成就。以下是一些成功案例:

亚马逊:作为全球最大的在线零售商,亚马逊利用数据分析来个性化客户体验。通过分析客户的购买历史和浏览记录,亚马逊能够智能推荐相关产品,极大地提高了客户满意度和销售额。

Netflix:流媒体服务平台 Netflix 利用用户观看数据来决定内容制作和推荐策略。通过分析用户偏好,Netflix 不仅能够制作受众喜爱的原创节目,还能提高用户留存率。

星巴克:星巴克通过其移动应用程序收集客户数据,分析用户的购买习惯,进而推出个性化的促销和优惠活动。这种策略帮助星巴克提升了客户忠诚度和销售业绩。

通过这些成功案例,我们可以看到,数据驱动的决策不仅能够帮助企业更好地理解市场和消费者,还能在激烈的竞争中抢占先机。未来,随着数据技术的不断进步,数据驱动的营销策略将会在网络营销中发挥越来越重要的作用。

网络营销的五大特征并非孤立存在,而是交织成动态演进的数字生态系统:全球化触达需要数据洞察支撑本地化策略,社交互动产生的新数据反哺个性化算法,全天候服务依赖自动化系统的实时决策……在这个生态中,成功者往往是那些能用技术杠杆放大对人性洞察的企业。

未来的网络营销将面临更深层的变革:Web3.0带来的去中心化挑战、AIGC引发的创意生产革命、元宇宙中虚实融合的消费场景。唯有深刻理解当下网络营销的核心逻辑,才能在技术洪流中构建可持续的竞争优势。正如麦克卢汉所言:"我们塑造工具,而后工具塑造我们。"在人与技术的共生演进中,网络营销将持续改写商业文明的基因密码。

4.1.4 网络营销的主要渠道和工具

网络营销的主要渠道和工具包括:

1. 搜索引擎优化(SEO)

SEO的本质是与机器共识的博弈。谷歌每天处理的35亿次搜索中,隐藏着用户需求的密码。现代SEO已从"关键词堆砌"进化为"用户体验工程",其战略架构包含三重维度:

(1) 技术基建:数字地基的硬度

爬虫友好性:通过JSON-LD结构化数据标记、动态渲染(SSR/CSR)平衡,确保搜索引擎抓取效率;核心Web指标(Core Web Vitals):LCP(最大内容渲染)、FID(首次输入延迟)、CLS(累积布局偏移)决定网站健康度;工具链:SEMrush的Site Audit模块、Screaming Frog蜘蛛模拟器、Ahrefs的SERP分析构成诊断工具箱。

(2) 内容生态:语义网络的编织艺术

主题集群模型(Topic Clusters):HubSpot通过"支柱页面+子内容"结构,使其博客流量提升106%;EEAT原则(经验、专业、权威、可信):医疗领域网站需展示作者的医学资质、文献引用及用户评价;语音搜索优化:采用自然语言问答格式,适配Alexa等语音助手的长尾查询。

(3) 外链江湖：数字信任的货币体系

HARO(Help a Reporter Out)策略：通过响应媒体需求获取高质量反向链接；维基百科式内容工程：Moz 创建的 SEO 百科全书成为行业权威外链源；负面 SEO 防御：利用 Majestic 的 Trust Flow 指标识别有害的外链。

挑战与进化：谷歌 BERT 算法对自然语言理解的深化，迫使 SEO 从技术操纵转向价值创造。未来的 SEO 将更强调实体识别(Entity SEO)与对 AI 生成内容的风险管控。

2．社交媒体营销(SMM)

当 TikTok 用户日均消耗 95 分钟刷视频时，社交媒体已成为品牌必须争夺的认知战场。其战略实施需穿透三层架构：

(1) 平台基因解码

算法偏好：Instagram 的 Reels 会优先推荐完播率＞55％的视频，LinkedIn 的 B2B 内容依赖专业标签传播；文化调性适配：杜蕾斯微博的"梗文化"运营 vs. 欧莱雅小红书的 KOC 测评；商业工具集成：Facebook Shops 的闭环转化 vs. Pinterest 的视觉搜索导购。

(2) 内容武器库构建

病毒模因工程：Netflix《鱿鱼游戏》通过"123 木头人"挑战赛获得 180 亿次曝光；互动仪式设计：星巴克♯RedCupContest 话题引发用户创作 23 万条 UGC；社交聆听系统：Brandwatch 监测平台实时捕捉舆情热点，实现敏捷营销。

(3) 广告投放科学

创意工业化：Canva 的模板库支持快速生成多尺寸广告素材；归因模型革新：Snapchat 的 SKAN 4.0 框架解决了 iOS 隐私新政下的转化追踪难题；达人营销矩阵：微播易平台通过 AI 匹配品牌与达人的粉丝重合度。

范式迁移：社交电商的崛起(如 TikTok Shop 的 GMV 增长 12 倍)正将社交媒体从品牌建设渠道转化为直接交易市场，要求企业重构"内容—转化"一体化链路。

3．电子邮件营销

在 ChatGPT 改写沟通方式的今天，电子邮件打开率仍保持 34％的行业均值，其主要原因主要有：

(1) 数据驱动的精准化运营

RFM 模型分层：Sephora 根据消费频次发送差异化促销码；行为触发机制：当 Airbnb 用户浏览房源 10 次但未下单时，系统自动发送专属折扣；动态内容引擎：Amazon 的邮件产品推荐会实时反映用户的浏览历史。

(2) 技术栈升级

AMP Email 技术：Gmail 支持用户直接在邮件内完成表单填写、预约等交互功能；AI 文案优化：Phrasee 通过 NLP 生成高点击率邮件标题，转化率提升 23%；合规性管理：Mailchimp 的 GDPR 工具包自动处理用户数据权限。

(3) 生命周期价值深耕

教育品牌 MasterClass 通过课程进度追踪邮件，使完课率提升 40%；挽回流失用户的"复活"策略：Spotify 发送个性化歌单邮件召回沉睡用户。

反常识洞察：过度自动化可能损害品牌人性化形象。《纽约时报》的"手工感"新闻简报（The Morning）凭借编辑个人化表达获得 300 万订阅，证明情感连接仍是邮件营销的灵魂。

4. 内容营销

红牛每年投入内容营销的费用超过其广告预算，却换来"媒体公司"的品牌认知，该事件成功映射出内容营销的深层逻辑：

(1) 战略定位矩阵

思想领导力：麦肯锡季刊（McKinsey Quarterly）塑造行业权威；场景解决方案：Home Depot 的 DIY 教程视频直接关联商品购买页面；情感共鸣体：多芬"Real Beauty" campaign 引发全球价值讨论。

(2) 工业化生产体系

内容原子化：将白皮书拆解为信息图、播客、短视频等多形态资产；CMS 协同：WordPress＋Optimizely 实现内容多渠道自动适配；AI 辅助创作：Jasper 生成初稿，Grammarly 优化语法，SurferSEO 调整关键词密度。

(3) 效果评估革命

非直接转化指标：SEMrush 的"品牌情感分析"模块量化内容对认知的影响；长尾效应监测：Ahrefs 追踪内容发布 6 个月后的持续自然流量增长；知识图谱应用：IBM Watson 分析内容与行业趋势的语义关联度。

认知颠覆：当 ChatGPT 能生成 80 分内容时，顶尖品牌的竞争将聚焦于"思想锐度"——如同《经济学人》用颠覆性观点建立认知壁垒，而非单纯的信息传递。

5. 在线广告

全球在线广告支出预计 2025 年突破万亿美元，其运作机制已演变为复杂的计算博弈：

(1) 程序化广告生态

实时竞价（RTB）系统：在 AdExchange 平台，一次广告展示经历 50ms 内的出价决策过程；数据管理平台（DMP）：Lotame 整合超 2000 数据源构建用户行为图谱;创意动态优化:Google DV360 根据设备类型实时调整广告素材尺寸。

(2) 平台战略分化

搜索广告:谷歌的智能出价策略(tCPA/tROAS)实现转化成本控制;社交广告:Meta Advantage+通过 AI 自动组合受众、版位与创意;视频广告:YouTube 的 TrueView 模式让用户选择观看时长决定扣费。

(3) 隐私新政下的范式进化

谷歌 Privacy Sandbox 用 Topics API 替代第三方 Cookie;Criteo 的 FLoC 解决方案通过兴趣群体识别维持广告精准度;第一方数据池建设:沃尔玛将线下消费数据与在线广告系统打通。

黑暗森林法则:广告欺诈导致的年损失达 810 亿美元,迫使企业采用 DoubleVerify 等工具进行流量质量验证,数字广告正在经历信任重构。

真正的数字营销大师,不是某个渠道的独奏者,而是能指挥五大渠道协同的交响乐指挥。当 SEO 优化的长尾词为内容营销提供选题灵感,社交媒体互动数据优化邮件营销的分组策略,在线广告的 AB 测试反哺网站用户体验设计时,渠道间的数据流动将产生指数级价值。

4.1.5 网络营销的优势与挑战

1. 广泛的覆盖面

网络营销的一个显著优势是其广泛的覆盖面。与传统营销方式相比,网络营销的全球化特点使得品牌能够轻松触及世界各地的消费者。无论是在北美、欧洲,还是在亚洲、非洲,网络营销都能够通过互联网将产品和服务推向更广泛的市场。跨境电商平台 Temu 通过算法翻译、本地化运营,上线一年触达全球 40 个国家的市场,谷歌广告系统支持同时定位 186 个语言区的特定人群,VR 营销技术让宜家厨房设计工具覆盖到没有实体店的南美小镇。这种全球化的连接不仅仅体现在地理位置的覆盖上,还体现在不同文化和市场的多样性上。品牌能够根据特定地区的文化背景和消费习惯,调整其营销策略,以更有效地吸引目标消费者。

此外,网络营销的快速传播特性,尤其是通过社交媒体和搜索引擎的营销手段,使得信息能够在短时间内迅速扩散。亚马逊 A+Content 页面全年无休展示产品细节,智能客服 ChatGPT 处理 80% 的深夜咨询需求,邮件营销自动化系统在用户日当天零点准时发送祝福,社交媒体平台如 Facebook、Instagram 和 Twitter 等,为品牌提供了与用户直接互动的渠道,让品牌的消息能够在用户之间迅速分享和传播。这一特性不仅提高了品牌的曝光率,还增强了用户的参与感,使品牌能够在瞬息万变的市场中保持竞争力。

总之,网络营销通过其广泛的覆盖面,不仅能够触及不同地区、文化和市场的消费者,还能够借助社交媒体和搜索引擎实现信息的快速传播。这使得企业在全球范围内建立品牌知名度和消费者忠诚度变得更加可行,进而推动销售增长和市场拓展。

2. 成本效益高

在当今竞争激烈的市场环境中,企业在选择营销策略时,成本效益已经成为一个至关重要的考量因素。网络营销凭借其显著的成本优势,逐渐成为企业推广和品牌建设的首选方式。以下是网络营销在成本效益方面的三个主要优势。

(1) 与传统营销相比的低成本

网络营销的一个显著优势是其相较于传统营销方式(如电视广告、印刷媒体和户外广告)所需的投入成本较低。传统营销通常需要大规模的资金投入,包括制作费用、发布费用和传播费用。而网络营销则能够通过数字平台实现更为经济的宣传,利用社交媒体、电子邮件和搜索引擎等多种渠道进行推广。一封营销邮件发送给1万人与100万人的成本差仅为5美元,Shopify建站模板使中小企业以29美元/月获得跨国电商能力,AIGC工具将内容创作成本降低90%(Jasper.ai案例)。这种低成本的特点,使得即使是小型企业和初创公司也能借助网络营销有效地拓展市场,提升品牌知名度。

(2) 预算的灵活性

网络营销的另一个重要优势是其预算的灵活性。无论企业的预算规模如何,网络营销都能提供相应的解决方案。从小额投入的社交媒体广告到大规模的搜索引擎营销,企业可以根据自身的经济状况和市场需求,自由选择合适的营销策略。此外,网络营销平台通常会提供详细的预算管理工具,帮助企业实时监控支出并进行调整,从而确保每一分钱都能发挥最大效益。

(3) 高回报率的案例分析

网络营销不仅成本低、预算灵活,还能够实现高回报率。许多企业在实施网络营销后,观察到投资回报率(ROI)显著提升。例如,某电子商务公司通过优化其网络广告策略,将投入的每一美元转化为5美元的销售额,达到了500%的投资回报率。SEO带来的自然流量三年累计成本仅为PPC的1/8,《纽约时报》烹饪专栏通过长尾内容获得持续广告分成,在线课程平台将一次直播转化为20种可售数字资产。此外,利用数据分析工具,企业可以实时评估广告效果,快速调整策略,进一步提升投资回报率。这些成功的案例表明,网络营销不仅是可行的,而且在许多情况下,能够带来超出预期的经济效益。

总之,网络营销以其低成本、预算灵活性和高回报率的特点,成为现代企业不可或缺的营销工具。随着数字化进程的不断深入,企业只有充分利用网络营销的优势,才能在激烈的市场竞争中立于不败之地。

3. 数据驱动的决策

在当今数字化迅速发展的时代,数据驱动的决策已成为网络营销的重要组成部分。通过对数据的深度分析,企业能够优化其营销策略,并提高广告的投放效果,实现更为精准的市场定位。以下是几个关键方面,展示了如何利用数据驱动的决策来推动网络营销的成功。

(1) 如何利用数据分析优化营销策略

数据分析为企业提供了强大的工具,帮助企业识别市场趋势、消费者偏好和行为模式。利用大数据技术,企业可以收集和分析大量的用户数据,从而获得对目标受众的深入了解。例如,企业可以通过分析用户的浏览历史、购买记录和社交媒体互动,识别出哪些产品或服务最受欢迎。Hotjar 热力图 15 分钟揭示网页跳出率症结。谷歌 Analytics 4 的预测性指标可以提前识别用户流失的风险。动态出价策略每小时优化广告投放参数。基于这些洞察,企业能够调整其营销策略,例如优化广告文案、选择适合的推广渠道或调整定价策略,以更好地满足消费者的需求。

(2) 实时跟踪和评估广告效果

网络营销的另一个显著优势在于其能够实时跟踪广告效果。传统营销往往依赖于周期性评估,这可能会导致决策滞后。而通过数字化平台,企业可以即时获取广告投放的数据反馈,包括点击率、转化率和用户参与度等关键指标。这种实时数据的获取,不仅使企业能够迅速判断广告的有效性,还能够及时调整广告策略,确保资源的最佳利用。通过持续的监测和评估,企业能够在竞争中保持灵活性,并迅速响应市场变化。

(3) 通过用户行为数据进行精准定位

用户行为数据是制定精准营销策略的基石。通过分析用户在网站上的行为轨迹、购物习惯和兴趣偏好,企业能够对目标受众进行细分,从而实现更加个性化的营销。例如,电子商务平台可以根据用户的浏览历史和购买记录,为用户推荐相关产品,提升购买转化率。航空公司用 NLP 分析 10 万条差评,定位服务改进的关键点。动态定价工具利用供需关系数据实时调整酒店房价。LSTM 模型提前 30 天预测网红内容的传播轨迹。此外,企业还可以利用用户的地理位置数据,有针对性地推送本地化的优惠活动,从而增强用户的购买意愿和提高用户的品牌忠诚度。

总的来说,数据驱动的决策为网络营销提供了科学的支持,使企业能够在复杂多变的市场环境中做出更加明智的营销决策。通过有效的数据分析、实时的效果跟踪以及精准的用户定位,企业能够在激烈的竞争中脱颖而出,实现更高的营销效率和业绩增长。

4. 互动性强

在当今数字化时代,网络营销的互动性成为其最显著的优势之一。这种互动不仅仅是品牌与消费者之间的单向传播,而是通过多种渠道和平台实现了双向沟通。这种互动性不仅增强了品牌的形象,还能有效提升消费者的参与感和忠诚度。

首先,网络营销促进品牌与消费者之间的互动。通过网络营销,品牌能够与消费者建立起更加紧密的联系。这种联系不仅体现在产品的推广上,更在于品牌能够倾听消费者的声音,了解他们的需求和反馈。消费者不再只是被动地接受广告信息,他们能够直接与品牌沟通,表达自己的意见和建议。这种互动有助于品牌不断调整和优化产品或服务,以更好地满足消费者的期望。

其次,社交媒体平台的崛起为品牌与消费者之间的双向沟通提供了理想的场所。无论是Facebook、Instagram,还是微博、微信,社交媒体都为品牌提供了与消费者实时互动的机会。品牌可以通过发布内容、回应评论以及参与讨论来吸引消费者的关注。这种即时的反馈机制使得品牌能够迅速了解市场动态,并及时做出反应。例如,当消费者在社交媒体上对某一产品表现出浓厚兴趣时,品牌可以利用这一契机,进一步推送相关信息,甚至进行个性化营销。

竞赛和问答等互动活动的成功案例体现了网络营销的强互动性。品牌可以通过举办线上竞赛、问答活动的形式,鼓励消费者积极参与其中。这不仅能够增加品牌的曝光率,还能够营造良好的品牌社区氛围。以某知名饮料品牌为例,他们通过在社交媒体上发起"分享你的夏日饮品创意"竞赛,吸引了大量消费者参与,最终不仅提高了品牌的知名度,还增强了消费者的归属感和忠诚度。这些成功案例表明,互动活动不仅可以激发消费者的参与热情,还能为品牌带来意想不到的市场效应。

网络营销的互动性使得品牌与消费者之间的关系更加紧密,通过社交媒体的双向沟通和互动活动的开展,品牌能够更好地理解消费者的需求,从而在竞争激烈的市场中脱颖而出。

4.2 网络营销策略

4.2.1 网络营销产品策略:从实体交付到价值生态的跃迁

在当今竞争激烈的市场环境中,网络营销的产品策略成为企业成功的关键因素之一。网络营销的产品策略不仅仅是对产品本身的定位与设计,更是通过数字化手段满足消费者需求的综合性策略。以下将详细探讨网络营销产品策略的几个重要方面。

4-1 云阅读

1. 网络营销产品策略的定义

网络营销的产品策略是指企业在互联网环境下,为了满足目标市场的需求,通过合理的产品设计、推广及销售手段,优化产品的市场表现。它不仅包括产品的功能、品质和外观等基本要素,还涉及如何利用网络平台有效地展示和传播这些产品信息,以吸引潜在客户并提高销售转化率。如,宜家 Place 应用通过 AR 技术将家具投射到用户客厅,转化率提升 300%。耐克 NFC 芯片运动鞋实现物理商品与数字资产(NFT)的双向绑定。特斯拉通过 OTA 升级将刹车距离缩短 6米,重新定义"可进化产品"。

2. 产品的个性化价值引擎与品牌建设

在网络营销中,产品的个性化是企业获得竞争优势的重要手段。通过分析目标市场的需求和竞争对手的产品,企业可以确定自身产品的独特卖点,从而使其在同类产品中脱颖而出。如,Netflix 的 3 300 个微细分群组算法,为每个用户生成独特的内容海报。亚马逊的 Build-It 服务让消费者投票决定新品开发方向。保时捷 Taycan 电动车的 170 亿种配置组合,实现量产定制化。此外,品牌建设也是产品策略中的重要组成部分。一个强大的品牌不仅能够为产品增加附加值,还能够增强消费者的信任感与忠诚度。在数字化时代,品牌建设往往依赖于网络口碑、社交媒体互动和用户生成内容,这些因素共同作用,塑造了品牌的形象。

3. 在线产品展示和用户体验

在网络营销中,在线产品展示的方式直接影响用户的购买决策。高质量的图像、详细的产品描述以及用户评价等信息,都是影响消费者购买意愿的重要因素。此外,用户体验的优化也是成功的网络营销策略不可或缺的部分。良好的用户体验不仅包括网站的易用性和导航设计,还涵盖了购买流程的简化、支付方式的多样化以及售后服务的及时性。通过不断提升用户体验,企业能够有效减少购物车放弃率,提高转化率。

4．产品的敏捷迭代系统提升

产品生命周期管理（Product Life Cycle Management，PLM）在网络营销策略中扮演着至关重要的角色。产品的生命周期通常分为引入期、成长期、成熟期和衰退期四个阶段。每个阶段都需要采取不同的市场营销策略，以确保产品在市场上的持续竞争力。产品迭代周期的缩短成为产品网络营销的亮点。如，完美日记通过小红书评论数据，将新品研发周期压缩至 6 个月。米哈游《原神》每 6 周更新一次版本，持续激活玩家生态。微软 Teams 日更机制，年均功能迭代超 500 项。

总之，网络营销的产品策略是一个多维度、多层次的复杂体系，企业需要从产品差异化、品牌建设、用户体验以及产品生命周期管理等多个方面进行系统化的思考和实践，以实现市场目标并提升竞争力。同时，产品正从"功能容器"向"数据接口"转型。Apple Watch 的心电图功能通过 FDA 认证后，使硬件设备成为健康管理入口，开辟出医疗数据服务新战场。

4.2.2　网络营销的价格策略：动态博弈中的价值感知操控

在网络营销中，价格策略是企业与消费者之间交易的重要组成部分。合理的价格策略不仅能影响消费者的购买决策，还能直接关系到企业的市场竞争力和盈利能力。

1．网络营销中价格策略的定义

价格策略是指企业在营销活动中，为了实现特定的市场目标而制定的价格水平和价格调整的整体方案。在网络营销中，价格策略不仅涉及产品的定价，还包括价格的展示方式、折扣政策、支付方式等多个方面。通过有效的价格策略，企业可以增强自身的市场吸引力，提高消费者的购买欲望，从而推动销售额的增长。

2．价格敏感度与市场定位

价格敏感度是指消费者对价格变化的反应程度。在网络营销中，了解目标市场的价格敏感度对于制定合适的价格策略至关重要。市场的不同细分群体对价格的敏感度各不相同。例如，奢侈品市场的消费者通常对价格不敏感，而大众消费品市场的消费者则可能对价格波动极为敏感。因此，企业需要根据目标市场的定位，进行精准的价格设置，以满足不同消费者群体的需求。Uber 的 Surge Pricing 算法每秒分析 85 万个变量来调整车费。希尔顿酒店收益管理系统预测入住率，动态浮动房价超 20 次/日。Steam 游戏平台根据区域购买力自动换算 78 种货币价格。

3．竞争定价与价值定价的比较

在网络营销中，企业常用的两种定价策略是竞争定价和价值定价。竞争定价是指企业根据竞争对手的定价策略来设定自身的价格。这种策略适用于市场竞争激烈的情况,能够帮助企业在价格上与竞争对手保持一致,避免价格战带来的负面影响。

另一方面,价值定价则是基于产品所提供的独特价值来设定价格。这种策略强调产品的差异化优势,企业通过增加产品的附加值来 justify 更高的价格。虽然价值定价可能在短期内影响销量,但从长远来看,有助于提升品牌形象和客户忠诚度。因此,企业在选择定价策略时应综合考虑自身的市场定位和竞争环境。

4. 促销定价策略的应用

促销定价策略是网络营销中常用的手段之一,主要通过临时降低价格来刺激销量。企业可以通过限时折扣、买一赠一、捆绑销售等方式吸引消费者的注意,提高购买转化率。例如,在特定节假日或促销活动期间,企业可以实施大幅度的价格优惠,以快速提升销量和扩大市场份额。

此外,促销定价策略还可以结合数据分析工具进行优化。通过对历史销售数据和消费者行为的分析,企业能够更好地预测促销活动的效果,从而制订更为精准的促销计划。这样的数据驱动型决策不仅能够提高销售效率,还能够提升用户满意度和品牌忠诚度。如 Adobe Creative Cloud 将 6 000 美元套件拆解为 54.99 美元/月的订阅。蔚来汽车 BaaS 电池租赁方案分离车辆与能源所有权。《堡垒之夜》通过 Free-to-Play+皮肤内购模式创造 50 亿美元年收入。

网络营销中的价格策略是一个复杂而多维的领域,企业需要根据市场环境、消费者需求以及竞争态势灵活调整。在制定价格策略时,必须综合考虑价格敏感度、市场定位、竞争对手的定价方式以及促销活动的有效性,以确保在激烈的市场竞争中保持优势。

4.2.3 网络营销的服务策略:从售后补救到体验预埋的范式转移

在当今竞争激烈的市场环境中,服务策略在网络营销中占据着至关重要的地位。随着消费者对品牌和产品的期望不断提高,企业必须采取有效的服务策略来满足客户需求,提升客户满意度,进而增强客户忠诚度。这一部分将深入探讨网络营销中的服务策略,包括客户服务和支持的角色、在线互动与客户反馈机制,以及如何持续优化用户体验。

1. 服务策略的重要性

服务策略不仅仅是一个附加的营销工具,而且是企业与客户之间互动的核心。良好的服务策略能够增强客户对品牌的信任感,进而提升购买意愿。随着在线购物的普及,消费者更倾向于选择那些提供优质服务的品牌。有效的服务策略可以帮助企业在激烈的市场竞争中脱颖而出,建立良好的企业形象,并最终实现销售增长。

2. 客户服务与支持的角色

在网络营销中,客户服务与支持的角色至关重要。它不仅涉及售后服务,还包括购买决策前的咨询和支持。通过提供及时、有效的客户服务,企业可以解答消费者的疑虑,帮助他们做出明智的购买选择。此外,优秀的客户支持可以有效降低客户流失率,提升客户满意度。如瑞幸咖啡通过企微社群 15 秒响应客诉,复购率提升 34%。Zappos "无上限通话"政策塑造服务信仰,最长纪录 10 小时 32 分钟。大疆无人机内置实时飞行指导,降低 75% 的售后咨询量。现代消费者期望能够通过多种渠道(如在线聊天、电子邮件、社交媒体等)获得支持,因此,企业需要建立一个全方位的客户服务体系,以满足不同客户的需求。

3. 在线互动与客户反馈机制

在线互动是现代网络营销服务策略的重要组成部分。通过社交媒体、论坛和评论区等平台,企业可以与客户进行实时互动,获取消费者的意见和反馈。这一过程不仅有助于企业及时了解市场动态,还能帮助企业识别产品或服务中的不足之处。此外,建立有效的客户反馈机制可以促进企业与消费者之间的双向沟通,使消费者感受到他们的声音被重视,从而增强品牌忠诚度。

4. 用户体验的持续优化

用户体验是影响客户满意度和忠诚度的关键因素。在网络营销中,持续优化用户体验意味着企业需要不断评估和改进其网站、应用程序以及其他在线平台的可用性和功能。通过分析用户行为数据,企业可以识别出用户在使用过程中遇到的障碍,并采取相应的措施进行改进。例如,亚马逊的 anticipatory shipping 专利实现了下单前发货。特斯拉主动检测电池异常,提前 30 天推送维修预约。招商银行 AI 通过消费模式识别盗刷,拦截准确率达 99.97%。相应的简化购买流程、优化网站加载速度、提供个性化推荐等,都是提升用户体验的重要策略。为此,企业需要保持开放的心态,愿意接受客户反馈并在此基础上进行创新和改进。

在网络营销的环境中,服务策略是企业与客户建立深厚关系的桥梁。通过有效的客户服务与支持、积极的在线互动及反馈机制,以及对用户体验的持续优化,企业能够提升客户满意度,增强品牌忠诚度,最终实现业务增长。随着市场的不断变化,企业必须灵活调整其服务策略,以应对消费者需求的变化和竞争的挑战。如 GPT-4 技术文档自动生成功能可降低 90% 的客服培训成本。

4.2.4 网络营销的促销策略:从信息轰炸到价值共振的能量场构建

在数字化时代,网络营销的促销策略已成为企业吸引客户、提升品牌知名度和推动销售的关键环节。促销策略不仅仅是打折和优惠,更是通过多种渠道和手段与客户进行有效沟通和互动的过程。

1. 定义网络营销的促销策略

网络营销的促销策略是指企业通过互联网各种渠道和工具,设计和实施一系列旨在刺激消费、提高销量和增强客户忠诚度的市场活动。这些策略通常包括广告、优惠券、限时折扣、赠品等多种形式,旨在吸引目标客户的注意,并促使其做出购买决策。有效的促销策略能够帮助企业在竞争激烈的市场中脱颖而出,建立良好的客户关系。

2. 促销工具的多样性

随着技术的发展,网络营销的促销工具日益丰富。社交媒体平台如微信、微博、Facebook 和 Instagram 等,成为企业与消费者沟通的重要渠道,企业通过发布促销信息、互动活动和用户生成内容,吸引用户参与并分享。此外,电子邮件营销也是一种有效的促销工具,通过定期发送促销信息、个性化推荐和忠诚客户奖励,保持与客户的联系并提升客户忠诚度。其他促销工具还包括搜索引擎营销、内容营销和网络广告等,这些工具的多样性使得企业可以根据目标市场的特点,灵活选择合适的促销手段。

3. 促销活动的设计与实施

促销活动的设计与实施是网络营销促销策略的核心环节。一项成功的促销活动需要经过充分的市场调研,了解目标客户的需求和偏好,并制定明确的目标。设计促销活动时,企业需考虑活动的形式、时间、参与方式以及可能的激励措施,以确保吸引力和有效性。如蜜雪冰城"你爱我我爱你"魔性 MV 引发 300 万次二创。亚马逊 Prime Day 打造"全球购物狂欢节"文化符号。Discord 通过稀有 NFT 徽章激发社群荣誉体系。在实施过程中,企业应利用多渠道推广,通过社交媒体、电子邮件、网站等平台进行广泛传播。如支付宝蚂蚁森林碳积分体系日均促活率达 1.2 亿次。苹果"Shot on iPhone"活动将用户作品投放在纽约时代广场。同时,及时跟进活动进展,收集参与者反馈,进行必要的调整和优化,以提高活动效果。如 Duolingo 的连胜机制使 30 日留存率提升 22%。Coinbase 的"摇晃手机领比特币"广告获 2 000 万次互动。

4. 数据分析在促销中的应用

在网络营销中,数据分析是评估促销策略效果的重要工具。通过对促销活动的各类数据进行分析,企业可以了解客户的购买行为、偏好和反馈,从而评估促销活动的有效性。数据分析能够帮助企业识别成功的促销活动和需要改进的地方,为未来的促销决策提供有力支持。此外,结合数据分析,企业可以实现精准营销,例如根据用户的历史行为推送个性化的促销信息,提高转化率和客户满意度。

AR红包、元宇宙发布会等混合现实促销方式,正将促销场景从二维界面拓展至三维空间。网络营销的促销策略通过多样化的工具和方法,结合数据分析的深度应用,不断优化企业的市场推广效果。企业只有深入理解并灵活运用这些策略,才能在竞争激烈的市场环境中保持优势,推动可持续发展。

4.3　网络营销的常用方法

随着互联网的快速发展,网络营销已经成为企业推广产品和服务的重要手段。它不仅为企业提供了更广泛的市场覆盖,也使得与消费者的互动变得更加灵活和即时。

4-2 云阅读

4.3.1　网络营销的定义和重要性

1. 网络营销的定义

网络营销,通常被称为在线营销或数字营销,是指通过互联网进行的各种市场推广活动。它涵盖了使用各种在线平台和工具来推广品牌、产品和服务的所有策略和手段。网络营销的核心在于通过建立和维护与消费者的关系,提升品牌的知名度和忠诚度,最终实现销售增长和市场份额的提升。

2. 网络营销的重要性

广泛的覆盖面:与传统营销方式相比,网络营销可以跨越地理限制,触及全球范围内的潜在客户。这使得企业能够在更大范围内推广自己的产品和服务。

成本效益:网络营销通常比传统广告更具成本效益。通过精准的目标定位,企业可以在预算内最大化其营销效果,减少资源浪费。

实时反馈和数据分析:网络营销允许企业实时监测和分析市场活动的效果。通过数据分析,企业可以更好地了解消费者的行为和偏好,从而优化其营销策略。

增强与消费者互动:网络营销提供了与消费者进行直接互动的渠道,如社交媒体、邮件营销和在线客服等。这种互动不仅可以提高客户满意度,还能提高客户的品牌忠诚度。

4.3.2 常用的网络营销方法

网络营销的常用方法并非孤立工具,而是围绕用户旅程(Awareness→Consideration→Conversion→Loyalty)构建的动态战术组合。

1. 搜索引擎营销(SEM)

(1) 搜索引擎营销的定义

搜索引擎营销(Search Engine Marketing,简称 SEM)是指通过付费广告和搜索引擎优化(SEO)等手段,提升网站在搜索引擎结果页面(SERP)中的排名和可见性的一种营销方式。SEM 的主要目标是吸引目标受众,增强品牌曝光,提高网站流量和转化率。SEM 通常涉及关键词研究、广告创建、竞价策略和效果分析等多个方面。

(2) SEM 的重要性和优势

精准定位:通过选择特定的关键词,企业可以将广告展示给对其产品或服务感兴趣的用户,从而提高投放的有效性。

即时效果:SEM 广告可以迅速上线,并在短时间内开始吸引流量,适合需要快速见效的营销活动。

可测量性:SEM 的效果可以通过各种分析工具进行跟踪和评估,企业可以根据数据反馈不断优化广告策略。

预算灵活性:SEM 允许企业根据自身的预算进行灵活调整,支持多种付费模式,如按点击付费(PPC)或按展示付费(CPM)。

(3) SEO(自然流量)

搜索引擎优化(SEO)是一种提高网站在搜索引擎结果页面(SERPs)中可见性的技术和策略。其核心目标是通过优化网站的内容、结构和其他元素,以便更好地满足搜索引擎的算法,从而提升自然搜索流量的质量和数量。SEO 并不仅仅是关于搜索引擎的技术,它还涉及用户体验、内容创作及数据分析等多个方面。而当今的 SEO 早已超越技术优化的范畴,成为连接人类意图、商业价值与技术伦理的复杂系统。具体内容有:

长尾词矩阵:长尾词是由三个或更多单词组成的关键词短语,通常具有较低的搜索量和竞争度。它们能够更准确地匹配用户的搜索意图,尤其是在用户已经明确了自己的需求时。

某母婴品牌在其网站上发布了大量与新生儿护理相关的专业内容,包括"新生儿肠绞痛缓解方法"等主题。这些内容不仅提供了实用的解决方案,还展示了品牌在母婴领域的专业知识。通过优化这些长尾关键词,品牌能够在搜索引擎结果中获取低竞争、高转化流量,吸引大量的目标用户访问其网站。

结构化数据:在当前的在线环境中,结构化数据已经成为搜索引擎优化(SEO)策略中不可或缺的一部分。结构化数据是指通过特定的标记语言(如 Schema.org)来标识和组织网页内容,帮助搜索引擎更好地理解网页的主题和内容。这不仅有助于提高网站在搜索结果中的可见性,还能显著改善用户体验。

某知名菜谱网站在实施 Recipe 标记后,流量显著增长。在将结构化数据应用于其食谱页面后,该网站不仅提高了在搜索引擎结果中的排名,还通过富媒体展示吸引了更多用户点击。结果显示,该网站的点击率提升了 35%,同时用户停留时间也有所增加,这表明用户对内容的参与度提高。

E-E-A-T 建设:在搜索引擎优化(SEO)的领域,E-E-A-T(专业性、权威性、可信性)是一个至关重要的概念。随着用户对信息质量的要求日益提高,搜索引擎也越来越重视网站内容的专业性和权威性。

某知名医疗网站在引入医生署名制后,其 E-E-A-T 评分显著提升。该网站在每篇医疗文章中都清晰地标注了作者的姓名、职称及所属医院的名称。此外,网站还定期更新医生的专业背景和研究成果,以保持内容的时效性和权威性。通过这些措施,网站不仅在搜索引擎的排名中稳步上升,还吸引了更多用户的访问和信任。

(4) PPC(付费点击)

动态搜索广告(DSA):在数字营销的快速发展中,动态搜索广告(DSA)作为一种新兴的广告形式,正在逐渐成为企业获取潜在客户的重要工具。DSA 通过自动化的方式,能够有效地覆盖未收录的长尾关键词,实现更广泛的市场覆盖和更高的投资回报率(ROAS)。

某电子商务公司在使用 DSA 后的 3 个月内,其广告的 ROAS 提高了 2.3 倍。该公司通过 DSA 覆盖了大量未被收录的长尾关键词,成功地吸引了更多的潜在客户,并实现了更高的销售额。

此外,数据显示,使用 DSA 的企业平均可使广告的点击率(CTR)和转化率(CVR)提高 20% 以上。这种显著的提升与 DSA 能够自动匹配用户搜索意图、生成相关广告内容密切相关。在实际操作中,广告主只需定期监控和优化 DSA 的设置,即可持续享受较高的投资回报。

智能出价策略:在当今数字营销的快节奏环境中,广告主面临着不断变化的市场需求与竞争压力。为了实现最佳的广告投资回报率(ROAS),智能出价策略应运而生,成为广告投放中的重要工具。

谷歌的 tROAS 算法能够根据实时数据进行调整,确保广告出价始终处于最佳状态。举例来说,某电子商务公司利用 tROAS 算法投放广告,设定目标回报率为 300%。在实施后的三个月内,该公司通过监测和调整广告出价,成功实现了将 ROAS 从 150% 提升至 350% 的目标。这一成功案例表明,智能出价策略不仅提升了广告的投放效果,还帮助企业在竞争激烈的市场中占据了更有利的位置。

技术前沿:语音搜索和人工智能生成内容正在深刻影响付费点击(PPC)广告的策略和实施。

语音搜索技术的快速发展,尤其是智能音箱和手机语音助手的普及,正在改变人们搜索信息的方式。根据统计,越来越多的用户倾向于使用语音搜索来获取即时信息,这一趋势促使广告主重新考虑传统的 PPC 广告策略。语音搜索通常更倾向于长尾关键词和自然语言,这意味着广告主需要优化他们的广告内容,以便更好地匹配用户的语音查询。

与此同时,语音搜索的兴起也增加了竞争的激烈程度。广告投放不仅仅是针对文本搜索结果的优化,广告主也需要考虑如何在语音助手的回答中获得曝光。这种变化要求广告主对他们的关键词策略进行重新评估,确保能够在用户使用语音搜索时提供相关和有价值的内容。

AI 生成的内容带来了潜在的风险。首先,内容的质量和准确性可能参差不齐,过度依赖 AI 可能导致信息失真或不符合品牌调性。其次,搜索引擎越来越注重内容的原创性与真实性,AI 生成的内容如果未经过适当审核,可能会导致被搜索引擎降权,影响广告效果。

为了有效管控这些风险,广告主应制定一套严格的内容审核流程,确保 AI 生成的内容经过专业人员的审查和编辑。此外,结合人工创作与 AI 生成内容的优势,形成一个混合策略,将传统的内容创作与现代技术相结合,以提高内容的质量和可信度。

未来的 SEO 大师,必定是语义学家、数据工程师与伦理专家三位一体。在算法的尽头,唯有真实的价值创造,才能穿越技术迭代的迷雾,在数字文明的星图上留下永恒坐标。

2. 社交媒体营销

社交媒体营销已成为品牌传播与用户互动的重要工具。借助社交媒体平台(如 Facebook、Instagram、Twitter 等)进行产品推广和品牌传播。通过与用户互动、发布内容和广告,企业能够建立品牌形象并与消费者建立情感连接。因此,了解这些平台的多样性与特征,合理选择适合的传播渠道,是营销成功的关键所在。

(1)平台基因适配:数字部落的生存法则

社交媒体平台种类繁多,各具特色。以微博为例,它是一种信息快速传播的平台,适合实时热点话题的讨论和品牌活动的推广。其140字的限制使得信息简洁明了,适合快速消费的内容。而微信则更注重深度交流与社区建设,适合品牌与用户之间建立长久的联系。微信的公众号与小程序功能,为品牌提供了丰富的内容展示与商业变现的路径。

抖音短视频平台的"多巴胺经济",以其生动的视觉效果和创意内容吸引了大量年轻用户。其算法也鼓励用户创造与分享内容,品牌在这里不仅可以进行广告投放,还能通过用户生成内容(UGC)达到更好的传播效果。完播率＞55％的视频获推荐加权,前3秒黄金hook法则催生"秒级刺激"内容美学。某美妆品牌通过0.8秒产品展示＋2.2秒效果对比的视频结构,CTR提升300％。

小红书的"信任链机制"下,素人测评笔记权重＞明星广告,真实场景下的"闺蜜式分享"转化率高达18％。品牌号与个人号的"软性协同":完美日记通过千名KOC的"自来水"内容构建信任网络。

视觉符号殖民下的爱马仕橙在Instagram的视觉霸权,用户自发内容一度占比89％。泡泡玛特盲盒的"拆盒仪式感"成为小红书特定内容范式。

另一方面,B站"弹幕式营销"使年轻用户参与度提升了300％。LinkedIn ABM广告精准触达企业决策层。了解每个平台的特性,可以帮助品牌制定更具针对性的营销策略。

选择适合的社交媒体平台,首先要明确品牌的目标受众。不同平台的用户年龄、性别、兴趣和行为习惯各不相同。例如,若目标受众主要是年轻的学生群体,抖音或快手这类短视频平台将是不错的选择;而如果品牌面向的群体是职场人士或中年用户,微信和微博可能更为合适。

此外,品牌还需考虑内容与形式的适配性。若品牌能够生产高质量的图片或视频内容,视觉导向的平台(如Instagram或抖音)将更能发挥其优势。反之,若品牌的内容更倾向于文本信息,微博和微信公众号将更为适合。

在社交媒体营销中,各个平台的策略也各有千秋。以微博为例,其实时性和话题性使其成为品牌进行事件营销和话题营销的理想选择。品牌可以通过话题标签和热门话题参与互动,迅速提升曝光率。而微信则注重私域流量的管理,通过建立微信群、发布高质量的内容吸引用户关注,形成长期的用户黏性。

抖音则通过短视频和挑战赛等形式,鼓励用户参与和分享。品牌可以借助KOL(关键意见领袖)和网红进行合作,提升品牌的影响力和传播效果。相比之下,抖音的内容消费更加即时,适合快速吸引用户注意力,而微信则更偏向于建立信任与深入的用户关系。

(2) UGC生态建设:从注意力经济到行为经济的范式跃迁

用户生成内容(UGC)是指由品牌的消费者或用户自发创作与分享的内容,通常包括评论、图片、视频及其他形式的创作。

①建立UGC生态系统的步骤与策略

激励用户参与:品牌可以通过开展活动、竞赛或提供奖励来激励用户生成内容。例如,用户在社交媒体上发布与品牌相关的内容有机会获得奖品,或是通过点赞和分享来获取额外的优惠。

提供分享渠道:确保用户能够方便地分享他们的内容是建立UGC生态系统的关键。品牌可以在其网站和社交平台上设置分享按钮,鼓励用户在多个渠道上发布他们的体验。

打造社区氛围:通过创建专属的社交媒体群组或论坛,品牌可以为用户提供一个分享与讨论的平台,增强用户之间的互动和归属感。社区的形成不仅能够促进UGC的生成,还能提升用户对品牌的忠诚度。

监控与反馈:品牌应及时监控用户生成的内容,并对用户的创作给予适当的反馈。这可以通过点赞、评论或分享用户的内容来实现,展示品牌对用户贡献的重视。

②成功案例分析,展示UGC如何促进用户参与和提升品牌忠诚度

物质回报引擎中的知乎盐选会员体系将优质回答转化为付费内容,创作者分成超10亿元。抖音橱窗功能使素人带货佣金突破传统MCN分成模式。

精神满足机制让蔚来APP"蔚来值"系统将用户贡献度可视化为社区地位符号。Sephora Beauty Insider社区通过达人认证体系激发创作热情。

负反馈转化机制下,小米社区将用户投诉转化为产品改进任务,闭环解决率达91%。海底捞通过差评分析优化服务流程,舆情危机响应速度提升至2小时。

创作模因库构建的典型案例有,星巴克#RedCupContest提供12种杯型模板,降低UGC创作门槛。宜家"家具黑客"活动鼓励用户改造产品,产出三千余种创意方案。

(3)社交电商融合:从注意力经济到行为经济的范式跃迁

社交媒体与电子商务的结合逐渐成为一种不可逆转的趋势。社交电商不仅改变了消费者的购买习惯,也为品牌提供了前所未有的营销机会。

社交电商的商业模式多样化,主要包括社交分享、直播带货、粉丝经济等。通过这些模式,品牌可以利用用户的社交网络,进行更为精准的市场营销。社交电商的优势主要体现在以下几个方面:增强用户参与感:社交电商允许用户在购物过程中参与互动,分享购物体验,从而提高客户的忠诚度;精准营销:通过分析用

户的社交行为,品牌能够更好地了解目标受众,制定更加个性化的营销策略;降低营销成本:与传统广告相比,社交电商通常依靠用户的自发传播,大大降低了广告投入成本。

即时满足经济的代表中,抖音"闪电购"功能实现15秒内完成观看—下单—支付全流程。拼多多"拼小圈"将好友动态转化为购物决策参考,转化率提升50%。

情绪消费链路,李佳琦直播间通过"所有女生"话术创造紧迫感,使客单价提升120%。得物"球鞋文化社区"将收藏欲转化为交易冲动,溢价率超200%。

混合现实卖场下Gucci虚拟试鞋间AR技术使退货率从35%降至8%。屈臣氏云店通过3D虚拟货架将SKU展示效率提升300%。

社交支付网络中的微信红包裂变带动拼团参与率提升70%。TikTok内置电子钱包缩短跨境支付链路。

数字产权革命的典型代表,小红书"号店一体"政策将内容资产转化为交易入口。Decentraland虚拟地产交易催生新型社交电商形态。

在虚拟与现实的身份开始自由流动及每个用户的社交行为都能产生可量化商业价值的情况下,"社交商业文明"的奇点时刻开始启动。深谙平台文化密码、善用UGC能量、驾驭社交电商浪潮的企业,将不再只是商业世界的参与者,而是新文明形态的缔造者。未来的社交媒体宇宙中,真正的稀缺资源不是流量,而是持续引发用户价值共振的能力。

3. 内容营销

(1) 战略内容工程:从碎片创作到系统战争

战略内容工程是指通过系统性的方法来创建、管理和优化内容,以支持企业的整体目标和愿景。它不仅关注内容的创作过程,更强调内容与业务战略之间的紧密联系。随着市场竞争的加剧和消费者需求的变化,仅仅依靠内容的数量已经无法满足企业的需求,企业必须通过战略内容工程确保内容的质量、相关性和有效性。具体步骤有:

市场调研与分析:通过调研行业趋势、竞争对手和目标受众,获取有价值的洞察,确保内容战略的基础建立在真实的数据之上。

明确目标:根据企业的整体业务目标,设定内容战略的具体目标,例如提升品牌知名度、增加网站流量或提高用户转化率。

内容规划:制定内容日历,确定内容类型(如文章、视频、社交媒体帖子等)、主题和发布时间,确保内容的持续性和多样性。

内容创作与优化:根据规划进行内容创作,并通过SEO(搜索引擎优化)和用户体验优化等手段,提高内容的可见性和用户体验。

发布与分发:选择合适的渠道进行内容发布,确保内容能够有效触达目标受众。

评估与调整:通过数据分析工具对内容的表现进行跟踪和监测,及时进行策略调整以应对市场和受众需求的变化。

不同的案例均体现了内容价值的范式迁移——从信息载体到战略资产,从流量诱饵到思想权力,从单点创作到生态工程。

主题宇宙模型的代表,HubSpot的《营销自动化终极指南》聚合286个子主题,构建覆盖整个客户旅程的知识星系,自然流量年增长210%。Moz的《SEO百科全书》通过超10万的内部链接形成内容引力场,占据行业64%的权威外链市场份额。

数据驱动的内容基因组下的Netflix分析1.5亿用户行为数据,建立3 300个微细分内容标签系统。《经济学人》通过A/B测试确定每篇文章的"认知摩擦系数",优化阅读完成率。

敏捷生产流水线展示的红牛媒体工厂日均产出500条跨媒体内容,实现从F1赛事到极限运动的实时覆盖。《纽约时报》的"大报道引擎"将调查报道拆解为83个生产节点,时效性提升到原来的3倍。

内容资产证券化的突出案例中,Gartner将研究报告转化为可交易的数字资产,年创收30亿美元。知乎盐选专栏将优质回答打包为付费内容库,复购率达68%。

(2)原子化分发:内容生态的量子纠缠态

原子化分发作为一种创新的内容传播策略,正在迅速成为企业营销活动的核心组成部分。具体是指将内容拆分成较小的、可独立传播的单元(即"原子"),这些单元可以在不同的渠道中以不同的形式进行分发。这种策略的核心在于灵活性和适应性,企业可以根据不同的受众需求和平台特点,选择最合适的内容形式进行传播。

具体分发策略为内容审计:首先对现有内容进行审计,识别可以拆分的核心主题和信息。这一过程有助于确定哪些内容可以被转化为原子单元。

内容重组:将大型内容(如文章、视频或白皮书)拆分为多个小型单元。例如,长篇文章可以被拆分为系列短文、图表、引言片段或社交媒体帖子。

创建多样化格式:根据目标受众的偏好,创建不同格式的内容单元,如图像、视频、播客等,以适应不同平台和传播渠道的需求。

制订发布计划:合理安排内容的发布时机,确保在适当的时间通过合适的渠道将内容推送给目标受众。

原子化分发的案例均是通过内容在不同媒介的跃迁,构建跨维度的用户触达网络。

全息内容解构术的典型案例有将行业白皮书拆解为5个数据可视化视频(TikTok)＋12篇深度解析(公众号)＋30条知识卡片(小红书)＋1个播客系列(Spotify)。哈佛商业评论的"管理思想原子库"支持按行业、职级、场景的智能重组。

跨平台叙事网络的典型案例有耐克"Breaking2"项目:纪录片(YouTube)＋实时数据可视化(Twitter)＋跑者社区互动(Strava)的共振传播模式。得到APP的知识专题在微信生态内形成"公众号引流—社群讨论—小程序转化"的虫洞效应。

跨代际内容继承的典型案例有,《国家地理》将经典摄影作品转化为NFT,在元宇宙画廊延续内容生命。敦煌研究院的壁画数字重生计划,让千年文化资产进入"Z世代"内容生态。

(3) 思想领导力:认知边疆的开疆拓土

思想领导力(Thought Leadership)是指在某一特定领域内,个人或组织通过独特的见解、专业知识和创新思维,影响他人并引导行业发展的能力。思想领导力是内容营销的终极形态,其本质是构建行业认知的"思想操作系统"。

具体策略有内容创造与分享:持续创造和分享高质量的原创内容是建立思想领导力的基础。内容可以是博客文章、研究报告、网络研讨会、视频或播客,内容的多样性有助于吸引不同类型的受众。

参与行业讨论:积极参与行业会议、论坛和社交媒体讨论,分享专业见解和经验。通过这种方式,可以与同行建立联系,扩大影响力。

合作与联名:与其他行业专家或知名品牌合作,进行联合研究或项目,借助彼此的影响力,提升自身的权威性。

数据驱动的洞察:利用数据分析,提供行业趋势、市场分析和消费者行为洞察等深度内容。这种基于数据的内容更容易赢得受众的认可和信任。

范式颠覆工程的案例通过精心策划的内容传播,将消费者的情感需求与品牌价值结合起来,创造了深远的社会影响。如多芬"Real Beauty"运动解构审美标准,相关搜索量改变美容行业的语义网络。《人类简史》作者赫拉利通过持续输出认知框架,定义了当代智人讨论的话语体系。

学术—商业复合体不仅关乎如何创造和分发有价值的内容,更是建立品牌认知与忠诚度、推动销售转化的关键因素。典型案例有麻省理工学院媒体实验室与香奈儿合作发布《未来奢侈品白皮书》。阿里达摩院论文入选 NeurIPS,同步转化为云服务技术卖点。

认知持续进化不仅是知识的传递,更是文化的碰撞与灵感的激发,培养了全球范围内的思想领导者与追随者。典型案例有 TED 演讲内容每 18 个月系统性更新,保持思想前沿性。在 TED 演讲中,有一些成功的案例充分展示了思想如何随着时间的推移而演变。例如,著名的演讲者 Ken Robinson 在其关于教育系统的演讲中,提出了教育应当如何更好地培养创造力的观点。随着教育理念的不断发展,Robinson 在后续的演讲中对其原有观点进行了更新,结合新的研究成果与社会需求,提供了更为全面的教育解决方案。这种更新不仅增强了他演讲的深度与广度,也使得他的思想在教育领域内依然具有重要的影响力。罗兰贝格智库的行业预测模型每年迭代 3 000+ 参数。

当《人类简史》的文本被编码为 NFT 在元宇宙流传,当 GPT-10 自动生成的思想体系主导商业决策,内容正在脱离载体束缚,进化为真正的数字生命体。未来的历史学家会如此记载:21 世纪的内容革命,是人类继语言、文字、印刷术后,第四次认知维度的跃迁。

4. 电子邮件营销

在即时通信与社交媒体的围剿下,电子邮件这个诞生于 1971 年的古老协议,却在数字营销战场展现出惊人的进化韧性。当 ChatGPT 能生成人类级对话时,电子邮件并未消亡,而是蜕变为承载智能商业逻辑的神经突触——其平均 ROI 高达 42∶1 的奇迹背后,是行为触发机制的时间魔法、AMP 技术的空间革命、AI 个性化引擎的认知操控,以及数据洞察的量子纠缠共同作用的结果。

(1) 行为触发机制:时间维度的"精密手术"

行为触发机制是指在特定环境或情境下,通过特定的行为或事件,引发一系列反应或反馈的机制。这种机制通常涉及用户的行为、环境的变化以及系统响应之间的相互作用。在许多领域中,行为触发机制被广泛应用于设计和优化用户体验、增强交互效果以及提高效率等方面。

行为触发机制的应用领域十分广泛,涵盖多个行业和领域。

首先,在互联网产品和服务中,行为触发机制被广泛应用于用户界面设计和交互体验优化。通过分析用户行为数据,设计师可以创建出更为直观和高效的操作流程,从而提升用户满意度。Duolingo 设计了一种触发机制,当用户达到特定的连续学习天数时,系统会自动发送鼓励邮件。这些邮件不仅包含用户的学习成就统计,还会提供个性化的学习建议和激励性的话语,鼓励用户继续保持学习的热情。此外,这些邮件经常结合游戏化元素,比如奖励积分、解锁新课程等,从而进一步激励用户坚持学习。通过这种方式，Duolingo 有效地增强了用户的参与度和学习动力。

其次，在电子商务领域，行为触发机制可以帮助商家实现精准营销。例如，当用户在浏览某一商品时，系统可以自动推送相关的产品推荐或优惠信息，进而促进销售转化。此外，行为触发机制在客户关系管理（CRM）中也发挥着重要作用，企业可以根据客户的行为数据，制定个性化的服务策略，提高客户的留存率和满意度。星巴克在某些城市的门店内安装了 Beacon 设备。用户只需下载并安装星巴克的移动应用程序，并开启蓝牙和定位服务。在用户接近门店时，系统会自动识别用户的位置，并发送个性化的优惠信息。例如，当用户经过某家门店时，可能会收到"欢迎回来！今天享受买一送一的咖啡优惠！"等信息。这种精准的营销方式，不仅吸引了更多的顾客到店消费，也增强了他们的品牌忠诚度。

在医疗健康领域，行为触发机制同样具有重要的应用前景。通过监测患者的行为和健康数据，医疗系统能够实现早期预警和干预，帮助患者更好地管理自己的健康状态。例如，智能穿戴设备可以根据用户的运动量、心率等数据，自动提醒用户进行锻炼或采取健康措施。

最后，在教育领域，基于行为触发机制的智能学习系统能够根据学生的学习行为和成绩，自动调整学习内容和节奏，从而实现个性化教育。通过对学习过程的实时监测和反馈，教师和学生都能更好地把握学习进度，提高学习效果。

（2）AMP 技术革命：邮件的空间维度升级

AMP（Accelerated Mobile Pages）技术是由谷歌于 2015 年推出的一项开源框架，旨在提升移动网页的加载速度和用户体验。随着移动互联网的迅猛发展，用户对网页加载速度的要求日益增加，尤其是在移动设备上，用户的耐心显著降低。因此，AMP 技术应运而生，旨在解决在移动设备上访问网页时常见的延迟和加载缓慢的问题。AMP 通过简化 HTML、CSS 和 JavaScript 的使用，确保网页能够快速渲染，从而改善用户的浏览体验。

AMP 技术的推广和应用对行业和社会产生了深远的影响。首先，在商业领域，许多企业通过实施 AMP 技术，提升了在线销售和用户参与度，尤其是在电子商务行业，快速加载的产品页面能够促进转化率的提高。Booking.com 通过 AMP 邮件技术，能够在用户打开邮件的瞬间，实时更新房间的库存状态和价格变化。例如，当用户浏览某个酒店的房间时，如果该房间的价格或可用性发生变化，Booking.com 会立即向用户的邮箱中发送出这一信息。这种即时性不仅提高了信息的准确性，还促使用户在看到优惠或紧急库存减少时，迅速做出预订决策。这种方法有效地将潜在客户的关注点转化为实际购买行为。结果显示，与传统邮件相比,使用AMP技术的邮件打开率提高了50%,点击率提升了200%。更重要的是,由于信息的及时性和互动性的增强,转化率竟然达到了300%的增长。其次,在新闻和媒体行业,AMP技术使得新闻内容能够以更快的速度传达给读者,提高了信息的传播效率。

社会层面上,AMP技术的应用推动了信息的快速获取,帮助用户在碎片化的时间中迅速获取所需信息,提升了信息的可达性。Pinterest在邮件内实现图片瀑布流浏览与直接收藏的功能。用户收到来自Pinterest的邮件通知,打开邮件后将看到多张图片以瀑布流的形式排列;用户可以通过上下滚动来查看不同的图片,轻松发现感兴趣的内容;当用户找到喜欢的图片时,可以直接点击图片旁边的"收藏"按钮,或使用一键收藏功能;系统将弹出确认框,用户确认后该图片将被保存在其Pinterest账户中。此外,随着AMP技术的普及,更多的开发者和内容提供者开始重视移动用户体验,从而推动了整个互联网环境的优化和升级。

(3) AI个性化引擎:认知渗透的沉默革命

AI个性化引擎是利用人工智能技术,根据用户的行为、偏好和需求,提供量身定制的内容、产品或服务的系统。它通过分析用户的数据,识别出个体的独特特征,从而为用户提供更加精准和个性化的体验。个性化引擎的核心目标是提升用户满意度,增强用户黏性,同时帮助企业更有效地实现市场营销目标。

AI个性化引擎已在多个领域得到广泛应用。首先,在电子商务领域,个性化引擎能够根据用户的购买历史和浏览行为,推荐相关产品,从而提高销售转化率。每当用户在亚马逊网站上浏览商品、查看产品详情或添加商品到购物车时,系统都会记录下这些行为。这些浏览记录不仅反映了用户的兴趣点,还能揭示出潜在购买意图。通过分析这些数据,亚马逊能够更好地预测用户可能喜欢的其他商品,从而为其提供更加精准的推荐。这种基于行为数据的洞察力是亚马逊在竞争激烈的电商市场中脱颖而出的核心能力之一。其次,在社交媒体平台,个性化引擎通过分析用户的互动数据,推送用户感兴趣的内容,增强用户的参与度。《纽约时报》通过运用先进的算法和机器学习技术,能够实时分析读者的行为数据,包括阅读历史、点击率、分享行为等。这些数据被用来构建个体的兴趣模型,从而实现内容的智能排序。例如,当读者打开新闻简报时,AI系统会根据其过去的阅读习惯,优先显示与其兴趣相关的新闻,从而提升阅读的效率和满意度。这样的技术应用不仅提升了用户体验,还有效提高了内容的传播效果。

此外,个性化引擎在数字广告、在线教育、音乐和视频流服务等领域也有显著应用。它们通过分析用户的兴趣和行为,为用户提供个性化的广告、学习资源或娱乐内容,从而提升用户的体验和满意度。IBM Watson通过社交媒体、在线评论、客户反馈或直接对话等渠道收集用户的文本数据。数据的多样性和丰富性为后续分析提供了基础。然后利用情感分析和主题建模等技术，Watson对用户的语言进行深入分析。通过识别关键词、情感倾向和语法结构，Watson能够提取出用户关注的核心点和情感状态。例如，频繁使用"喜欢""愿望""感觉"等词的用户，可能更倾向于感性决策；而使用"分析""数据""效果"等术语的用户，可能更倾向于理性决策。接着进行决策类型判断，利用词汇、短语及整合多种语言特征，通过对用户语言的综合分析，Watson能够判断出用户的决策类型。

（4）数据洞察：电子邮件的量子纠缠观测

数据洞察是指通过对收集到的数据进行深入分析和解读，从中提取有价值的信息和见解的过程。数据洞察不仅仅是简单的数据描述或统计，更是利用数据揭示隐藏的模式、趋势和关系，从而帮助决策者做出更明智的选择。随着信息技术的迅速发展和数据量的激增，数据洞察的重要性愈发显著。它不仅能够提高企业的运营效率，还能帮助公司在市场竞争中取得优势，推动创新和业务发展。

数据洞察的应用领域非常广泛，几乎涵盖了所有行业。其中，零售业中的零售商通过分析销售数据和客户购买行为，优化库存管理和促销策略，从而提升销售额和客户满意度。Walmart在其邮件营销活动中，设计了一项增量实验来评估其对销售额的真实影响。实验的实施过程包括对目标客户群体的精确划分，将参与者分为实验组和对照组。实验组收到了特定的营销邮件，而对照组则未收到。这一过程确保了数据的准确性和可靠性，帮助Walmart全面分析邮件营销的效果。经过几个月的实验，Walmart收集到了大量的数据，结果显示，实验组的销售额比对照组高出13.7%。这一显著的增幅不仅反映了邮件营销的有效性，也强调了数据驱动决策的重要性。此外，分析还揭示了不同产品类别在邮件营销中的表现差异，帮助Walmart进一步优化其营销策略。

金融服务领域的银行和金融机构利用数据洞察进行风险评估、欺诈检测和客户行为分析，以提高服务质量和风险控制能力。金融机构在合规管理中面临着越来越大的压力，尤其是在反洗钱（AML）方面。通过数据洞察，金融机构可以实时监控交易活动，识别出异常交易模式。例如，利用机器学习算法分析客户的交易行为，金融机构能够快速发现潜在的洗钱活动，并采取相应的措施保护自身的合规性。某银行通过机器学习分析企业财务报表、供应链数据及宏观经济指标，将不良贷款的识别准确率提升40%。例如，结合政府债券占社融比重（2024年达37%）预测区域信用风险，动态调整信贷额度。

制造企业利用数据分析监控生产流程，预测设备故障，从而减少停机时间并提高生产效率。三一重工在实施"订单驱动生产"模式的过程中，充分利用了工业互联网平台的优势。通过与供应商和客户的深度合作,三一重工能够实时获取订单信息,并基于此进行生产调度。同时,企业内部的各类设备也通过平台实现了互联互通,生产数据得以实时采集与分析。这一系列措施的实施,使得三一重工在生产效率、资源利用率及客户满意度等方面均取得了显著提升。例如,在某个项目中,三一重工成功将交货周期缩短了30%,同时库存周转率提高了40%,充分展示了"订单驱动生产"模式的实际效果。

在量子计算突破RSA加密算法、脑机接口实现意念触发邮件的状态下,电子邮件的形态将再次被颠覆。但对精准时空调控与认知渗透效率的终极追求是永恒不变的。行为触发时空魔法、AMP维度折叠技术、AI认知操控与数据量子洞察的组织,正在将古老的SMTP协议进化为商业智能体的神经网络。

未来的邮件系统或许会自主完成用户意图预测、价值创造与交易结算的全流程,而人类要做的,只是在意识的量子海洋中,等待那个恰到好处的涟漪——正如1971年雷·汤姆林森发送的第一封邮件,穿越半个世纪的光阴,仍在重新定义商业的边界。

5. 影响者营销

(1) 金字塔矩阵

影响者营销是一种基于社交媒体平台的推广策略,旨在通过与具有高度影响力的人物(即"影响者")合作,来推动品牌的知名度和销售额。影响者通常在某个特定领域内拥有一定的追随者,他们的意见和推荐能够有效地影响目标受众的消费决策。随着社交媒体的迅猛发展,影响者营销逐渐成为品牌传播的一种重要手段。

某知名电子商务平台在推出新产品时,采用了金字塔矩阵的结构,明确区分了不同层级的客户群体,并制定了针对性的营销行动。在底层意识层,平台通过社交媒体和广告投放吸引了大量的潜在客户。接着,在兴趣层,平台利用内容营销,发布了关于新产品的详细介绍和使用指南,以提高客户的购买兴趣。在顶层决策层,该平台通过个性化的电子邮件营销,向已经表现出购买意向的客户发送了限时优惠券,促成了大量的交易。

通过金字塔矩阵的应用,该平台不仅有效地提升了客户的参与度,还实现了显著的销售增长,充分验证了金字塔矩阵在网络营销中的实际效果。

(2) 虚拟人革命

虚拟人,亦称为数字人、虚拟形象,指的是通过计算机生成的角色,具有独特的个性、外观和行为。自20世纪80年代计算机图形技术兴起以来,虚拟人经历了多个发展阶段。从早期简单的二维动画角色,到如今能够互动的三维虚拟形象,技术的进步使得虚拟人在视觉表现和交互性上得到了极大提升。尤其是在社交媒体、游戏和虚拟现实等领域,虚拟人逐渐成为重要的文化符号与商业工具。

在虚拟人营销活动中,有几个成功的案例值得关注。例如,日本的虚拟偶像初音未来自推出以来就受到了全球粉丝的热爱。她不仅参与音乐活动,还与多家品牌合作,推出联名商品。初音未来的成功在于她的互动性与用户参与感,使得粉丝不仅是消费者,更是品牌的一部分。

另一个值得一提的案例是 Lil Miquela,这位虚拟博主在 Instagram 上积累了大量关注者。Lil Miquela 通过分享时尚内容和生活方式,与用户建立了紧密的联系。许多品牌与她合作,借助她的影响力进行宣传,取得了显著的市场反响。

这些成功的虚拟人营销活动展示了虚拟人在现代营销中的巨大潜力,同时也为品牌提供了新的思路与策略。通过充分利用虚拟人的优势,品牌能够在竞争激烈的市场中脱颖而出,达到更好的营销效果。

(3)效果对赌协议

效果对赌协议作为一种新兴的营销策略逐渐受到关注。这一协议不仅为品牌与影响者之间的合作提供了新的框架,也为双方利益对接带来了更多的可能性。

对赌协议通过设定明确的业绩目标(如销售额、用户增长、转化率等),将合作方的收益与实际效果挂钩。品牌与影响者约定以特定指标(如带货销售额、内容互动率等)为对赌标的。例如,若影响者推广的某产品销售额突破 100 万元,品牌方将支付 10% 的额外佣金;若未达目标,则影响者需退还部分基础费用。橱柜企业通过签订《销售业绩对赌协议》,明确经销商需完成年度销售额目标,超额部分按比例奖励,未达标则经销商需补偿品牌方。此类协议常见于实体零售行业。

6. 程序化广告

程序化广告是指通过程序化购买(Programmatic Buying)技术,以自动化的方式在数字平台上进行广告投放的过程。它不仅涉及广告的购买和投放,还包括实时竞价(RTB,Real-Time Bidding)和数据管理平台(DMP,Data Management Platform)的使用。程序化广告的核心目标是利用数据驱动的决策来提高广告的投放效果,从而实现更高的投资回报率(ROI)。

程序化广告的原理是:首先,广告主在程序化平台上设定广告投放的目标和参数,如受众特征、预算和广告展示时间等。接下来,广告平台会通过数据管理平台分析受众数据,包括用户的行为、兴趣和地理位置等,确保广告能够精准投地放到目标受众面前。

(1) 智能投放系统:广告世界的"自动驾驶"

智能投放系统是指利用先进的数据处理和分析技术,自动化执行广告投放决策的系统。它通过整合多种数据源(如用户行为数据、市场趋势分析、实时竞价等),实现广告投放的精准化和智能化。智能投放系统的核心在于其能够根据实时数据动态调整投放策略,从而最大程度地提高广告的投放效果和投资回报率。

在当今竞争激烈的数字广告市场中,智能投放系统的重要性不言而喻。传统的广告投放方式往往依赖于经验和直觉,导致资源浪费和效果不确定。而智能投放系统通过数据驱动的决策,帮助广告主更好地理解目标受众的需求与偏好,确保广告在适当的时间、地点及面对适合的受众面前展示,从而提升广告的触达率和转化率。

算法的进化从最初价高者得的"一价竞价"到动态调整的"二价竞价",再到引入贝叶斯优化的智能出价策略(如 Google 的 tCPA、Meta 的 Value-based Bidding),算法不断逼近纳什均衡点。某大型电商平台在实施深度强化学习模型后,进行了一系列的广告投放实验。通过对长尾流量的精准定位与投放策略的优化,平台的 ROAS 从原来的 1.5 提升至 2.05,实现了 37% 的增长。具体而言,平台通过分析用户的购买历史与行为特征,成功地将广告投放到那些虽然搜索量较小但转化率高的关键词,从而有效提升了广告的整体效果。这样的成果不仅证明了深度强化学习模型的有效性,也为其他电商平台提供了借鉴的案例。

Ads.txt(Authorized Digital Sellers)和 Supply Chain Object(供应链对象)是近年来推出的重要技术,它们在降低曝光劫持风险方面发挥了关键作用。根据市场研究数据,曝光劫持的发生率从 2017 年的 28% 逐年下降至 2023 年的 9%。这一显著变化反映了数字广告行业在打击广告欺诈和提升透明度方面所做的努力。早期,曝光劫持严重影响了广告主的信任和投资意愿,促使行业内外部利益相关者采取行动。

(2) 动态创意优化(DCO):从"千人一面"到"千时千面"

动态创意优化(Dynamic Creative Optimization,DCO)是一种利用实时数据和算法技术,自动生成和调整广告创意的策略。与传统的广告创意制作过程不同,动态创意优化能够根据用户的特征、行为和上下文环境,实时生成与用户相关性更高的广告内容。这种方法使广告主能够在不同的受众群体中实现更高的参与度和转化率,优化广告投放效果。

动态创意优化的核心在于其灵活性和个性化,广告内容可以根据不同的变量进行调整,例如用户的地理位置、兴趣爱好、浏览历史等。这种个性化的广告体验不仅提高了用户的关注度,还增强了品牌与消费者之间的互动。

在现代广告中,一个成功广告的基本要素往往可以被拆解为几个关键组件,包括文案库、视觉库和 CTA(Call to Action,行动号召)按钮等。

在现代创意产业中,情感表达的色彩运用对观众的心理反应起着至关重要的作用。通过计算机视觉技术分析用户的微表情,我们能够识别出他们的情感状态,并实时调整创意作品的情感倾向,以增强其吸引力和效果。一组视频片段,展示了一个人在观看短视频时的反应。如果在视频播放过程中识别出观众的忧郁情绪,就会实时调整,以确保调整后的效果自然且和谐。在调整完成后,大多数用户对内容的情感体验有显著改善,感觉更加积极和愉悦。同时,观众的观看时长和互动率均有所上升,这表明该技术在提升用户体验方面具有显著的潜力。在"Share a Coke"活动中,可口可乐巧妙地利用了文案库和视觉库的组合,生成了多达 20 万种的产品变体。文案库包含数百个常见的个人名字和词汇,这些名称被印刷在可乐瓶标签上,形成个性化的产品。与此同时,视觉库则为这些瓶子创造了引人注目的设计元素,包括经典的可口可乐标志和多样的色彩组合。

通过将这两者结合,可口可乐能够迅速生成大量个性化的产品。这种方法不仅降低了生产成本,也提升了消费者的参与感。消费者在商店中看到带有自己或朋友名字的可乐瓶时,往往会产生一种强烈的购买欲望,同时也更愿意在社交媒体上分享这一体验,进一步增强了品牌的传播力。

(3)跨设备归因:破解"身份迷雾"的密码学游戏

跨设备归因是指在用户使用多个设备(如手机、平板、电脑等)进行浏览、互动及购买时,追踪和分析其行为的过程。随着数字化生活方式的普及,用户在不同设备之间切换的频率显著增加,传统的归因模型往往无法准确反映用户的真实行为路径。跨设备归因变得尤为重要,能够帮助广告商全面了解用户的转化旅程。

实现跨设备归因的关键步骤有:首先进行数据整合,企业需要整合来自不同设备的数据,包括网站访问、移动应用使用、社交媒体互动等。这可以通过使用统一的用户识别码或 Cookie 来实现;接着根据企业的具体需求,选择合适的归因模型(如线性归因、时间衰减归因等),以便更好地分析不同触点对用户决策过程的影响;然后借助数据分析工具和平台(如 Google Analytics、Adobe Analytics 等),使用先进的分析工具,深入挖掘用户数据,识别跨设备行为模式;最后持续优化。根据分析结果,定期调整广告策略和预算分配,确保营销活动能够适应用户的行为变化。

以某知名 DSP 平台为例,该平台在实施可控噪声技术后,成功保持了广告归因准确度超过 92%。在具体操作中,平台首先对用户的行为数据进行分析,识别出关键特征,并在这些特征中引入可控噪声。通过对比实验,平台发现,即使在引入噪声后,数据模型的预测能力并未显著下降,反而在某些情况下有所提升。最终,该平台的客户反馈显示,使用可控噪声后,广告投放的效果不仅得到了提升,用户的隐私安全感也得到了增强,达成了双赢的局面。

(4) 隐私新政应对:在"镣铐"中起舞的技术进化

随着数字广告行业的不断发展,隐私保护政策变得越来越重要。近年来,各国政府相继推出了一系列隐私保护法律法规,以应对数据泄露和用户隐私侵犯的问题。这些政策不仅影响了用户的数据收集方式,也对广告投放策略产生了深远的影响。

当前,全球范围内的隐私保护政策主要集中在用户数据的收集、存储和使用方面。以欧盟的《通用数据保护条例》(GDPR)和美国《加州消费者隐私法案》(CCPA)为代表,这些法律法规强调了用户的知情权、选择权和删除权。企业在收集用户数据时,必须确保获得用户的明确同意,并且在使用这些数据时不得超出用户同意的范围。此外,这些政策还要求企业对用户数据采取高标准的安全措施,并在发生数据泄露时及时通知用户。

Google Topics API 的推出标志着在线广告生态系统的重要转变。与传统的第三方 Cookie 相比,Topics API 强调用户的隐私保护。通过使用主题标签而非单一的用户标识符,广告商能够在保护用户隐私的同时进行有效的广告投放。这意味着用户在享受个性化内容的同时,能够对自己的数据有更多掌控权。

此外,Topics API 还促进了更透明的广告生态。用户可以查看与自己兴趣相关的主题,并有权选择不再接收某些主题的广告。这种机制提升了用户对广告的信任度,进而可能增加广告的点击率和转化率。

7. 直播电商

直播电商是指通过直播平台进行商品展示与销售的一种新兴商业模式。它结合了视频直播、社交互动和电子商务,将传统的购物体验与现代科技相融合。自 2016 年起,直播电商在中国迅速崛起,成为电商领域的重要组成部分。随着移动互联网的普及和用户消费习惯的转变,越来越多的商家和消费者开始接受并参与这一新兴的购物方式。通过实时互动和直观的商品展示,直播电商成功吸引了大量用户,促进了消费的增长。

(1) 人货场重构:直播营销的底层逻辑突破

在"人、货、场"的传统模式中,"人、货、场"分别指的是消费者、商品和交易场所。在这一模式中,消费者通过电商平台浏览商品信息,进行选择和购买。这种模式虽然便捷,但也存在一些问题。首先,消费者在选择商品时缺乏对商品真实的感知,往往只能依赖图片和文字描述,导致购买决策的不确定性。其次,商品的展示往往是静态的,难以吸引消费者的注意力。最后,交易场所的虚拟性使得消费者在购物过程中缺乏互动和参与感。直播电商通过视频直播的形式,重新构建了"人、货、场"三者之间的关系。

①"人"的重构:从流量节点到情感枢纽

主播角色的升维:主播不再是单纯的销售员,而是兼具"产品专家+情感领袖+内容创作者"三重身份。例如,薇娅团队通过专业选品能力与"闺蜜式"互动,构建用户信任链条,单场直播 GMV 破亿成为常态。

消费者赋权:用户从被动接收者转变为共创者。抖音直播中,观众通过弹幕投票决定产品上架顺序,甚至参与产品设计(如服饰配色定制),实现"需求即生产"的 C2M 模式。

数字人主播的争议与机遇:AI 驱动的虚拟主播虽因技术不成熟频遭封禁,但其"24 小时在线+零人力成本"的潜力仍被京东等平台探索,如"采销东哥"实现品牌人格化延伸。

②"货"的重构:从标准品到场景化解决方案

供应链的敏捷化改造:直播倒逼供应链实现"小单快反"。以快手直播为例,服饰类商家通过预售数据动态调整生产线,库存周转率提升 40%。

商品价值的场景化延伸:货品从功能载体升级为"体验媒介"。美妆品牌完美日记在直播中嵌入虚拟试妆技术,用户可实时预览上妆效果,转化率提升 2.3 倍。

服务即商品的崛起:教育培训机构通过直播提供"知识付费+社群陪伴"组合套餐,将课程销售转化为终身学习服务,复购率提高了 58%。

③"场"的重构:从交易空间到情绪共振场域

技术赋能场景进化:AR/VR 技术将直播间扩展为"虚拟卖场"。淘宝直播推出"云逛街"模式,用户可操控虚拟形象进入品牌 3D 展厅,点击商品后直接下单。

情感场景的精细化运营:母婴直播间通过模拟家庭客厅场景,主播以"育儿顾问"身份分享育儿心得,商品推荐自然融入对话,用户停留时长增加 120%。

跨平台流量矩阵构建:品牌通过抖音种草、微信私域沉淀、淘宝直播转化的组合策略,实现"内容—流量—交易"闭环。例如,花西子以短视频展示非遗工艺吸引关注,再通过直播间限量发售联名产品,溢价率达 30%。

(2)内容—交易融合:直播营销的价值升维

在直播电商的快速发展中,内容与交易的融合正逐渐成为一种不可或缺的模式。这种融合不仅体现了内容营销在促进销量方面的重要性,还通过丰富的直播内容引导消费者决策,增强了用户参与感,从而提升了整体的购物体验。

① 内容即交易的底层逻辑

信息密度与情感浓度的平衡:优秀直播内容需同时满足"知识增量(产品解析)+情绪价值(娱乐互动)"。罗永浩直播间以"相声式"讲解穿插产品评测,用户观看时长较行业均值高 45%。

算法驱动的动态内容优化:平台通过 AI 分析用户行为数据,实时调整直播间流量分配。例如,抖音的"GSP 竞价机制"会优先推送互动率高的直播间。

② 内容形态的创新实践

剧综化直播:将直播设计为连续剧集,如李佳琦的《所有女生的 offer》通过品牌谈判真人秀形式,将选品过程变为内容 IP,单季播放量破 5 亿。

知识型直播的崛起:专家型主播通过深度内容建立权威。例如,医学博士在直播间讲解保健品成分,辅以实验室检测演示,转化率较普通主播高 3 倍。

UGC 内容反哺交易:用户生成的内容(如开箱视频)被自动聚合为商品详情页素材,小红书直播中此类内容使点击转化率提升了 70%。

③ 交易链路的无缝融合

即时性消费闭环:抖音"闪购"功能允许用户在不离开直播间的状态下完成支付,较传统跳转购物车模式减少 30% 流失率。

社交裂变机制设计:拼多多直播推出"拼单提醒"功能,用户可邀请好友共同解锁折扣,裂变效率提升 25%。

数据驱动的个性化交易:阿里妈妈"万相台"系统基于用户画像实时生成专属优惠券,使直播间客单价提升 18%。

4-3 云视频

4-4 云习题

第5章 电子商务法律体系

5.1 电子商务法律概述：技术倒逼下的制度回应

在数字化时代，电子商务（E-commerce）作为一种新型的商业模式，已经深刻影响了全球经济的发展。电子商务的定义通常涵盖了通过电子方式进行的商品和服务的交易，包括在线零售、电子支付、数字市场等。它的重要性不仅在于提升了交易的便利性和效率，还促进了全球市场的互联互通，使得消费者能够随时随地获取商品和服务。随着电子商务的迅猛发展，随之而来的是一系列法律法规的制定和完善，以保障交易的安全、公平和有效性。

5.1.1 电子商务法律体系的核心议题

1. 法律效力确认

电子商务的迅速发展不仅改变了传统商业模式，也带来了新的法律挑战。其中，法律效力的确认是电子商务法律体系中的核心议题之一。

（1）电子商务法律体系的基本概念

电子商务法律体系是指为规范电子交易行为而设立的法律规则与原则。这一体系涵盖了电子合同的签订、履行、变更及终止等多个方面，旨在为电子交易提供法律保障，增强市场交易的安全性和透明度。随着网络技术的进步，电子商务的形式愈加多样化，法律体系也在不断演变，以适应新兴的商业模式和技术。

（2）确认电子合同的法律效力

电子合同是指通过电子方式订立的合同，其法律效力在不同国家和地区的法律体系中可能存在差异。许多国家已经通过立法明确电子合同在法律上具有与传统纸质合同相同的效力。例如，在中国，《民法典》合同编明确规定，符合一定条件的电子合同同样具备法律效力。这一法律确认有助于推动电子商务的发展，保障交易双方的合法权益，并提高交易效率。

（3）电子签名与传统签名的法律地位比较

电子签名是指以电子方式表示个人或企业同意某项内容的行为。与传统签名相比,电子签名在法律地位上的认可度逐渐提高。许多国家的法律体系都承认电子签名的合法性,并明确规定在特定条件下,电子签名与手写签名具有同等的法律效力。然而,电子签名的有效性通常依赖于其技术保障措施,例如数字证书和加密技术等,以确保签名的真实性和完整性。

例如,在某一案例中,两家公司通过电子邮件达成了一项买卖合同,虽然未使用传统纸质合同,但法院仍然认定该电子合同具有法律效力。这是因为合同中包含了双方的明确同意及必要的交易细节。此案例表明,在法律实践中,如何收集和保存电子证据、确保电子合同的可追溯性,都是判定其法律效力的重要因素。

2. 主体权责界定

在电子商务环境中,主体权责的界定是法律体系的核心议题之一。随着电子交易的普及,消费者、商家以及第三方平台等主体的定义变得日益重要。合理的权责划分不仅能保护各方的合法权益,还能促进电子商务的健康发展。

(1) 电子商务中各方主体的定义

在电子商务中,涉及的主体主要包括消费者、商家(或卖家)以及第三方平台。消费者是指通过网络购买商品或服务的个人或组织,商家则是提供商品或服务的企业或个体。第三方平台通常是指提供电子商务交易环境的网络平台,如电商网站和支付平台等。这些主体在交易过程中各自承担不同的角色和责任。

(2) 消费者与商家的权利和义务

消费者和商家在电子商务中拥有各自的权利和义务。消费者的权利包括知情权、选择权以及安全保障权等。消费者有权获取商品或服务的真实信息,并在购买后享有退换货的权利。与此同时,消费者也有义务按照约定支付款项,遵守交易规则。

商家的权利包括收取款项的权利、保护自身商业秘密的权利等。商家有责任提供真实、准确的信息,并确保商品或服务的质量。此外,商家必须妥善处理消费者的投诉和争议,以维护良好的商业信誉。

(3) 第三方平台的角色与责任

第三方平台在电子商务中扮演着重要的中介角色。它们不仅提供了交易的场所,还为消费者和商家之间的互动提供了便利。平台通常负责审核商家的资质、保障交易的安全性以及处理相关的支付和物流等问题。

但第三方平台的责任并不仅限于此,它们还需对平台上发生的交易进行监管,确保交易的合法性与公平性。例如,在出现消费者投诉或纠纷时,平台有责任介入并协助解决问题。法律上对平台的责任划分也在不断发展,以适应快速变化的电子商务环境。

(4) 法律对主体权责界定的影响

法律对主体权责的界定对电子商务的发展具有深远的影响。一方面,清晰的法律框架能够增强消费者的信任,促进消费意愿,从而推动电子商务的增长。另一方面,模糊的法律界定可能导致主体之间的争议,影响交易的安全性和稳定性。

3. 跨境协调难题

(1) 跨境电子商务的现状与挑战

随着全球化的加速发展,跨境电子商务(Cross-Border E-Commerce,CBEC)正迅速崛起,成为国际贸易的重要组成部分。越来越多的企业和消费者选择通过互联网进行跨国交易,这种趋势不仅促进了经济增长,也推动了商业模式的创新。然而,跨境电子商务也面临着一系列挑战,尤其是在法律与监管方面。不同国家的法律法规、税收政策、知识产权保护等方面存在显著差异,这些差异不仅增加了交易的复杂性,也在一定程度上阻碍了跨境电子商务的发展。此外,由于信息技术的迅猛发展,网络安全、数据保护等问题也日益凸显,给跨境交易带来了新的风险。

(2) 各国法律体系的差异

各国法律体系的差异是跨境电子商务协调难题的核心问题之一。不同国家在合同法、消费者保护、税收政策、知识产权、数据隐私等领域的法律规定各不相同。例如,有些国家对电子合同的承认程度较高,而另一些国家则对电子交易的法律地位持保留态度。此外,消费者权益保护的政策差异也使得跨境交易中的消费者面临不同的法律保障,这使得商家在开展跨境电子商务时必须深入了解各国法律,以规避潜在的法律风险。

(3) 国际条约与合作机制

为了解决跨境电子商务中的法律协调问题,国际社会已经建立了一些相关的条约和合作机制。例如,联合国国际贸易法委员会(UNCITRAL)制定的《电子商务示范法》为各国法律的统一提供了参考框架。此外,世界贸易组织(WTO)也在推动电子商务的国际规则制定,努力为跨境电商创造更加透明和公平的贸易环境。然而,现有的国际条约和合作机制仍然面临着实施力度不足、各国间协调不畅等问题,亟需进一步的完善与发展。

(4) 解决跨境协调问题的建议

为了有效解决跨境电子商务中的协调难题,各国应当加强合作,推动法律的统一和协调。以下几项建议可以作为未来努力的方向:

建立国际标准:各国应共同探讨和制定跨境电子商务的国际标准,特别是在电子合同、消费者保护、数据隐私等领域,以减少法律适用的差异。

加强信息共享:各国应建立跨境电子商务法律信息共享平台,分享各自的法律法规、政策动态及案例分析,以提高各方对跨境交易法律环境的认知。

推动双边与多边协议:各国可以通过签署双边或多边协议,约定在跨境电子商务中的法律适用、争端解决机制等,增强法律的可预测性和稳定性。

加强监管合作:各国监管机构应加强沟通与合作,尤其是在打击网络犯罪、保护消费者权益方面形成合力,共同维护良好的跨境电子商务环境。

4．技术中立与监管平衡

在电子商务快速发展的背景下,技术中立与监管平衡成了法律体系中亟待解决的重要议题。随着新技术的不断涌现,如何在保障市场公平竞争与保护消费者权益的同时,避免对技术创新施加过多限制,成为立法者和监管机构面临的一大挑战。

(1) 技术中立的概念及其重要性

技术中立是指在法律和政策制定中,不对特定技术或平台给予优待或歧视,而是公平对待所有技术手段的原则。这一原则的重要性体现在以下几个方面:首先,技术中立能够促进市场竞争,鼓励创新,使得各类技术产品在同一平台上公平竞争,从而推动行业的健康发展。其次,技术中立能够降低企业的合规成本,避免因技术选择而附加的法律负担,使得企业可以更加专注于产品的研发与市场拓展。最后,技术中立在保护消费者权益方面同样具有重要意义,它能够确保消费者在选择产品和服务时不受法律政策的偏见。

(2) 监管政策对电子商务的影响

监管政策的制定对电子商务的发展起着至关重要的作用。适当的监管能够为电子商务创造良好的运营环境,例如通过制定明确的法律框架来保护消费者权益、打击欺诈行为。然而,过于严格的监管政策可能会抑制创新,增加企业的运营成本,甚至导致一些小型企业难以生存。尤其在技术飞速发展的今天,监管政策往往难以跟上技术的步伐,导致在某些情况下,法律与技术之间出现了明显的滞后性。这种滞后不仅影响了市场的活力,也可能导致消费者权益的损害。因此,如何制定灵活、适应性强的监管政策,成为电子商务法律体系中亟待解决的问题。

(3) 寻求技术与监管的平衡

法律在技术中立原则与精准监管间寻求动态平衡显得尤为重要。首先,监管机构应采取更加灵活的监管模式,通过与行业进行沟通与合作,及时了解新技术的发展动态,从而制定出更加切合实际的法规。其次,法律应当为技术创新留出足够的空间,不应因短期内可能出现的风险而对新技术采取过于保守的态度。同时,建立一个透明的法律环境,使企业和消费者都能够清晰地了解法规的要求和自身的权利与义务,从而实现更高效的合规与创新。

美国《通信规范法》第230条确立"平台不因用户内容担责"原则,但2023年Twitter(现X平台)虚假选举信息事件促使欧盟DSA增设"危机应对协议"。中国《网络直播营销管理办法》首创"穿透式监管",要求直播回放保存3年并通过AI实时监测违规话术。

5.1.2 电子商务法律体系的基本框架

1. 合同法

(1) 合同法的基本原则和适用范围

合同法作为民事法律的重要组成部分,具有一系列基本原则,这些原则在电子商务领域同样适用。首先,合同法强调自愿平等原则,即合同各方在平等的基础上自愿达成协议。其次,合同的诚实信用原则要求各方在合同履行过程中诚实守信,避免欺诈和不当得利的行为。此外,合同的合法性原则要求合同内容必须符合法律法规的规定。

在适用范围方面,合同法不仅适用于传统的书面合同,也适用于电子合同。随着互联网的迅速发展,电子合同的使用日益普及,涵盖了在线购物、电子服务订购、软件许可等多种业务形式。电子合同的订立、履行及其效力,均需遵循合同法的相关规定,确保交易的合法性与有效性。

(2) 电子商务中的合同成立与履行

在电子商务中,合同的成立通常通过"要约与承诺"完成。要约是指一方表现出的希望与另一方达成合同的意思,而承诺则是对要约的接受。在电子环境下,这一过程可以通过电子邮件、在线订单等方式迅速完成。

例如,当消费者在网上商店选择商品并点击"购买"时,实际上是向商家发出要约;商家通过发送确认邮件或确认订单来接受这一要约,从而形成电子合同。此时,合同的成立不仅依赖于双方的意思表示,还需要考虑电子签名的合法性及信息技术的安全性。

合同履行方面,电子商务中的合同履行通常涉及商品的交付、服务的提供及支付的完成。在这一过程中,商家需要确保按时交付商品或提供服务,并履行与消费者约定的其他义务。同时,消费者也需按照合同约定支付相应的款项。若一方未能按约履行,另一方有权依据合同法采取相应的法律措施。

(3) 合同纠纷的解决机制

在电子商务交易中,合同纠纷的发生是不可避免的,主要包括因商品质量、交付延迟、付款问题等引起的争议。为了解决这些纠纷,合同法提供了一系列解决机制。

首先，双方可以通过协商解决争议，这是最为直接和经济的方式。若协商无果，合同法允许当事人向人民法院提起诉讼，寻求司法保护。此外，随着电子商务的发展，越来越多的企业和消费者选择仲裁或调解等替代性纠纷解决机制。这些方式不仅能有效降低解决争议的时间成本，还能保护双方的商业秘密和声誉。

在电子商务领域，合同纠纷的解决机制还需结合网络环境的特点，比如利用在线争议解决平台（ODR），为消费者和商家提供便捷的纠纷解决渠道。这些平台通常具备高效性和便利性，能够在不增加额外负担的情况下，帮助当事人达成和解或解决争议。

2．消费者权益保护法

（1）消费者权益的法律保障

消费者权益保护法旨在保障消费者在购买商品和接受服务过程中的合法权益。这些权益包括但不限于知情权、选择权、安全权和公平交易权等。法律为消费者提供了一个相对公平的交易环境，使得消费者在面临不公平交易时能够寻求法律救济。消费者权益的法律保障不仅依赖于国家法律法规的制定，还需要社会各界的共同努力，包括商家自律、行业协会的监督以及消费者自身的维权意识。

（2）电子商务中的消费者权益保护

在电子商务领域，消费者权益的保护面临一系列独特的挑战。例如，在线交易缺乏面对面的交流，消费者在购买过程中可能无法全面了解商品信息，容易受到虚假宣传的误导。此外，电子支付的普及使得消费者在交易过程中面临信息泄露和财务安全的风险。因此，电子商务中的消费者权益保护不仅需要传统法律的支持，还需要根据电子商务的特点制定相应的法律法规。

电子商务法的实施为消费者提供了更为全面的保护，包括对网络交易行为的规范、对虚假宣传的打击以及对消费者个人信息的保护。通过法律手段，消费者在遭遇侵权时能够及时获得赔偿，维护自身的合法权益。

（3）消费者保护法的应用

某知名电商平台在促销活动中，以极低的价格吸引消费者购买一款电子产品。然而，消费者在支付后却发现商品质量与宣传严重不符，商家拒绝退款。消费者在通过平台投诉无果后，决定向消费者协会提出投诉。

在该案例中，消费者权益保护法的相关条款被引用，强调了商家在广告宣传中的真实性义务。最终，消费者协会介入，商家被要求对受影响的消费者进行赔偿，并对其虚假宣传行为予以处罚。这一案例展示了消费者权益保护法在维护消费者合法权益方面的重要作用，也提醒商家在电子商务活动中必须遵循法律规定,确保透明和公正的交易环境。

3. 知识产权法

(1) 知识产权的种类及其重要性

知识产权是指对人们的创造性劳动成果所享有的法律保护权利,主要包括著作权、专利权、商标权和商业秘密等。每种知识产权的保护方式和范围有所不同,但其重要性却是相同的。

著作权:保护文学、艺术和科学作品的创作,如书籍、音乐、软件等。对于电子商务而言,数字内容的保护尤为重要,因为这些内容常常是在线交易的核心。

专利权:保护发明和创新,给予发明人在一定期限内的独占权。尤其在电子产品和技术服务的快速发展中,专利保护可以促进技术创新,增强企业竞争力。

商标权:保护商品或服务的标识,防止市场混淆。商标在电子商务中是品牌价值的体现,对消费者的购买决策有着直接影响。

商业秘密:保护企业的非公知信息,如客户名单、生产工艺等。这对于维护企业竞争优势和市场地位至关重要。

知识产权的有效保护不仅能够激励创新,促进经济发展,还能为消费者提供更多优质选择,提升市场竞争力。

(2) 电子商务中知识产权的保护措施

在电子商务环境中,知识产权的保护面临诸多挑战,包括信息的易传播性和网络环境下的匿名性。为此,企业和法律机构需要采取多种保护措施。

版权管理:企业可通过数字水印、加密技术等手段来保护其数字内容的版权,防止未经授权的复制和传播。同时,建立有效的版权监测系统,及时发现和应对侵权行为。

商标注册与维护:企业应及时注册商标,并定期监控市场,确保没有其他商家使用相似商标。在发现侵权时,应迅速采取法律行动,维护自身权益。

专利申请与保护:企业在研发新技术时,应及时申请专利,确保其创新成果受到法律保护。此外,企业应加强对竞争对手的监测,防止其侵犯自身专利。

商业秘密保护:企业应制定严格的内部管理制度,限制对商业秘密的访问,并与员工签署保密协议,以保护核心商业信息。

(3) 知识产权侵权的法律后果

知识产权侵权行为对权利人造成的损害不可小觑,法律后果通常包括:

民事责任:侵权人需对权利人造成的损失进行赔偿,包括实际损失和可得利益。法院还可能要求侵权人停止侵权行为,并销毁侵权物品。

行政责任:相关行政机构可对侵权行为进行查处,对侵权人处以罚款或其他行政处罚,以维护市场秩序。

刑事责任:在某些情况下,知识产权侵权行为可能构成犯罪,如大规模盗版或假冒商标,侵权人可能面临刑事起诉,甚至监禁。

4. 数据保护法

(1) 数据保护法的基本概念

数据保护法是为了保障个人信息和数据安全而制定的一系列法律法规。这些法律旨在规范数据的收集、存储、处理和传输,确保个人隐私不受侵犯。数据保护法的基本原则包括合法性、公正性和透明性,要求数据处理者在收集个人数据时必须明确告知数据主体其数据将被如何使用,并获得其同意。此外,数据保护法还强调数据的准确性和及时性,确保所收集的数据真实有效,并在数据不再需要时及时删除。

(2) 数据泄露的法律责任

数据泄露是指未经授权的个人或实体访问、使用或披露敏感数据的事件。在电子商务中,数据泄露可能对消费者和商家都造成严重后果。根据数据保护法,商家在发生数据泄露时有法律责任。他们必须在发现数据泄露后及时通知受影响的用户,并采取适当的补救措施。此外,商家可能会面临监管机构的罚款和民事诉讼。因此,为了降低数据泄露的风险,商家应加强数据安全管理,定期进行安全审计,并在技术上采取如加密、访问控制等措施来保护用户数据的安全。

数据保护法在电子商务中的应用不仅有助于维护消费者的权益,还能增强公众对电子商务平台的信任,从而促进整个行业的健康发展。随着数据保护意识的提高和相关法律法规的不断完善,电子商务企业应更加重视数据保护,确保合规经营。

5. 电子商务法

(1) 电子商务法的定义与发展

电子商务法是专门针对电子商务活动所制定的法律规范,其主要目的在于为电子商务的交易行为提供法律支持和保障。随着互联网技术的飞速发展和电子商务的迅猛增长,传统的法律体系面临着许多新挑战,促使各国纷纷制定和完善相应的电子商务法律法规。

电子商务法的起源可以追溯到 20 世纪 90 年代,当时随着网络购物和在线交易的兴起,许多国家开始意识到需要建立一个明确的法律框架来规范这一新兴领域。最初,电子商务法主要集中在交易安全、消费者保护和数据保护等方面。近年来,随着技术的不断进步,电子商务法的内容也在不断扩展,涵盖了数字签名、电子支付、线上合同等方面的内容。这一法律的不断发展反映了社会对电子交易安全、交易公正性以及消费者权益保护的日益关注。

(2) 电子商务法的主要内容

交易安全性：电子商务法确保在网络交易中的信息传输安全，通过规定数字签名、加密技术等手段来保障交易的合法性和有效性。

消费者保护：法律规定了消费者在电子交易中的权益和保护措施，包括信息透明、退换货政策、退款保障等，以维护消费者的合法权益。

电子合同：电子商务法明确了电子合同的成立、履行及其法律效力，规定了在电子环境中如何签署、保存和执行合同的规则。

知识产权保护：针对电子商务活动中的知识产权问题，法律规定了有关著作权、商标权和专利权的保护措施，以防止侵权行为的发生。

数据保护：在数据收集和使用方面，电子商务法规定了企业的责任和义务，以确保用户数据的安全性和隐私性保护。

《中华人民共和国电子商务法》于 2019 年 1 月 1 日正式实施，明确了电子商务平台经营者、平台内经营者和消费者的权利和义务，规范了电子商务市场秩序。

5.1.3 电子商务法律问题的主要类型

1. 合同纠纷

(1) 定义合同纠纷及其在电子商务中的重要性

合同纠纷是指在合同履行过程中，合同一方未能按照约定履行义务，或对合同条款的理解和执行产生不同看法，从而引发的争议。在电子商务中，合同纠纷尤为频繁，因为电子交易的无形性和匿名性使得交易双方在履行合同义务时容易产生误解。电子商务环境下的合同纠纷不仅影响了商家的信誉，也直接关系到消费者的权益保障。因此，了解合同纠纷的性质及其重要性，对参与电子商务的各方而言都是至关重要的。

(2) 常见的合同纠纷类型

在电子商务交易过程中，常见的合同纠纷主要包括以下几种类型：

未能履行合同：这是最常见的合同纠纷类型之一，指一方未能按照合同约定提供商品或服务，或未能按时支付款项。例如，在线商家未能按时发货，或者消费者未能按时付款，都会引发合同争议。

合同条款争议：这类争议通常源于对合同条款的不同理解。例如，卖方可能会认为某一条款只适用于特定情况，而买方却认为该条款适用于所有情况。这种理解上的差异，常常会导致双方在履行合同时产生矛盾。

合同变更与解除：在某些情况下，合同一方可能会要求变更或解除合同。这通常是由于市场环境的变化或一方无法继续履约而造成的。如何合法有效地进行合同变更与解除,成了一个重要的法律问题。

(3) 电子商务平台与商户之间的合同纠纷案例

某知名电子商务平台与一家具商户签订了合作协议,约定商户需在平台上销售其产品,并支付一定比例的销售佣金。然而,商户在合同履行过程中,由于平台方的技术问题,导致其产品信息未能及时更新,影响了销量。商户因此要求平台赔偿损失,但平台则认为自己并未违反合同条款。

该案件引发了关于合同履行的争议,双方就"技术问题是否构成违约"进行了激烈的讨论。最终,经过调解,平台同意对商户的部分损失进行赔偿,并对系统进行改进,以防止类似问题再次发生。

该案例反映出,在电子商务的合同关系中,平台与商户之间的沟通和理解极为重要。合同条款的清晰、具体能够有效降低争议的发生,而在争议出现时,合理的解决机制则是维护双方权益的关键。

2. 消费者权益保护

在电子商务迅猛发展的背景下,消费者权益保护显得尤为重要。随着在线购物的普及,消费者面临的权益问题也愈加复杂。因此,了解消费者权益保护的法律框架及其在电子商务中的应用至关重要。

(1) 消费者权益保护的法律框架及其在电子商务中的应用

消费者权益保护的法律框架主要由相关法律法规构成,如《消费者权益保护法》等。这些法律法规旨在保障消费者的基本权益,包括知情权、选择权、公平交易权等。在电子商务环境中,法律的适用性需要结合网络购物的特征进行调整。例如,消费者在网上购买商品时,商家必须提供明确的信息,确保消费者能够获得真实、准确的产品描述,并享有合理的退换货服务的权利。

法律框架的实施促进了电子商务的健康发展,同时也为消费者提供了法律保障。在电子商务中,商家在进行广告宣传时,必须遵循诚实信用原则,避免虚假宣传和误导消费者。此外,商家应提供有效的售后服务,保证消费者在购买商品后的权益不受侵害。

(2) 常见的消费者权益问题

在电子商务中,消费者经常面临多种权益问题。其中,虚假宣传和售后服务问题尤为突出。虚假宣传指的是商家通过夸大产品性能或虚构产品特性来误导消费者,导致消费者做出错误的购买决策。比如,某些电商平台可能会以"限时特惠"或"买一送一"的方式吸引消费者,但实际上产品质量并不符合宣传的标准。

售后服务问题同样影响着消费者的权益。一旦消费者购买的商品出现质量问题或不符合预期,商家不能提供及时有效的售后服务时,消费者的权益便受到侵害。根据相关法律,商家应对其销售的商品承担相应的售后责任,包括维修、更换和退货。

3. 消费者通过法律手段维护权益的案例

某消费者在网上购买了一台电子产品,产品在使用过程中出现了故障。消费者按照商家的退款政策申请退款,但商家以各种理由推诿不予处理。面对这种情况,消费者选择通过法律手段维护自己的权益。

首先,消费者可以收集相关证据,包括购买凭证、聊天记录、产品故障的照片等,向消费者协会或相关监管机构投诉。其次,消费者可以选择向法院提起诉讼,要求商家履行退款义务。在法庭上,消费者可以依据《消费者权益保护法》等法律法规进行辩护,维权的可能性较大。

通过这种方式,消费者不仅能够维护自身的合法权益,还能促进商家提升服务质量,增强消费者对电子商务的信任感。

4. 知识产权侵权

(1) 知识产权的基本概念及其在电子商务中的重要性

知识产权(Intellectual Property,IP)是指个人或组织对其创造的知识、发明、商标、设计等所享有的法定权利。这些权利旨在保护创作者的创新成果,激励进一步的创造和发展。在电子商务中,知识产权的保护显得尤为重要,因为商品和服务的销售越来越依赖于数字平台,知识产权的侵权行为可能对企业的声誉、市场竞争力以及经济利益造成严重影响。

电子商务的快速发展使得商品和服务的流通变得极为便捷,但同时也加大了知识产权侵权的风险。例如,网络上的盗版行为、假冒商标商品的销售等,对品牌的价值和消费者的信任构成威胁。因此,确保知识产权的有效保护不仅是法律的要求,也是企业可持续发展的必要条件。

(2) 常见的知识产权侵权形式

在电子商务环境中,知识产权侵权主要表现为以下几种形式:

版权侵权包括未经授权使用他人的作品,如音乐、视频、图像和文本等,尤其是在在线内容分享和数字下载平台上,版权侵权现象尤为普遍。许多用户在不知情的情况下,可能会侵犯他人的版权,例如在社交媒体上分享受版权保护的内容。

商标侵权:商标侵权指的是未经授权使用他人的商标,可能导致消费者产生混淆、误认。例如,某些在线商店可能会销售假冒品牌的商品,或在其网站上使用相似的商标来吸引顾客,从而侵犯商标持有者的合法权益。

专利侵权:虽然在电子商务中不如版权和商标侵权常见,但某些技术产品的在线销售可能涉及专利侵权,尤其是在竞争激烈的科技行业。

这些侵权行为不仅损害了知识产权持有者的合法权益,影响了市场的公平竞争,也损害了消费者的利益。

5. 知名品牌应对电子商务中知识产权侵权问题的案例

许多知名品牌在面对电子商务中的知识产权侵权问题时,采取了多种应对策略。以耐克(Nike)为例,该品牌通过积极监测网络平台上的销售情况,及时发现并处理假冒产品。耐克与多个电商平台合作,建立了投诉机制,确保当发现侵权行为时可以迅速采取法律行动。

此外,耐克公司还通过强化品牌宣传和消费者教育,提高公众对知识产权重要性的认识和侵权行为的识别能力。通过这种方式,耐克不仅保护了自身的品牌形象,也为消费者提供了更可靠的购物体验。

另一个案例是苹果公司(Apple),该公司通过建立强大的法律团队,持续追踪和打击盗版软件和假冒产品,并与执法机构合作,采取法律手段打击网络上的侵权行为。此外,苹果还通过技术创新,不断提升产品的独特性和竞争力,从而降低被侵权的可能性。

这些案例表明,知名品牌在应对电子商务中的知识产权侵权时,通常采用多层次的策略,包括法律行动、品牌保护措施和公众教育,以维护自身的合法权益和市场地位。

6. 数据隐私和安全

在数字化时代,数据隐私和安全已成为电子商务中不可忽视的法律问题。随着越来越多的消费者在网络上进行交易,商家收集和处理用户数据的频率也大幅上升。这引发了对用户数据保护的关注,涉及法律、技术和伦理等多个层面的问题。

(1)数据隐私和安全的法律要求及其对电子商务的影响

在全球范围内,各国和地区都制定了相关的法律法规来保护数据隐私。例如,欧洲的《通用数据保护条例》(GDPR)对数据处理和存储提出了严格的要求,要求企业在收集用户数据时必须获得明确的同意,并且需要确保数据的安全性和可追溯性。在中国,《中华人民共和国个人信息保护法》也对个人信息的收集、使用和存储提出了严格的规范。

这些法律要求对电子商务的影响深远。首先,企业必须投入更多的资源来确保合规,建立完善的数据管理体系。这包括对员工的培训、技术设备的升级和数据监控系统的建设。其次,合规成本的增加可能会影响企业的盈利能力,特别是对中小企业而言,他们在技术和人力资源上可能面临更大的压力。

(2) 常见的数据泄露和隐私侵犯案例

数据泄露和隐私侵犯的事件层出不穷,给消费者和企业带来了严重的后果。比如,某知名电商平台曾因安全漏洞导致数百万用户的个人信息被泄露,包括姓名、地址、电话号码和信用卡信息。这类事件不仅会造成消费者的经济损失,还可能导致信任危机,从而影响企业的声誉和市场份额。

此外,社交媒体平台在用户数据使用上的争议也频繁出现。某些公司未经用户同意,将数据出售给第三方,导致用户隐私受到侵犯。这类事件不仅引发了公众的愤怒,还引起了监管部门的关注,促使法规的进一步完善。

(3) 通过法律和技术手段保护消费者的数据隐私

为了有效保护消费者的数据隐私,企业需要结合法律和技术手段采取综合措施。首先,企业应当遵循相关法律法规,明确数据收集的目的,确保数据处理的透明性,并获得用户的明确同意。定期进行合规检查和审计可以帮助企业发现潜在的法律风险。

其次,技术措施也是保护数据隐私的重要手段。例如,企业可以采用数据加密技术来防止数据在传输和存储过程中的泄露。同时,引入访问控制和身份验证机制,确保只有授权人员才能访问敏感数据。此外,及时更新和修补系统漏洞,建立应急响应机制,也是防止数据泄露的重要环节。

最后,企业还应加强与消费者的沟通,向其解释数据使用的政策以及保护措施,以增强消费者的信任感。这不仅有助于提高用户的忠诚度,也能为企业的长期发展奠定基础。

5.2 中国电子商务立法

5.2.1 中国电子商务立法的发展历程

5-1 云阅读

中国的电子商务立法经历了一个逐步完善的过程,其发展历程可以追溯到20世纪90年代末期,当时电子商务在中国刚刚起步。随着电子商务的快速发展,相关法律法规也逐渐完善。2004年,《中华人民共和国电子签名法》(简称《电子签名法》)的颁布标志着中国电子商务立法的开端。该法确立了电子签名的法律效力,为电子商务交易提供了法律保障。

进入21世纪,电子商务的迅猛发展带来了诸多法律问题,促使中国政府加快了电子商务立法步伐。2013年,《中华人民共和国消费者权益保护法》修订,增加了关于网络购物消费者权益保护的内容。2018年,《中华人民共和国电子商务法》正式出台,这是中国首部全面规范电子商务活动的法律,标志着中国电子商务立法进入了一个新的阶段。2019年,《中华人民共和国电子商务法》正式实施,它明确了平台责任、消费者权益、数据使用规则,标志着中国电子商务法律体系的建立和完善。

5.2.2 主要电子商务法律法规解读

1.《中华人民共和国电子商务法》

《中华人民共和国电子商务法》于2018年8月31日通过,并于2019年1月1日正式实施。该法共七章八十九条,涵盖了电子商务经营者、电子商务合同的订立与履行、电子商务争议解决、电子商务促进等多个方面。

该法的出台旨在规范电子商务市场秩序,保护消费者权益,促进电子商务健康发展。例如,该法明确规定电子商务经营者应当依法办理市场主体登记,并履行纳税义务。此外,该法还规定电子商务平台经营者应当建立健全信用评价制度,公示信用评价规则,为消费者提供对平台内销售的商品或者提供的服务进行评价的途径。

2. 网络安全法

建设、运营网络或者通过网络提供服务,应当依照法律、行政法规的规定和国家标准的强制性要求,采取技术措施和其他必要措施,保障网络安全、稳定运行,有效应对网络安全事件,防范网络违法犯罪活动,维护网络数据的完整性、保密性和可用性。《中华人民共和国网络安全法》(简称《网络安全法》)的实施为保障电子商务环境的安全提供了法律依据,为用户在网络环境中进行交易提供了信心和保障。

5.2.3 中国电子商务立法的特点与挑战

1. 中国电子商务立法的特点

全面性:涵盖了电子商务活动的各个方面,从经营者的资格要求到交易行为规范,再到争议解决机制。

前瞻性:该法在立法过程中充分考虑了电子商务的发展趋势和未来可能出现的问题,具有一定的前瞻性。

国际化:在立法过程中借鉴了国际先进经验,与国际接轨。

2. 中国电子商务立法的挑战

法律适用问题:电子商务活动的跨国界性使得法律适用问题复杂化,如何在不同司法管辖区之间协调法律适用是一个亟待解决的问题。

技术更新速度：电子商务技术更新迅速，新的商业模式和交易方式层出不穷，立法难以跟上技术发展的步伐，可能导致法律滞后。例如，区块链技术、人工智能等新兴技术的应用在一定程度上增加了法律适用的复杂性，亟需相关法律的进一步完善和修订。

执法难度：电子商务交易的匿名性和跨国界性增加了执法难度，如何有效打击网络犯罪和保护消费者权益是一个重要挑战。另外，法律的有效实施依赖于各级政府和相关部门的协作，但在实际操作中，部门规章、地方条例与基本法之间存在冲突，监管力度和执法能力存在差异，导致部分企业在法律边缘游走，违法行为屡见不鲜。

消费者法律意识问题：消费者的法律意识和维权能力相对较弱，很多消费者在遇到问题时缺乏足够的法律知识和维权渠道，这也为电子商务的健康发展带来了隐患。因此，加强法制宣传和教育，提高消费者的法律意识是当前的重要任务。

总之，中国电子商务立法在规范市场秩序、保护消费者权益方面取得了显著成效，但未来亟须在法律的适用性、执法力度和消费者保护等方面进行深入探讨和改进，以促进电子商务的健康有序发展。

5.3 国外电子商务立法

5.3.1 国际电子商务立法概述

随着全球电子商务的迅猛发展，国际电子商务立法逐渐受到重视。联合国国际贸易法委员会（UNCITRAL）在1996年通过的《电子商务示范法》，为各国制定电子商务法律提供了框架和指导。该示范法旨在消除电子商务中的法律障碍，促进国际贸易的便利化和效率化。

此外，世界贸易组织（WTO）也在其《电子商务工作方案》中提出了一系列原则和建议，以推动全球电子商务的规范化发展。国际标准化组织（ISO）和国际电工委员会（IEC）通过制定相关标准，确保电子商务技术的互操作性和安全性。

各国也纷纷制定相应的法律法规，以规范和促进电子商务的健康发展。虽然各国在电子商务立法上有其独特的背景和需求，但在一些基本原则和核心内容上存在诸多相似之处。例如，大多数国家的电子商务法律法规都涉及消费者保护、数据隐私、网络安全、电子交易的合法性等方面。

然而，欧美国家与亚洲国家在立法的具体实施上却有所不同。欧美国家的法律体系相对成熟，法律条款较为清晰，通常通过成文法来进行规范。而在一些亚洲国家，尤其是发展中国家，电子商务法律体系仍在建设之中，法律条款可能较为模糊,实施力度也有所不足。这种差异使得跨国电子商务的法律适用问题变得更加复杂。

5.3.2 主要国家和地区的电子商务立法

1. 美国电子商务立法

美国是全球电子商务最为发达的国家之一,其电子商务立法也相对完善。1999年通过的《统一电子交易法》(UETA)和2000年通过的《电子签名法》(ESIGN Act)是美国电子商务法律体系的重要组成部分。这些法律明确了电子签名和电子记录的法律效力,消除了电子商务中的法律障碍。

美国还通过了一系列州级法律,如加利福尼亚州的《消费者隐私法案》(CCPA),进一步保护消费者的隐私权和数据安全。美国电子商务立法的特点在于其灵活性和创新性,强调市场调节和行业自律。

此外,美国对消费者保护和隐私权也进行了相应的立法,例如《儿童在线隐私保护法》(COPPA)和《加州消费者隐私法》(CCPA),这些法律为在美国进行电子商务的企业和消费者提供了基本的保护框架。

2. 欧盟电子商务立法

欧盟在电子商务立法方面也取得了显著进展。2000年通过的《电子商务指令》是欧盟电子商务法律体系的基础,旨在促进跨境电子商务发展,消除跨境交易中的法律障碍。该指令明确了电子签名、电子合同和数据保护等方面的法律要求。

2018年,欧盟通过了《通用数据保护条例》(GDPR),构建严苛合规框架,强调消费者知情权、撤回权,进一步加强了对个人数据和隐私的保护。GDPR规定了严格的数据处理和存储要求,并赋予消费者更多的数据权利,如访问权、更正权和删除权。GDPR的实施对全球范围内的数据保护和隐私立法产生了深远影响。

3. 日本电子商务立法

日本的电子商务立法起步较早,1997年通过的《电子签名及认证业务相关法》是日本电子商务法律体系的重要组成部分。该法律明确了电子签名的法律效力,并规范了电子认证服务机构的运营。

2000年,日本通过了《电子商务基本法》,进一步推动了电子商务的发展。该法律明确了电子商务的基本原则和政策方向,并规定了政府和相关机构的职责。此外,日本还通过了一系列配套法律,如《个人信息保护法》,保障了电子商务中的数据安全和消费者权益。

5.3.3 国际合作与跨境电子商务的法律问题

随着电子商务的全球化,国际合作在法律层面变得越来越重要。不同国家之间的法律差异可能导致跨境电子商务中的法律适用问题。例如,产品责任、消费者保护、数据隐私等问题在不同国家可能有不同的法律规定,这可能给国际交易带来法律风险。

为了应对这些挑战,国际组织和各国政府正积极寻求合作来制定统一的法律标准。例如,联合国国际贸易法委员会(UNCITRAL)推动的《国际电子合同法草案》旨在为跨境电子商务提供统一的法律框架。此外,世界贸易组织(WTO)也在探索如何在全球范围内促进电子商务的发展,通过协调各国的政策来减少贸易壁垒。

然而,国际合作在实施过程中仍面临诸多挑战,包括各国法律体系的差异、文化背景的不同以及政治和经济利益的冲突。因此,在推进国际合作的同时,各国需要更加关注本国的法律体系建设,以更好地适应全球电子商务的发展趋势。

5.3.4 国外电子商务立法的经验与启示

国外电子商务立法的经验表明,完善的法律体系是电子商务健康发展的重要保障。首先,制定统一的电子商务法律框架,明确电子签名和电子记录的法律效力,消除法律障碍。其次,加强数据保护和隐私立法,保障消费者的数据权利和信息安全。

此外,国外电子商务立法还强调市场调节和行业自律,鼓励企业自我规范和创新。政府在立法过程中应注重与业界沟通和合作,确保法律的可行性和有效性。

总之,国外电子商务立法的经验对我国电子商务立法具有重要的借鉴意义。我国应在借鉴国外经验的基础上,结合自身实际情况,制定和完善电子商务法律体系,推动电子商务的健康发展。

5.4 电子签名与电子认证法律制度

5.4.1 电子签名的法律定义与功能

5-2 云阅读

电子签名是指在电子信息中用于识别签名者身份并表明签名者认可其中内容的数据,旨在确认特定信息的来源及其完整性。根据《中华人民共和国电子签名法》,可靠的电子签名在法律上与手写签名或盖章具有同等效力。电子签名的主要特征包括身份认证、数据完整性和不可否认性。例如,在电子商务交易中,电子签名可以确保交易双方的身份真实,并且交易内容在传输过程中未被篡改。

5.4.2 电子认证的法律地位与作用

电子认证是指第三方机构验证和确认电子签名有效性和真实性的过程。机构通常会对用户的身份进行审查,并为其颁发数字证书。电子认证的法律地位在《中华人民共和国电子签名法》中得到了明确,规定了电子认证服务提供者的资质要求和法律责任。电子认证的作用在于增强电子签名的可信度和安全性,确保电子商务交易的合法性和有效性。例如,第三方电子认证机构可以通过数字证书验证,从而保障交易双方的合法权益。

5.4.3 电子签名与电子认证的法律保障机制

1. 国际电子签名与认证法律规范

在国际层面,联合国国际贸易法委员会(UNCITRAL)制定了《电子商务示范法》和《电子签名示范法》,为各国制定电子签名和电子认证法律提供了参考。此外,《欧盟电子签名指令》和《美国电子签名法》(ESIGN Act)等国际法律文件也对电子签名和电子认证的法律地位和作用进行了明确规定。这些国际规范为全球电子商务的健康发展提供了法律保障。

2. 中国电子签名与认证的法律制度

中国的电子签名和电子认证法律制度主要由《中华人民共和国电子签名法》和《电子认证服务管理办法》构成。电子签名法明确了电子签名的法律效力和电子认证服务提供者的资质要求,规定了电子认证服务提供者的法律责任。《电子认证服务管理办法》则进一步细化了电子认证服务的具体操作流程和监管措施。例如,根据电子签名法,可靠的电子签名必须满足签名制作数据用于电子签名时属于电子签名人专有、签署时电子签名制作数据仅由电子签名人控制等条件。

通过上述法律制度的建立和完善,中国在电子签名和电子认证领域取得了显著进展,为电子商务交易的合法性和安全性提供了坚实的法律保障。

在实际的电子商务中,电子签名与电子认证的应用非常广泛。例如,在网上购物时,消费者在确认订单时,通常需要通过电子签名确认购买意图,而商家则通过电子认证确保消费者的信息安全与交易的合法性。此外,许多企业在进行在线合同签署时,也依赖于电子签名与认证技术来简化流程和提高效率。例如,一些金融机构在提供在线贷款服务时,会要求借款人使用电子签名签署贷款协议,同时利用电子认证来验证借款人的身份与信用状况。这些案例充分体现了电子签名与电子认证在提升交易便利性的同时,保障了各方的合法权益。

杭州互联网法院率先认可区块链电子存证,但跨链互认、司法鉴定标准仍待统一。

5.5 电子商务法律问题的未来展望

5.5.1 电子商务法律体系的发展趋势

随着电子商务的迅猛发展,电子商务法律体系也在不断完善和演进。未来,电子商务法律体系的发展趋势主要体现在以下几个方面:

首先,法律体系的国际化趋势将更加明显。电子商务的全球性特征决定了其法律问题需要国际间的协调与合作。例如,《联合国电子商务示范法》和《欧盟电子商务指令》等国际法律文件已经在全球范围内产生了广泛影响。未来,更多的国家和地区将参与到电子商务法律的制定和实施中,推动全球电子商务法律体系的统一和协调。

其次,法律体系将更加注重数据保护和隐私权。随着大数据、人工智能等技术的广泛应用,电子商务平台收集和处理大量用户数据,数据保护和隐私权问题日益突出。未来,电子商务法律体系将加强对数据保护和隐私权的规范,确保用户个人信息安全。

最后,法律体系将更加灵活和动态。电子商务的发展速度非常快,法律体系需要不断适应新的变化和迎接新的挑战。未来,电子商务法律体系将更加注重灵活性和动态调整,通过立法、司法解释和行政规章等多种方式,及时应对电子商务领域出现的新问题。

5.5.2 新兴技术对电子商务法律的影响

新兴技术的发展对电子商务法律产生了深远的影响。以下是几种新兴技术对电子商务法律的影响:

区块链技术的应用将改变电子商务的交易方式和信任机制。区块链技术具有去中心化、不可篡改和透明性等特点,可以有效解决电子商务中的信任问题。例如,区块链技术可以用于电子合同的签署和履行,确保合同的真实性和不可篡改性。未来,区块链技术将在电子商务法律体系中发挥越来越重要的作用。

人工智能技术的应用将对电子商务的法律责任认定产生影响。人工智能技术在电子商务中的应用越来越广泛,如智能推荐系统、自动客服系统等。然而,人工智能技术的应用也带来了新的法律问题,如人工智能系统的法律责任认定问题。未来,电子商务法律体系需要对人工智能技术的应用进行规范,明确人工智能系统的法律责任。

物联网技术的应用将对电子商务的物流和供应链管理产生影响。物联网技术可以实现商品的智能化管理和追踪,提高物流效率和供应链透明度。然而,物联网技术的应用也带来了新的法律问题,如数据隐私保护和设备安全管理等。未来,电子商务法律体系需要对物联网技术的应用进行规范,确保物联网技术在电子商务中的合法合规应用。

5.5.3 跨境电子商务法律问题的挑战与对策

跨境电子商务的发展带来了许多法律问题,主要包括以下几个方面:

首先,跨境电子商务的税收问题是一个重要挑战。由于跨境电子商务的交易具有跨国界、虚拟化和频繁性的特点,传统的税收制度和征管手段难以适应。未来,各国需要加强国际合作,建立统一的跨境电子商务税收制度,确保税收公平和有效征收。

其次,跨境电子商务的知识产权保护问题也是一个重要挑战。跨境电子商务平台上的假冒伪劣商品泛滥,严重侵害了知识产权权利人的合法权益。未来,各国需要加强知识产权保护的国际合作,建立统一的知识产权保护标准和执法机制,确保知识产权权利人的合法权益得到有效保护。

最后,跨境电子商务的数据安全和隐私保护问题也是一个重要挑战。跨境电子商务平台在收集和处理大量用户数据时,数据安全和隐私保护问题日益突出。未来,各国需要加强数据安全和隐私保护的国际合作,建立统一的数据保护和隐私权法律体系,确保用户数据的安全和隐私权得到有效保护。

5-3 云习题

第6章　第四媒体运营

第四媒体(即互联网媒体)的诞生,标志着人类信息传播从单向灌输迈向双向交互,从地域限制突破至全球覆盖。其运营逻辑不仅颠覆了传统媒体的生产模式,更重构了信息分发、用户互动与商业变现的完整生态。

6.1　第四媒体概述

6.1.1　第四媒体的概念

1. 起源与发展历程

第四媒体的起源与发展历程,可以说是与信息技术的进步密切相关。最初,传统媒体在信息传播中占据主导地位,受众的角色相对单一。然而,随着互联网的普及和社交网络的兴起,用户开始主动参与到信息的生产与传播中。这种变化促使了博客和播客等新型媒介的兴起,让每个人都有机会分享自己的观点和故事。随着智能手机和移动互联网的普及,社交媒体平台如 Facebook、Twitter 和 Instagram 等迅速崛起,进一步推动了第四媒体的广泛应用。

2. 第四媒体概念

第四媒体是继传统报刊、广播、电视三大媒体之后,基于互联网技术的新型大众传播媒介。其核心载体包括电脑、智能手机、智能电视等终端,通过文字、图像、音频、视频等多模态形式传递信息。起源是 1998 年联合国秘书长安南在新闻委员会年会上首次提出"第四媒体"概念,强调互联网对新闻传播的革新作用。不同于传统媒体的单向传播,第四媒体融合了人际传播与大众传播,实现了"去中心化"的信息流动。

第四媒体是对信息传播领域的一种新兴定义,其不仅仅是传统媒体和新兴媒体的简单结合,还充当了两者之间的桥梁。它通过集成用户生成内容、社交互动和技术创新,重新塑造了信息传播的方式及其影响力。第四媒体的出现,意味着受众不再是被动的信息接收者,而是积极的参与者和内容创造者,这一转变在很大程度上改变了信息的传播动力学。

3．表现形式

第四媒体的表现形式丰富多样。首先，博客作为一种早期的用户生成内容平台，吸引了大量的个人和专业作者，用户可以在此发表自己的见解、评论和经验分享。其次，网络媒体如新浪、网易等提供综合性互联网信息资源和服务平台，门户网站，人民网、新华网等专门发布新闻资讯的新闻网站。此外，社交媒体平台如即时通信、短视频平台等也成为第四媒体的重要载体，用户不仅可以分享文字、图片和视频，还可以进行实时互动和讨论。这些表现形式无一例外地体现了第四媒体的核心特征——用户参与和互动。

6.1.2 第四媒体的特点

1．技术特点

信息海量化：网络空间存储容量近乎无限，可容纳全球所有图书馆的文本、影像资料。第四媒体打破了时间和空间的限制，实现了全球范围内的信息传播。无论用户身处何地，都可以通过互联网获取全球最新的信息和资讯。这种全球性不仅扩大了信息的传播范围，也增强了信息的国际交流和合作。

形态多元化：融合文字、音视频、虚拟现实（VR）等媒介形式，提供丰富多彩的信息内容。这种多媒体性不仅提高了信息的吸引力，也增强了用户的阅读体验和信息获取效率。如短视频平台的"沉浸式叙事"革新了内容表达方式。

传播实时化：不同于传统媒体的单向传播模式，第四媒体允许用户在任何时间、任何地点进行信息的发布和分享。这种实时性使得信息的传播速度大大加快，用户能够即时获取最新的新闻和动态。如抖音在突发事件中的信息更新速度远超传统媒体。此外，互动性是第四媒体的核心之一。用户不仅可以消费内容，还能够通过评论、分享和点赞等方式与内容创作者进行互动。这种互动不仅增强了用户的参与感，也促进了信息的进一步传播。

2．社会特点

全球覆盖与去中心化：在传统媒体中，信息通常由少数大机构控制，传播的渠道和内容受到严格把控。然而，第四媒体的出现打破了这种中心化的模式，信息的传播变得更加分散和开放。任何人都可以成为信息的传播者，这使得信息的多样性和丰富性得到了极大的提升。信息可瞬时触达全球网民，例如一篇微博热帖可在24小时内获得数亿次跨国传播。同时，去中心化也意味着用户在信息获取中的主动性增强，他们可以根据个人兴趣选择关注的内容和创作者。这样的模式不仅增加了信息的透明度，也为社会的多元声音提供了平台，促进了不同观点的碰撞和交流。

交互性与用户赋权：用户既是信息接收者，也是生产者（UGC）。无论是个人还是组织，都可以通过互联网发布和分享信息，无需支付高昂的广告费用。这种低成本不仅降低了信息传播的门槛，也提高了信息的普及性和可及性。知乎、抖音等平台的崛起，标志着"全民皆媒"时代的到来。

个性化与算法驱动：基于AI的推荐系统（如今日头条）实现"千人千面"的内容匹配，对用户行为、兴趣偏好等进行深入分析，提供精准的信息推荐和服务。这种数据驱动不仅提高了信息的针对性和有效性，也提高了用户的满意度和忠诚度。但也引发"信息茧房"争议。

3．文化特点

文化传播的民主化：草根创作者可通过网络以自己的视角和创意参与到文化内容的创作中，形成了丰富的用户生成内容，挑战传统精英的文化垄断，使得不同文化背景的人都有机会表达自己的观点，丰富了文化传播的内容。如B站UP主对经典文化的解构与再创作。同时，文化交流催生新的思想、艺术形式和创新，推动社会的进步与发展。近年来，中国电影在国际市场上取得了显著的成绩，如《战狼Ⅱ》等作品，通过展现中国社会的快速发展和人民的精神风貌，吸引了大量外国观众的关注。《哪吒2》在全球范围内的成功，特别是在海外市场的票房表现，展示了中国文化在跨文化交流中的影响力。影片通过东方美学的视觉呈现和普世情感的故事情节，打破了文化壁垒，使得不同文化背景的观众都能感受到其中的情感共鸣。

亚文化社群的形成：社交媒体、博客、播客等多种新兴平台的出现，为个人提供了共享和传播文化的渠道，催生了二次元、电竞等亚文化圈层，形成独特的符号体系与价值认同。不同的亚文化社群在价值观、信仰、风格和活动上各具特色，反映了不同群体的需求和追求。例如，宅文化、街舞文化、电子音乐文化等，都是当前年轻人中流行的亚文化形式。此外，技术还改变了亚文化的表现形式。例如，数字艺术、网络音乐和视频创作等新兴形式在年轻人中越来越流行，成为亚文化社群的重要组成部分。通过这些技术手段，亚文化社群能够迅速传播和发展，形成更广泛的影响力。

6.1.3　第四媒体的重要性

1．传播效率的革命性提升

打破时空壁垒：第四媒体突破了传统媒体的时空限制，实现信息的瞬时全球覆盖。例如，1995年《中国贸易报》作为中国首家网络日报上线，开启了中国媒体的数字化进程；至2000年，中国已有2 000余家媒体上线，信息传播速度从"日报级"跃升至"秒级"。远程办公与在线教育依赖第四媒体实现全球协同，证明了其基础设施地位。

2．社会运动与公民参与的新模式

第四媒体的兴起改变了人们的社交方式，促使社会运动的形式和内容发生了革命性的变化。传统的社会运动往往依赖于线下集会和传统媒体的报道，而如今，社交媒体成为发动和组织运动的重要工具。通过在线平台或虚拟社区，公众可以迅速聚集、分享信息、动员支持者，形成强大的社会运动。例如，"黑人的命也是命"（Black Lives Matter）运动就利用了社交媒体来传播其信息，吸引了全球范围内的关注与参与。这种新模式不仅提升了公民的参与度，也让社会运动的组织形式更加灵活和高效。

3．经济模式的颠覆

电子商务（如淘宝直播）、共享经济（如滴滴）、在线教育、远程办公等依托第四媒体的新兴业态蓬勃发展，改变了传统的经济结构和就业模式，创造了新的经济增长点和就业机会。预计2025年，全球电商交易额将突破7万亿美元大关。

4．对全球治理的挑战

（1）数据主权博弈：各国对数据主权的立场和政策因其政治体制、经济发展水平及社会文化的差异而有所不同。例如，欧盟以其《通用数据保护条例》（GDPR）为核心，推行严格的数据保护法规，强调个人隐私权的重要性。而在美国，尽管也有与数据保护相关的法律，但整体上对数据的监管相对宽松，更多依赖市场机制。其他国家如中国，则在数据主权方面采取了更为强硬的态度，推行数据本地化政策，要求在境内收集的数据必须存储于国内服务器，这在一定程度上反映出对国家安全的重视。不同国家数据安全法的冲突，反映了数字时代国家主权的重新定义。

数据主权的不同立场和政策不仅影响国家内部的治理，也对国际关系产生了深远影响。首先，它导致了各国之间在数据流动和数据交换方面的摩擦。各国可能会因数据政策的不同而相互制约。例如，当一个国家实施数据本地化政策时，可能会限制外资企业的进入，进而影响国际贸易关系。其次，数据主权问题还可能引发地缘政治紧张，尤其是在大国之间，数据的控制权被视为软实力的重要组成部分，可能导致新的对立和冲突。

（2）虚假信息治理：在第四媒体环境下，信息传播迅速但难以完全监管，虚假信息和谣言容易滋生和扩散，AI生成内容（AIGC）加剧谣言传播，给全球治理带来了信息真实性的挑战，影响了公众的决策和社会的稳定。例如，社交平台上有关疫情、政治事件的错误信息曾引发公众恐慌和不安,甚至影响了国家的公共政策和应对措施。为了应对这一现象,各国政府、社交媒体平台以及公民社会组织都在积极探索应对策略,以维护信息的真实性和公共利益,例如建立内容审核联盟,如欧盟《数字服务法》要求平台公开算法逻辑。

(3) 跨文化冲突与价值观碰撞

全球化促进了信息、商品和人员的流动,使不同文化之间的互动更加频繁。在这种背景下,文化多样性不仅是各国文化遗产的体现,更是社会发展的动力。不同国家和地区由于语言障碍、习俗和礼仪的差异以及宗教信仰的不同,在第四媒体上相互交流和碰撞,可能导致文化冲突和价值观的对立。如何在全球范围内实现文化的包容和共识,是第四媒体时代全球治理面临的重要课题。

6-1 云阅读

6.2 第四媒体类型

第四媒体类型的概念,主要是指互联网媒体的具体存在形态,基于技术形态、内容形式或功能定位的分类。这种媒体类型不仅包括移动应用、虚拟现实(VR),还融合了传统的文字、音频和视频内容,以及社交媒体、商业营销、教育与培训等元素。

6.2.1 技术载体

1. 互联网

作为第四媒体的核心基础设施,互联网的高速传输能力使得海量的信息能够在瞬间传遍全球。TCP/IP 协议作为互联网的基础通信协议,确保了全球范围内信息的无缝传输。无论是个人网站、在线新闻平台还是社交媒体应用,都依赖于互联网的稳定连接。

光纤通信技术的发展极大地提升了互联网的传输能力。单根光纤的传输容量已达到每秒数百太比特,为海量数据的传输提供了坚实基础。5G 技术的商用部署进一步提升了网络传输速度,理论下载速度可达 10 Gbps,5G 技术为高清视频、虚拟现实等新兴应用提供了网络保障。

云计算技术的普及使得互联网服务更加灵活、高效。通过虚拟化技术,计算资源可以按需分配,极大地提高了资源利用率。边缘计算的发展则将计算能力下沉到网络边缘,降低了数据传输延迟,为实时性要求高的应用提供了技术支持。

作为第四媒体,互联网不仅仅是信息传播的渠道,更是一个互动的生态系统,允许用户在其中参与内容的创造、分享和传播。这种特性,使得互联网成为现代社会信息流通的基础,推动了人们对于信息获取方式的根本转变。

互联网深刻影响了信息传播的方式和速度。信息的传播不再受传统媒体的时间和空间限制,用户可以随时随地获取最新的信息。社交网络和博客等平台的崛起,使得每个人都可以成为信息的发布者和传播者,这种去中心化的特点使得信息传播更加多元化。同时,互联网还促进了信息的即时性和交互性,用户不仅可以接收信息,还能够参与讨论、发表观点,甚至对信息进行重新加工和再创造。这种互动性极大地丰富了信息的内容和形式,使得信息传播更加生动和立体。

2. 移动设备

智能手机、平板电脑等移动设备的普及率持续攀升,全球智能手机用户已超过 50 亿。这些设备不仅是通信工具,更是信息获取和传播的重要终端,使得人们可以随时随地接入第四媒体。其便携性和强大的处理能力,为用户提供了便捷的信息获取和交流渠道。

可穿戴设备的兴起拓展了第四媒体的应用场景。智能手表、AR 眼镜等设备通过传感器收集用户数据,实现了更加个性化的信息服务。这些设备与智能手机协同工作,构建起立体的信息交互网络。

移动操作系统不断进化,iOS 和 Android 系统持续更新,为用户提供了更加流畅的使用体验。应用程序生态系统的繁荣,使得移动设备能够满足用户多样化的信息需求。

移动设备的普及不仅改变了信息的获取方式,也重塑了用户的媒体消费习惯。越来越多的人选择通过移动设备观看视频、阅读文章和参与社交互动,而不再依赖传统的媒体渠道。这种转变使得内容创作者和媒体机构不得不重新审视他们的传播策略,以适应用户的变化。例如,短视频平台抖音和快手的崛起,展示了用户更倾向于消费短小精悍、易于分享的内容。同时,用户的注意力也变得更加分散,他们更倾向于快速浏览信息,而非深入阅读。这种情况促使媒体机构在内容创作时,必须更加注重吸引力和视觉效果,以抓住用户的眼球。

在移动设备上,应用程序扮演着至关重要的角色。它们不仅是用户与信息之间的桥梁,更是推动用户参与和互动的平台。各种类型的移动应用程序,如新闻应用、社交媒体、视频流媒体和购物应用等,极大地丰富了用户的数字生活。通过个性化推荐和智能算法,应用程序能够根据用户的兴趣和偏好推送相关内容,进一步提高用户的黏性。此外,移动应用程序还提供了社交分享、评论互动等功能,使得用户能够更好地参与到信息传播和讨论中去,增强了用户的参与感和归属感。

3．服务器与数据中心

服务器是指专门为提供服务而设计的计算机系统,能够处理、存储和管理数据。数据中心是一个集中部署多个服务器及相关设备的设施,旨在为企业和组织提供数据存储、计算和网络服务。

强大的服务器和数据中心保障了第四媒体的内容存储、处理和分发。建设规模也在不断扩大,单个数据中心可容纳数十万台服务器。它们确保了网站的正常运行,以及在高流量情况下的信息快速响应。

服务器技术的发展支撑着海量数据的处理需求。分布式计算架构的采用,使得计算任务可以分散到多个服务器并行处理。虚拟化技术的应用提高了服务器的利用率,降低了运营成本。

数据存储技术不断突破,固态硬盘的普及显著提升了数据存取速度。分布式存储系统的应用确保了数据的安全性和可靠性。数据压缩技术的发展则提高了存储效率,降低了存储成本。数据存储技术的进步使得媒体公司能够以更低的成本存储更多的数据,而高效的数据处理技术则确保了内容的快速生成和分发。这种能力不仅提高了用户体验,还为媒体公司提供了更多的商业机会,如精准广告投放和内容推荐。

第四媒体的技术载体构成了一个完整的生态系统,推动着信息传播方式的持续革新。未来,随着人工智能、物联网等新技术的融合应用,第四媒体将展现出更加强大的生命力和发展潜力。这一技术体系的演进不仅改变着媒体形态,更深刻地影响着人类社会的方方面面。

尽管服务器与数据中心在第四媒体的发展中发挥了重要作用,但它们也面临着严峻的挑战,尤其是在数据安全与隐私保护方面。随着网络攻击手段的不断演变,媒体公司必须采取有效的安全措施来保护用户数据,防止数据泄露和滥用。

6.2.2 内容形式

1．文字

文字作为最基本的信息表达形式,在第四媒体中依然占据着重要的地位。主要包括新闻报道、评论文章、博客、小说等各种形式的文字内容。其优点在于信息传达的清晰性和逻辑性,可以深入浅出地传达复杂的信息和观点。在第四媒体环境下,文字内容往往与其他形式的内容结合使用,例如在视频中加入字幕或在图片旁附上说明文字,增强了信息的传达效果。此外,用户在社交媒体上的互动评论,也使得文字内容更加生动与多元化。

文字的传播特征主要有:打破线性叙事的超文本性,如维基百科的词条通过超链接形成网状知识结构。网络小说《隐秘的角落》采用多线程文本供读者自主选择剧情走向;内容与流量相互博弈的算法化生存,如今日头条通过 NLP(自然语言处理)分析文字关键词实现精准推送。SEO(搜索引擎优化)催生"关键词堆砌"等文字异化现象;文字多维延伸的跨媒介共生,如影视剧原著小说与弹幕评论形成"文字—影像—互动"的闭环。《三体》小说衍生出广播剧、游戏文本等多形态文字产品。

文字的未来发展趋势主要集中在三方面:AI 协同创作,如,微软小冰出版诗集《阳光失了玻璃窗》,挑战人类创作边界,记者使用 AI 工具快速生成财经报道初稿(如美联社的 Automated Insights);沉浸式文字体验,如,VR 小说《解谜者》让读者在虚拟空间中"走入"文字场景,动态字体技术(如 Variable Fonts)实现文字形态随交互变化;区块链确权与去中心化出版,如,基于 NFT 的文学作品交易(如作家 Margaret Atwood 的手稿 NFT 拍卖),去中心化平台 Mirror.xyz 支持作者直接通过加密货币获得收益。

2. 图片

图片在第四媒体中的作用不可小觑。精美的图片不仅能够直观地展示事物、表达情感,还能激发用户的情感共鸣。通过图像,复杂的故事情节可以被简化,重要的信息可以在瞬间被捕捉。社交媒体平台上,图片的分享与传播具有极高的效率,用户更容易被吸引并产生转发行为。此外,图片的视觉冲击力能够增强信息的记忆度,使得品牌宣传、新闻报道等更具影响力。在某种程度上,图片已经成为信息传播中的"语言",超越了文字的局限。

图片传播的核心特征有:视觉优先的注意力经济,如 Twitter 统计显示含图片的推文互动率提升 150%。电商详情页"首图 3 秒定律"决定购买转化率;跨文化传播的破壁效应,如无需语言翻译的普适性(如环保海报《北极熊站在浮冰上》)。文化符号的挪用与解构(西方品牌春节广告中的"中国红"争议);算法塑造的视觉审美,如平台算法助推"网红风"同质化(如小红书"奶油色家居"标签下超 200 万篇内容)。美颜 APP 标准化"理想面容"(FaceApp,全球下载量超 10 亿次)。

图谱传播的未来趋势主要体现在四个方面:一是空间计算与三维视觉,如 Apple Vision Pro 推动 3D 照片成为新标准。高德地图 AR 实景导航重构空间认知方式。二是视觉—语义的智能融合,如 Google Lens 实现"以图搜万物"。多模态 AI 理解图片情感(如分析 Instagram 照片预测用户抑郁倾向)。三是去中心化图像经济,如 NFT 技术保障创作者权益(如摄影师 Platon 作品上链交易)。DAO(去中心化组织)运营视觉内容社区(如 FWB 摄影俱乐部)。四是伦理规制与技术纠偏,如欧盟立法要求 AI 生成图片添加数字水印。微软推出"负责任的 AI 绘画"过滤暴力、偏见内容。

3. 音频

音频内容在第四媒体中的多样性体现在多个层面。从播客到网络广播,从音乐分享平台到语音社交应用,音频的形式多种多样。这种内容形式尤其适合于移动设备的使用场景,为用户提供了除视觉之外的感官享受。音频内容的优势在于其能够传递情感,通过声音的语调、音色和节奏使信息更加生动。此外,音频还可以与其他媒体形式结合使用,例如在视频中加入背景音乐或配音,增强视觉内容的表现力。

音频传播的核心特征有:声音空间占领的场景化渗透,如网易云音乐"助眠频道"占据夜间听觉市场。得到APP"每天听本书"切入健身、驾驶等场景;声音与身份认同的情感化连接,如方言播客《围炉白话》激活地域文化归属感。虚拟偶像"洛天依"演唱会实现万人声控应援;从创作到分发革命的算法化生产,如AI作曲工具(如Amper Music)生成定制化背景音乐。TikTok根据用户停留时间优化短视频配乐推荐。

音频传播的未来趋势主要有四方面:一是空间音频普及化,如苹果AirPods Pro搭载头部追踪技术。车载音响系统向9.1.6声道进化(奔驰与杜比实验室合作);二是AI声音克隆民主化,如微软VALL-E可凭3秒样本克隆人声。家属使用逝者语音数据生成纪念音频,从而实现数字永生;三是声音元宇宙构建,如Meta Horizon Worlds引入3D空间音频系统。虚拟会议平台Spatial实现声源方位精准还原;四是听觉健康干预,如苹果WatchOS 10新增环境噪音监测功能。"声音疗法"APP通过特定频率缓解焦虑(如Endel已获FDA认证)。

4. 视频

短视频、长视频、直播等形式已成为第四媒体内容的重要组成部分。视频作为第四媒体中最富表现力的内容形式之一,具有强大的信息传递能力。通过视觉和听觉的双重刺激,视频能够有效地吸引观众注意力,提升信息的传达效率。然而,视频制作的门槛和成本相对较高,且需要良好的创意与技术支持,这对许多内容创作者来说是一项挑战。此外,视频内容在传播过程中也面临着版权、平台算法和用户偏好的变化等问题。因此,在享受视频媒介带来的优势的同时,创作者和媒体平台需要不断探索与适应这些挑战。

视频传播的核心特征有:传播的全球化与即时性,依托互联网传输技术,视频内容可实时触达全球用户。例如,TikTok的短视频在发布后数分钟内即可覆盖多国用户,而传统电视媒体需依赖卫星转播且受时差限制。疫情防控期间,武汉火神山医院建设的慢直播累计观看量破3亿人次,展现了无国界传播的潜力;多模态融合的沉浸式体验,视频整合了文字、图像、声音、动态画面等多重元素,形成高密度的信息载体。如 B 站"知识区"UP 主通过动画、字幕与配音结合,将复杂科学概念可视化,单条视频播放量可达千万级;交互性与算法驱动,用户可通过弹幕、点赞、分享等行为实时参与内容生产(如 YouTube 的"Super Chat"打赏功能),而推荐算法(如抖音的"For You"页面)则根据用户行为精准推送内容,形成"千人千面"的观看体验;生产民主化与 UGC 崛起,智能手机与剪辑工具(如剪映、CapCut)大幅降低创作门槛。据统计,2024 年全球短视频创作者数量超过 5 亿,其中 80% 为非专业背景用户。

视频传播的发展趋势有四方面:一是 AI 重构视频生产链,如创作革命下 Synthesia 生成 AI 数字人视频,企业宣传片成本降低 90% 和 Runway ML 实现视频背景实时替换,个人创作者可制作电影级特效。伦理挑战方面的深度伪造(Deepfake)技术伪造政要演讲引发社会动荡,倒逼欧盟立法要求 AI 生成内容添加数字水印;二是空间计算重塑视觉叙事,如 Apple Vision Pro 支持 3D 视频拍摄,重构视觉维度。全息演唱会(如 ABBA Voyage)利用激光投影创造虚拟舞台,观众可 360°环绕观看;三是神经渲染与感官延伸,如 NVIDIA Omniverse 实现实时光线追踪渲染,电影级特效进入直播领域。脑机接口实验将视觉信号转化为脑电波,未来或实现"梦境录制"技术;四是可持续生态构建,如谷歌"低碳视频"压缩算法降低 30% 的能耗。欧盟立法要求短视频平台设置"防沉迷强制中断功能",平衡用户体验与健康。

6.2.3 功能定位

1. 信息传播

信息传播是第四媒体最核心的功能之一。通过社交平台、博客、视频分享网站等,用户能够及时、准确、广泛地获取全球范围内的最新新闻、事件和趋势。这种即时性使得信息传播的效率大幅提升,用户不仅是信息的接收者,还是信息的传播者。信息的快速传播不仅保障了公众的知情权,也促进了社会的透明度与互动。

信息传播的技术特征有算法推荐(如字节跳动推荐引擎每日处理千亿级内容);实时性(如 Twitter 每分钟新增推文 50 万条);多模态化(如《纽约时报》数据新闻融合视频、图表与交互界面)。其中,影响比较大的事件有 2023 年伊朗抗议事件中,80% 的现场视频由手机拍摄上传;Facebook 用户观点极化率较传统媒体受众高 47%。

2. 社交互动

社交互动是第四媒体的另一大特色。用户不仅获得交流和互动的平台,促进彼此之间的沟通和联系,还可以通过在线社区建立联系,形成兴趣小组,增强了用户的参与感和归属感,同时使得信息的传播更具活力和多样性。社交互动的强大功能,使得用户在获取信息的同时,也能参与讨论、分享观点,形成更为广泛的社会共识。

社交互动的交互形态包括即时通信,如微信月活跃用户突破13亿;兴趣社群如,豆瓣小组累计创建超60万个;虚拟身份,如Meta Avatar数字分身支持跨平台使用。典型的案例如00后"扩列"文化突破地域社交限制和VRChat平台年举办虚拟婚礼超10万场。

3. 娱乐休闲

在第四媒体中,娱乐休闲内容的呈现方式也发生了显著变化。通过视频平台、直播网站等,用户可以随时随地观看影视剧、音乐、游戏、直播表演等,满足了人们在闲暇时间的休闲需求。同时,用户的消费习惯也在改变,越来越多的人选择通过网络平台进行内容消费,这使得传统娱乐产业面临转型的压力与机遇。

内容生态主要有短视频如抖音日均视频播放量超800亿次;直播如B站虚拟主播营收年增长270%;游戏如《原神》全球玩家月均消费达1.5亿美元。典型案例有迪士尼+推出的AR版《曼达洛人》互动剧;Spotify"年度歌单"引发用户情感共鸣。

4. 商业营销

第四媒体的崛起为商业营销提供了新的机会与挑战。品牌以用户的兴趣和行为数据为基础,通过社交媒体进行精准广告宣传、品牌推广,实施个性化的广告投放。通过内容营销、网红营销等策略,企业可以更直观地与消费者建立联系,提升消费者对品牌的认知度和美誉度。社交媒体的互动性也使得消费者的反馈能够快速得到回应,形成良性循环。

创新的模式有精准广告,如亚马逊广告的点击转化率较传统媒体高5倍;直播电商如,快手电商2023年GMV突破1.2万亿元;虚拟营销如,Gucci在Roblox出售数字手袋,单价超过真实产品。

5. 教育与培训

在教育与培训领域,第四媒体同样展现出了巨大的潜力。在线课程、讲座、电子书籍、学习资料、互动学习平台等新兴教育形式,为学习者提供了更为灵活和便捷的学习方式。无论是职业培训还是自我提升,用户都可以通过网络获得丰富的教育资源。此外,社交互动功能还使得学习者能够与老师和同学进行实时交流,增强了学习的效果与趣味性。

革新的教育主要有慕课平台,如 Coursera 全球学员超 1.4 亿;知识付费如,得到 APP 专栏课程复购率达 68%;虚拟实训如,微软飞行模拟器被 200 余家航校采用。

6-2 云阅读

6.3 第四媒体运营的策略与方法

6.3.1 细分市场,确定目标受众

细分市场是指将一个总体市场按照特定的标准划分为若干个小市场的过程。这些标准可以是消费者的需求、特征、行为等。细分市场的重要性在于,它使企业能够更精准地识别和理解其目标受众,通过市场调研和数据分析,明确目标受众的特征和需求,从而制定更具针对性的营销策略。这种精准化有助于提高营销效率,降低成本,增强客户满意度和忠诚度,最终推动销售增长。

根据市场特征与商业模式差异,细分市场主要包括短视频与直播,如 2024 年短视频用户规模达 9.3 亿,日均使用时长 120 分钟,贡献超 60% 的互联网广告增量。抖音、快手等平台通过"算法瀑布流"和电商直播(如李佳琦"双十一"GMV 达 215 亿元)重塑消费场景;知识付费与教育,如,得到 APP"薛兆丰经济学课"销售额破 4 亿元,用户年均消费 2 800 元,体现高知群体对深度内容的需求;虚拟现实(VR/AR),如,Apple Vision Pro 推动 3D 内容普及,耐克虚拟试鞋功能降低退货率 25%,但硬件成本高(如 Vision Pro 售价 3 499 美元)仍制约 C 端普及;社交化媒体,如,微信视频号中老年用户占比 35%,小红书"标签化内容"构建消费指南,体现兴趣社群的黏性价值,如,精准广告与数据营销:亚马逊广告点击转化率较传统媒体高 5 倍,谷歌 AdSense 通过用户行为标签实现广告定向投放,数据成为核心资产。

细分市场根据维度进行划分,主要有以下几种类型:地理细分是根据地区、城市、气候等地理因素进行划分。比如,在不同地区推广不同的产品或服务,以适应当地的文化和需求;人口细分则根据年龄、性别、收入、教育水平等人口统计特征进行细分。这种方法有助于企业理解不同人口群体的消费行为;而心理细分是依据个体的心理特征,如性格、生活方式、价值观等进行细分。这可以帮助企业更深入地理解目标受众的动机和偏好;行为细分是根据消费者的购买行为、使用情况、品牌忠诚度等特征进行划分。这使企业能够针对不同的消费行为制定相应的营销策略。

一个成功的细分市场策略案例是耐克(Nike)在其"女性专属"系列中的应用。耐克通过市场调研发现,女性消费者在运动服装市场中的需求日益增长,但她们的需求与男性消费者存在显著差异。为了满足这一细分市场,耐克推出了专门针对女性的产品线,结合时尚与运动性能,成功吸引了大量女性消费者。

6.3.2 调查需求

市场调查的首要目的是深入了解目标受众的消费需求及其变化,确保内容和服务的针对性。通过市场调查,企业可以获取有关潜在消费者偏好的信息,从而制定更加有针对性的内容策略。

核心方法论主要有多维度用户分层、需求动态追踪和场景化分析。Z世代日均触媒6小时,偏好短视频与弹幕互动,如B站弹幕互动率超50%,这个案例就属于多维度用户分层,相关的案例还有银发群体通过微信视频号获取养生内容,用户占比35%;用户对个性化推荐依赖度提升,如TikTok推荐准确率达83%是需求动态追踪的典型案例;场景化分析的案例有通勤场景中播客收听占比60%,如《日谈公园》。健身场景下"每天听本书"等音频内容的渗透率提升。

6.3.3 内容设计与创新

在当今数字化快速发展的时代,内容设计和创新已成为第四媒体运营成功的关键因素。内容不仅是信息传播的载体,更是吸引用户、提升品牌价值和增强用户黏性的核心所在。

内容设计不仅仅是文字和视觉元素的组合,它涉及信息的组织、用户体验的优化以及品牌形象的塑造。有效的内容设计能够引导用户的注意力,传递关键信息,并促使用户采取行动。在第四媒体环境中,用户的注意力是极其宝贵的,如何在短时间内吸引和留住用户的注意力,是内容设计的核心任务。

完成这项核心任务的关键是技术赋能。可以通过三方面实现:形式融合,如B站"知识区"UP主结合动画与数据可视化,单条视频播放量破千万。互动剧《黑镜:潘达斯奈基》提供12种剧情分支,用户决策影响叙事走向;技术驱动创作,如AI工具(如Synthesia)生成数字人视频,企业宣传片成本降低90%。动态字体技术(Variable Fonts)实现文字形态随交互变化,提升阅读体验;垂直领域深耕,如财经自媒体"财新网"通过深度调查报道建立专业壁垒。体育自媒体利用直播技术覆盖电竞赛事,Twitch平台《英雄联盟》决赛观众峰值达到740万。

在实际应用中,许多成功的内容设计案例给我们提供了宝贵的经验。例如,某知名科技公司通过结合用户反馈和市场趋势,推出了一系列以用户体验为核心的产品评测视频。这些视频不仅在制作上精良,内容上也紧密围绕用户的实际需求进行设计,受到了广泛欢迎和分享,提升了品牌的知名度和用户的忠诚度。

另外,某在线教育平台利用数据分析技术,分析用户的学习习惯和兴趣,定制个性化的学习内容。这种创新的内容设计方法不仅提高了用户的学习效率,还促进了用户的持续参与和转化。

6.3.4 构建盈利模式

盈利模式实现从流量变现到生态闭环的转变,主要形式有广告分层策略、付费订阅与增值服务和跨界融合变现等。广告分层策略的典型案例有,抖音"兴趣电商"通过用户行为数据匹配商品,转化率超过15%的效果广告。Gucci 在 Roblox 出售数字手袋,单价超过实体产品,拓展虚拟营销场景的品牌广告;爱奇艺"迷雾剧场"推动悬疑短剧集均播放量破5亿,付费会员占比提升的案例属于付费订阅与增值服务;直播带货与社交电商结合,快手电商2023年GMV突破1.2万亿元则是跨界融合变现的代表。

YouTube 通过广告收入和付费频道实现了盈利,尤其是其内容创作者计划,鼓励用户创作优质内容并分享收益,形成了良性的生态系统。而 Patreon 则通过会员制模式,允许创作者直接向粉丝收取订阅费用,提供独家内容和互动体验。这两个平台的成功,体现了多元化盈利模式的重要性,也为其他第四媒体平台提供了宝贵的借鉴经验。

6.3.5 用户互动与社区建设

用户互动是第四媒体运营的核心要素之一。通过与用户的互动,品牌能够收集到宝贵的反馈信息,了解用户需求,并在此基础上调整产品和服务。这种互动不仅仅限于评论和点赞,更包括用户参与内容创作、分享以及社交媒体上的讨论。主要的意义还有增强用户黏性、促进内容传播和提升品牌形象。

社区建设是第四媒体运营的重要组成部分。一个活跃的社区不仅能促进用户之间的互动,也为品牌提供了一个持续的沟通平台。有效的社区建设策略主要包括明确社区定位、创造有价值的内容、举办线上线下活动和建立反馈机制。

用户互动与社区建设也是从流量到关系链的变化,主要体现在社交功能嵌入、UGC 生态培育和虚拟身份与社群运营上。社交功能嵌入的典型案例如,Clubhouse 语音聊天室模式估值达40亿美元,重构了陌生人社交场景;UGC 生态培育的代表案例如,知乎"问答社区"通过专业用户(PUGC)构建知识共享网络;游戏 Among Us 语音推理催生新型社交关系,用户黏性提升则是虚拟身份与社群运营的典型代表。

在第四媒体运营中,有许多成功的社区建设案例值得借鉴。例如,某知名化妆品品牌通过建立用户社区,鼓励用户分享使用心得和化妆技巧,不仅提升了用户的参与度,还促进了品牌的销量增长。此外,品牌还定期举办线上直播活动,邀请美妆博主进行教学,进一步增强了用户的互动体验。

又如,一家运动品牌通过社交媒体平台,搭建了一个以健身爱好者为核心的社区,用户可以在平台上分享健身成果、交流训练经验。品牌通过与用户的互动,及时了解市场需求,并根据用户反馈推出新产品,取得了显著的市场反响。

6.3.6 数据分析与优化

在当今数字化快速发展的时代,数据分析在第四媒体的运营中扮演着至关重要的角色。随着用户行为的多样化和信息传播的迅速变化,如何有效地收集、分析和应用数据,成为运营成功的关键因素之一。

数据分析使得第四媒体运营能够以更为科学和精准的方式进行决策。通过对用户行为、偏好和反馈的深入分析,运营团队可以更好地理解目标受众的需求,从而制定更具针对性的内容和营销策略。数据分析不仅能够帮助识别潜在的市场机会,还能及时发现和解决运营过程中存在的问题,确保服务和内容始终与用户的期望保持一致。

数据收集方式主要有网站和应用程序分析、社交媒体监测、用户调查和反馈以及行为追踪。而优化的方法有标签体系、算法模型迭代和效果评估与反馈循环。标签体系的代表案例如,谷歌Lens"以图搜万物"整合视觉语义数据,优化搜索体验;算法模型迭代的案例如,淘宝直播通过实时互动数据调整商品展示策略,提升转化率;A/B测试优化内容标题如UC"标题党"点击率提升30%则是效果评估与反馈循环的典型代表。

6-3 云视频

6-4 云视频

6-5 云阅读

6.4 技术驱动的运营底层逻辑

人类信息的传播史经历了从报纸的铅字印刷到抖音的算法瀑布流的过程,本质是技术对注意力的重新分配。第四媒体(互联网媒体)的崛起,标志着传播权力从机构垄断向技术赋能的根本性转移。其运营底层逻辑不再局限于内容生产与分发,而是构建了一个由数据、算法与人性化体验交织的复杂生态系统。技术不仅是工具,更是驱动整体战略的核心力量。

6.4.1 技术驱动的核心逻辑框架

第四媒体(互联网媒体)的运营底层逻辑,本质是数据、算法与用户行为的动态博弈系统,其运作遵循"感知—决策—反馈"的闭环机制。

1.感知层

感知层是第四媒体技术框架中的基础和前提,主要负责信息的获取和初步处理。它通过各种传感器和数据采集工具,实时监测和捕捉环境中的变化及用户行为。感知层不仅是信息流动的起点,更是连接物理世界与数字世界的桥梁。在第四媒体的背景下,感知层为后续的数据分析与决策提供了可靠的基础,帮助我们更好地理解用户需求和市场动态。

感知层的构建依赖于多种先进技术,尤其是传感器和数据采集工具。传感器的种类繁多,包括温度传感器、光线传感器、运动传感器、声音传感器等,它们各自负责捕捉特定的环境因素。而数据采集工具则包括各种软件和硬件设备,如智能手机、智能家居设备、可穿戴设备等。这些工具不仅能够收集用户数据,还能实时传输和存储信息。通过这些技术,感知层能够高效地获取大规模的数据,为后续的分析和决策打下坚实的基础。

感知层获取信息的过程通常包括数据采集、数据传输和数据存储三个基本步骤。首先,传感器通过各种物理或环境刺激(如温度变化、光照强度等)收集数据。然后,这些数据通过网络(如 Wi-Fi、蓝牙、蜂窝网络等)传输到云端或本地服务器。最后,数据存储系统对收集到的信息进行整理和归档,便于后续分析与利用。在这个过程中,感知层不仅仅是被动的数据信息接收者,还可以通过初步的数据处理技术,如数据清洗和格式化,提升数据的质量和可用性。

智能设备的普及使得感知层的功能愈加显著。例如,智能家居系统通过安装在家庭中的多种传感器,能够实时监测室内的温度、湿度和光照等数据。这些设备不仅能够采集数据,还可以通过互联网将这些数据上传到云平台进行分析。结合大数据技术,智能设备能够学习用户的习惯和偏好,进而进行自我调整,如自动调节空调温度或灯光亮度。这种智能化的反馈机制,不仅提高了用户的生活质量,也为企业提供了宝贵的用户行为数据,从而帮助企业更好地进行市场定位和产品开发。通过智能设备与大数据的结合,感知层不仅提升了信息的获取效率,更为第四媒体的发展开辟了新的方向。

2. 决策层

算法推荐系统:决策层是网络媒体的核心大脑,在信息处理和管理系统中,负责分析数据并做出决策的部分。算法推荐系统在其中发挥着关键作用。决策层的重要性体现在其能够基于实时数据和分析结果,快速做出反应,从而提升组织的灵活性和响应能力。基于机器学习的算法根据感知层收集到的用户数据,分析用户的兴趣偏好,从而为用户推荐个性化的新闻内容、视频节目等。例如,今日头条等平台就是依靠强大的算法推荐系统来吸引用户的。

内容筛选与分析:除了算法推荐,网络媒体的编辑团队也在决策层中承担着重要角色。他们根据社会热点、用户需求以及媒体的定位,对海量的信息进行筛选,决定哪些内容值得重点推广,哪些需要深度报道。通过建立完善的数据处理流程,决策层可以将实时数据与历史数据相结合,进行趋势分析和情景模拟。这种数据驱动的决策过程能够减少人为偏见,提高决策的透明度和科学性。

3. 反馈层

反馈层在第四媒体中扮演着至关重要的角色,它作为信息流通的环节,负责收集、分析以及传递用户与系统之间的互动信息。这一层不仅是对用户行为的直接反映,还为决策层提供了关键的数据支持,使得整个系统能够更灵活地适应用户的需求和偏好。

反馈层是指在信息系统中,用户与系统之间的互动所产生的信息反馈。其主要功能包括接收用户的意见、建议和行为数据,并将其转化为可操作的信息。这一层通过多种渠道收集反馈,例如用户评论、评分、点击率分析等,确保决策层能够掌握用户的真实需求和偏好,进而优化内容和服务。最终实现预测性反馈。

预测性反馈主要包括用户行为预判和系统风险预警。用户行为预判是指通过分析用户的历史行为、偏好和趋势,预测用户未来可能的行为和需求。其本质是通过多维数据构建"数字镜像",在用户显性行为发生前捕捉其潜在意图。依赖的技术和工具主要有数据挖掘、机器学习和自然语言处理等。如亚马逊的"预发货"专利:通过历史数据+搜索词预判购买意向,提前将商品运至区域仓库,将配送时效压缩至2小时;网易云音乐"心动模式"会提前缓存30首潜在喜好歌曲,缓冲时间降为0。系统风险预警对于提升系统的韧性、保护利益相关者的权益至关重要。如 PayPal 使用设备指纹（GPU 型号/屏幕分辨率）关联多账户行为，识别团伙作案；阿里云智能运维预测硬盘故障（准确率 95％），使运维成本降低 40％；特斯拉上海工厂用数字孪生模拟芯片短缺的影响，动态调整生产计划。

6.4.2　底层逻辑的四大技术支柱

1. 数据资产化：从"流量"到"关系"的价值升维

数据资产化是指将企业所拥有的数据视为一种重要的资产，通过系统化管理和应用，实现其商业价值的最大化。这一过程不仅包括数据的收集、存储和分析，还包括如何将数据转化为决策支持、业务优化和创新驱动力。随着数字经济的蓬勃发展，数据已成为企业竞争力的重要来源。企业对数据的重视程度直接影响其市场表现、运营效率和客户满意度。因此，数据资产化对于企业的长期发展至关重要，它不仅能够为企业提供更深入的市场洞察，还能提升其响应市场变化的能力。

（1）从数据垃圾到战略资源的蜕变

①用户行为轨迹的数据矿脉挖掘

在当今数字化时代，用户行为数据被视为一项宝贵的资产。但在许多情况下，这些数据却被视为"数据垃圾"，未能得到有效利用。

用户行为轨迹的数据挖掘过程，将这些数据转化为战略资源。具体通过以下步骤完成：

数据清洗与预处理：首先，需要对收集到的原始数据进行清洗，去除重复、错误或不相关的数据，以确保数据的准确性和完整性。

数据分析与挖掘：在清洗后的数据基础上，企业可以运用各种数据分析工具和算法（如机器学习、数据挖掘技术）进行深入分析，识别出用户行为背后的模式和趋势。

洞察生成与决策支持：通过数据分析，企业可以获得有关用户偏好、行为趋势的深刻洞察。这些洞察能够帮助企业进行精准的市场定位、产品开发以及营销策略的制定。

持续改进与反馈循环：数据的使用并不是一次性的。企业应建立持续的数据监测与反馈机制，及时调整策略以应对市场变化和用户需求的演变。

亚马逊作为全球最大的电子商务平台，通过分析用户的浏览历史、购买记录和评分反馈等数据，不断优化其推荐算法。这使得亚马逊能够提供个性化的购物体验，从而提升了用户的购买转化率和客户忠诚度。

②物联网传感器的环境感知革命

物联网是通过网络将各种设备连接起来,以实现数据的实时传输与分析。这一技术的快速发展,促进了传感器在环境监测领域的广泛应用,并为资源优化与未来环境管理提供了新的可能性。

物联网所产生的大量数据,为资源的优化配置提供了依据。通过对收集到的数据进行分析,企业和政府可以识别出资源浪费的环节,并制定相应的优化策略。例如,在城市管理中,通过对交通流量数据的分析,可以优化信号灯的控制,减少拥堵现象,提高道路通行效率。在农业生产中,基于土壤和气象数据,农民可以选择最佳的播种和收获时机,实现产量最大化和资源消耗最小化。这种数据驱动的决策方式,能够显著提升资源的使用效率和环境管理的科学性。

③企业运营数据的全息化映射

在当今商业环境中,企业运营数据的类型繁多,涵盖了财务数据、销售数据、客户行为数据、市场分析数据等多个维度。每一种数据类型都承载着企业运作的核心信息,能够为企业的战略决策提供有力支持。

数据的价值不仅体现在其本身的存在,更在于通过科学的分析和合理的利用,能够转化为推动企业创新和增长的动力。企业在运作过程中,能够有效收集、分析和利用这些数据,意味着企业在市场竞争中占据了优势。

(2) 数据资产评估的三维体系

①密度价值:数据颗粒度的商业意义

数据资产的密度价值是指数据所包含的信息量与其存储体积之间的比例关系。简单来说,密度价值体现了数据在单位体积内所能传递的信息的丰富程度。数据的密度价值越高,意味着在相同的存储空间内,数据所承载的知识、经验和潜在的商业价值越大。密度价值不仅反映了数据本身的质量,还涉及数据的结构化程度、准确性、完整性以及与其他数据的关联性等多个方面。高密度的数据资产可以帮助企业更好地理解市场动态、客户需求以及业务运营的效率,从而在激烈的市场竞争中占据优势。

数据密度价值的核心在于单位数据单元的信息含量与质量。广东财经大学团队在成本法评估模型中提出,数据质量系数需从准确性(误差率$\leq 0.1\%$)、完整性(字段缺失率$<5\%$)、时效性(数据更新周期≤ 24小时)、一致性、规范性和可访问性六个维度进行量化评估。例如,在金融风控领域,某银行通过清洗客户行为数据中的30%噪声数据,使反欺诈模型准确率提升18个百分点,直接验证了数据密度的价值杠杆效应。

②维度价值:跨域数据融合的增值效应

维度价值是指在多维数据分析中,数据所体现的不同特性和层次对决策和业务发展的推动作用。它不仅关注数据本身的量化指标,还强调数据在不同维度下所展现的多样性和丰富性。维度价值的核心在于理解数据如何通过不同的视角和层面为企业提供洞察,进而支持战略决策与业务优化。

维度扩展的三重境界主要包括横向扩展,如美团整合餐饮、交通、住宿数据,构建本地生活全景图谱;纵向深化,如特斯拉车辆数据与能源网络耦合,优化超级充电站布局效率;跨界创新,如气象数据与农业保险结合,衍生出降水量指数保险新产品。

③时效价值:数据保鲜期的价值衰减曲线

时效价值是指数据在特定时间框架内的有效性和相关性。数据随着时间的推移,可能会逐渐失去其准确性和适用性,因此,评估数据的时效性是数据资产评估中不可或缺的一部分。时效价值不仅关乎数据本身的质量,也直接影响决策过程的及时性和有效性。在快速变化的商业环境中,时效性强的数据能够帮助企业迅速应对市场变化,捕捉商业机会。

价值保鲜的技术策略主要有:实时化,如高频交易系统数据有效期压缩至毫秒级;预测化,如,LSTM 神经网络预测未来趋势,延长数据效用周期;再生化,如,历史数据与 AI 生成技术结合,合成数据集。

2. 算法霸权:注意力分配的权力转移

在当今快速发展的商业环境中,算法已从辅助工具演变为社会权力的核心载体,成为推动企业运营和提升竞争力的重要因素。它们不仅在数据处理、预测分析及决策支持中发挥着关键作用,更是形成了现代商业的核心地位。据测算,2025 年全球 70% 的重要决策将由算法模型参与制定。这种权力的机器化迁移,正在重塑人类社会的权力结构、运行规则与价值体系。

(1) 决策权的机器化迁移

在当前数字化迅速发展的时代,决策权的机器化迁移已成为一个亟待探讨的重要议题。这一过程不仅影响着企业的运营模式,也在深远地改变着社会的决策机制。

①决策权机器化迁移的定义

决策权的机器化迁移是指在决策过程中,越来越多的权力和责任被转移至机器、算法和人工智能系统。这种迁移不仅体现在决策权的分配上,还涉及决策过程、数据处理以及结果执行等多个方面。传统上,决策权多集中于人类,但随着技术的进步,机器开始在某些领域中扮演越来越重要的角色,从而引发了一系列关于权力、责任和透明度的讨论。

②机器学习和人工智能在决策中的角色

机器学习和人工智能技术在决策过程中扮演着至关重要的角色。它们依靠大量的数据分析和模式识别能力，能够提供基于数据的决策支持。例如，在金融行业，机器学习算法可以分析市场趋势，预测股票价格，从而帮助投资者做出更为明智的决策。在医疗领域，人工智能可以帮助医生分析病历、制定治疗方案，甚至在某些情况下进行诊断。这些技术的应用使得决策过程更加高效、准确，减少了人为的偏见和错误。

③机器化决策的优势与挑战

尽管机器化决策具有诸多优势，但也面临着不少挑战。首先，机器化决策的优势在于其高效性和准确性，能够处理海量数据并从中提取有价值的信息。此外，机器决策可以在极短的时间内完成复杂的计算，远超人类的能力。

然而，挑战同样不可忽视。机器化决策可能导致责任的模糊化，尤其是在出现错误时，难以界定责任归属。此外，算法的透明度和可解释性问题也受到广泛关注，许多机器学习模型的决策过程较为复杂，普通用户难以理解其背后的逻辑，这可能削弱公众对机器决策的信任。如某些医院采用人工智能辅助诊断系统来提高诊断的准确性。这些系统在诊断疾病方面表现出色，但同时也引发了医疗伦理的讨论，尤其是在患者隐私保护和数据安全方面。

综上所述，决策权的机器化迁移是一个复杂而多面的过程。它既带来了效率和准确性的提升，也伴随着潜在的伦理、责任和信任问题。理解这一过程的各个方面，对于未来决策机制的构建至关重要。

(2) 算法权力的边界争议

①算法权力的概念及其重要性

在当今数字化和信息化的社会中，算法权力这一概念日渐受到关注，指的是在决策过程中由算法所占据的影响力与控制力。算法权力不仅体现在数据分析、预测模型和自动决策系统中，还在许多重要领域影响着个体的生活，如金融、医疗、教育和社会治理等。它的重要性在于，算法的设计和应用直接关系到资源的分配、机会的获取以及社会公平的实现。因此，理解算法权力的边界以及它所带来的影响，对于制定相应的政策和规范至关重要。

②算法在社会中的影响及其边界

无论是社交媒体平台的推荐算法，还是金融机构的信用评分系统，算法都在潜移默化中塑造着个体的生活和社会的运作方式。一方面，算法能够通过大数据分析提升决策的效率和准确性，为个体和组织提供更为精准的服务；另一方面，算法也可能导致群体歧视、隐私侵犯和透明度不足等问题。其边界并非一成不变，而是随着技术的进步、社会的期望和法律法规的更新而不断演变。我们需要明确算法在社会中所能发挥的积极作用，同时警惕其可能带来的负面影响。如美国医疗保险公司使用算法分配诊疗资源，系统性地低估黑人患者的健康风险，导致其获得必要治疗的概率降低34%。

③伦理与隐私问题

算法的广泛应用引发了一系列伦理和隐私问题。例如，在数据处理和分析过程中，常常涉及个人敏感信息的收集与利用，这不仅可能侵犯个人隐私，还可能导致数据滥用和歧视性决策。此外，算法的黑箱性使得其决策过程不透明，公众对算法的理解和监督能力受到限制。如以招聘算法为例，如果用于训练的历史数据反映了性别或种族歧视，那么生成的算法可能会倾向于选择某一特定群体的候选人。

因此，如何在利用算法提升决策效率的同时，维护个体的隐私权和伦理标准，是当前社会面临的一大挑战。

④公众对算法决策的信任度

公众对算法决策的信任度是算法权力边界争议中的一个关键因素。随着算法在社会生活中扮演越来越重要的角色，公众对其有效性和公正性的质疑也不断增加。调查显示，许多人对算法决策的透明度和公平性表示担忧，认为算法可能会引入偏见，或者在缺乏人类监督的情况下做出不当决策。因此，提升算法的透明度、增强公众参与和监督，并建立相应的信任机制，是提升公众对算法决策信任度的有效途径。

（3）算法治理的平衡之道

随着算法在社会各个层面的广泛应用，算法治理逐渐成为社会各界关注的焦点。算法治理不仅涉及如何有效管理和使用算法，还要确保其在社会、经济和政治等领域的合理使用和公正性。因此，理解算法治理的定义与重要性，以及如何实现平衡，已成为各国政策制定者、学者和企业界共同关注的焦点。

①算法治理的定义与重要性

算法治理的核心在于制定和实施合理的政策和标准来管理和监督算法的使用，确保其在决策过程中的透明性、公平性和责任性。随着机器学习和人工智能技术的快速发展，算法在各个领域的应用越来越广泛，包括金融、医疗、交通等。这些应用在提高效率的同时，也带来了潜在的风险，如算法偏见、隐私侵犯及决策透明度不足等问题。

因此，良好的算法治理能够有效管理算法偏见，增强公众对算法决策的信任，促进社会可持续发展。同时,算法治理也能够为企业提供清晰的规范,从而增强社会对技术的信任。最后,算法治理有助于建立问责机制,确保在算法决策出现错误或不公时,可以追究相应责任方。

②如何实现算法治理的平衡

实现算法治理的平衡,需要在技术进步与社会伦理之间找到一个合适的切入点。首先,各国政府应当建立健全的法律法规框架,以确保算法的使用符合社会伦理标准。这包括对算法开发过程的监管、对数据使用的限制以及对算法结果的透明度要求。

其次,企业在开发和应用算法时,应积极寻求公众参与。通过建立透明的反馈机制,收集用户和社会各界的意见,企业可以更好地理解公众的需求和担忧,从而调整其算法策略。此外,企业还可以通过与学术界和非政府组织合作,借鉴最佳实践,确保其算法治理的科学性和合理性。

最后,教育与培训也不可忽视。提升公众对算法的基本理解,使其能够更理性地看待算法决策,是实现算法治理平衡的基础。通过教育,公众能够更好地参与到算法治理的讨论中,推动政策的完善。

3. 场景化渗透:时空解构与重组

场景化渗透通过技术赋能与情感联结,将物理空间与虚拟空间重构为可程序化、可交互、可感知的活态生态。这场革命正以"空间即服务"为核心理念,重塑商业逻辑、社交模式与人类存在方式。

(1) 场景解构方法论

①场景解构的概念

场景解构是一种系统化的方法,旨在将复杂的场景进行分析与分解,以便更好地理解其组成部分及其相互关系。通过场景解构,我们能够识别出影响用户体验的逻辑、文化和心理因素,明确用户的需求和行为模式,从而为产品设计、市场营销和用户体验的优化提供有力的指导。这一概念的核心在于通过清晰的分析框架,将复杂的环境、情境或用户交互拆解为可管理和可优化的单元。

②场景解构的步骤和方法

识别场景:明确需要解构的场景。这可以是一个特定的用户体验场景、一个市场营销活动或一个产品使用情境。

收集数据:确定数据的范围。数据主要涵盖用户的行为、需求、动机和情感反应等。可以通过用户访谈、问卷调查、观察等多种方式收集相关数据。

分析组成要素:理解要素间关系。为了更好地理解各要素之间的关系及其对整体用户体验的影响,需要将收集到的数据进行整理与分析,识别出场景中各个组成要素,如用户、环境、任务、工具等。

制定优化策略:基于对场景的解构与分析,对产品功能、用户界面以及市场推广策略等提出具体的优化建议。

实施与反馈:将优化策略付诸实践,并通过收集用户反馈来评估实施效果。根据反馈结果,进一步调整和改进策略,以实现持续优化。

(2)智能场景的构建逻辑

在当今数字化和智能化的时代,智能场景的构建不仅是技术发展的必然结果,也是满足用户需求的重要途径。智能场景的构建逻辑涉及多个层面,包括基本要素的识别、技术与用户需求的结合等。

①智能场景的基本要素

智能场景的构建首先需要明确其基本要素。这些要素通常包括:

环境感知:智能场景需要具备对环境的感知能力,通过传感器、摄像头等设备为智能系统提供必要的数据输入,为后续的智能决策提供基础。

数据处理与分析:收集到的数据需要经过有效的处理、清洗、整合、分析和挖掘,以提取有用的信息和模式,通过算法和模型,帮助系统理解用户的需求和行为模式。

智能决策:基于数据分析的结果,智能场景自动做出决策或提供建议,根据用户的行为和偏好自动调整设备状态、服务流程或执行特定任务。

交互体验:用户与智能场景之间完成诸如语音交互、手势控制、触摸屏操作等互动和体验。使用户能够轻松地与智能系统进行交互,实现个性化定制。

反馈机制:智能场景根据用户的操作和系统的运行状态,及时获取用户的反馈,帮助用户了解系统的运行状态和效果,以便持续优化场景的设计和功能。

②如何结合技术与用户需求来构建智能场景

构建智能场景的核心在于如何将先进的技术与用户的实际需求相结合。具体流程为:

需求调研:通过对目标用户进行深入调研,了解他们的需求、习惯及偏好。这一步是构建智能场景的基础,根据用户调研结果,设计出符合其需求的场景。

技术选型:根据用户需求,评估不同技术方案的可行性、成本、兼容性和可扩展性。例如,在智能交通场景中,可能需要选择物联网技术、人工智能算法以及云计算等多种技术的结合。

原型设计与测试:在明确需求和技术基础后,可以开始进行原型设计。通过快速原型测试,收集用户反馈,进行迭代优化,确保设计的智能场景能够有效解决用户问题。

全面部署与运营：经过反复测试和调整后，智能场景可以在实际环境中完成部署，确保所有设备和网络正常运行。同时根据用户的学习成本和使用习惯，提供必要的培训和支持。

4．人机协同：效率与创意的再平衡

（1）能力象限的重构

①能力象限的概念

能力象限是一个用于描述和分析个体或组织在特定领域内能力布局的工具。它通常以二维坐标系的形式展现，分别代表不同的能力维度，每个象限代表一种特定的能力组合或特征，有助于全面、系统地评估和提升相关的能力。如技术能力与人际能力、创造力与执行力等。

②人机协同对能力的重构

人机协同的兴起促使我们重新审视能力的内涵与外延。在人机协同的环境中，能力不仅仅是个体的技能和知识，更是人与机器之间的互动与合作能力。人机协同要求员工具备以下几种新型能力。

跨界整合能力：能够将创新技术与复杂业务结合，利用技术提升工作效率。

适应性与学习能力：面对快速变化的技术环境，员工需要具备快速学习与适应新工具、新方法的能力。

协同能力：在团队中与机器、同事有效沟通与合作的能力，能够最大化人机之间的协同效应。

（2）组织形态的基因突变

①组织形态的演变历程

组织形态的演变历程可以追溯到人类社会发展的早期阶段。从最初的部落社会到家庭作坊和手工作坊，再到现代企业的形成，组织形态经历了多个阶段的变革与发展。早期的组织以简单的结构为主，通常基于亲属关系和直接的互动。随着社会的复杂化，出现了更为复杂的层级结构和职能划分。

进入工业革命时代后，组织形态开始向着更加正式和系统化的方向发展。科学管理理论的提出，使得企业在管理上更加注重效率和标准化，催生了以职能为基础的传统组织结构。

②人机协同对组织结构的影响

人机协同是一种新兴的工作模式，它强调人类与机器在任务执行过程中的相互配合与合作。这种模式对组织结构产生了深远的影响。组织结构由以往的层级式向更加灵活的扁平化转变。

人机协同要求企业在技术与人力资源之间找到最佳平衡，将部门界限模糊化,推动了跨职能团队的形成。这种新型的团队结构不仅能够提高决策的效率,还能够促进创新,因为多样化的技能和视角能够更好地解决复杂问题。此外,组织内部加强了信息流通,减少了信息孤岛现象,促进了知识的共享与传播。

③新型组织形态的特征

面对人机协同的挑战与机遇,新型组织形态能够迅速调整自身的结构、业务流程和资源配置,逐渐呈现一些独特的特征。首先,这种组织往往具备高度的灵活性和适应性,能够迅速调整以应对市场的变化与技术的进步。其次,跨职能团队能迅速组建和解散,使得信息流动更加顺畅,促进了不同领域专家之间的合作与交流。

此外,新型组织还注重以人为本,强调员工的参与感和责任感。吸引和容纳来自不同背景、具有不同技能和经验的人才,使得组织文化更加开放与包容,鼓励创新和试错。最后,数据驱动的决策也成为新型组织的重要特征,依赖数据分析和新型算法,提升了决策的科学性与准确性。

(3) 协同进化的未来图景

①协同进化的定义与重要性

协同进化是指人类与机器在相互作用中相互影响、相互促进、共同发展的过程。随着科技的迅速发展,人工智能、机器人技术等先进工具的普及,人与机器的协作已成为新时代的必然趋势。协同进化不仅改变了传统的工作方式,还深刻影响了人类的思维方式、决策过程和创新能力。它的重要性体现在以下几个方面。

提升效率:通过人机协同,可以实现高效的信息处理和决策,从而使工作流程更加顺畅。

促进创新:人机协作能够将人类的创造力与机器的算法结合起来,激发新的想法,提出新的解决方案。

增强适应性:在快速变化的市场环境中,协同进化使组织能够更灵活地应对新挑战。

人类与机器的共生:它强调了人类与机器并非对立的关系,而是可以通过合作实现互利共赢。

②未来技术趋势对人机协同的影响

随着技术的不断进步,诸如 AI、人工智能、云计算、机器学习、物联网、区块链等新兴技术将深刻影响人机协同的方式。如,越来越多的工作将实现智能化与自动化;数据分析和预测模型将帮助人类做出更明智的决策;增强现实与虚拟现实技术将提供更为直观的交互方式,进一步提高人机协同的效率与效果;云计算与边缘计算的普及将为人机协同提供强大的计算资源支持,使得数据处理更加实时和高效。

6.4.3 技术驱动的运营模式创新

在数字经济时代,技术已成为企业重构运营模式的核心驱动力。无论是精准广告的千人千面触达、订阅式服务的用户价值深耕,还是生态化变现的协同效应构建,技术不仅重塑了商业逻辑,更催生了全新的增长范式。

1. 精准广告:从广谱轰炸到精准触达

(1) 精准广告的定义及其重要性

精准广告是指通过数据分析与用户行为洞察,将广告信息精准投放到特定目标群体的一种广告形式。与传统广告相比,精准广告不仅关注广告的展示频次,更注重将广告内容与受众需求紧密结合,从而提升广告的转化率和投资回报率(ROI)。在信息过载的时代,消费者面临大量的信息干扰,精准广告通过个性化的内容与场景,能够有效提高用户的关注度和参与度,最终推动销售和品牌认知的提升。

精准广告的重要性体现在多个方面:首先,它能够有效降低广告投放的浪费,通过数据分析确保每一笔广告支出都能产生相应的回报。其次,精准广告能够提升用户体验。用户在看到符合自身兴趣和需求的广告时,往往会产生更高的购买欲望。此外,精准广告还能够帮助品牌更好地理解市场动向和用户需求,从而更有效地制定营销策略。

(2) 技术如何提高广告的精准性

技术是提升精准广告效果的核心驱动力。随着大数据、人工智能(AI)、机器学习等技术的不断发展,广告主们现在能够实时获取和分析用户行为数据,从而更好地细分目标受众。以下是几种关键技术在提升广告精准性方面的应用:

大数据分析:通过收集和分析用户的在线行为、社交媒体互动和购买历史等数据,广告主能够识别出潜在客户的兴趣和需求。这种深入的用户分析能够帮助品牌制定更为精准的广告投放策略。

程序化广告:程序化广告利用算法和自动化技术,根据实时数据进行广告购买和投放。这一过程不仅提高了广告投放的效率,也确保广告能够在最合适的时间和地点触达目标受众。

机器学习:机器学习模型可以帮助广告平台不断优化广告投放策略,通过分析历史投放数据,预测哪些广告内容最能引起特定用户的兴趣。这种自我学习的能力使得广告投放变得更加智能和高效。

地理定位技术:通过 GPS 和定位服务,广告可以根据用户的实时位置进行定向投放,从而确保广告内容的相关性。例如,当用户在商圈内时,相关商家的广告就可以及时推送到用户的手机上。

(3) 案例分析:成功的精准广告实践

为了更好地理解精准广告的实际应用,我们可以分析几个成功的案例。

案例一:亚马逊的推荐系统

亚马逊利用其强大的数据分析能力,通过用户的浏览记录和购买历史,向顾客推荐个性化的商品。这一精准广告策略不仅提高了用户体验,还有效提升了销售转化率。研究表明,约35％的亚马逊销售额源自其推荐系统,这说明精准广告在电商领域具有巨大潜力。

案例二:Facebook 的广告投放系统

Facebook 的广告投放系统允许广告主根据用户的兴趣、行为和人口统计特征进行精准定位。通过细致的用户画像,广告主能够将广告投放给最有可能感兴趣的用户群体,从而提高广告的点击率和转化率。这一系统的成功使 Facebook 成为全球最大的在线广告平台之一。

案例三:耐克的个性化营销

耐克通过分析用户在其网站和移动应用上的行为,推出了个性化的广告和促销信息。例如,用户在购买跑鞋时,耐克会向其推送相关的运动装备和配件广告。这种精准的广告策略不仅提升了用户的购物体验,也显著提高了用户的品牌忠诚度。

通过以上案例,我们可以看到,精准广告不仅依赖于先进的技术手段,更重要的是能够为用户提供有价值的内容,从而实现品牌与消费者之间的良性互动。随着技术的不断演进,精准广告的未来将更加值得期待。

2. 订阅制服务:数据黏性的货币化

(1) 订阅制服务的概念与优势

订阅制服务是一种商业模式,用户通过支付一定的费用定期获得产品或服务。这种模式近年来取得了显著的增长,涵盖了媒体、软件、食品等多个行业。订阅制服务的优势主要体现在以下几个方面:

稳定的收入来源:由于用户按周期支付费用,企业能够实现可预测的现金流,这有助于企业更好地规划资源和进行投资。

客户忠诚度提高:通过提供连续的服务和价值,企业能够增强客户的黏性,降低客户流失率。

数据驱动的用户洞察:通过订阅用户的使用习惯和偏好,企业能够收集大量数据,从而更精准地调整产品和服务以满足客户需求。

规模经济:随着用户基数的增加,企业可以利用规模效应降低单位成本,提高盈利能力。

(2) 技术在订阅制服务中的应用

技术的不断进步为订阅制服务的实施和优化提供了强有力的支持。以下是几种关键技术在订阅制服务中的应用。

数据分析与人工智能:企业可以利用数据分析工具和人工智能技术来分析用户行为,预测用户需求,从而提供个性化的推荐和定制服务。

自动化支付系统:通过自动化支付系统,企业能够简化用户的支付流程,提高支付的便捷性,降低因支付问题导致的用户流失风险。

云计算:云计算使得企业能够以较低的成本存储和管理大量数据,支持实时服务的交付和更新。

移动应用与平台:移动技术的普及使得用户可以随时随地访问订阅服务,增加了用户的使用频率和满意度。

(3) 典型行业的订阅制服务案例

不同的行业在订阅制服务的实施上都有各自的成功案例。以下是一些典型行业的例子:

媒体行业:例如,Netflix 和 Spotify 通过订阅制服务改变了传统的电影和音乐消费模式。用户只需支付定期费用,即可无限制地访问海量内容。这种模式不仅提高了用户的满意度,也为公司创造了持续的收入流。

软件行业:Adobe 的 Creative Cloud 是一个成功的订阅制服务案例。用户通过订阅获得最新的软件版本和更新,而不再需要一次性支付高额的授权费用。这种模式使得软件更易于获取,同时也增强了用户与品牌的联系。

食品行业:在食品配送领域,Blue Apron 等公司通过订阅制模式为用户提供定制的食材和食谱,帮助用户方便快捷地准备健康餐食。这种创新不仅满足了现代人对健康饮食的需求,也改变了传统的购物方式。

通过以上分析,我们可以看出,订阅制服务作为一种创新的运营模式,不仅依赖于技术的支持,还充分利用其带来的优势,推动了各个行业的变革与发展。

3. 生态化变现:从单点到矩阵的跃迁

(1) 生态化变现的定义及背景

生态化变现是指在一个综合性的商业生态系统中,通过连接多个利益相关者,实现资源的高效配置和价值的共同创造。不同于传统的单一价值链模式,生态化变现强调的是生态圈内各方的协作与共赢,旨在通过技术手段与创新思维推动商业模式的可持续发展。随着全球经济的转型,企业面临着环境保护、资源稀缺等一系列挑战,生态化变现的兴起正是对这一背景的回应。

在过去的几十年中,数字技术的迅猛发展使得企业能够更好地分析市场趋势、用户需求以及资源配置的效率。这种转变为生态化变现提供了良好的基础。现代企业不仅需要关注自身的盈利,还必须考虑其商业活动对社会和环境的影响。因此,生态化变现成为一种新兴的商业模式,其目标是通过创建一个互联互通的生态系统,推动可持续的经济增长。

(2) 技术如何促进可持续的商业模式

技术在促进生态化变现中发挥了不可或缺的作用。首先,数字化工具和平台使得企业能够实现更高效的数据共享和资源整合。例如,通过云计算和大数据分析,企业可以实时获取市场信息,优化供应链管理,从而降低成本和减少资源浪费。

其次,区块链技术的应用为生态化变现提供了透明和可追溯的机制。企业可以在区块链上记录交易数据,确保供应链的透明度与诚信度,这不仅有助于提升消费者的信任度,还能鼓励更多的企业参与到生态系统中来。

另外,物联网(IoT)技术的广泛应用使得企业能够实时监测资源的使用情况,进而实现智能化管理。例如,农业企业可以利用传感器监测土壤湿度和温度,从而优化灌溉和施肥方案,提高资源利用效率。

最后,人工智能(AI)技术的进步使得企业能够更好地预测市场需求,自动化运营流程,降低因人为错误带来的损失。通过智能化的决策支持系统,企业能够快速响应市场变化,实现灵活的生产和服务模式。

(3) 成功实施生态化变现的企业案例

以阿里巴巴为例,该公司通过构建一个开放的商业生态系统,实现了生态化变现的成功。阿里巴巴不仅是一个电商平台,还通过云计算、大数据等技术,为商家提供了全面的服务支持。通过整合线上线下资源,阿里巴巴推动了新零售的发展,帮助商家实现了更高的经营效率和客户满意度。同时,阿里巴巴的金融服务也为中小企业提供了融资便利,进一步巩固了其生态系统的可持续性。

另一个成功案例是特斯拉,其通过构建电动车和充电设施的生态网络,实现了可持续的商业模式。特斯拉不仅销售电动汽车,还通过提供充电桩、能源存储解决方案等一系列配套服务,形成了一个完整的生态体系。该模式不仅提升了用户的使用体验,还推动了清洁能源的发展,为环境保护贡献了力量。

在全球范围内,越来越多的企业意识到生态化变现的重要性,通过技术驱动的创新来实现可持续发展。未来,随着技术的不断进步,生态化变现将会成为更多企业的核心战略,推动商业模式的不断演变与升级。

小红书"种草—拔草"闭环：笔记嵌入电商链接，GMV 年增长 270%。

特斯拉 FSD"硬件预埋＋软件付费"模式，单车软件收入贡献超 1.2 万元。

在技术的驱动下，第四媒体的运营模式不断创新，催生了许多新的商业模式和盈利方式。例如，基于用户行为分析的精准广告投放和内容付费订阅等模式正逐渐成为主流。通过技术手段，运营者能够实现对用户的细分，从而提供个性化的广告和内容，提升转化率。此外，社交媒体平台的兴起也促使了内容创作者与品牌之间的合作，形成了"网红经济"。这种模式不仅打破了传统广告的界限，也为创作者带来了新的收入来源。随着技术的不断进步，未来的第四媒体运营模式将更加多元化和智能化，推动整个行业的发展和变革。

6-6 云阅读

6-7 云习题

第二篇

技术篇

第7章　电子商务技术基础

7.1　计算机网络概述

7.1.1　计算机网络基础概念

1. 计算机网络的定义与核心功能

计算机网络是由通信线路与网络设备互联的独立计算机系统及终端构成的综合体系,旨在实现跨地域的数据通信与资源共享,为旅游电子商务提供底层技术支撑。其核心功能首先体现为数据通信,即通过物理介质(如光纤、无线信号)与协议规则完成信息传递,例如游客在移动端提交酒店订单时,客户端与服务器之间的数据包需经过路由器转发、交换机寻址及 HTTPS 协议加密,最终实现订单信息跨洲传输;景区闸机与票务系统的实时数据核销、跨境支付中信用卡信息的加密交互也依赖这一基础能力。其次是资源共享,涵盖硬件设备(如跨国酒店集团通过云端打印服务统一处理全球订单)、软件系统(中小旅行社订阅云端旅游管理系统)及数据资源(航空公司向比价平台开放航班余票 API 接口)的分布式调用,显著降低企业 IT 投入成本。此外,面对旅游旺季的高并发场景,网络的负载均衡与分布式处理能力尤为重要——春运期间铁路售票系统借助 CDN 节点分流请求、Redis 缓存热点数据,可应对每秒百万级查询,而云计算平台则根据流量波动自动扩容服务器集群,确保服务稳定性。这些功能共同构建了从在线预订、支付结算到资源调度的完整技术链条,成为旅游数字化服务的基石。

2. 计算机网络的分类标准与旅游适配

根据覆盖范围、拓扑结构及传输介质的差异,计算机网络可划分为多类形态,其技术特性与旅游场景深度耦合。按覆盖范围分类,网络分为四级体系:10 米内的个域网(PAN)支撑游客蓝牙连接智能行李箱或导游耳机;酒店内部千兆光纤局域网(LAN)实现客房管理系统与 POS 终端的毫秒级交互;跨城市的城域网(MAN)整合地铁、博物馆等设施的旅游一卡通系统;而广域网(WAN)通过海底光缆与卫星链路,保障 Booking.com 等全球平台的数据中心跨洲同步,确保美国用户预订亚洲酒店时订单实时生效。按拓扑结构分类,总线型拓扑因故障风险高仅存于小型民宿;星型拓扑以交换机为核心辐射连接酒店前台终端与物联网设备,成为行业主流;环型拓扑通过令牌传递机制保障景区观光车设备组网的公平性;网状拓扑则为航空订座系统(GDS)提供多路径冗余,即使某数据中心因灾害瘫痪,仍可自动切换路由维持全球服务。按传输介质分类,双绞线以低成本优势遍布酒店客房网口;光纤凭借抗干扰与超长传输特性连接山区监控摄像头与指挥中心;在无线网络中,Wi-Fi 6通过多接入点负载均衡破解会展中心的高密度连接难题,5G网络则让偏远山区的导游手持终端实时访问行程数据。这些分类体系的技术多样性,精准适配了旅游行业从移动支付、物联网协同到跨境合规的复杂需求。

3. 旅游电子商务的网络特性与挑战

旅游电子商务的网络架构需应对四大核心挑战:移动性优先、全球化连接、安全合规及弹性扩展。超过70%的旅游订单来自移动端,景区、酒店等场景需优化无线网络覆盖(如部署Wi-Fi热图分析工具),并采用QUIC协议降低移动网络抖动对订单提交的影响;全球化服务要求跨境支付链路支持多币种结算与低时延传输,依赖BGPAnycast技术实现支付网关最近节点接入,同时需遵守欧盟GDPR、中国《个人信息保护法》等数据本地化存储法规。安全层面,HTTPS加密、SSL证书验证成为旅游网站标配,而酒店PMS系统则需通过防火墙隔离客房物联网设备与核心数据库,防止恶意入侵。此外,旅游流量的淡旺季波动要求网络具备分钟级弹性扩展能力,例如采用SD-WAN技术动态调配带宽资源,或通过云服务商自动扩容虚拟机集群应对突发流量。这些特性表明,旅游电子商务的网络技术不仅是信息传输通道,更是融合安全策略、合规框架与业务逻辑的智能生态系统,直接决定用户体验与企业竞争力。

7.1.2 组成要素

计算机网络的运行依赖于硬件与软件的协同架构,二者共同构建了旅游电子商务从数据采集到服务交付的全链路技术体系。

1. 网络硬件的核心构成与旅游电子商务场景适配

计算机网络硬件是支撑旅游电子商务运行的物理实体,其核心组件包括服务器、客户端设备、传输介质及连接设备,共同构建起数据流通的物理通道。服务器作为数据处理中枢,承担高并发请求处理与资源调度的关键角色——全球化的在线旅游平台(如Booking.com)依托分布式云服务器集群,通过负载均衡技术将用户请求分发至北美、欧洲、亚洲等区域节点,确保亿级用户访问时的毫秒级响应;

而部署在景区本地的边缘服务器则负责实时处理人脸识别闸机、智能导览设备产生的数据,减少云端传输延迟。客户端设备涵盖游客移动终端(智能手机、平板电脑)、酒店前台 PC、机场自助值机终端等交互界面,其中移动端占比超 75% 的特性催生了响应式设计、离线缓存等技术的广泛应用,例如游客在信号盲区仍可通过 APP 本地缓存浏览行程信息。传输介质分为有线与无线两类:光纤凭借高带宽与抗干扰能力,成为连接景区监控中心与山区摄像头、跨境数据中心之间海底光缆的首选;无线传输中,5G 网络的低时延特性支撑了 AR 景区导览的实时渲染,而 Wi-Fi 6 的多用户多输入输出(MU-MIMO)技术则解决了会展中心、主题乐园等高密度场景下的设备接入拥堵问题。连接设备中,交换机为酒店客房内的智能温控、电子门锁等物联网设备提供千兆局域网接入;路由器通过动态路由协议(如 OSPF)优化跨国 OTA 平台的数据传输路径;防火墙则实施深度包检测(DPI),阻截针对旅游支付系统的 DDoS 攻击,例如在"双十一"大促期间自动过滤异常流量,保障交易系统稳定。这些硬件组件的协同运作,使得从游客点击"预订"到酒店后台生成电子房卡的整个流程可在 500 毫秒内完成,同时支撑每秒数十万笔订单的全球同步处理。

2. 网络软件的层级架构与旅游业务赋能

网络软件通过操作系统、协议栈及应用系统的多层级协作,将硬件资源转化为可编程的旅游电子商务服务能力。网络操作系统(如 Linux、WindowsServer)作为底层控制平台,负责硬件资源调度与安全策略执行——在连锁酒店集团的私有云环境中,基于 Kubernetes 的容器化操作系统动态分配 CPU 与存储资源,确保旺季时预订系统的自动扩容;而基于角色的访问控制(RBAC)机制则严格限制前台员工仅能操作客房分配模块,无法接触财务或客户隐私数据库。网络协议栈定义了数据通信规则:TCP/IP 协议族中的 HTTP/3 通过 QUIC 协议优化移动端旅游 APP 在弱网环境下的连接稳定性,使山区导游手持终端即使信号波动仍能持续上报位置信息;MQTT 协议则以轻量级特性支撑景区环境传感器(温湿度、人流量)的物联网数据低功耗传输。网络应用软件直接服务于业务场景:微服务架构的旅游预订系统将机票、酒店、租车模块解耦,单模块故障不影响全局服务;支付网关集成 Tokenization 技术,将用户信用卡信息替换为随机令牌后再传输,满足 PCIDSS 合规要求;景区智慧管理平台则通过 SNMP 协议实时监控电子导览屏、售票机的运行状态,自动触发设备重启或告警。此外,消息队列中间件(如 ApacheKafka)在订单处理链路中实现异步通信——当游客提交跨境旅游套餐订单时,订单数据经消息队列并行分发至库存系统、支付系统、签证处理系统,避免同步调用导致的系统阻塞,使多服务协同效率提升 40%。这种软硬件深度融合的架构,不仅实现了从游客行为分析到资源调度的全链路数字化,更通过自动化运维工具(如 Prometheus 监控体系)将景区网络设备的故障修复时间缩短至 5 分钟以内,成为旅游行业智能化转型的核心驱动力。

7.1.3 计算机网络在旅游电子商务中的应用场景

1. 旅游电商网站的搭建与运行

旅游电商网站的搭建与运行是计算机网络技术在旅游电子商务领域最基础且关键的应用场景之一。从基础架构层面来看,网站通常采用客户端—服务器(C/S)或浏览器—服务器(B/S)模式。在 B/S 模式下,用户通过浏览器作为客户端,向部署在服务器上的 Web 应用程序发起请求。服务器接收到请求后,经过处理(如数据库查询、业务逻辑运算等),将生成的动态网页响应返回给客户端浏览器进行渲染显示。这一过程涉及 TCP/IP 协议族的多个层次协同工作,例如,HTTP/HTTPS 协议用于在浏览器和服务器之间传输网页内容,TCP 协议确保数据传输的可靠性和顺序性。在服务器端,通常采用负载均衡技术,通过将用户请求分发到多个后端服务器,实现网站的高可用性和高性能,避免单点故障和性能瓶颈。此外,网站的运行还需要考虑网络安全防护,如防火墙、入侵检测系统等,防止外部攻击和数据泄露,保障旅游电商网站的稳定、安全、高效运行,为用户提供一个可靠的在线旅游服务平台。

2. 旅游信息的传输与共享

旅游信息的传输与共享是实现旅游电子商务高效运作的重要环节,依赖于计算机网络的多种技术和协议。一方面,旅游企业内部以及旅游产业链上下游企业之间需要进行大量的业务数据交换,如酒店预订信息、航班动态信息、景区门票库存信息等。这些数据通过企业内部网络(如局域网或广域网)以及互联网,借助 XML、JSON 等数据格式进行传输和共享,实现信息的实时同步和协同工作。另一方面,旅游信息的传播还涉及面向消费者的内容分发,例如旅游攻略、景点推荐、用户评价等信息,通过内容分发网络(CDN)技术,将数据快速、稳定地传输到全球各地的用户终端设备上,提升用户体验和信息获取的便捷性。在传输过程中,为了保证数据的完整性和保密性,常采用数据加密技术(如 SSL/TLS 加密协议),确保旅游信息在传输过程中的安全性,维护旅游企业和消费者的合法权益,促进旅游信息在旅游电子商务生态系统中的高效流通和共享利用。

3. 旅游业务的在线协同

旅游业务的在线协同是计算机网络助力旅游电子商务创新融合的高级应用场景。借助计算机网络技术,旅游企业能够突破时间和空间的限制,实现跨地域、跨部门的业务协同。例如,旅行社可以通过网络与酒店、航空公司、景区等合作伙伴进行实时的业务沟通和协作,共同制定旅游产品套餐、调配旅游资源、处理客户订单和需求。这一过程涉及多种协同工作技术,如在线会议系统、协同编辑工具、项目管理软件等,利用网络将分散的业务环节整合为一个有机整体。同时,基于网络的旅游业务协同还能够促进旅游供应链的优化整合,通过实时共享库存信息、物流配送信息等,实现资源的精准配置和高效利用,提高旅游业务的整体运营效率和服务质量,为旅游消费者提供更加个性化、一体化的旅游体验,推动旅游电子商务向更高层次的创新发展。

7.2 网络拓扑结构基础

7.2.1 拓扑结构的定义与作用

网络拓扑结构是指网络中各个站点(节点)相互连接的形式,在旅游电子商务领域,清晰的拓扑结构定义对于构建稳定、高效的网络环境至关重要。从本质上讲,它定义了网络组件之间的物理或逻辑布局,涵盖了节点、连接线等基本元素的排列方式。在物理层面,它决定了网络传输介质(如光纤、同轴电缆、双绞线等)如何铺设,以及网络设备(如路由器、交换机、集线器等)如何相互连接;在逻辑层面,则描绘了数据在节点之间传输的路径和方式,例如,在对等网络拓扑中,各个节点地位平等,数据可以双向传输;而在主从网络拓扑中,存在一个主节点控制其他从节点的数据流向。合理的网络拓扑结构能够为旅游电商企业提供诸多关键作用:一是便于网络的规划与设计,网络管理员可以根据业务需求和预期规模,选择最合适的拓扑形式来搭建网络,例如,对于小型旅游公司办公网络,星型拓扑结构以其简单、易于管理和扩展的特点成为常见选择;二是有助于故障的诊断与修复,当网络出现故障时,不同的拓扑结构呈现出不同的故障特征和排查路径,例如,在总线型拓扑结构中,若某一节点出现故障,可能会对整个网络通信造成影响,而通过了解这一拓扑特性,网络维护人员可以快速定位故障点并采取相应措施;三是有利于网络的扩展与升级,随着旅游电商业务的不断发展,用户数量增加、业务范围扩大,良好的拓扑结构能够方便地进行扩展,如在星型拓扑结构中,只需增加新的节点和相应的连接线路即可实现网络规模的扩展,而无需对整个网络进行大规模改造,这对于适应旅游电商行业快速变化的市场需求具有重要意义。

7.2.2 拓扑结构对网络性能的影响因素

网络拓扑结构对网络性能的影响是多方面的,在旅游电子商务应用中,这些影响直接关系到用户访问体验和业务运营效率。首先,拓扑结构影响数据传输的效率,这主要体现在数据传输路径的长度和数量上。例如,在网状拓扑结构中,节点之间存在多条传输路径,数据可以通过不同的路径绕过拥塞或故障区域,从而提高数据传输的可靠性和速度;而在总线型拓扑结构中,所有节点共享一条通信线路,数据传输容易发生冲突,导致传输延迟增加,尤其是在网络负载较重时,这种影响更为明显。其次,拓扑结构决定了网络的容错能力,这对于旅游电商网络的稳定性至关重要。例如,环型拓扑结构中,若某一节点发生故障,可能会导致整个环路通信中断,除非网络具备备份机制或能够自动重新配置拓扑;而网状拓扑结构由于其多路径连接的特点,即使部分节点或链路出现故障,数据仍可通过其他路径传输,从而具备较高的容错性,保障旅游电商业务的持续运行。再者,拓扑结构影响网络的带宽分配与利用率,在不同的拓扑结构下,带宽分配策略和实际利用率存在差异。例如,在星型拓扑结构中,中心节点通常负责带宽的分配和管理,可以根据各个分支节点的需求动态调整带宽,实现带宽资源的合理利用;而在总线型拓扑结构中,带宽是共享的,容易出现带宽竞争现象,影响数据传输的效率和质量。此外,拓扑结构还对网络的延迟和吞吐量产生影响,进而影响旅游电商网站的响应速度和数据处理能力。不同的拓扑结构在这些性能指标上各有优劣,网络设计者需要根据旅游电商业务的具体需求、预算和预期规模等因素,综合权衡,选择最合适的拓扑结构,以优化网络性能,满足旅游电子商务高效、稳定、可靠运行的要求。

7.2.3 常见的网络拓扑结构

1. 星型拓扑结构

星型拓扑结构是当今网络环境中极为常见的一种布局形式。它以一个中心节点为核心,其他所有节点(如计算机、服务器等)均通过独立的链路与该中心节点相连。这种结构的工作原理是,所有数据传输都需要经过中心节点进行转发和管理,中心节点承担着数据交换和路径选择的关键职责。其显著优点包括易于安装、管理和维护,因为所有的通信都依赖中心节点,网络管理员可以集中精力对中心节点进行配置和监控,能迅速定位并解决网络故障。同时,星型拓扑的这种布局也便于网络的扩展,只需在中心节点上增加相应的接口和链路,即可轻松接入新的节点。然而,这种结构也存在潜在的瓶颈和风险,中心节点一旦出现故障,整个网络将陷入瘫痪,对网络的可用性构成威胁。在旅游电子商务领域,中小型旅游企业的办公网络常采用星型拓扑结构,企业内部的财务系统、预订系统等通过中心交换机或路由器相互连接,确保各部门能够高效、稳定地进行数据交换和业务协同。

2. 总线型拓扑结构

总线型拓扑结构是一种早期较为常见的网络拓扑形式,它以一条共享的总线作为传输介质,所有节点都通过相应的接口直接连接到这条总线上。在总线型拓扑结构中,数据以广播的形式在总线上进行传输,任何一个节点发送的数据,总线上的其他所有节点都能接收到。这种结构的优势在于布线简单、成本低廉、安装方便,特别适合于节点数量较少、距离较近的小型网络环境。然而,总线型拓扑结构也存在一些明显的局限性。由于所有节点共享同一条总线,随着节点数量的增加,网络通信的冲突概率会显著上升,这将导致网络传输效率下降,难以满足大规模数据传输和高并发访问的需求。此外,总线型拓扑结构的故障排查相对困难,一旦总线出现故障,整个网络将无法正常工作,且难以快速定位故障点。在旅游电子商务的早期发展阶段,一些小型的旅行社或景点内部曾采用总线型拓扑结构来搭建简单的办公网络,用于处理日常的业务数据传输和内部通信,但随着旅游业务的不断拓展和网络技术的升级,这种拓扑结构已逐渐被其他更具优势的拓扑形式取代。

3. 环型拓扑结构

环型拓扑结构以其独特的环状布局在特定的网络环境中具有一定的应用价值。在环型拓扑结构中,各个节点通过通信线路依次连接,形成一个闭合的环路,数据在环路中沿着一个固定的方向逐站传输。每个节点在接收到数据后,负责对其进行处理,并将数据转发至下一个节点。这种结构的优点在于数据传输的路径清晰且固定,便于控制和管理,同时,在环路正常运行的情况下,数据传输的可靠性较高,能够保证信息的有序传递。然而,环型拓扑结构也存在一些明显的劣势。由于数据传输方向的固定性,网络的灵活性受到限制,难以适应网络规模的频繁变化和节点的动态调整。更为关键的是,环型拓扑结构对环路的完整性依赖性极高,如果环路上的任意一个节点或链路出现故障,整个网络的通信将被中断,且故障的定位和修复相对复杂,需要逐一检查每个节点和链路。在旅游电子商务领域,环型拓扑结构的应用较为有限,但在一些具有特定需求的场景中,如旅游景点内的监控网络或某些小型的专用网络,环型拓扑结构仍可以发挥其独特的作用,确保特定业务数据的稳定传输和高效管理。

4. 网状拓扑结构

网状拓扑结构是一种复杂而高度可靠的网络布局方式,其特点是网络中的节点之间存在多个通信路径。在网状拓扑结构中,每个节点都与其他多个节点直接相连,形成了一个复杂的网络连接矩阵。这种结构的优势在于其强大的容错能力和高数据传输的可靠性。由于存在多条通信路径,即使其中某一条路径出现故障,数据也可以自动选择其他可用的路径进行传输,从而确保网络的不间断运行。此外,网状拓扑结构能够有效分散网络流量,避免网络拥塞,提高网络的整体性能,这对于处理大规模、高并发的旅游电子商务数据具有重要意义。然而,网状拓扑结构也存在一些明显的缺点。其复杂的连接布局导致布线和安装过程繁琐,成本较高,这对于资源有限的旅游企业来说可能是一个重要的考量因素。同时,网络的配置和管理难度较大,需要专业的网络技术人员进行维护和优化。在大型旅游电子商务平台中,由于需要处理海量的用户访问请求和复杂的业务数据交互,网状拓扑结构常被用于构建其核心网络架构,以确保平台的高可用性和高性能,保障旅游业务的稳定运营和用户满意度。

5. 混合拓扑结构

混合拓扑结构是一种将多种基本拓扑结构(如星型、总线型、环型等)组合在一起的灵活网络布局方式。通过将不同拓扑结构的优点相结合,混合拓扑结构能够更好地适应复杂多变的网络需求。例如,一个旅游电子商务企业可能在其总部采用星型拓扑结构,以实现高效的数据管理和集中控制;而在其分布于不同地区的分支机构或数据中心之间,则采用网状拓扑结构,以确保数据传输的可靠性和容错性。混合拓扑结构的优势在于能够根据不同的业务场景和需求,灵活地设计和构建网络,充分发挥各种拓扑结构的优势,同时避免单一拓扑结构可能带来的局限性。此外,混合拓扑结构还具有较好的可扩展性,便于企业随着业务的发展和规模的扩大,逐步扩展和优化网络架构。然而,混合拓扑结构也存在一些挑战,如网络设计的复杂性增加,需要综合考虑多种拓扑结构的特性及其相互影响;网络管理和维护的难度提高,需要网络管理员具备更广泛的知识和技能,以应对不同拓扑结构下可能出现的各种问题。因此,在设计和实施混合拓扑结构时,需要充分权衡各种因素,确保网络的高效、稳定和可靠运行。

6. 网络拓扑结构的选择策略

在网络拓扑结构的选择过程中,需要综合考虑多种关键因素,以确保所选拓扑结构能够满足旅游电子商务业务的具体需求。首先,网络的规模和预期的用户数量是重要的考量因素。小型旅游企业或局部网络环境通常可以选择星型拓扑结构,因其简单易用、便于管理且成本相对较低;而对于大型旅游电子商务平台,由于需要处理大量的并发访问和复杂的数据交互,网状拓扑结构或混合拓扑结构可能更为合适,以保障网络的高可用性和高性能。其次,网络的性能需求也是选择拓扑结构时不可忽视的因素。对于数据传输速度和可靠性要求较高的业务场景,如实时旅游预订系统、高清旅游视频传输等,网状拓扑结构或具有冗余路径的混合拓扑结构能够提供更好的性能保障。此外,网络的预算限制同样对拓扑结构的选择产生重要影响。不同的拓扑结构在硬件成本、布线成本、维护成本等方面存在差异,旅游企业在选择时需要在满足业务需求的前提下,合理控制成本,实现成本效益最优化。同时,网络的可扩展性和灵活性也是需要考虑的因素,以适应旅游业务的快速发展和变化。最后,网络的安全性和可靠性要求也不容忽视,尤其在处理涉及用户隐私和商业机密的旅游数据时,需要选择具有较高安全性和容错能力的拓扑结构。通过综合评估这些因素,并结合旅游电子商务企业的实际业务场景和长期发展战略,才能制定出科学合理的网络拓扑结构选择策略,为旅游电子商务的创新融合和持续发展提供坚实的网络基础。

7.3 网络协议

7.3.1 网络协议基础

7-1 云阅读

1. 网络协议的定义与功能

网络协议是计算机网络中通信规则的集合,它定义了数据传输的格式、顺序以及设备间通信时应遵守的规则和约定。在网络协议的支撑下,不同设备之间才能实现高效、有序且可靠的通信。网络协议具有多项关键功能:首先,它规范了数据传输的格式,确保发送方和接收方能够准确理解和解析所传输的数据内容,包括数据的编码方式、分段与重组规则等;其次,网络协议负责确定数据传输的顺序,通过序列号等机制,保证数据在传输过程中的正确排序,避免数据混乱;再者,协议具备错误检测和恢复功能,能够自动检测数据传输过程中可能出现的错误,并通过重传等机制实现错误恢复,保障数据的完整性和准确性;此外,网络协议还承担着连接建立与管理的职责,控制通信双方的连接建立、数据传输和连接释放过程,确保通信的顺利进行;最后,协议能够实现不同网络层之间的通信协调,促进不同网络设备和系统之间的互操作性。在旅游电子商务领域,网络协议是实现网络交易、信息发布、数据共享等业务的基础,它确保了旅游电商平台、供应商、消费者等各方之间的通信顺畅无阻,为旅游电子商务的高效运作提供了坚实的通信保障。

2. 协议的分层体系结构(OSI 模型与 TCP/IP 模型对比)

网络协议通过分层体系结构实现了复杂网络通信过程的模块化和标准化,OSI 模型和 TCP/IP 模型是两种典型的分层体系结构。OSI(Open SystemInterconnection)模型是一个理论上的参考模型,将网络通信过程划分为七层,自下而上依次为物理层、数据链路层、网络层、传输层、会话层、表示层和应用层。每一层都具有明确的功能和职责,相邻层之间通过接口进行通信,上层使用下层提供的服务,同时为下层提供抽象的数据表示和会话管理等功能。然而,OSI 模型在实际应用中较为复杂,不如 TCP/IP 模型简洁实用。TCP/IP(Transmission Control Protocol/Internet Protocol)模型是互联网的基础协议模型,它将网络通信划分为四层,自下而上依次为链路层、网络层、传输层和应用层。链路层负责在相邻节点之间进行数据传输,网络层负责将数据包从源节点传输到目标节点,传输层提供端到端的通信服务,而应用层则支持各种网络应用程序。与 OSI 模型相比,TCP/IP 模型更加强调协议的实际应用,具有较好的可扩展性和灵活性,因此被广泛应用于互联网和旅游电子商务等领域。在旅游电子商务中,TCP/IP 协议族是实现网络通信的核心技术,它确保了旅游信息的快速传输、旅游交易的安全处理以及旅游服务的便捷提供。例如,在旅游电商平台进行酒店预订时,用户通过应用层协议(如 HTTP)与服务器进行交互,传输层的 TCP 协议确保数据的可靠传输,网络层的 IP 协议负责将数据包路由到目标服务器,而链路层则负责在本地网络中传输数据帧。这种分层体系结构使得网络通信过程更加清晰、有序,便于开发、维护和扩展旅游电子商务应用。

7.3.2 常见网络协议详解

1. 应用层协议

应用层协议是网络协议体系中最贴近用户的一层,它直接为各种网络应用程序提供服务和支持,使得用户能够通过网络实现各种应用功能。常见的应用层协议包括 HTTP(超文本传输协议),它主要用于 Web 浏览器与服务器之间的数据传输,支持网页的请求与响应,是互联网上应用最为广泛的应用层协议之一;HTTPS 是 HTTP 的安全版本,通过 SSL/TLS 加密技术确保数据传输的机密性和完整性,广泛应用于电子商务、网上银行等对安全性要求较高的场景;FTP(文件传输协议)用于在客户端和服务器之间传输文件,支持文件的上传和下载操作,常用于企业内部文件共享、软件更新等场景;SSH(安全壳协议)则为远程登录和文件传输提供了安全的加密通道,通过公钥加密和身份认证机制,防止数据在传输过程中被窃取或篡改,适用于管理员远程管理服务器等场景。此外,还有 DNS(域名系统)协议,用于将域名映射为 IP 地址,方便用户通过易于记忆的域名访问网站,而无需直接输入复杂的 IP 地址。这些应用层协议在旅游电子商务领域发挥着重要作用,例如通过 HTTP/HTTPS 协议构建旅游电商平台的网站,实现用户浏览旅游产品、下单预订等功能;利用 FTP 协议进行旅游产品图片、宣传资料等文件的更新与维护;通过 SSH 协议保障服务器的安全管理,确保旅游电商平台稳定运行等。

2. 传输层协议

传输层协议在网络协议体系中承担着为应用层提供端到端通信服务的重要职责。它位于应用层和网络层之间,主要负责在不同主机的应用进程之间建立可靠的通信连接,确保数据的正确传输和顺序交付。TCP(传输控制协议)和 UDP(用户数据报协议)是传输层的两个主要协议。TCP 是一种面向连接的协议,它通过"三次握手"建立可靠的连接,在数据传输过程中采用序列号、确认应答、重传机制以及流量控制等技术,保证数据的可靠性和完整性,因此常用于对数据准确性要求较高的应用,如 Web 浏览、文件传输、电子邮件等。UDP 则是一种无连接的协议,它不保证数据传输的可靠性,但具有传输速度快、延迟低的特点,适用于对实时性要求较高但对数据丢失不太敏感的应用,如视频直播、语音通话、在线游戏等。在旅游电子商务中,TCP 协议广泛应用于旅游电商平台的交易流程,如用户下单、支付等关键环节,确保交易数据的准确无误;UDP 协议则可用于旅游产品的实时推荐、在线客服的语音通信等功能,提升用户体验。

3. 网络层协议

网络层协议主要负责将数据从源节点传输到目标节点,它在计算机网络的分层体系结构中起着承上启下的关键作用。网络层的核心功能包括寻址、路由选择以及分组转发等。IP(Internet Protocol)协议是网络层最为重要的协议,它为网络中的每个设备分配一个唯一的 IP 地址,用于标识设备在网络中的位置,使得数据能够在复杂的网络环境中准确地找到目标节点。IP 协议还负责将应用层或传输层传来的数据封装成 IP 数据报,并根据路由表进行转发,直至到达目的主机。ICMP(Internet Control Message Protocol)协议辅助 IP 协议完成网络诊断和差错报告功能,当网络出现拥塞、目的不可达等问题时,ICMP 协议会向源主机发送相应的差错报文,帮助网络管理员了解网络状态并进行故障排除。此外,还有一些路由选择协议,如 RIP(Routing Information Protocol)、OSPF(Open Shortest Path First)等,它们用于在复杂的网络中动态地选择最优路径,确保数据能够高效地传输到目标节点。这些网络层协议在旅游电子商务中的作用主要体现在保障旅游电商平台与用户、供应商之间数据的正确传输和路由选择上,使得用户能够快速访问旅游平台,平台也能及时将旅游产品信息、订单处理结果等数据准确地发送给用户和供应商。

4. 数据链路层协议

数据链路层协议主要负责在相邻节点之间进行数据传输,它位于物理层之上,在网络体系结构中起到至关重要的作用。数据链路层将物理层接收到的原始信号转换为帧(Frame),帧是数据链路层传输的基本单位,通常由帧头、帧尾和数据部分组成。帧头和帧尾包含了帧同步信息、源地址、目的地址以及错误检测码等控制信息,用于确保数据在链路中的可靠传输。以太网协议和 Wi-Fi 协议是目前最常见的数据链路层协议。以太网协议主要用于有线局域网络环境,它规定了网卡如何接收和发送数据,通过 CSMA/CD(载波监听多路访问/冲突检测)机制来协调多个设备在共享介质上的数据传输,广泛应用于企业办公网络、酒店客房网络等场景中,为旅游企业提供高速稳定的网络连接。Wi-Fi 协议则适用于无线局域网络,它允许设备通过无线信号进行通信,解决了用户在移动设备上的网络接入问题,如在旅游景区、酒店大堂等场所为游客提供无线网络覆盖,方便游客随时随地使用移动设备访问旅游信息、进行在线预订等。此外,还有一些点对点协议(如 PPP),常用于拨号上网等场景,为用户设备与网络服务提供商之间建立直接的通信链路。数据链路层协议通过帧的封装与解封装、错误检测与纠正等技术,确保了数据在物理链路中的可靠传输,为上层协议提供了稳定的数据传输服务。网络协议在旅游电子商务中的综合应用

7.4 数据库技术

7.4.1 数据库基础概念

7-2 云阅读

1. 数据库的定义与作用

数据库是按照数据结构来组织、存储和管理数据的仓库,在旅游和电子商务领域中发挥着举足轻重的作用。它不仅能够以结构化的方式存储海量的数据信息,如旅游产品的详细资料、用户的基本信息、预订记录、支付信息、评价内容等,还能确保数据的完整性和一致性,通过数据的集中管理,支持多个应用程序和用户同时进行数据的读取、写入和更新操作。在旅游电子商务环境下,数据库是构建各种功能应用和服务的基础,为旅游电商平台提供稳定而可靠的数据支持。例如,用户能够在平台上快速查询并筛选出符合自身需求的旅游产品,这一过程依赖于数据库对海量数据的高效存储和检索能力;平台也能根据数据库中的订单信息,及时准确地为用户提供开具发票、安排旅游行程等服务,从而极大地提高了旅游业务的处理效率和用户满意度。

2. 数据库系统结构

数据库系统结构主要有层次模型、网状模型和关系模型。层次模型以树形结

构来表示实体之间的关系,这种模型具有清晰的层次关系和单一的父节点,便于表示具有明确层级关系的数据,如旅游企业的组织架构或旅游产品的分类体系,但其灵活性较差,难以处理复杂的多对多关系。网状模型则通过记录类型和记录间的关系来表示数据,能够更好地处理多对多的复杂关系,在旅游电子商务中可用于管理复杂的业务流程和数据关联,但其结构较为复杂,数据的插入、删除等操作相对困难,对程序员的要求也较高。关系模型是当前最为广泛使用的数据库系统结构,它以二维表格的形式来表示实体及其之间的关系,具有结构简单、易于理解和使用的特点,能够方便地表示各种类型的数据及其关联,如旅游产品的属性、用户与订单之间的关系等。在旅游电子商务应用中,关系数据库管理系统(RDBMS)如 MySQL、Oracle 等,为旅游电商平台提供了强大的数据存储、查询和管理功能,支持 SQL 语言进行数据的灵活操作和分析,极大地推动了旅游电子商务业务的快速发展。

7.4.2 关系型数据库

1. 关系型数据库结构与原理

关系型数据库采用关系模型来组织数据,其核心是将数据存储在二维表中,这些表被称为关系或表。每个表由行(记录)和列(字段)组成,行代表一条具体的记录,列定义了记录的属性,如数据类型和约束条件。关系型数据库的关键特点在于通过表之间的关系来组织数据,这些关系通常通过主键和外键来建立。主键是表中的一个字段,用于唯一标识表中每行记录;外键则用于在不同表之间建立关联,指向另一个表的主键,从而实现数据之间的关联性和完整性。

2. 关系型数据库管理系统(RDBMS)

关系型数据库管理系统是一种用于管理和操作关系型数据库的软件系统。RDBMS 的主要功能包括数据的存储、检索、更新和管理等。它基于关系模型,使用表格来存储数据,其中每个表格包含行和列,行代表记录,列代表字段。RDBMS 提供了一系列的工具和功能来支持数据的完整性、一致性和安全性。常见的 RDBMS 软件包括 MySQL、PostgreSQL、Oracle、SQL Server 等。这些系统能够处理大型数据库,支持并发操作,提供强大的查询功能,并且通过 SQL 语言与用户进行交互。

3. SQL 语言在旅游电商数据库中的应用

SQL(Structured Query Language)是用于管理关系型数据库的标准语言。在旅游电商数据库中,SQL 语言的应用非常广泛,涵盖了数据的增、删、改、查等多个方面。通过 SQL,可以创建数据库表来存储旅游产品信息、用户信息、订单等数据。可以使用 SELECT 语句检索特定时间段内的订单信息,统计某个产品的预订量等。利用 SQL 的 UPDATE 和 DELETE 语句对旅游产品的价格、库存等信息进行更新和维护。SQL 还支持数据的安全与备份操作,确保旅游电商数据库中的数据安全可靠。

4. 事务管理在旅游电商交易中的关键作用

事务管理是关系型数据库中的一个重要概念,它在旅游电商交易中发挥着至关重要的作用。事务是一组操作,要么全部成功(提交),要么全部失败(回滚)。事务的 ACID 特性保证了旅游电商交易的可靠性和一致性。原子性确保每个事务被视为一个不可分割的单元,事务中的操作要么全部成功,要么全部失败,从而避免了数据的不完整性和不一致性。一致性要求事务执行前后数据库的状态必须是有效的,即数据要满足所有约束条件,如外键约束、唯一约束等。隔离性保证多个事务并发执行时,一个事务的执行不应受其他事务的干扰,这在旅游电商系统中尤其重要,因为多个用户可能同时进行预订操作,隔离性能够防止数据冲突和错误。持久性则确保事务一旦提交,数据的改变就会永久保存,即使系统崩溃也不会丢失,这为旅游电商交易提供了可靠的数据保障。

7.4.3 非关系型数据库

1. 非关系型数据库类型与特点

非关系型数据库(NoSQL)是为应对传统关系型数据库在处理大规模数据和高并发场景时的局限性而发展起来的。它采用灵活的存储方式,不依赖固定的表格结构,能够以键值对、文档、列族或图等多种形式存储数据,这使得非关系型数据库在处理非结构化和半结构化数据时具有显著优势。键值存储数据库,如 Redis,以简单的键值对形式存储数据,查询速度快,适用于缓存和快速数据检索场景;文档数据库,如 MongoDB,将数据存储在类似 JSON 的文档中,能够灵活地处理复杂的数据结构,适合内容管理与实时分析;列族数据库,如 HBase,将数据按列族存储,适合大规模数据的高效读取和分析;图数据库,如 Neo4j,以节点和边的形式存储数据,擅长处理具有复杂关系的数据,如社交网络分析和推荐系统。此外,非关系型数据库通常具备良好的横向扩展性,通过增加服务器节点即可线性扩展存储和处理能力,从而满足大数据时代对海量数据存储和高并发访问的需求。

2. 非关系型数据库在旅游大数据时代的应用趋势

在旅游大数据时代,非关系型数据库展现出广阔的应用前景。随着旅游行业的数字化转型,旅游企业需要处理爆炸式增长的非结构化和半结构化数据,如游客的社交媒体评论、旅游图片、视频、地理位置信息等。非关系型数据库的灵活数据模型能够轻松应对这些复杂多样的数据类型,为旅游企业提供了更强大的数据存储和管理能力。例如,MongoDB可用于存储旅游产品的动态信息、用户的个性化偏好以及详细的旅游行程数据,支持旅游电商平台实现个性化的旅游产品推荐和精准营销。Redis可作为缓存数据库,快速存储和检索用户的会话信息、购物车数据,提升旅游电商平台的响应速度和用户体验。同时,非关系型数据库的高扩展性和高性能特点使其能够高效处理旅游旺季期间的高并发访问和大规模数据的实时分析,帮助旅游企业及时掌握市场动态,优化旅游资源配置,提升运营效率和服务质量。此外,非关系型数据库还能够与大数据处理框架(如Hadoop、Spark等)紧密集成,实现对旅游数据的深度挖掘和分析,为旅游企业提供数据驱动的决策支持,助力企业在激烈的市场竞争中脱颖而出。

7.4.4 数据库技术在旅游电子商务中的融合应用

1. 构建旅游电商数据平台,实现多源数据整合

在旅游电子商务领域,构建数据中台已成为实现多源数据整合的关键策略。旅游业务涉及多个环节,如门票销售、酒店预订、餐饮服务、交通安排等,这些环节分散在不同的系统中,形成了数据孤岛。通过构建数据中台,可以将这些分散的数据进行统一采集、整合和管理。数据中台能够对接全渠道的数据来源,包括线上OTA平台、线下实体店、社交媒体等,实现数据的全面汇聚。在数据整合过程中,数据中台会对数据进行清洗、转换和标准化处理,以确保数据的质量和一致性。整合后的数据可以为旅游企业提供统一的数据视图,支持跨业务板块的数据共享和协同工作,从而实现旅游资源的优化配置和业务流程的高效运作。

2. 数据库技术支撑旅游电商智能决策系统

数据库技术是旅游电商智能决策系统的核心支柱,为旅游企业提供数据驱动的决策支持。借助关系型数据库和非关系型数据库的存储与管理能力,旅游企业能够高效地存储和查询海量的业务数据,包括用户行为数据、订单信息、市场反馈等。通过数据挖掘和机器学习算法,企业可以从这些数据中提取有价值的信息和模式,如游客的偏好、消费习惯、需求趋势等。这些洞察可以帮助旅游企业制定精准的营销策略、优化旅游产品设计、合理安排资源。例如,通过分析游客在平台上的浏览历史和预订记录,企业可以为不同用户群体制定个性化的旅游套餐推荐,提高用户满意度和转化率。此外,数据库技术还支持旅游企业进行市场预测和风险评估,助力企业在激烈的市场竞争中保持领先地位。

3. 数据安全与隐私保护在旅游电商数据库中的实现策略

在旅游电子商务中,数据安全与隐私保护是至关重要的。旅游电商数据库存储了大量用户的敏感信息,如个人身份信息、联系方式、支付信息等。为了保障数据安全,企业应采取多种策略。首先,采用数据加密技术,对存储和传输中的数据进行加密,确保数据在各个环节的安全性。其次,建立严格的访问控制机制,限定不同用户和系统的访问权限,防止未授权访问和数据泄露。此外,定期进行数据备份和恢复演练,以应对可能出现的数据丢失或损坏情况。在隐私保护方面,企业应遵循相关法律法规,如 GDPR 等,明确告知用户数据的收集、使用和共享方式,并获得用户的明确同意。同时,通过数据匿名化和脱敏处理,减少数据在分析和共享过程中的隐私泄漏风险。通过这些措施,旅游电商企业能够在合法合规的前提下,有效保护用户数据安全和隐私。

4. 数据库性能优化方法提升旅游电商用户体验

为了提升旅游电商用户体验,数据库性能优化是不可或缺的一环。旅游电商平台通常面临高并发访问和大规模数据查询的挑战,这要求数据库具备高效的处理能力。常见的优化方法包括索引优化,通过合理创建索引加速数据检索过程,但需注意索引数量的平衡,以免影响数据写入性能。查询优化也是关键,通过重写复杂查询语句、减少不必要的数据传输,提高查询效率。此外,数据库连接池技术可以有效管理数据库连接,减少连接创建和释放的开销。缓存技术的应用同样重要,使用 Redis 等缓存数据库存储频繁访问的数据,减轻数据库负载,加快数据响应速度。定期对数据库进行性能监控和调优,根据实际运行情况调整数据库参数和配置,确保数据库始终处于最佳运行状态。通过这些性能优化方法,旅游电商平台能够为用户提供实用时、快速、流畅的服务体验。

7-3 云习题

第 8 章　电子商务安全技术

随着移动支付、大数据分析、AI 驱动个性化服务等电子商务技术的迅猛发展,其衍生的安全问题已成为影响行业可持续发展的核心挑战。一方面,技术创新推动了交易效率与用户体验的跃升;另一方面,数据泄露、支付欺诈、网络攻击等风险亦随之加剧,不仅威胁用户隐私与资金安全,更可能引发法律纠纷、品牌声誉受损乃至市场信任危机。比如,2011 年美国网络安全公司 HBGary Federal 因员工使用弱密码且重复使用账户,被黑客组织攻击入侵系统,窃取 6 万封机密邮件并公开,导致公司 CEO 辞职、客户信任崩塌。2007 年,"熊猫烧香"病毒通过感染可执行文件传播,窃取游戏账号、破坏数据,导致数百万台电脑瘫痪,直接损失超 1 亿元。在复杂的电子商务市场环境下,电子商务技术的安全性是实现交易稳定的关键因素。

8.1　电子商务安全概念

电子商务安全是指通过技术、管理和法律手段,保障电子商务活动中数据的保密性、完整性、认证性、不可抵赖性和可用性,确保交易过程及参与方的合法权益不受侵害。电子商务安全主要涵盖技术安全和交易安全两大维度,两者相辅相成。电子商务技术安全是基础,若网络技术存在安全漏洞,交易的安全性将无从谈起;而交易安全则是电子商务区别于传统交易的核心需求,需通过加密、数字签名等技术实现,确保交易参与者的信息安全。

技术安全主要是指通过物理和数字手段保障电子商务底层基础设施的可靠性,包括硬件设备、网络架构、操作系统、数据库等核心组件的安全运行,目标是防范外部攻击、内部故障及环境威胁,确保系统可用性与稳定性。电子商务技术安全包括供应链安全、网络架构安全、操作系统与软件安全等。而商务交易安全聚焦于电子商务活动中交易数据的机密性、完整性与可追溯性,涵盖电子支付、合同签署、订单处理等环节,核心在于建立可信的交易环境与身份验证机制,确保交易人个人信息的私密性和交易环节的安全性。电子商务交易安全主要包括电子支付安全、订单处理安全、交易环境安全等。

8.1.1 供应链安全

在数字化进程不断加速的背景下,信息安全已成为支撑商业活动与技术创新的核心要素。从硬件生产源头到软件运行环境,从数据传输链路到终端操作节点,构建全链条安全防护体系需要多维度协同推进,形成覆盖物理层、网络层与应用层的立体化防御机制。硬件供应链作为数字化基础设施的起点,其安全性直接影响后续环节的可靠性。通过建立严格的供应商准入评估机制,对芯片、服务器、网络设备等关键硬件实施全生命周期追溯管理,结合国际通用认证标准与行业特定安全规范开展资质审查,可有效识别篡改固件、植入恶意代码等隐蔽性风险。引入第三方检测机构对硬件进行逆向工程分析,采用可信计算技术验证启动流程完整性,配合区块链技术实现供应链各环节数据上链存证,形成不可篡改的审计轨迹,从而在物料采购、生产组装、物流运输等环节建立透明化监管体系,确保从工厂到部署环境的每个节点均符合安全基线要求。

8.1.2 网络架构安全

在网络架构设计层面,纵深防御理念需贯穿物理隔离与逻辑防护的双重维度。通过划分安全域实现业务系统分层,将核心数据库、交易平台等关键资产部署于独立物理网络,与外部互联网形成"空气隔离区"。边界防护采用下一代防火墙结合威胁情报联动机制,同步部署入侵检测系统(IDS)与入侵防御系统(IPS),形成监测拦截闭环。针对远程接入场景,通过算法增强型VPN构建加密隧道,采用双因素认证与终端环境检测技术确保接入设备合规性,防范中间人攻击与凭证窃取风险。内部网络实施微隔离策略,根据业务需求动态调整访问控制列表(ACL),结合网络流量可视化技术实时监控东西向流量异常,构建零信任架构下的最小化授权体系。建立安全运营中心对全网安全事件进行关联分析,实现威胁响应的自动化处置,提升响应效率。

8.1.3 操作系统与软件安全

操作系统与软件环境的安全防护需要贯穿开发、部署、运行全流程。在开发阶段推行安全左移策略,采用威胁建模方法识别系统架构风险点,通过代码审计工具检测缓冲区溢出、SQL注入等常见漏洞,结合模糊测试对输入验证机制进行压力测试。部署环节严格执行软件物料清单(SBOM)管理,对开源组件进行许可证合规审查与漏洞扫描,采用容器化技术实现应用依赖项封装隔离。运行阶段通过主机入侵检测系统监控系统调用与文件完整性,配置安全基线与漏洞修复策略自动化管理工具,对特权账户实施动态令牌管理与操作审计。针对交易类关键系统,设计双人复核机制与防篡改校验模块,建立跨平台的统一补丁管理系统,通过灰度发布策略验证更新包稳定性,确保安全修复与业务连续性之间的平衡。

8.1.4 电子支付安全

电子支付是电子商务的核心环节,其安全性直接关系用户资金安全与平台信誉。支付过程中需采用多重防护措施:首先,在信息传输层面,通过 SSL/TLS 协议对支付页面进行端到端加密,确保银行卡号、验证码等敏感数据在传输过程中不被截获或篡改。同时引入动态验证技术,如短信验证码、指纹和人脸的生物识别、银行授权的动态令牌,避免因密码泄露导致账户盗用。其次,建立实时风控系统,通过大数据分析用户交易习惯,对比历史交易地点、金额、频次等特征,自动拦截异地高频支付、异常时间交易等可疑行为,并结合人工审核机制对高风险订单进行二次确认。此外,与第三方支付机构合作时,需确保其符合 PCI DSS(支付卡行业数据安全标准),定期审计接口安全性,防止支付通道被恶意利用。对于用户端,提供防录屏保护、虚拟键盘输入等功能,防范恶意软件窃取支付信息。最后,通过用户教育引导其设置复杂密码、开启支付限额提醒,形成技术与用户意识的双重防护机制。

8.1.5 订单处理安全

订单处理涉及用户隐私数据与交易流程的完整性,需从存储、传输、操作三方面加固。在数据存储环节,采用加密数据库对收货地址、联系方式等订单信息进行加密保存,确保即使数据库被非法访问也无法直接获取明文数据。同时,对订单系统实行严格的权限管理,仅允许特定岗位人员访问敏感字段,并通过操作日志记录所有后台修改行为,防止内部人员篡改商品价格或物流状态。在订单流转过程中,通过数字签名技术验证数据完整性,确保从用户提交到仓库发货的每个环节信息未被恶意篡改。针对可能出现的超卖、重复扣款等问题,引入分布式事务锁机制,保障库存与支付状态的实时一致性。此外,建立订单异常监测系统,例如对同一账号短时间内大量取消订单、频繁修改收货地址等行为进行预警,结合人工核查识别刷单、欺诈等风险。最后,定期对订单系统进行漏洞扫描与压力测试,确保在高并发场景下服务的稳定性,避免因系统崩溃导致数据丢失或交易纠纷。

8.1.6 交易环境安全

交易环境安全涵盖用户从访问平台到完成交易的全链路防护。首先,平台需强制启用 HTTPS 协议，确保用户与网站间的所有通信加密，防止中间人攻击窃取会话信息。部署 Web 应用防火墙过滤恶意流量，拦截 SQL 注入、跨站脚本等常见攻击，并对接入的第三方插件（如广告、客服工具）进行安全审查，避免引入漏洞。其次，通过反钓鱼技术识别并屏蔽仿冒网站，例如利用域名监测工具发现相似域名，结合浏览器标记功能提醒用户访问风险。在用户端，提供安全检测功能，如扫描设备是否感染木马、连接是否为公共 WiFi，并引导用户开启双重认证。针对交易页面，增加图形验证码、滑块验证等交互设计，阻止自动化脚本恶意刷券或占库存。此外，建立 24 小时安全监控中心，实时分析日志数据，快速响应 DDoS 攻击、数据泄露等突发事件，并通过备份确保业务连续性。最后，定期向用户推送反诈案例与安全操作指南，提升其对虚假优惠链接、诱导转账等骗局的辨识能力，形成平台防护与用户警惕性协同作用的健康交易生态。

8.2　电子商务安全的外部威胁

8-1 云阅读

随着信息技术的快速发展，电子商务安全威胁日益复杂化，涉及技术攻击、数据泄露、供应链漏洞等多重维度，对企业和消费者造成严重经济损失和信任危机。电子商务安全威胁也逐渐呈现跨平台、高隐蔽性和产业链化特征，对参与交易的企业威胁性更强、破坏性更大。企业亟须构建多层防御体系，包括实时风控、漏洞管理、供应链审查，积极提升企业应对外部风险的能力，减少系统漏洞引致的安全威胁。《电子商务法》也明确要求企业平台具有安全保障义务，要求其审核商户资质并承担相应责任。

当前，网络攻击主要包括黑客攻击、木马病毒、计算机病毒、蠕虫病毒、内外部泄密以及逻辑炸弹等，如图 8-1 所示。其中，黑客攻击是网络攻击中占比最大，也是最常见的网络攻击，包括网络入侵、DDoS 攻击、钓鱼攻击等；其次是木马病毒，远程控制类恶意软件入侵数据库，而计算机病毒和蠕虫病毒都属于自我复制、自我传播的破坏性程序，内外部泄密主要是员工数据倒卖与黑客窃取商业机密，而逻辑炸弹是特定条件触发的隐蔽破坏程序。

不同的网络攻击其实施步骤大致类似，主要分为三个阶段：攻击的准备阶段、实施阶段和善后阶段。在攻击的准备阶段，攻击者主要使用公开的信息调查攻击目标，通过相关信息收集得到攻击目标的相应信息，并对信息进行整理、综合与分析，了解攻击目标的安全隐患并制订攻击计划。在攻击的实施阶段，攻击者想要入侵主机且隐匿行踪，必须获取相应的权限，因而往往会设法攻击账户文件并进行破解，以合法用户身份登录主机，进而窃取相应的网络资源与特权。在攻击的善后阶段,攻击者在利用漏洞进入目标主机获取特权之后,会更改部分系统设置,清除相应的攻击记录,并为日后再次入侵系统留下后门。网络攻击的步骤如图8-2所示。

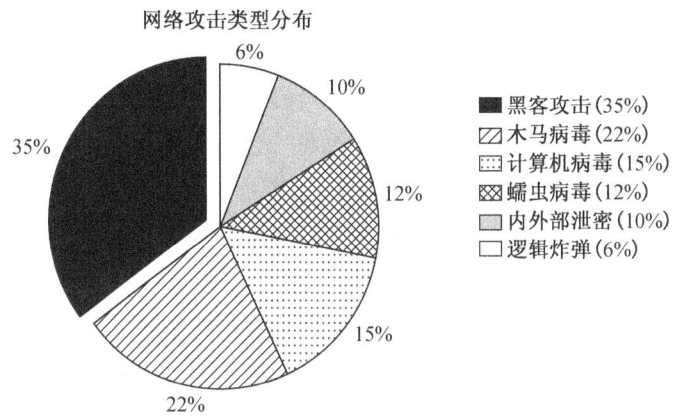

图 8-1 网络攻击类型与比例分布图

注:数据参考 Verizon DBIR 2023 和 CheckPoint 年度报告

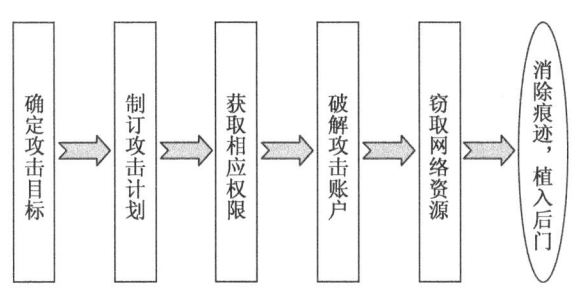

图 8-2 网络攻击步骤

网络攻击对电子商务买卖双方的影响贯穿交易全流程,直接威胁经济安全与信任基础。数据泄露、身份冒用、虚假交易等行为严重影响交易环境的安全性,对买卖双方都具有严重影响。

8.2.1 对买方的安全威胁

买方安全是保障消费者权益、提升购物体验的关键。买方面临的主要风险包括个人信息泄露、支付欺诈、虚假交易及售后维权困难。首先,用户在注册、下单时提交的姓名、电话、住址等信息若被泄露,可能遭遇骚扰电话、诈骗短信甚至身份盗用等风险。支付环节是买方风险的高发区,例如钓鱼网站伪装成支付页面诱导输入银行卡密码,或恶意软件监听手机窃取验证码等。在交易过程中,买方需防范虚假商品描述、山寨商品等问题。在物流环节中,实时追踪与签收确认功能可减少包裹丢失或被调包的风险。在售后方面,买方需要便捷的投诉与退款渠道,例如 7 天无理由退换、优先客服接入等,避免因维权成本过高而放弃正当权益。

8.2.2 对卖方的安全威胁

电子商务中,卖方的安全保障是其业务稳定运营的核心。卖方需要防范的首要风险是账户与经营数据的安全。商家账户一旦被非法入侵,可能导致商品信息被篡改、库存数据遭破坏,甚至被冒用身份发布虚假商品进行诈骗。在数据保护层面,卖家的客户订单信息、交易流水等商业数据需加密存储,并设置分级访问权限,确保仅限授权员工查看必要内容。针对资金安全,平台需确保交易款项及时到账且不被中间环节截留,例如采用第三方担保支付模式,确认买家收货后再释放资金,避免"钱货两空"风险。对于跨境卖家,还需防范汇率波动、支付渠道欺诈等问题,提供本地化结算服务与资金冻结预警机制。

8.3 电子商务安全需求

由于电子商务活动网络环境的复杂性,电子商务的交易行为往往受到多重威胁,影响买卖双方的参与意愿。因而,电子商务的安全性能提升是保障交易顺利的重要手段,电子商务安全也有了更高要求,主要是以下几个方面。

8-2 云阅读

8.3.1 系统有效性

电子商务系统的有效性是保障交易顺畅运行的基础。它意味着用户能够随时完成浏览、下单、支付等操作,不会因系统故障或恶意干扰而中断。例如,当用户点击"支付"按钮时,系统必须快速响应并准确处理请求,确保订单状态实时更新,避免出现支付成功却显示失败的情况。同时,有效性还体现在对异常行为的识别与拦截上。如果某个账号短时间内发起大量虚假订单占用库存,系统需自动触发限制机制,既保护正常用户的购买权益,也防止商家因恶意操作蒙受损失。平台需通过定期维护、压力测试等方式优化服务器性能,确保促销活动期间的高并发访问不会导致页面崩溃或响应延迟。只有让每个环节"按预期运转",用户才能建立对平台的信任,商家也能依托稳定的系统实现高效运营。

8.3.2 信息机密性

机密性关乎用户隐私与敏感信息的保护。在电子商务中,消费者需要提供姓名、地址、电话、支付账号等个人数据,这些信息一旦泄露可能被用于诈骗或非法交易。平台必须确保这些数据如同锁在保险柜中,仅限必要人员经授权后查看。例如,用户支付时输入的银行卡密码,即使在平台数据库中也应以不可逆的方式加密存储,避免内部人员或外部攻击者直接获取明文。此外,订单配送环节需隐藏部分联系方式,防止物流信息被不法分子利用。平台还需防范"旁路窃取",比如用户使用公共 WiFi 下单时,系统应自动检测网络环境风险并提示用户切换安全连接。只有让用户感受到数据被严密守护,才能消除信息泄露的担忧,安心完成交易。

8.3.3 交易完整性

完整性确保交易过程中的数据不被篡改或破坏。从用户提交订单到商家发货,每一个环节的信息必须准确一致。例如,商品价格在购物车结算时被恶意脚本修改,系统需立即核对源头数据并拦截异常订单;若用户填写的收货地址在传输中被意外截断,平台应提示用户重新确认,而非直接发送错误信息。对于商家而言,库存数量、活动规则等关键数据也需防止人为或技术原因导致的错误变更。为此,平台可通过自动校验机制,对重要操作进行多节点核对,例如修改商品详情时需二次审核,资金变动前需验证账户余额的真实性。这种"防篡改"能力不仅维护了买卖双方的公平性,也避免了因数据错误引发的纠纷,让每一笔交易都有据可依、有迹可循。

8.3.4 服务可靠性

可靠性是用户对电子商务平台长久信任的核心。它意味着系统能够持续稳定地提供服务,即使在突发情况下(如服务器故障、网络攻击)也能快速恢复。例如,当支付通道临时中断时,平台需自动切换到备用渠道,而非让用户反复提交失败订单;当自然灾害导致某个数据中心瘫痪时,异地备份系统应即刻接管,确保订单处理和物流信息不丢失。此外,可靠性还体现在对历史数据的长期维护上,用户三年前购买的订单记录仍可查询,售后维权时能调取完整凭证。平台需通过多层级容灾设计、定期数据备份、硬件冗余配置等手段,将意外事件的影响降至最低。这种"始终可用"的能力,让用户敢于依赖平台进行重要交易,商家也能在数字化的商业生态中稳步发展。

8.4 电子商务安全发展历程

电子商务安全的发展历程可大致划分为概念萌芽期、技术奠定期、综合防御期以及智能和生态化期四个关键阶段,每个阶段的演进都与技术革新、威胁形态升级及防御策略迭代形成动态平衡。四个阶段螺旋式上升的发展轨迹,既折射出数字经济与网络犯罪的博弈升级,也体现了安全技术从单点防护到系统治理的认知跃迁。

8.4.1 概念萌芽期(1980年代末—1990年代)

这一阶段以互联网的早期应用为背景,电子商务尚未普及,但安全威胁已初露端倪。1988年"莫里斯蠕虫"事件成为标志性案例,蠕虫通过UNIX系统漏洞感染数千台计算机,造成大规模服务瘫痪,直接经济损失达数千万美元。此事件首次揭示了网络攻击的破坏力,促使计算机安全从学术研究转向实际应用。早期的安全措施以物理防护和基础逻辑控制为主,如防火墙技术的初步应用和简单的访问控制机制。由于电子商务交易尚未成熟,安全重点更多集中在保护企业内网和电子邮件通信,例如通过代理服务限制外部访问,但整体防护体系较为零散,缺乏系统性。

8.4.2 技术奠基期(2000年代—2010年代初)

随着电子商务的快速发展,支付安全和数据传输成为核心问题。SSL/TLS协议被广泛采用,通过加密技术保障用户信用卡信息等敏感数据的传输安全。例如,PayPal等支付平台推动了SSL的普及,解决了用户对在线支付不信任的痛点。同时,数字签名和公钥基础设施技术开始应用,用于验证交易双方身份并确保数据完整性。这一阶段还出现了针对Web应用的安全协议(如SET协议),但因复杂性较高而未能全面推广。安全威胁逐渐多样化,钓鱼攻击和SQL注入等Web漏洞利用增多,企业开始部署入侵检测系统(IDS)和Web应用防火墙(WAF)以应对新挑战。然而,防护手段仍以单点技术为主,缺乏全局性风险管理框架。

8.4.3 综合防御期(2010年代中期—2020年代初)

移动互联网和云计算的普及使电商业务复杂度激增,安全威胁呈现规模化、产业化特征。典型事件包括Target超市数据泄露(2013年,4 000万用户信息被盗)和阿里巴巴DDoS攻击(2017年),这些事件迫使企业构建多层次防御体系。技术层面,分布式防御(如CDN抗DDoS)、大数据风控和生物识别技术(如指纹、人脸识别)成为主流。例如,京东通过自研的分布式漏洞扫描系统和资产管理系统,实现全网风险快速定位与处置。在业务安全方面,针对"薅羊毛"、虚假订单等黑色产业链,平台引入行为分析和机器学习模型,实时拦截异常操作。此外,国际与国内相关法规的出台,推动企业建立合规化的数据保护机制。

8.4.4 智能化与生态化阶段(2020年代中期至今)

当前阶段,攻击手段高度智能化且攻击面扩展至供应链和第三方服务。电商安全转向主动防御与生态协同。技术层面,AI驱动的威胁情报分析和自动化响应显著提升攻防效率。例如,区块链技术被用于供应链溯源和交易数据防篡改,增强生态信任。同时,安全防护从单一平台扩展至全链路,涵盖物流、支付接口甚至IoT设备。京东等企业通过"安全中台"整合内部资源,并与白帽社区、第三方服务商合作构建安全生态。这一阶段的核心特征是从"被动修补"转向"预测—防御—响应"闭环,形成技术与生态协同的智能安全网络。

8.5 电子商务安全相关技术

电子商务安全技术是保障在线交易可信赖运行的核心要素。随着网络交易的普及,用户数据泄露、支付欺诈、网络攻击等风险不断升级,安全技术的重要性愈发凸显。安全技术直接保护用户的敏感信息,如信用卡号、身份信息、交易记录等,避免被黑客窃取或篡改,防止经济损失和隐私泄露。电子商务安全技术能维护消费者对平台的信任,若频繁发生安全事件,用户会转向更可靠的竞争对手,导致企业声誉和市场份额双重损失。

电子商务技术在商务交易中愈发重要,主要包括密码学、隐私保护、网络安全、大数据、人工智能和区块链等。

8.5.1 密码学

密码学作为信息安全的基石,贯穿人类文明数千年,其核心在于通过数学方法与技术手段保护信息的机密性、完整性和真实性。密码协议出现前,密码学主要研究加密(Encryption)算法和解密(Decryption)算法。待加密消息成为明文,通过密钥进行参数转换输出为密文,然后对方通过解密算法将加密文转化为明文,此过程称为解密。加密与解密中主要包含两个部分:算法与密钥。密钥一般在通信者手中,且可以在明文转化之后主动篡改信息以打乱敌方获取的信息,使敌方获取密钥后也无法获得正确的明文信息。

密码学从最初的简单符号替换到现代复杂的数学算法,密码学始终与人类社会的政治、军事、经济需求紧密相连。在数字化浪潮中,密码学已渗透至电子商务、区块链、物联网等各个领域,成为维护数字世界秩序的核心技术,在各个领域都有广泛的应用。以下将从基础理论、历史演进与经典方案三个维度系统阐述密码学相关内容。

1. 密码学的基础理论与核心概念

密码学的本质是构建信息传输与存储的安全屏障,具有机密性、完整性、认证性、不可否认性的特点,其理论体系建立在数学、计算机科学与信息论的交叉点上。机密性要求信息仅能被授权方读取,通过加密算法将明文转化为不可读的密文,严格保证信息的安全性;完整性确保数据在传输中未被篡改,不可篡改的信息保证传输信息的稳定性,通常由哈希函数与消息认证码实现;认证性验证通信双方身份的真实性,依赖数字签名与证书体系,保证接收方身份信息正确;不可否认性则通过密码学证据防止参与方事后否认行为,全流程具有信息记录,如带有时间戳的数字签名。

数学基础是构成密码学的骨架,支撑密码学的底层架构。数学基础能够支撑加密算法的设计与实现以及保障密码系统的安全性,同时在不断发展的信息技术背景下,数学基础也能提供应对新型威胁的底层支撑,驱动密码学的持续发展。数学基础为密码学提供理论支撑,比如数论中的大素数分解难题支撑的非对称加密算法 RSA;群论与有限域为椭圆曲线密码提供理论支持;离散对数问题是 Diffie-Hellman 密钥交换的核心;概率论则用于分析算法的抗攻击能力。现代密码学将算法分为对称加密、非对称加密与哈希函数三大类,分别应对不同场景的安全需求。例如,对称加密因效率高常用于大数据加密,非对称加密解决密钥分发难题,哈希函数则确保数据指纹唯一性。

2. 密码学发展的历史脉络

(1) 古典密码学(公元前至 19 世纪)

人类最早的密码实践可追溯至公元前 1900 年埃及铭文变形术。凯撒密码(公元前 58 年)通过字母位移实现加密,如将"A"替换为"D",虽易被频率分析法破解,却开创了替换密码的先河。古斯巴达人使用的 Scytale 木棍则代表置换密码的雏形:将皮革条缠绕在特定粗细的木棍上书写信息,接收方需相同木棍才能还原。中世纪阿拉伯学者 Al-Kindi 提出的频率分析技术,标志着密码分析学的诞生,使得单纯替换密码逐渐失效。

(2) 机械密码时代(20世纪初至二战)

工业革命催生了机械加密设备。1918年德国发明的Enigma机采用多转子系统,每个按键触发不同电路路径,理论上存在$1.5×10^{18}$种密钥组合。然而,图灵团队通过破译重复密钥模式与制造Bombe解密机,成功破解Enigma,缩短了二战进程。同期,美国SIGABA密码机采用非重复密钥技术,成为少数未被破解的机械密码系统之一。

(3) 现代密码学奠基阶段(1949—1976年)

克劳德·香农1949年发表的《通信的数学理论》首次用信息熵量化密码强度,提出混淆(Confusion)与扩散(Diffusion)原则,前者通过复杂替换打乱明文与密文关系,后者通过置换操作扩大单个字符对整体密文的影响。1973年,美国国家标准局(NIST前身)发布的DES算法(Data Encryption Standard)采用56位密钥与Feistel网络结构,成为首个国际通用加密标准,尽管其密钥长度后被证明不足,但推动了密码学标准化进程。

(4) 公钥密码学革命(1976—2000年)

1976年,Diffie与Hellman提出非对称加密思想,颠覆了传统密码学依赖共享密钥的模式。次年,Rivest、Shamir和Adleman基于大数分解难题发明非对称RSA算法,用户使用公钥加密、私钥解密,解决了密钥分发与数字签名难题。1985年,椭圆曲线密码(ECC)以更短的密钥提供与RSA相当的安全性,成为移动设备的理想选择。与此同时,哈希函数快速发展,MD5(1992年)与SHA-1(1995年)被广泛采用,尽管后来发现碰撞漏洞,但其设计思想影响深远。

(5) 密码学全球化与后量子时代(21世纪至今)

2001年AES算法(Advanced Encryption Standard)取代DES算法(Data Encryption Standard),支持128-256位密钥,采用SubBytes、ShiftRows等操作实现高效加密,标志着密码学算法进入新的发展时代。随着量子计算的威胁显现,NIST于2016年启动后量子密码标准化项目,格密码、哈希签名等抗量子算法崭露头角。同态加密、零知识证明等隐私计算技术推动密码学从"保护数据"向"密态计算数据"演进,支撑区块链、联邦学习等新兴领域的发展。

3. 经典密码体制的技术解析

(1) 对称加密

1973年IBM公司的霍斯特·费斯特描述了大部分对称分组密码算法所具有的结构,加密算法的输入是长度为20 000位的明文块和密钥K。Feistel密码结构把明文块分成L和R两部分。数据的这两个部分经过n次循环处理,然后结合在一起产生密文块。每个循环都以上一次循环产生新的L和R作为输入。对于大部分加密算法都是相同的结构,每次循环都对输入数据执行取代,实施新的循环输出函数,只是使用不同的循环子密钥作为参数。

DES 算法由 IBM 于 1975 年提出,1977 年被 NIST 采纳为标准。DES 采用 64 位分组加密和 56 位有效密钥长度,基于 Feistel 网络结构,将明文分为左右两半,通过 16 轮迭代实现加密。其核心操作包括置换、代换(S 盒)和轮密钥异或。然而,随着计算能力提升,56 位密钥易受暴力破解威胁,1999 年,DES 被证实不再安全。而 3DES 通过三重加密(加密—解密—加密)将有效密钥长度提升至 112 位,但效率较低。DES 算法步骤如图 8-3 所示。

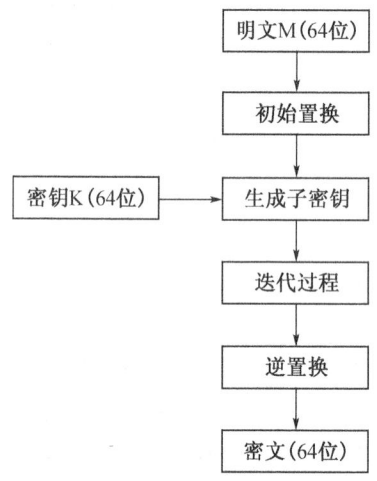

图 8-3 DES 算法步骤

2001 年,NIST 选定 Rijndael 算法为 AES 标准,取代 DES。AES 采用 128 位分组,支持 128/192/256 位三种密钥长度,基于替换—置换网络结构,包含 10~14 轮处理。每轮包括字节代换、行移位、列混淆和轮密钥加操作。AES 的设计注重效率和安全性,数学上基于有限域运算,抗差分和线性攻击能力强,至今无实用的破解方法,是现今常见的对称加密算法。AES 算法步骤如图 8-4 所示。

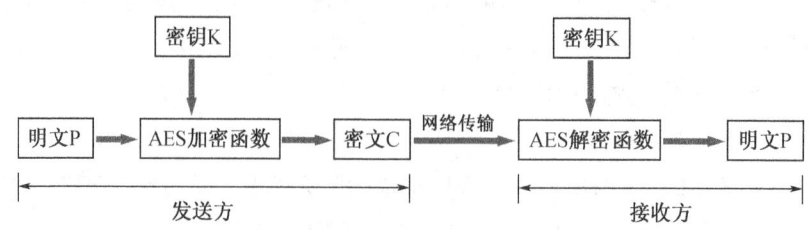

图 8-4 AES 算法步骤

DES 因密钥短、安全性不足而逐渐被淘汰,而 AES 凭借更高的安全性和更优的性能成为主流。AES 支持更长的密钥,适应现代安全需求,广泛应用于政府、金融及物联网等领域。两者均属对称加密,但 AES 在结构复杂度和抗攻击能力上显著优于 DES。

(2) 非对称加密

RSA 算法:1977 年由 Ron Rivest、Adi Shamir 和 Leonard Adleman 一起提出。RSA 算法的安全性基于大数分解和离散对数等数学难题,它在保护数据隐私和完整性方面具有很高的可靠性。其核心思想是利用一对密钥(公钥和私钥)进行加密和解密操作。公钥可以公开分发给任何人,用于加密信息,而私钥则必须保密,用于解密信息。这种加密方式保证了只有私钥的持有者才能解密出原始信息,从而确保了信息传输的安全性。RSA 算法具体步骤(图 8-5)如下:

① 选择两个大素数 p、q,计算 $n=p\times q$ 与 $\varphi(n)=(p-1)(q-1)$;

② 选取最大的整数 e 满足 $1<e<\varphi(n)$ 且 $gcd(e,\varphi(n))=1$,计算 $d=e^{-1} \bmod \varphi(n)$,整数 e 用作加密钥,通过整数 e 求得 d;

③ 公钥为 (n,e),私钥为 (n,d),加密过程为 $c=m^e \bmod n$,解密过程为 $m=c^d \bmod n$。

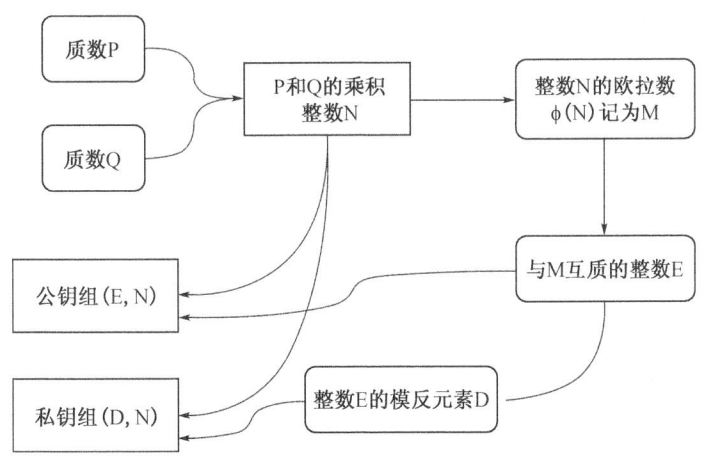

图 8-5 RSA 算法步骤

椭圆曲线密码:由 Neal Koblitz 和 Victor Miller 于 1985 年独立提出,其核心优势在于相同安全强度下密钥长度显著短于 RSA 等传统算法,160 位 ECC 密钥的安全性相当于 1 024 位 RSA 密钥的安全性。椭圆曲线密码算法步骤如下:

① 在有限域上定义椭圆曲线方程 $y^2=x^3+ax+b$,选取基点 G,私钥为随机整数 k,公钥为 $Q=kG$。

②ECDH 密钥交换中,双方交换公钥后计算共享密钥 $k_A Q_B = k_B Q_A$。

(3) 哈希函数

无论输入数据是几个字符还是整本书,输出的哈希值长度固定(如 SHA-256 固定为 64 位十六进制字符串),且同一输入永远生成相同结果,而细微改动输入(如修改一个标点)会导致哈希值完全不同,具有类似指纹的唯一性。哈希函数处理数据时,通常分三步操作:预处理:将数据切割成等长小块,末尾补零或填充长度信息;混合搅拌:通过多轮位运算、替换字符、数学计算等方式,将数据反复"搅乱",每一步都让原始信息更分散;压缩输出:最终将所有混合结果压缩成固定长度的哈希值,例如 SHA-256 经过 64 轮复杂计算后生成 256 位结果。实际应用中,哈希广泛用于验证数据完整性和安全地存储密码。

(4) 混合加密体系与协议

SSL/TLS 协议:结合 RSA 与 AES,客户端用服务器公钥加密临时生成的对称密钥,后续通信使用对称加密保障效率。ECDHE 密钥交换进一步实现前向保密,即使长期私钥泄露,历史会话仍安全。

PGP(Pretty Good Privacy):采用 RSA 加密 AES 会话密钥,AES 加密邮件内容,配合 SHA 哈希验证完整性,构建端到端的加密体系。

从石板刻符到量子抗性算法,密码学始终在攻防对抗中进化。经典密码体制如 RSA、AES 构建了当今数字社会的信任基础,而后量子密码、同态加密等新技术正重塑未来安全范式。理解这些理论与历史,不仅是技术溯源,更是为了在人工智能、元宇宙等新场景中设计更稳健的安全架构。密码学的终极目标,是在数学的确定性中寻找对抗不确定性的永恒之盾。

8.5.2 信息安全与隐私保护

1. 信息内容安全

信息内容安全与隐私保护是现代网络空间安全的重要组成部分,直接关系到国家安全和个人权益的维护。网络环境下的信息内容获取方式呈现出多样化和实时化的特点,使得信息安全面临新的挑战。信息内容获取、信息内容识别与分析以及信息内容安全技术是信息安全的关键因素。

信息内容获取通常分为主动获取和被动获取两种形式,其中主动获取通过向网络发送请求或注入流量来采集数据。被动获取则是通过网络旁路监听或镜像技术,对进出网络的数据流进行捕获和记录。在实际应用中,Wireshark 等被动获取工具能够实时捕获网络数据包,揭示网络中的潜在威胁。主动获取方式虽然能迅速获得目标数据,但可能导致网络性能下降甚至被检测拦截。被动获取方式则具有隐蔽性,但仅能监测到可见的网络流量,难以检测加密通信内容。

信息内容获取的合法性问题也日益突出,各国法律对于网络监听和数据采集行为有不同的规定。例如,欧盟通用数据保护条例(GDPR)严格规范了个人数据的收集和处理方式,违反规定将面临高额罚款。国内相关法律如《网络安全法》也对个人信息和关键数据的保护提出了明确要求。在实际运营中,企业应制定数据收集规范,确保数据获取过程符合法律和道德规范。随着人工智能和大数据技术的应用,信息内容获取的效率和精度显著提升。但同时也带来了更高的隐私泄露风险,需要引入严格的安全控制措施。因此,信息内容获取环节的规范化管理是保障信息安全的基础。完善的日志审计和监控系统能够为后续的安全分析提供重要依据。

信息内容识别与分析是信息安全的核心环节,用于判断内容是否存在风险或违规。该环节主要依赖自然语言处理、模式识别和数据挖掘等技术对文本、图像和音视频内容进行分析。文本分析技术包括分词、词性标注、实体识别和情感分析等,用于识别敏感词汇和异常行为模式。图像识别技术通过深度神经网络模型提取视觉特征,能够检测涉恐、涉黄以及伪造篡改的图像。视频内容分析则结合关键帧抽取和行为识别算法,实时监测视频中的不良或违法行为。数据挖掘技术能够在大规模数据集中发现潜在的违规模式和关联关系。例如,社交媒体平台利用社交网络挖掘技术识别虚假账号和水军行为,并为公安机关提供线索。此外,用户行为分析通过对点击流、搜索记录和交易日志的综合分析,判断用户的异常操作。实时数据流分析技术则能够在数据产生时进行监控和过滤,从而快速响应安全事件。在金融领域,交易监控系统通过模式挖掘检测洗钱、欺诈和非法集资等行为。在电商平台,内容风控系统根据商品描述、用户评价和交易数据进行风险识别。

随着多模态分析技术的发展,融合文本、图像和音视频信息的识别效果进一步提升。但多模态分析要求更高的计算资源和更复杂的算法设计。同时,隐私保护需求也使得联邦学习等技术被引入到内容识别过程,以减少数据集中度。但联邦学习在性能和通信开销方面仍面临挑战。基于区块链的内容溯源技术能够为识别结果提供可验证的可信链条。然而,区块链技术在大规模应用时的扩展性问题尚未完全解决。综合来看,信息内容识别与分析需要在准确率、实时性和隐私保护之间平衡。完善的评估指标体系是保障识别分析效果的重要保障。例如,微博平台采用综合召回率和准确率来评估其内容风控模型。总体而言,信息内容识别与分析技术是支撑实际安全防护体系的关键环节。未来,AI模型的可解释性和鲁棒性将成为研究重点。同时,跨平台、多源数据的协同分析需求也不断提升。

通过构建标准化的数据交换协议,可以提高协同防护效率。并通过共享威胁情报,形成优势互补的防护网络。

信息内容安全技术涵盖了内容检测、过滤、加密和访问控制等多种手段。内容检测技术主要用于识别和拦截恶意或违法信息,如垃圾邮件、恶意代码和恶意链接。深度学习模型在图像和文本检测中的应用使得检测精度显著提升。例如,合合信息公司基于深度神经网络的视觉内容安全技术,能够检测人脸篡改和伪造内容。过滤技术则通过关键词匹配、正则表达式和规则引擎,对内容进行快速筛选。多级过滤架构能够在不同层面上对内容进行精细化管控。加密技术是保护信息在传输和存储过程中不被窃取和篡改的核心手段。对称加密算法如 AES 在数据加密中被广泛应用,具有加解密速度快的特点。非对称加密算法如 RSA 能够保证密钥分发的安全性,常用于数字签名和证书体系。数字签名技术则为信息内容提供了完整性验证和不可否认性保障。访问控制技术通过审计和授权机制,确保只有合法主体能够访问敏感内容。

零信任架构已成为当前内容安全领域的重要发展方向之一。零信任架构强调"永不信任,始终验证",在访问控制策略上更加严格。在实际场景中,内容安全系统常结合 SIEM、IDS 和下一代防火墙等设备,实现综合防护。日志审计技术能够对访问和操作行为进行记录,为事后溯源提供依据。隐私保护技术如差分隐私和同态加密在内容处理过程中逐步得到应用。差分隐私能够在统计分析中提供隐私保护 guarantees,同时保持数据可用性。同态加密允许在加密状态下对数据进行计算,极大提升安全性。为提升系统鲁棒性,防护体系中常引入安全沙箱和运行时监控技术。未来,随着安全可编程网络和边缘计算技术的发展,信息内容安全技术将更加灵活和高效。

2. 数据安全

在当今数字化时代,数据安全与隐私保护已成为保障组织稳健运营和个人权益的关键课题。一方面,数据安全要求维护信息的机密性、完整性与可用性,形成完善的安全架构与响应机制;另一方面,数据备份与恢复技术为意外或灾难场景下的信息可用性提供了最后屏障;同时,云安全作为新兴的部署模式,则需要在共享责任模型下构建多层次防护。本文将依次围绕以上三方面展开论述,结合实际案例,探讨面临的挑战与应对策略。

数据安全首先体现在对信息生命周期各环节的全方位管理,包括安全策略制定、访问控制、监测告警与事件响应等。根据美国国家标准与技术研究院的定义,数据安全是"以与组织风险策略相一致的方式,维护数据的机密性、完整性和可用性"。在此框架下,组织需在事前建立安全架构和应急响应计划,事中开展实时检测与阻断,事后进行有效恢复和复盘。在数据安全管理中,合规与治理同样不可或缺。以欧盟通用数据保护条例(GDPR)为例,该法规要求对个人数据的收集、存储、使用和删除全流程进行严格管控,否则将面临最高占全球年营业额 4% 的罚款。《中华人民共和国网络安全法》也明确提出对关键信息基础设施和个人信息的保护义务,要求组织实施安全审计和定期风险评估。

在意外故障或灾难场景下,数据备份与恢复成为保障业务连续性的核心手段。业界普遍遵循"3-2-1"原则:至少保留三份数据、存储于两种不同介质、至少一份异地备份。例如,AMAG Pharmaceuticals 曾因 Google Drive 数据丢失而启用本地备份工具,在数小时内恢复了重要文件,避免了更大的商业影响。完善的备份恢复策略还需结合自动化与演练。自动化备份可通过脚本或第三方工具定时执行,并采用加密和校验机制保证备份完整性。定期演练则验证恢复流程的可行性,发现"单点故障"与配置失误。例如,一家制造企业在年度演练中发现其磁带库管理系统存在格式兼容问题,及时更换了备份介质并优化了恢复脚本,从而在真实故障发生时成功恢复了生产线数据库。

随着云计算的广泛普及,云安全成为新的焦点。基于"共享责任"模型,云服务提供商(CSP)负责云基础设施的安全,而用户则需保障其在云上的数据和应用安全。零信任架构在云环境下日益重要,其核心原则是"永不信任,始终验证"。此外,实时配置监测可及时发现误配置导致的漏洞,如部分 AWS 用户因负载均衡器身份验证配置不当,被研究人员发现可绕过访问控制,影响上万应用。为了提升云安全态势,企业需采用集成化安全平台,实现对多云和混合云环境的统一监控与告警。

3. 隐私保护

隐私保护是在数字化时代维护个人和组织信息安全与合规的核心环节,既包括确保数据在收集、存储和传输过程中的保密性、完整性和可用性,也涵盖对数据生命周期各阶段的管理与监控。隐私保护不仅需要政策法规的支撑,如欧盟《通用数据保护条例》和《中华人民共和国个人信息保护法》的严格监管,还需依托多种技术手段——包括加密、匿名化和隐私计算等来实现对敏感数据的有效防护。在实践中,许多企业已通过隐私影响评估、零信任架构及差分隐私技术,将"可用不可见"原则贯彻于数据处理全流程,以平衡数据价值和个人隐私保护的需求。

美国于 2020 年实施的《加州消费者隐私法案》对企业的用户数据收集与使用提出了高标准要求,赋予消费者"知情权""删除权"等多项权利。《中华人民共和国个人信息保护法》则明确了个人信息处理的法律依据、数据主体权利和跨境传输规则,强调在收集前需征得明确同意,违反者将面临高额罚款。数据泄露事件频发也凸显出隐私保护的重要性，比如某医疗机构因内部管理失误导致数万名就诊者的身份信息泄露，引发社会广泛关注，并促使相关部门加强医院信息系统的合规审计。因此，隐私保护已成为企业履行社会责任、维护品牌信誉和用户信任的关键要素。

在技术层面，隐私保护手段可以大致分为预防性和补救性两大类。首先，加密技术是基础性防护措施，对静态数据和传输数据均可提供强有力的保密保障。对称加密算法如 AES 在数据存储中应用广泛，因其加解密速度快、资源消耗低而备受青睐；非对称加密算法如 RSA 常用于密钥分发和数字签名，确保数据来源和传输完整性。其次，数据匿名化和伪匿名化技术通过去除或替换标识性信息，使数据在统计分析时无法关联到个人，从而在共享场景中有效降低隐私泄露风险。例如，某电商平台在对外开放用户行为数据时，通过噪声添加和 k-匿名处理，有效平衡了数据分析需求与个人隐私保护。

总体来看，隐私保护需要政策、技术与治理的多维度协同。随着人工智能、大数据和云计算技术的不断发展，企业和社会必须持续完善法律法规，优化技术方案，并强化合规与审计机制，才能在数据价值释放与个人隐私权保护之间取得平衡，推动数字经济的健康可持续发展。

8.5.3 网络安全

1. 电子商务网络安全需求与设计

电子商务系统的核心目标是确保用户交易的机密性、完整性和可用性，同时维护平台及用户的信任关系。首先，交易数据在传输过程中需防止被窃听或篡改，以保证订单信息和支付凭证的真实性。其次，平台必须对用户身份进行严格认证，防止恶意登录和身份冒用，保障用户账户安全。再次，系统应能抵御拒绝服务攻击(DDoS)等针对可用性的威胁，确保业务全天候可访问。最后，平台需具备完善的审计与日志管理能力，以便在安全事件发生后进行溯源和责任追踪。

在设计层面，应遵循"安全自底向上、全生命周期管理"的原则。首先，进行风险评估，识别系统各组件的威胁面和潜在风险，并依据风险等级制定相应的安全策略。在架构设计时，应采用分层防护(defense-in-depth)策略，通过网络隔离、访问控制、入侵检测和防火墙等多道防线来防御攻击。同时，应引入"安全设计即服务设计"理念，将安全功能(如认证、加密、审计)作为公共服务模块，与业务逻辑模块松耦合，便于后续维护和升级。通过多维度、全流程的安全设计，既能满足合规要求，又能有效抵御多种网络威胁。

2. Web 服务器安全

Web 服务器是电子商务平台对外服务的门户,也是攻击者的重点目标。常见威胁包括:SQL 注入、跨站脚本(XSS)、跨站请求伪造(CSRF),以及对底层操作系统和中间件的漏洞。在实际案例中,某大型电商平台曾因管理员后台未及时打补丁,导致 RCE(远程代码执行)漏洞被黑客利用,短时间内窃取数万用户敏感信息,造成严重损失。

针对这些威胁,服务器加固措施主要包括:

(1) 最小化安装:只保留必要服务与组件,降低攻击面。

(2) 及时打补丁:建立自动化补丁管理流程,确保操作系统、中间件和应用程序的安全更新及时部署。

(3) WAF(Web 应用防火墙):应用层过滤恶意请求,阻断常见攻击模式。

(4) 目录和文件权限控制:通过严格的文件权限和目录隔离机制,防止未授权访问或文件上传漏洞。

(5) 安全审计日志:对所有访问和操作进行记录,并定期分析异常日志,及时发现潜在风险。

在运维层面,还应采用"自动化运维与安全即代码"理念,将配置管理与安全策略纳入流水线,实现一键部署与一致性校验。此外,可结合态势感知平台,对服务器安全状态进行实时监测与智能告警,提升安全响应效率。

3. 网银支付安全

网银支付是电子商务交易的核心环节,其安全性直接关系到用户资金安全和平台声誉。首先,支付系统需具备强认证机制,如动态口令(OTP)、多因素认证(MFA)和生物特征识别,确保支付请求发起者的身份真实性。例如,银行通过引入"指纹+短信验证码"的双重认证,大幅降低了账户被盗刷的风险,并在部署半年内报告的可疑支付事件减少了 70%。其次,支付数据在传输和存储过程中必须全程加密。传输层可采用 TLS 1.2 及以上版本,防止中间人攻击;数据存储层应使用数据库加密(TDE)或字段级加密,确保即使数据库泄露,敏感信息也无法被快速解密。在交易流程中,应设计实时风控和异常检测机制。通过机器学习模型分析用户行为模式、设备指纹、地理位置等多维度特征,对可疑交易进行拦截或二次验证。国际电商平台引入 AI 风控后,对交易欺诈的拦截率可以从原来的 65% 提升至 92%,并将误报率控制在 5% 以内。最后,支付系统的可用性同样关键。需要采用高可用架构、分布式限流和降级策略,确保在遭受 DDoS 攻击或系统故障时,仍能提供核心支付服务。

8.5.4 人工智能与大数据技术

电子商务的快速发展带来了便捷的消费体验,但也伴随着数据泄露、欺诈交易、隐私侵犯等安全问题。随着大数据、人工智能、区块链等技术的成熟,电商行业正通过智能化手段构建更高效、更可靠的安全防护体系。以下从三大核心技术展开分析,并结合实际案例说明其应用价值。

1. 大数据技术:风险预测与精准防控

大数据技术通过海量数据的采集、分析和挖掘,帮助电商平台提前识别潜在风险并制定应对策略。例如,广州美亿互联的智能风控系统通过整合用户行为、交易记录、物流信息等数据,构建信用评估模型,实时监控异常交易。当检测到某账户短时间内多次下单高价值商品或收货地址频繁变更时,系统会自动触发风险预警,并冻结账户进行人工核查,有效防范欺诈交易。国网江西信通公司利用 ERP 系统每天自动抓取采购订单数据,对金额超 100 万元或数量超 1 000 的订单进行预警推送,显著降低了采购环节的违规风险。在消费者端,大数据技术还可用于用户画像分析。例如,某电商平台通过分析用户浏览习惯、支付方式和设备信息,识别出异常登录行为,及时通过短信或邮件提醒用户验证身份,减少账号盗用事件。

2. 人工智能:实时响应与自动化决策

人工智能通过机器学习、自然语言处理等技术,实现了安全防护的实时化和自动化。智能风控是典型应用场景之一。例如,左木莲安数科开发的 Z-RPA 智控系统,利用 AI 算法实时监测资金流和物流异常。当系统发现某商户的订单量与物流信息严重不匹配时,会自动标记为高风险并启动反欺诈调查,避免"空包刷单"等行为。捷通华声的智能外呼机器人通过语音识别和语义理解技术,对疑似被盗账户进行自动外呼核实。系统会询问用户"是否在凌晨 3 点下单购买了高价电子产品",若用户否认,则系统立即冻结交易并通知人工介入,既提升了效率又降低了客服成本。在内容安全领域,AI 技术同样发挥重要作用。例如,某平台使用图像识别算法自动屏蔽商品图片中的违禁信息,并通过自然语言处理技术过滤虚假评论和敏感关键词,日均处理违规内容超 10 万条,显著净化了交易环境。

3. 区块链技术:透明可信与数据安全

区块链凭借去中心化、不可篡改的特性,为电商提供了全新的信任机制。供应链透明化是区块链的重要应用方向。例如,李玲团队开发的 BSCTS 系统将商品生产、运输、销售全流程信息上链。消费者扫描商品二维码即可查看区块链记录,如某进口奶粉的生产日期、海关检验报告和物流轨迹,区块链记录确保商品来源真实可靠。在跨境支付领域,区块链技术通过智能合约实现自动结算。某跨境电商平台与海外供应商约定"货物签收后 24 小时内自动付款",系统通过物流数据验证签收状态后,无需人工干预即可完成支付,既缩短了结算周期,又避免了纠纷。数据隐私保护方面,区块链结合加密技术为敏感信息提供双重保障。天翼电子商务在混合云安全项目中采用区块链存储用户身份信息,只有授权节点可解密访问,即使黑客攻破部分服务器,也无法获取完整数据,大幅降低了泄露风险。

8.6 总结与展望

随着数字经济的持续深化,电子商务已成为全球商业活动的重要组成部分。在过去的几年中,电子商务技术经历了快速发展,安全技术的不断进步为行业提供了坚实的保障。人工智能和机器学习在增强电子商务安全方面发挥着重要作用,能够实时监控交易并检测潜在威胁。区块链技术的透明性和可追溯性也为交易安全提供了新的解决方案。此外,交互式语音应答系统等创新技术正在成为增强客户服务和安全性的关键工具。然而,随着技术的进步,电子商务也面临着新的安全挑战,如网络钓鱼、勒索软件和供应链攻击等。因此,企业必须不断更新安全策略,采用先进的技术手段来应对这些威胁。

展望未来,电子商务将继续朝着智能化、高效化方向发展。人工智能、大数据、云计算等前沿技术将深度赋能电商的各个环节,提升用户体验和运营效率。虚拟现实、增强现实以及区块链等新兴技术也将逐步渗透至电商领域,为消费者带来前所未有的购物体验。同时,跨境电商、农村电商和社交电商等新兴模式将不断涌现,以满足市场不断变化的需求。为了应对这些变化,企业需要加强对安全技术的投入,提升合规意识,建立健全的安全管理体系。只有这样,才能在激烈的市场竞争中立于不败之地,推动电子商务行业的持续健康发展。

8-3 云阅读

8-4 云习题

第 9 章　电子支付

9.1　电子支付概述

9.1.1　电子支付的定义

电子支付(Electronic Payment)是指建立在电子化通信技术和数字化金融工具基础上完成资金转移和价值交换的支付方式。作为现代金融基础设施的核心组成部分,电子支付本质上是使用信用卡、借记卡、电子钱包、移动支付等多种支付手段实现快速、安全和无缝的资金转移,技术实现的三大支柱是加密算法、身份认证和清算网络。

2005 年 10 月,中国人民银行公布的《电子支付指引(第一号)》对电子支付的定义:"电子支付是指单位、个人直接或授权他人通过电子终端发出支付指令,实现货币支付与资金转移的行为。"电子支付不仅改变了传统现金支付的时间、空间约束,其产生的交易数据更成为预测供应链需求、优化物流路径的重要决策依据。

9.1.2　电子支付在物流中的作用

在现代社会中,电子支付已成为商业交易中不可或缺的一部分。尤其在物流行业,电子支付发挥着至关重要的作用,不仅提高了交易效率,还促进了整个供应链的优化。其价值主要体现在三个关键维度。

1. 提升物流业务结算效率

电子支付通过实时清算机制将传统支付方式的处理周期从数天缩短至秒级,极大提升了物流业务的结算效率。以顺丰速运的实践为例,其"签收即付"系统与物流信息平台深度集成,能够在货物送达确认后 30 秒内自动完成货款结算,使企业资金周转效率提升 67%。这种高效的支付能力不仅优化了物流企业的现金流管理,更重塑了"物流—资金流—信息流"三流协同的现代供应链运作模式。

2. 提供可靠的安全保障

在风险控制方面,电子支付通过数字加密、生物识别等先进技术为物流企业提供了可靠的安全保障。电子支付系统能够将欺诈风险控制在极低水平。京东物流的智能风控平台通过分析支付行为特征,可实时识别异常交易,每年减少超过2000万元的资金损失。尤其在跨境物流场景中,区块链电子支付解决方案既确保了交易安全性,又使得国际结算成本显著降低,结算周期从传统的5~7天压缩至2小时,大幅提升了跨境物流的运作效率。

3. 数据资产化

电子支付产生的数据资产正在成为物流优化的重要决策依据。支付数据包含丰富的时空信息和消费习惯,通过大数据分析可以精准预测区域需求变化,为仓储网络布局和运输路线规划提供支持。菜鸟网络的智能调度系统充分利用支付数据分析结果,使配送效率得到提升,运输成本得以降低。此外,支付数据还可用于构建供应链金融信用评估模型,DHL的实践表明,基于支付数据的信用评估使中小物流企业的融资可获得性提升35%,有效缓解了行业融资难题。

9.1.3　电子支付的特征

1. 电子支付的便利性

电子支付的最大特点之一就是其便利性。用户无需携带现金也不需要到实体店铺,便可以通过智能手机、平板电脑或个人电脑随时随地完成支付。这种方式在缩短交易时间的同时提升了消费者购物体验。无论是在线购物、交通出行,抑或是餐饮服务,电子支付都能快速完成交易,满足现代人快节奏的生活需求。同时,许多电子支付平台还提供多种货币选项,方便用户进行跨境交易。此外,许多电子支付平台还提供了自动记账功能,使用户能够轻松管理个人财务,进一步提高了便利性。

2. 数字化特征

所有支付指令的保存或网络传输均为二进制形式,这种数字化特性使得支付记录能够被结构化存储和深度分析。以支付宝的系统架构为例,其采用分布式处理技术,在2023年"双十一"期间实现峰值每秒处理58万笔交易的能力,充分体现了电子支付的高并发处理特征。这种数字化基础不仅支撑了支付业务本身,更通过标准化API实现了与电商平台、物流系统的无缝集成,形成了完整的商业生态闭环。

3. 安全性特征

电子支付呈现出多维度的安全特征。用户资金安全方面,许多电子支付平台身份认证环节普遍遵循FIDO2标准,采用了多重验证机制,如生物识别技术、动态密码等,通过多因素认证(MFA)机制以防止未授权的交易。传输安全方面,主流支付系统均采用 TLS 1.3 协议建立加密通道,配合 AES-256 算法对敏感数据进行端到端加密。值得注意的是,智能风控已成为现代电子支付的标志性特征,京东支付的实践表明,其基于机器学习的风险识别模型能够在 200 毫秒内完成交易风险评估,准确率达到 99.6%。这些安全特征共同构建了用户信任的基础,根据中国人民银行 2023 年支付业报告,电子支付用户满意度达 91.2%,显著高于传统支付方式。

4. 实时性特征

电子支付系统建立在分布式系统架构和高效清算网络基础上,其核心技术包括多级缓存机制、内存数据库和异步处理框架,最终实现即时交易处理。这种即时性意味着消费者在支付时,支付请求无论是通过手机、计算机还是其他设备,一经发出,系统便能够迅速确认交易并完成资金转移。与传统支付方式相比,电子支付显著缩短了交易的处理时间,消除了等待的烦恼。交易的即时处理能力使得消费者能够更加便捷地完成购物,提升了用户体验,同时也为商家带来了更高的交易效率。

5. 全球化趋势

电子支付的全球化趋势日益明显,其核心特征表现为新型清算网络的构建与多边合作机制的完善。随着国际贸易的增长和全球消费市场的扩大,电子支付正逐步打破地域限制,实现跨国交易,呈现"多中心化"发展特征,形成亚洲圈、欧洲圈、美洲圈等若干区域性支付生态圈。许多电子支付平台已支持多国货币和多语言界面,提高了用户的便利性。同时,部分国家和地区也在积极推动数字货币的应用,以期在全球支付体系中占据一席之地。这一趋势不仅促进了国际贸易的发展,也为消费者提供了更为广泛的支付选择。

9-1 云阅读　　　　9-2 云视频

9.2　我国电子支付的发展现状

9.2.1　电子支付在中国的发展历史

中国的电子支付发展可以追溯到 20 世纪 90 年代,最初以银行间的电子转账为主。进入 21 世纪后,随着互联网的快速发展,特别是 2004 年支付宝的推出,电子支付开始进入快速发展的阶段。随后,微信支付、银联云闪付等多种支付方式相继推出,使得消费者在网上购物和线下消费时,支付方式更加多样化。

2010 年代,移动支付的兴起成为电子支付发展的新趋势。随着智能手机的普及,用户可以通过手机应用程序实现随时随地的支付,极大提升了支付的便捷性。根据统计数据,2019 年,中国的移动支付交易额已经超过 200 万亿元人民币,成为全球移动支付的领军者。

9.2.2 当前电子支付的市场规模和增长趋势

1. 市场规模与用户基础

根据最新的市场研究报告,我国电子支付市场已形成全球最大规模的单一国家支付体系,呈现出"高渗透、广覆盖"的典型特征。市场规模已经达到了数十万亿元,并且呈现出持续增长的趋势。根据中国人民银行 2023 年支付体系运行报告,银行共处理电子支付业务 2 961.63 亿笔,金额 3 395.27 万亿元,同比分别增长 6.17% 和 9.17%。移动支付业务 1 851.47 亿笔,金额 555.33 万亿元,同比分别增长 16.81% 和 11.15%,移动支付普及率达到 86%,远超全球平均水平。用户基础方面,支付宝和微信支付双寡头格局稳固,合计市场份额超 94%,其中支付宝年度活跃用户突破 10 亿,微信支付绑卡用户超 13 亿。值得注意的是,县域及农村地区的电子支付使用率快速增长,2023 年农村地区移动支付渗透率达到 78%,较 2020 年提升 27 个百分点,弥合城乡数字鸿沟成效显著。

值得注意的是,随着数字人民币的推出,电子支付市场面临新的机遇和挑战。数字人民币的推广可能会进一步加速电子支付的普及,同时也可能对现有电子支付平台形成竞争压力。

2. 技术创新与架构演进

我国电子支付系统已进入"自主可控、技术输出"的新发展阶段,技术架构呈现三大特征:分布式技术、生物识别技术和智能风控体系。作为行业标配的分布式技术,支付宝的 OceanBase 数据库和微信支付的 TDSQL 系统均实现每秒 30 万笔以上的交易处理能力;生物识别技术已深度集成,指纹/人脸支付占比达 65%,误识率控制在百万分之一以下;智能风控体系持续升级,基于机器学习的实时风险识别系统将欺诈损失率控制在 0.003% 以下。中国银联的"云闪付"平台更创新性地采用"支付标记化＋区块链"技术,实现跨机构交易的全链路可追溯。

3. 监管体系与标准建设

我国电子支付监管的典型特征是"创新包容与风险防范并重",已构建起多层次监管框架:法律层面,《电子商务法》《电子支付指引(第一号)》形成基础制度保障;标准层面,发布《非银行支付机构网络支付业务管理办法》《移动支付技术规范》等行业标准;监管工具方面,建成"网联清算平台"实现全行业支付数据的集中监控。国家外汇管理局数据显示,这套监管体系使跨境支付异常交易识别率提升至99.2%,同时保障了支付机构创新空间。近年来,数字人民币(e-CNY)试点稳步推进,截至2023年底,试点场景已超800万个,累计交易额突破2.5万亿元,形成与私营支付工具互补发展的格局。

9.2.3 银联支付系统

银联支付系统是中国银联(China UnionPay)为满足消费者支付需求联合商业银行构建的银行卡交易基础设施,属于底层清算网络,其核心职能是实现跨行交易转接、资金清算和风险管控,覆盖线下POS、ATM、线上支付、移动支付(如云闪付)等全渠道场景,是中国最重要的银行卡支付网络。该系统于2002年由中国人民银行批准成立,旨在实现国内银行卡的互联互通,并逐步拓展至全球市场。2005年,银联推出了全国统一的银行卡支付系统,成为国内银行卡交易的核心平台。银联支付系统的发展经历了三个阶段:国内联网通用阶段(2002—2010年):实现国内银行间POS和ATM的跨行交易;国际化拓展阶段(2011—2016年):推动银联卡在海外市场的受理,覆盖全球180多个国家和地区;开拓创新阶段(2017年至今):发展移动支付(如云闪付)、二维码支付,并与国际卡组织(Visa、Mastercard)展开竞争。

中国银行业协会日前发布的《中国银行卡产业发展蓝皮书(2024)》显示,截至2023年末,我国银行卡总发卡量达95.6亿张,同比增长2.8%。2023年全年银行卡交易5 310.9亿笔,同比增长17.5%,实现交易金额1 073.9万亿元,同比增长3.0%。

9.3 电子支付的主要类型及支付流程

随着信息技术的迅猛发展,电子支付已经成为现代经济活动中不可或缺的一部分,提高交易效率的同时降低了交易成本,也改善了消费者的购物体验。

在数字经济时代,电子支付凸显了其重要性。首先,它使得人们在日常生活中更方便地消费,促进了无现金社会的进程。其次,电子支付为商家提供了更多的销售渠道,支持在线购物和跨境交易的发展。此外,消费者因为电子支付的安全性和便捷性对交易的信任增强,进而推动了整个市场的繁荣。

电子支付的类型主要有六种：第三方支付平台、电子支票、电子钱包、电子现金、信用卡支付和智能卡支付。

9.3.1 第三方支付平台

第三方支付平台是指独立于银行与商户的一种支付解决方案。这些平台通过技术整合，提供便捷、安全的资金转移、交易担保与数据服务等支付服务，满足个人和企业在购买商品或服务时的需求。其功能主要包括在线支付、移动支付和跨境支付等。第三方支付平台能够通过安全的支付接口，简化交易流程，提升用户体验，同时降低商家的交易成本。此外，这些平台可以提供交易记录、退款处理和客户服务等增值服务，为用户和商家提供全面的支付解决方案。

我国第三方支付平台的概念是由阿里巴巴集团的马云在2005年瑞士达沃斯世界经济论坛上首先提出的。根据央行年度的《支付体系运行总体情况》统计，中国第三方支付业务交易规模从2016年的99.27万亿元增长至2022年的337.87万亿元，6年复合年增长率（CAGR）为22.6%。预计到2028年，第三方支付交易规模将达到644万亿元，未来5年CAGR约为13.82%。

截至2023年12月底，支付宝和财付通（主要产品包括微信支付和QQ钱包）在中国移动支付市场的交易规模分别为118.19万亿元和67.81万亿元，合计占据市场总份额的94%以上。具体来说，支付宝的市场份额约为54.5%，而微信支付约为38.8%。

主要的第三方支付平台有：

1. 支付宝

作为担保型的第三方支付平台，支付宝在中国市场占据主导地位，在全球影响力不断扩大。它不仅提供支付服务，还包括理财、贷款和社交功能，深受用户喜爱。在改变人们支付方式的同时，也促进了电子商务的发展。

支付宝于2004年由阿里巴巴集团创立，最初旨在为淘宝电商平台提供安全的支付解决方案。随着新技术的涌现和移动支付需求的增加，支付宝不断进行技术创新与服务扩展，逐渐演变成一个全面的金融服务平台，并打造出强大的安全风控引擎，目前已发展到第五代风控引擎AlphaRisk模型。2005年，支付宝实现了用户注册数的突破，成为中国最大的在线支付平台之一。2011年，支付宝推出了移动端应用，极大地方便了用户在手机上进行交易。2013年正式发布"支付宝钱包"，2016年，首次推出集五福活动，2022年小程序收藏动态上线，2024年内测一项名为"兴趣社区"的社交功能，2025年4月最新版支付宝将首页切换地区到境外，就可以在收付款中看到"境外NFC"了，可以在支持Master卡触碰支付的境外商户使用。

2. 首信易

首信易（PayEase）支付是网关型第三方支付平台，由北京市政府主导发起，成立于 1998 年，自 1999 年 3 月开始运行，是中国首家实现跨银行跨地域提供多种银行卡在线交易的网上支付服务平台，2003 年即获得跨境支付牌照，成为首批服务国际贸易的持牌机构。支持全国范围 23 家银行及全球范围 4 种国际信用卡在线支付，拥有千余家大中型企事业单位、政府机关、社会团体组成的庞大客户群。

首信易深耕教育、会展、跨境电商三大领域，面对支付宝国际版（Alipay＋）和空中云汇（Airwallex）的竞争压力，正推进三大战略转型：技术升级、生态开放和数字人民币应用。

3. 微信支付

微信支付是中国科技巨头腾讯公司推出的基于微信社交生态构建的综合性支付平台，自 2013 年正式推出以来，成为中国消费者日常生活中不可或缺的一部分，并迅速成长为全球领先的移动支付服务商。微信支付极大地改变了传统支付方式的格局，它不仅支持个人之间的转账、购物支付，还可以用于线下商户的扫描支付。截至 2023 年，微信支付年交易规模超 100 万亿元，日均交易笔数达 24 亿笔。其核心竞争力源于与微信生态的深度整合——通过小程序、公众号、企业微信等入口，触达餐饮、零售、交通等几百个生活场景，形成"社交＋支付＋服务"的闭环生态。

微信支付国际版（WeChat Pay）通过"本地钱包＋跨境服务"模式与境外银行直连，拓展全球市场。

4. PayPal

作为全球最早的在线支付平台之一，PayPal 提供安全、便捷的支付服务，支持多种货币交易。跨境支付平台专注于国际资金流转，解决汇率波动、合规审查等复杂问题。

PayPal 成立于 1998 年，最初作为 Confinity 公司的一部分，是全球最早的在线支付平台之一。2000 年，Confinity 与埃隆·马斯克创立的 X.com 合并。2001 年，X.com 更名为 PayPal，并专注于电子支付服务。2002 年，PayPal 在纳斯达克上市，并在同年被 eBay 收购，成为其主要支付解决方案，进一步推动了其全球扩张。

PayPal 的工作原理是用户先创建一个 PayPal 账户，绑定自己的银行账户、信用卡或借记卡。当用户进行在线购物或转账时，无需分享其银行信息，只输入收款方的电子邮件地址或手机号码，系统便会自动完成支付，资金从用户的 PayPal

账户中扣除,其加密技术确保交易的安全,增强了交易的隐私保护。此外,PayPal还支持"单击支付"功能,使得重复支付变得更加便捷。

2023 年 PayPal 处理交易额达 1.4 万亿美元,覆盖 200 多个国家和地区,支持 100 多种货币交易,活跃账户数超 4.3 亿。其核心优势在于跨境支付解决方案,占据全球跨境电商支付市场 38% 的份额(Statista 数据),尤其在美国、欧洲等成熟市场渗透率超过 60%。在技术架构上,采用分布式系统与混合云部署,峰值处理能力达 4 万 TPS(交易/秒),端到端交易延迟控制在 500 毫秒以内。

5. Stripe

Stripe 成立于 2010 年,专注于为企业提供灵活的支付解决方案,特别适合在线业务和开发者。Stripe 提供灵活的 API,可以帮助商家轻松集成支付功能,支持全球交易。其功能主要有:支持信用卡、借记卡、数字钱包等多种支付方式;强大的 API 和开发者工具;提供订阅管理和市场支付等功能,适合需要周期性收费的企业使用。

Stripe 主要面向中大型企业和开发者,适合需要高度定制化支付解决方案的在线业务。例如,电子商务平台、软件即服务(SaaS)公司等。

6. Square

Square 成立于 2009 年,最初以其便捷的移动支付解决方案而闻名,后来扩展到各种商业服务。Square 不仅提供支付处理及相关硬件设备,还帮助商户提升支付效率。其主要功能有:适合实体店和移动销售使用的 POS 系统;直接与硬件设备(如信用卡阅读器)集成;提供可以帮助商家了解销售趋势和顾客行为的分析工具。

Square 更倾向于服务小型企业和个体商户,尤其是那些希望快速上手并且不需要复杂技术支持的商家。从餐饮业到零售业,Square 为各种行业的企业提供了方便的支付解决方案。

9.3.2 电子支票

电子支票(Electronic Check,e-Check)是一种数字化的支付工具,允许个人和企业通过电子方式支付和收款。其功能与传统纸质支票类似,但在处理速度、便利性和安全性等方面具有显著优势。电子支票依托金融信息网络和数字签名技术,将支票的付款人、收款人、金额、日期等关键信息以数据形式存储,并通过安全协议完成资金划转。电子支票的主要功能包括:便捷性:用户可以随时随地通过互联网或移动设备发起交易,无需前往银行或邮寄纸质支票;即时处理:电子支票的交易处理速度较快,通常能够在几分钟内完成,从而缩短资金周转时间;安全性:由于采用加密技术,电子支票在传输过程中的安全性得到了有效保障,减少了欺诈的风险;记录保存:电子支票的交易记录可以自动生成和存储,方便用户进行账务管理和审计。

电子支票的核心特点包括数字化处理、高效清算、高安全性以及法律合规性。支付是以密码方式传递的,多数使用公用关键字加密签名或个人身份证号码(PIN)代替手写签名。具体支付流程如图9-1所示:

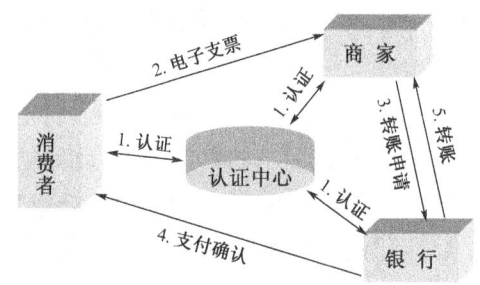

图9-1 电子支票支付流程

详细过程为:1. 所有参与主体去认证中心认证(认证不是同步,为了简化流程故都设为第1步);2. 消费者通过网银或专用软件填写电子支票信息,并使用数字证书或生物特征完成数字签名后向商家发送电子支票;3. 商家向银行发送转账申请;4. 银行系统核验数字签名、账户余额及支票真伪;5. 银行向商家转账,并生成电子回执。

9.3.3 电子钱包

电子钱包(E-Wallet)亦称为数字钱包或虚拟钱包,是一种基于数字化技术的支付工具,允许用户通过智能终端(如手机、电脑、可穿戴设备)存储如信用卡、预付费卡、数字代币等支付信息并完成交易。其主要功能包括:支付功能、资金管理、促销和奖励以及安全存储。核心特征有:无卡化支付、多场景覆盖、账户集成性和高效便捷性。

电子钱包的主要分类有:

银行系电子钱包:由商业银行开发,侧重账户安全与金融合规,如中国工商银行的"工银e支付"。

第三方支付钱包:由非银行机构运营,依托电商、社交等生态场景提升用户黏性,如支付宝、微信支付等。

基于硬件的电子钱包:这类电子钱包使用专门的硬件设备,如智能卡或USB设备,来存储用户的支付信息。硬件电子钱包通常提供更高的安全性。

在线电子钱包:用户可以通过浏览器访问的云端服务,这些服务允许用户在任何有网络的地方进行交易和管理资金,如PayPal和Google Wallet。

加密货币钱包：专门用于存储和管理加密货币的电子钱包，可以是软件钱包或硬件钱包，支持比特币、以太坊等各种加密货币的交易和存储。

封闭式电子钱包：限定于特定场景使用，如校园卡电子钱包、交通卡电子钱包等。

9.3.4 电子现金

电子现金(E-Cash)也称数字现金，是一种以数据形式存储和流通的货币，它把现金数值转换成一系列的加密数据序列，通过这些序列数来表示现实中各种交易金额的币值。其核心特征包括数字化形态、匿名性与隐私保护、可离线支付和小额支付适用性。

电子现金的运作依赖于多种技术，主要包括加密技术、区块链技术和智能合约。加密技术确保了交易的安全性，保护用户的隐私；区块链技术则提供了一个去中心化的账本，确保交易的透明性和不可篡改性；智能合约则允许在特定条件下自动执行交易，进一步提升交易效率。电子现金主要有以下几种类型。

银行系电子现金：由商业银行或央行发行，如数字人民币(e-CNY)；

基于区块链的电子现金：强调去中心化和匿名性，如比特币(Bitcoin)、门罗币(Monero)等加密货币；

智能卡电子现金：存储在芯片卡或 SIM 卡中(如香港的"八达通"、欧洲的"GeldKarte")；

软件型电子现金：依赖特定 APP 或数字钱包(如早期的 DigiCash)。

软件型电子现金支付的常用流程如图 9-2 所示：

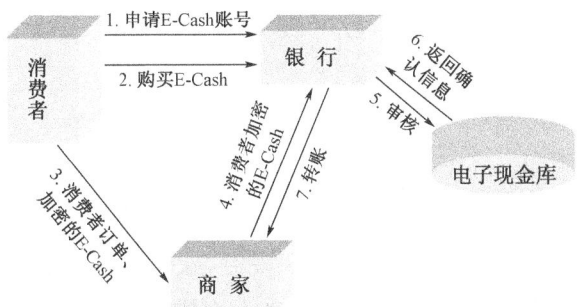

图 9-2 电子现金支付流程

详细过程为：1. 消费者去有电子现金业务的银行申请 E-Cash 账号，银行返回账号信息；2. 消费者购买 E-Cash；3. 消费者将订单及加密的 E-Cash 发送给商家；4. 商家保留消费者订单，同时将消费者加密的 E-Cash 发送给银行；5. 银行去电子现金库核对 E-Cash 信息；6. 无误后，电子现金库返回确认信息；7. 银行转账至商家账户。

需要注意的是,电子现金的使用和手头持有的银行卡没有关系,即使手上持有某银行的银行卡,若想使用该银行的电子现金,仍然需要在该银行申请 E-Cash 账号。另外,如果想使用电子现金,必须去有电子现金库的银行申请开户。

如果有两家银行,且其中一家有电子现金库,另一家没有,这种情况下,支付流程应该如何呈现?如果两个银行都有电子现金库,支付流程图又该如何呈现?

9.3.5 NFC 手机支付系统

NFC(Near Field Communication)技术即近场通信技术,是由飞利浦半导体公司和索尼公司于 2003 年研发的一项短距离无线连接技术。为了推动 NFC 技术的发展和普及,早在 2004 年,诺基亚、索尼和飞利浦三家公司联合创立了一个非营利性的标准组织——NFC Forum。目前苹果、三星、诺基亚、华为等手机制造商均是该组织的成员。基于 NFC 技术的支付系统以安全性高、支付速度快等特点成为最具发展前景的支付手段之一。2016 年 2 月 18 日,基于 NFC 技术的 Apple Pay 正式在中国大陆上线,迅速掀起了一阵用户体验的热潮,上线前两天通过 Apple Pay 绑定的银行卡数量就超过 300 万张。随着 Apple Pay 的登陆,另一手机巨头三星公司的 Samsung Pay 也于 2016 年 3 月 29 日正式登陆中国。与此同时,中国的手机厂商小米、华为、联想也纷纷计划推出自己的 NFC 支付系统。截至 2025 年,安卓手机中搭载 NFC 功能的机型占据绝大多数市场份额,成为消费者购买时的首选配置。支付宝"碰一下"支付功能于 2024 年 7 月推出,支持手机熄屏状态下完成支付,优化了老年人、外籍人士等群体的使用体验;浙江"浙里办"APP 支持 NFC 读取电子身份证。

9.4 电子支付的安全问题

电子支付以网络为平台,指的是电子商务交易中的当事人所进行的资金流转。这种支付方式方便快捷,而且成本较低,所以在电子商务中得到了广泛应用,为用户带来了较大便利。随着电子商务的发展,我国电子支付产业也有了较大进步。淘宝等电子商务网站不断涌现,相应的网上银行、支付宝的应用程度也逐渐加深,推动了我国电子商务市场的发展。伴随着生活水平的不断提高,我国网购市场的交易额也不断增加,保持着持续增长的趋势。电子支付虽然有很多优点,但依旧存在一些亟待解决的问题,其中最主要的就是安全支付问题。由于电子支付以网络为平台,而网络的无序性、复杂性又使很多用户对电子支付存在一定顾虑,担心电子支付会损害自身的财产安全。据《第一财经日报》报道,某支付机构泄露了超千万张银行卡的信息,给多家银行、用户造成了巨大损失。因此,如何提高电子支付的安全性成为各电子支付企业技术人员、管理人员面临的重大问题。

9.4.1　电子支付市场秩序规范问题

随着电子商务产业的不断发展,各种第三方支付企业纷纷涌现,银行业大力开展自身的网上银行业务,为电子商务的稳定发展提供了条件。电子支付市场的繁荣使用户所能采用的支付方式也变得更加多样化。但是在实际情况中,电子付市场的产业环境并不明朗,存在着许多亟待解决的问题。虽然我国电子支付方面的法律法规不断完善,但是整体而言,并没有明确规定电子支付的权利和义务,在服务权益、网络消费方面的管理规范也还存在较多缺陷,致使电子支付企业的经营缺乏一定规范性,不能有效保护用户的隐私。第三方电子支付企业的资质与能力、电子支付中的举证、认定等问题逐渐凸显,若不及时解决,将会影响电子支付市场的正常发展。此外,在信息报告、信息跟踪等环节的规范方面,也存在一定不足,在这种情况下,很难确保电子支付能够安全进行。

9.4.2　电子支付信息泄露问题

电子支付以账号和密码等个人信息为基础。随着电子支付率越来越高,电子支付中个人信息的安全问题引起了广泛关注。用户个人信息泄露的因素较多,主要包括黑客截取互联网传输中的交易信息,黑客利用网络进行监听,使用木马对用户的账户信息进行盗取等。之后黑客利用盗取的用户信息进行买卖,或者采用转账等方式非法牟利。用户的账户密码是进行电子支付的基础条件,如果账户密码、身份证号等重要信息被黑客盗取,将直接威胁到用户的财产安全。

基于网络的无序性,电子支付的过程中存在着较多的隐患,一些用户在点击支付界面时,稍不留神便可能点进一些木马页面,这些页面表面上虽然与正规页面差异不大,但是会造成用户信息泄露,如果用户在这些危险页面中完成支付,便很可能泄露自身的账号、密码信息。在这种情况下,如果这些信息被黑客或不法分子窃取,就会给用户财产带来安全威胁,损害消费者的权益。一些杀毒软件虽然能识别、阻断一些木马程序,但是不能有效阻断部分技术含量较高的木马程序,而且很多用户的安全支付意识不强,这就造成了电子支付安全隐患,所以如何解决电子支付的信息泄露问题成为当前的重大挑战。

9.4.3　电子支付法律定位问题

目前,我国关于电子支付方面的法律法规也在不断完善。我国出台了包括

《电子认证服务管理办法》《电子签名法》《关于加快电子商务发展的若干意见》《关于规范银行业金融机构发行预付卡和电子现金的通知》等多项法律法规。这些法律法规的出台虽然起到了一定作用,但仍存在较大缺陷,并没有对电子支付进行准确定位,难以有效维护用户的支付安全。各类电子支付方面的法律法规缺乏协同性,虽然在覆盖范围等方面满足基本要求,但是在细节方面却有所不足,在出现电子支付纠纷问题时不能很好地为用户提供帮助。一些电子支付法律缺乏相应的案例,在这种情况下,若出现电子支付方面的法律诉讼,将会对诉讼的进行以及判决带来不利影响,严重影响诉讼效率。例如,《银行卡业务管理办法》虽然对各类信用支付工具进行了规定,但没有明确当事人的权利和义务,没有规定一些未经授权的电子资金交易主体应承担的责任,所以难以有效确保用户的利益。

9.5 电子支付的未来发展趋势

9.5.1 整顿电子支付市场环境

9-3 云阅读

电子商务的持续稳定发展需要以健康规范的电子支付市场为基础,如果电子支付市场存在各种风险隐患,将会导致电子支付的用户不断减少,进而影响电子商务的正常发展,所以加强对电子支付市场的整顿至关重要。电子支付市场的整顿需要各方面的力量:银行须结合自身实际情况做好相应电子支付安全维护工作,完善支付安全体系;第三方电子支付平台也须建立完善的安全支付体系,加强对用户利益的保护;政府部门须加强对电子支付市场的规范化管理,完善《支付清算组织管理办法》《电子支付指引》等法规政策,全方位提高电子支付市场的规范度,加强对支付清算行为的监管,做好各类金融风险的防范工作,推动电子商务的健康发展。

9.5.2 规范电子商务准入机制和 CA 认证机制

电子支付中各类信息的真实性和准确性影响着电子支付的安全性,所以为了更好地提高电子支付的安全性,完善相应的电子商务认证机制至关重要。我国具有多种认证系统及产品,包括入侵容忍 PKI 系统、PMI 权限管理系统、电子证书认证系统、CA 认证系统。这些认证系统和产品在银行业务中都得到了广泛应用,但是依旧存在着各种认证信息之间互联互通的问题。很多认证机构都缺乏法律规范的约束,而且缺乏全国最权威的商务认证机构。在这种情况下,各认证机构都较为分散,所颁发的认证证书也有所差异,不能得到全方位的认可,这样将不利于各企业和个人之间的电子交易。因此,有关部门必须对实际情况进行合理分析,完善电子商务的准入机制以及 CA 认证机制,对各类认证规范、认证证书进行统一管理和完善,这样才能更好地确保电子商务的健康运作,提高电子支付的安全性。

9.5.3 完善电子支付市场的监管体系

目前我国电子支付市场缺乏完善的监管,一些第三方电子支付企业在处理大规模的资金流时,很容易产生吸收存款等不良行为,进而降低电子支付的安全性。因此,完善电子支付监管体系有着重要作用。有关部门必须实时监测大规模资金流的电子支付,完善相应的反洗钱系统,并加强对账户的管理。此外,还要完善资金结算账户管理系统,对电子支付行为以及各项数据资料进行实时监测与管理,做好信息核对工作,更好地提高电子支付的安全性。

9.5.4 利用数据加密技术

数据加密技术是提高电子支付安全性的重要途径,也是确保信息保密度的有效方法,所以合理利用数据加密技术对提高电子支付安全性有着重要作用。数据加密技术主要包括对称加密技术以及非对称加密技术。对称加密技术的加密以及解密过程都是通过同一密钥来进行的,通信双方均需了解相应的密钥,且不可泄露,这样才能确保加密效果。非对称加密则有一个公开密钥和一个私有密钥,若采用公开密钥进行加密,则需通过私有密钥进行解密,相反亦如此,这样能够较好地提高电子支付的安全性。因此,为了提高电子支付的安全性,缩小电子支付的泄密范围,加固信息的保密程度,合理应用数据加密技术必不可少。

9-4 云阅读

9-5 云习题

第10章 大数据与物流

10.1 大数据的定义与特点

10.1.1 大数据的定义

随着信息技术的迅速发展,数据的产生和积累呈现出爆炸式增长的趋势,涵盖了社交媒体、传感器、交易记录、视频内容等多种类型的信息。在超大数量、极快速度和多样性环境中产生的数据集合,通过传统的数据处理方法难以有效处理。其定义经历了从量变到质变的三次范式转移。

1. 技术定义

大数据的"技术定义"聚焦于数据处理的工程技术特征,其核心框架经历了从体量(Volume)、速度(Velocity)、多样性(Variety)基础 3V 模型到真实性(Veracity)、价值密度(Value)、黏性(Viscosity)、时效性(Volatility)、合规性(Validity)多维拓展的演进,反映了技术发展对数据形态的持续解构与重构。

2. 价值定义

大数据的价值定义已超越传统生产要素的"使用价值"范畴,大数据演变为连接物理世界与数字空间的价值转化器。价值创造的四大核心机制有:价值密度重构、场景化价值萃取、网络效应增值和衍生价值创造。

3. 大数据系统的定义

大数据的系统定义突破了传统数据处理的工具论视角,将数据流动、计算架构与价值创造视为自组织的智能生态系统。六大核心组件有数据采集与治理、分布式存储体系、混合计算引擎、数据安全体系、智能运维系统和价值释放接口。

大数据的核心在于如何从海量的数据中提取有价值的信息,帮助组织和个人做出更好的决策。

10.1.2 大数据特点

1. 达到规模效应的体量

大数据的体量指的是数据的规模和数量,通常以 TB(太字节)、PB(拍字节)

等单位来表示。随着互联网和物联网设备的普及,每天产生的数据量都在以指数级增长。全球数据总量每两年翻倍,预计 2025 年将达 175ZB(相当于 1.75 万亿部高清电影);当数据规模跨越"计算—存储—处理"临界点(如 PB 级),则会引发从量变到质变的突破。

2. 革命性重塑的速度

速度描述了数据生成和处理的时间。现代技术使得数据能够实时生成和实时分析,这对企业的决策和反应能力提出了更高的要求。如,纽约证券交易所每秒处理百万级交易数据,延迟控制在微秒级的流数据范式;特斯拉自动驾驶系统实时处理 8 个摄像头每秒 1GB 的数据,决策响应时间<100 ms 的边缘计算正在崛起。

3. 数据形态的多样性

大数据的多样性表现在数据来源和数据类型的多元化。数据不仅包括数据库中表格数据等结构化数据,还包括文本、图片、视频等非结构化数据,甚至包括 XML、JSON 格式的半结构化数据。

除此之外,多模态融合也是大数据多样性的表现,如抖音算法整合视频内容、用户交互与地理位置数据,构建千人千面的推荐模型。

4. 数据炼金术般的价值

价值是指从大数据中提取和利用信息所产生的经济效益和社会价值。虽然大数据的体量庞大,但只有通过有效分析和挖掘,才能真正实现其潜在价值。

价值分布的幂律特征:在地震预警系统中,99%的传感器数据无价值,但 1%的关键数据可挽救数万生命;价值萃取技术栈:谷歌 Knowledge Vault 通过概率图模型,从万亿网页中提取结构化知识。

5. 数据真实性的挑战

真实性强调数据的准确性和可信性。在大数据环境中,数据的质量变得尤为重要,因为不准确或不可靠的数据可能导致错误的判断和决策。噪声过滤:社交平台谣言识别系统需在每秒百万条信息中辨别真伪;偏差修正:人脸识别数据集需平衡种族、性别分布以避免算法歧视;溯源认证:区块链技术在供应链金融中确保数据不可篡改。

从图灵机到 GPT-4,人类正站在数据文明的奇点上。大数据的本质特征决定了它不仅是技术工具,更是认知世界的全新模式。在元宇宙、量子计算与 AI 技术的融合浪潮中,大数据将演化为连接物理世界与数字空间的"元语言"。未来的竞争,将是数据定义权、解释权与应用权的多维博弈——唯有建立技术、伦理与治理的平衡之道,才能让大数据真正服务于人类文明的跃升。

10.2 物流行业的现状与挑战

10.2.1 市场格局:规模扩张与结构分化并存

1. 总量增长与区域失衡

近年来,随着电子商务的迅猛发展和消费者需求的多样化,物流行业的市场规模不断扩大。相关数据显示,2023 年,全球物流市场规模达 10.2 万亿美元,2025 年预计超过 12 万亿美元。2023 年,中国社会物流总额突破 300 万亿元(中国物流与采购联合会数据),同比增长 5.2%,占全球物流市场规模的 30%,中国稳居全球最大物流市场。但区域发展呈现显著分化:

东部领跑:长三角、珠三角地区物流效率比中西部高 40%,基础设施密度达全国平均的 2.3 倍。

中西部追赶:受益于"一带一路"政策,郑州、成都等内陆枢纽城市物流增速达 15%,但公路运输成本仍比东部高 25%。

冷链洼地:东部冷链覆盖率超 80%,而西部重点城市仅达 45%,农产品损耗率相差 10 个百分点。

2. 运输方式的结构性调整

2023 年公路运输货运占比量仍以 73.5% 占市场份额主导,但铁路货运量占比提升至 9.8%,大宗货物铁路运输比例达 65%,中欧班列年开行量近 2 万列,时效较海运缩短 70%。航空物流因跨境电商驱动,高附加值货物运输量年增 18%,顺丰航空机队规模突破 100 架。水路运输在煤炭、铁矿石等大宗商品领域保持 10% 份额,长江黄金水道年货运量达 35 亿吨。

3. 竞争格局的集中化趋势

快递行业 CR3(前三企业集中度)超 50%,顺丰、中通、韵达通过智能化分拣中心建设,分拣效率提升 2 倍。而在公路零担物流领域,头部企业市占率不足 5%,满帮集团通过车货匹配平台整合超 800 万辆运力,降低空驶率至 30%。

10.2.2 我国"最后一公里"配送模式

在数字经济与消费升级的双重驱动下,"最后一公里"配送已成为物流行业的核心战场。这一环节不仅占物流总成本的 30% 以上,更是用户体验的关键点。从繁华都市到偏远乡村,从传统人力到无人机化机器,我国"最后一公里"配送模式正经历技术革新与生态重构的深刻变革。

1. 技术驱动下的智能化跃迁

（1）无人配送的规模化落地

无人车：截至 2024 年，全国近 80 个城市部署超 6 000 台无人配送车，京东"袋鼠无人车"实现室内外一体化配送，效率提升 3 倍。

无人机：顺丰在四川山区开通无人机航线，单程运输时间从 6 小时压缩至 30 分钟，覆盖 200 余个偏远村落。

机器人：美团"福袋"送餐机器人通过激光雷达与电梯交互技术，实现楼宇内"末端 100 米"无人配送，日均处理订单近 5 000 单。

（2）数据与算法的深度赋能

动态路由优化：菜鸟网络 AI 调度系统整合实时路况、天气等数据，将城市配送时效波动系数降至 0.12。

需求预测模型：拼多多通过中转集运模式，利用大数据预测西部订单流向，使物流成本降低 40%。

区块链溯源：蚂蚁链实现物流全链路数据上链，纠纷处理时效缩短至 2 小时。

2. 创新协同与区域平权实践

（1）城乡共配

①城市配送的集约化改革

广饶县通过"统仓共配"模式，整合 6 家快递企业资源，将"县—乡—村"三级配送简化为"县—村"直达，运营成本降低 30%，配送时效提升至半日达。其经验已入选全国"快递进村"典型案例，推动 350 个村级服务站全覆盖。

②西部"包邮平权"的破局

政策赋能：商务部推动农村电商高质量发展，拼多多、京东等平台通过中转集运仓模式，承担西部物流中转费，实现西藏、青海等地区"包邮"。

基础设施升级：甘肃天水通过"集运＋产地仓"模式，将苹果等农产品物流成本从 20 元/千克降至 5 元，销量增长 100%。

（2）众包配送

模式主要通过美团、达达等平台整合社会闲散运力，实现灵活调度。成本降低 20%，但需解决服务质量管控与保险覆盖的问题。如人人快递平台通过共享经济模式，覆盖即时配送需求，但合规性争议尚存。

（3）农产品上行的双向通道

广饶县打造"乐安甄选"区域品牌，通过直播电商与智慧物流结合，推动驴肉、草莓等特产直连全国市场，年销售额突破 10 亿元。

3. 绿色与循环模式

(1) 新能源配送

目前,顺丰新能源车占比达 30%,单公里成本下降 40%,但续航瓶颈限制长途干线应用。面临的挑战是充电设施覆盖率不足,农村地区尤甚。

(2) 绿色包装与回收

京东"青流计划"推广可降解包装,但成本为传统材料的 3 倍,回收率不足 20%,解决策略是通过政策推动多地试点包装循环利用体系,通过押金制提升回收率。

10.2.3 物流行业的挑战与困局

1. 全球供应链不稳定

全球供应链的不稳定性成为行业发展的主要障碍。例如,地缘政治冲突、自然灾害以及全球疫情等因素,均可能导致运输路线的中断或延误,影响各个环节的运作效率和客户体验,从而影响企业的运营效率。供应链的不稳定性还可能导致货物延迟交付,从而影响客户的满意度和品牌形象。如中美航线运价波动系数在 2023 年达 0.45,较疫情前增长 2 倍;中欧班列因俄乌冲突改道,运输时效延长近 15 天。跨境数据流动的合规成本占物流企业营收的 3%～5%。

此外,日趋严格的环境保护法规要求物流企业在追求效率的同时,必须考虑其运营对环境的影响。如何在减少碳排放、遵守环保法规的前提下保持高效运营,成为行业的一大难题。

2. 成本与效率存在剪刀差

物流成本不断增加,尤其是在燃料价格波动、劳动力成本增加以及原材料价格上涨的背景下,如何控制成本成为企业的一大难题。这不仅影响了企业的利润空间,也使得服务价格难以保持竞争力。

成本的增加迫使企业不得不提高服务费用,这可能导致客户流失,进而影响企业的市场份额和竞争力。同时,环保要求的提升也会使得一些小型企业因资金不足而无法达标,进一步加剧行业竞争格局。尽管社会物流总费用与 GDP 比率降至 17.9%,但绝对成本攀升 14.9%,燃油成本占比从 25% 增至 32%。快递单价虽上涨 15%,但人力成本年均增幅达 12%,末端网点利润率不足 3%。

3. 技术投入与收益周期匹配度低

智能仓库建设成本回收周期达 5～8 年,中小企业数字化渗透率不足 30%。联邦学习等隐私计算技术使数据处理延迟增加 50%,制约实时决策能力。

(1) 技术投入的财务风险

智能仓库的建设初期通常需要巨额投资,包括硬件设备的投入和软件系统的投入、基础设施的改造。这些投资虽然可以提升仓库的自动化和智能化水平,从而提升运营效率,但初期的资本支出往往导致企业在短期内处于财务压力之下,企业可能会面临投资回报的巨大压力。企业短期内的财务指标如净利润、现金流等可能无法达到预期,企业在追求短期盈利的同时,可能会忽视或削弱对智能仓库长期战略价值的投入,形成短视行为。这种短期与长期之间的矛盾,可能会影响到企业的整体发展战略,导致资源配置不合理,最终影响企业的市场竞争力。如联邦学习等隐私计算技术使数据处理延迟增加50%,实时决策能力受限;第一代Hadoop系统向云原生架构迁移的改造成本高达原有投资的60%。

(2) 智能化落地的现实困境

智能仓库实施过程中的技术挑战:智能仓库的建设依赖于高端技术的支持,包括自动化设备、物联网、人工智能等。然而,这些技术的集成与实现往往面临许多困难。例如,现有的仓储管理系统与新引入的智能设备之间可能存在兼容性问题,导致数据流通不畅,从而影响整体运作效率。甚至有些动态路径规划模型在极端天气下会出现失效现象,仍需人工干预。此外,技术更新迭代迅速,出现人机协同的信任危机,如L4级自动驾驶卡车事故责任归属不明确,法律空白制约商业化进程。

(3) 数据安全与伦理挑战

① 个人隐私与公司数据使用之间的伦理问题

在智能仓库中,涉及大量个人数据的收集与使用,包括员工的日常表现、消费者的住址及购买行为习惯等。这些数据对优化仓库管理和提升运营效率具有重要意义,但也引发个人隐私保护问题。如何在利用数据提升业务决策能力的同时保护个人隐私,成为企业面临的一大挑战。数据未经授权使用可能会导致法律责任,甚至损害公司形象。因此,企业需谨慎处理个人数据,确保在遵循相关法律法规的前提下收集与使用数据,并获得必要的用户同意。此外,企业还应在内部建立透明的数据使用政策,以增强员工和消费者对企业的信任。

② 智能仓库数据收集与存储的安全隐患

大量数据的实时收集与分析保障了智能仓库的有效运行,这包括库存水平、订单处理、出库效率等信息的收集与分析。然而,这些数据的收集与存储也伴随着诸多安全隐患。一是网络攻击的风险显著增加,黑客可能通过入侵智能仓库系统,获取敏感数据,甚至操控仓库的运营。二是数据存储过程中可能存在物理安全隐患,如设备故障或自然灾害导致的数据丢失。三是数据在传输过程中也可能受到拦截或篡改,给企业带来严重的财务损失和声誉危机。因此,企业在建设智能仓库时,必须高度重视数据安全,采取多种防护措施,保障数据的完整性和保密性。

4. 绿色转型的进退维谷

在全球气候变暖和环境问题日渐严峻的背景下,物流行业绿色转型面临着前所未有的压力。物流行业碳排放占全球总量的10%左右,作为现代经济的重要支柱,物流行业不仅承担着货物运输的重任,而且在能源消耗和污染排放方面发挥着不容忽视的作用。随着社会各界对可持续发展的关注加强,物流企业在追求经济效益的同时,必须面对如何实现绿色转型的挑战。

政府政策和行业标准是推动物流行业向绿色转型的重要因素。各国政府纷纷出台了一系列政策法规,鼓励企业采取环保措施,推动绿色技术的研发与应用。例如,减排目标的设定、对清洁能源的补贴以及对污染行为的严厉处罚,都是促使物流企业加快绿色转型步伐的动力。同时,行业标准的提高也迫使企业在运营中采用更为环保的方式,以满足市场和消费者对可持续性的要求。

然而,物流企业在转型过程中必须克服的重要障碍依然是绿色技术的应用与成本问题。尽管绿色技术(如电动运输工具、智能物流系统等)的应用能够有效降低碳排放和能耗,但电动重卡在干线运输场景的日均有效里程不足传统燃油车的70%,充电设施仅东部地区覆盖率达45%,且初期投资成本相对较高,在技术成熟度、市场接受度等方面也存在诸多不确定性。这使得很多中小型物流企业在进行绿色转型时感到捉襟见肘,难以在保证经济效益的同时承担额外的环保成本。

因此,企业在转型过程中如何平衡经济效益与环境责任,成了一个核心问题。一方面,企业需要考虑市场竞争的压力,确保自身的盈利能力;另一方面,社会责任感的提升和消费者环保意识的增强迫使企业必须承担更多的环境责任。为此,物流企业应积极探索创新的商业模式,例如通过优化运输路线、实施共享物流以及利用AI、大数据和物联网技术提高运营效率,来达到经济与环保双赢局面。

5. 人才与组织的适应性危机

物流行业面临的一系列挑战中,最为突出的便是人才与组织的适应性危机。随着技术的不断进步和市场需求的日益多样化,物流行业的人才短缺现象愈发显著,企业在寻求适应性与灵活性时面临着重重困难。

(1) 物流行业的人才短缺现象

物流行业的快速发展和技术进步一方面让部分岗位需求下降,如自动化仓库普及导致分拣岗位需求下降50%,另一方面使得高需求的专业人才供不应求,如算法工程师缺口相对较大,既懂物流运营又掌握AI技术的复合型人才非常稀缺。

很多企业在招聘和留住高素质员工方面面临诸多挑战。这种人才短缺不仅影响到企业的运营效率,也制约了创新与发展的潜力。

(2) 组织结构的灵活性与适应性问题

除了人才短缺,许多物流企业的组织结构也显示出缺乏灵活性与适应性的问题。在传统的层级结构下,决策过程往往冗长,导致企业在面对市场变化时反应迟缓,传统物流企业数字化转型失败的案例中,绝大部分源于组织架构僵化。

快速变化的市场环境要求企业能够迅速调整战略和运营模式,然而,过于僵化的组织结构使得这一目标难以实现。因此,优化组织结构,提升其灵活性与适应性,将是未来物流企业必须面临的重要课题。

10.3 数据驱动的智能物流网络

数据驱动的智能物流网络作为一种新兴的管理理念和技术应用,正日益成为推动物流行业变革和提升效率的关键因素。

10-1 云阅读

10.3.1 数据驱动物流的定义与重要性

1. 数据驱动物流的定义

数据驱动物流是指企业通过收集、分析和处理数据,更有效地管理其供应链和物流流程,从而优化物流运作、提升服务质量和降低成本的一种物流管理模式。这一模式依赖于大数据、云计算、物联网(IoT)等先进技术,通过实时监控和分析数据,帮助企业做出更加精准的决策。

在智能物流网络中,数据的收集与应用不仅限于运输环节,还包括库存管理、需求预测、订单处理等多个环节。通过对这些数据的深度分析,企业可以实现高效的资源配置、灵活的供应链管理,从而增强市场竞争力。

2. 核心特征

数据要素化:伴随AI、大数据和物联网的快速崛起,数据已成为物流行业不可或缺的核心要素。随着技术的不断进步,物流企业越来越认识到数据的重要性。数据要素化即将数据视为一种独立的生产要素,将运输工具、货物、设施等物理实体转化为标准化数据对象,建立数据资产目录和质量管理体系的过程。不仅可以帮助企业优化运营流程,提高效率,还能为决策提供科学依据。具体实施步骤主要包括数据的采集、存储、分析和应用等。

决策智能化:决策智能化是指在决策过程中,利用先进的算法和数据处理技术,自动化分析和整合多种信息,从而形成更为科学和高效的决策方案。随着信息技术的飞速发展,物流行业面临着越来越复杂的运营环境,传统的决策方式显得力不从心。在此背景下,智能决策的提升决策效率、应对不确定性和优化资源配置等重要性就显得尤为突出。主要的智能化决策有基于机器学习模型的预测性决策和实时动态优化算法应用等。

服务个性化:在当今竞争激烈的物流市场中,提升客户满意度和忠诚度的关键因素是服务个性化。随着技术的不断进步和消费者需求的多样化,企业需要不断调整其服务策略,以满足不同客户的特定需求。物流企业通过收集和分析大量的客户数据,如历史交易记录、购买习惯以及反馈信息,识别出客户的偏好和行为模式,根据分析结果,调整服务内容,提供更加贴合客户期望的服务。这种个性化服务不仅能够提升客户的整体体验,还能增强客户对品牌的忠诚度。

3. 实现决策实时性

实时数据分析为企业决策提供了强有力的支持。传统的决策往往依赖于历史数据和经验,而实时数据分析能够提供最新的市场动态和物流状态,使企业能够在快速变化的环境中做出及时的反应。例如,通过监控运输车辆的实时位置和状态,企业可以及时调整运输方案,确保货物按时送达。这种灵活性不仅提升了客户满意度,也增强了企业在市场中的竞争力。

4. 提升企业竞争力

数据驱动物流不仅优化了企业的内部运营流程,还为其带来了显著的竞争优势。在全球化和数字化的背景下,企业需要通过创新来保持市场领先地位。数据驱动物流能够帮助企业提升运营效率、优化成本结构,同时增强客户体验。这种以数据为核心的运营模式,能够使企业在面对竞争时更具灵活性和适应性,从而在激烈的市场竞争中立于不败之地。

10.3.2 智能物流网络的组成部分

1. 定义智能物流网络

智能物流网络是指在现代物流系统中,通过自动化技术、信息技术和数据分析等手段,形成一个高效、灵活和响应迅速的物流管理体系。该网络利用物联网(IoT)、大数据分析、人工智能(AI)、自动化技术和区块链等先进技术,旨在优化整个供应链的运作,提升运输效率,降低成本,并增强客户体验。智能物流网络不仅仅是物理运输的优化,更是信息流、资金流和物流的全面协调与整合。

2. 智能物流网络的组成

数据采集设备:如传感器、GPS、RFID等,通过这些智能设备的应用,实现对货物、运输工具和仓储环境的实时监控和数据采集,确保信息的即时共享与反馈。数据存储采用数据仓库和数据湖,是用于存储和管理海量数据的基础设施。通过这些平台,企业可以集中管理来自不同来源的数据,方便后续的分析和挖掘。

数据处理与分析平台:结合人工智能和机器学习技术,对采集的海量数据(如运输路线、客户订单、市场需求等)进行分析和挖掘,以识别模式、预测趋势,帮助企业制定更科学的决策,预测未来的需求波动,提高整体运营效率。所用的工具主要有:数据分析软件如 Tableau、Power BI 等,提供了强大的数据可视化功能,帮助决策者更直观地理解数据背后的信息;机器学习和人工智能算法在数据分析中的应用,能够帮助企业识别复杂的数据模式,提升预测的准确性;云计算技术使得企业能够以较低的成本获取强大的计算能力,从而实现实时数据分析。

决策支持系统(Decision Support System,DSS):DSS 可以整合来自不同数据源的信息,基于数据分析结果,并提供可操作的见解,帮助管理者优化资源配置和物流操作。随着全球化和市场需求的快速变化,企业在物流管理中面临的挑战也越来越复杂。因此,能提高决策准确性和效率的决策支持系统的有效性和重要性愈发突出。在降低运营成本的同时提升客户满意度。

信息共享与协同平台:信息交流的枢纽,连接供应链中的不同主体,包括制造商、供应商、物流服务提供商和客户,促进不同环节、不同企业之间的信息共享,实现协同决策、风险管理并提升整体物流效率。应用的主要技术有云计算、AI 和大数据分析等。

人工智能(AI):运用机器学习和预测算法,AI 在需求预测、路线规划、效率优化等多个领域发挥着重要作用。AI 在需求预测方面使得物流公司能够更准确地预测客户需求,从而优化库存管理;在路线规划方面,AI 利用实时交通数据、天气信息以及其他变量,能够快速生成最优配送路线;通过算法计算,AI 能够减少运输时间和成本,同时提高货物的准时交付率;AI 通过自动化和智能决策帮助企业提高物流效率。AI 系统能够实时监控供应链的各个环节,通过数据分析识别潜在的瓶颈和问题,并提供解决方案。

区块链技术:区块链技术通过其去中心化的数据存储方式,使得每一笔交易和货物的运输信息都被记录在区块链上,写入的信息无法随意更改。提供透明、安全的交易记录。区块链技术在货物追踪和交易验证方面的应用,使得物流过程中的每一步都被监控和记录,进行实时追踪。通过货物上的传感器,物流公司可以将实时数据上传至区块链。无论是运输途中还是仓储环节,货物的状态(如温度、湿度、位置)都可以被实时记录和更新。确保货物的可追溯性及交易的安全性,有效提升供应链的信任度。

这些组成部分相辅相成,共同构建起一个高效、智能、灵活的物流网络。

10.3.3　数据在物流优化中的作用

数据在物流优化中扮演着至关重要的角色。首先,通过对过去和实时数据的分析,企业可以识别运输过程中的瓶颈和不必要的成本,从而优化运输路线、提升仓储管理效率,并缩短运输时间、降低运输成本和人力成本。例如,利用智能算法进行路线规划,可以有效减少运输时间和燃料消耗。其次,通过数据分析,企业能够进行精准的需求预测,更好地管理库存,减少滞销和缺货现象。通过这些方式,数据的有效利用使得物流操作变得更加灵活与高效。

10.3.4　案例分析:成功实施数据驱动物流的企业

亚马逊:作为全球最大的在线零售商,亚马逊利用强大的数据分析能力,运用机器学习和人工智能技术,分析历史订单数据、客户行为以及市场趋势,以预测未来的需求变化,并在合适的时间、适当的地点储备相应的商品。这实现了精准的库存管理和高效的配送网络。

亚马逊的仓库管理系统(WMS)集成了自动化拣货机器人和智能货架等先进技术。通过实时数据监控,亚马逊的 WMS 能够及时调整库存量和仓库布局,以适应不同的需求波动。

亚马逊的配送网络是一个复杂而高效的系统,公司利用地理信息系统(GIS)和数据建模,得出最优的配送网络布局。通过分析客户分布和交通数据,亚马逊可以优化配送中心的位置,减少运输距离,提高配送效率。

顺丰速运:作为国内领先的快递与物流服务提供者,在竞争日益激烈的快递市场中,顺丰通过大数据技术,优化了快递的运输路线和时效。核心战略之一是数据驱动的决策。公司利用收集到的海量数据,通过分析客户偏好、市场趋势和运营效率,优化物流资源配置。

顺丰速运在实际运营中实施了先进的智能调度系统。该系统通过实时数据分析,快速响应订单需求,实时跟踪每一个包裹的状态,自动分配配送资源。智能调度系统的运用不仅提升了配送的准确性和时效性,也显著降低了人力成本。

DHL:DHL 作为全球领先的物流公司,展现了如何通过数据驱动的策略来提升运营效率和客户满意度。

DHL 借助物联网技术实时监控供应链的每一个环节,通过传感器和智能设备获取货物状态、位置和环境等实时数据。DHL 借助实时数据动态调整运输过程,提高了物流的透明度和反应速度。例如,当货物在运输途中遇到延迟时,系统会自动通知相关人员,以便及时采取补救措施,从而最小化对客户的影响。

DHL通过实时数据分析深入分析供应链中的每一个环节,这种数据驱动的方法使得DHL能够优化其整体供应链,减少库存成本,并提高订单履行的准确性。还建立预测模型,提前识别市场趋势,帮助客户制定更为精准的采购和库存策略。

未来物流行业发展的重要方向将是数据驱动的智能物流网络。企业通过有效的数据收集与分析,实现更高效的资源配置与决策支持,从而在激烈的市场竞争中立于不败之地。随着相关技术的不断进步,未来的物流网络将更加自动化、智能化,推动整个行业走向新的辉煌。

10.4 数据重构的智能仓储

10.4.1 数据重构的核心理念

10-2 云阅读

在科技不断发展的今天,物流行业正经历着深刻的变革,物流系统中的仓储正逐步从传统模式向数据驱动的智能化方向转型。数据重构为智能仓储带来了前所未有的机遇,它通过整合、分析和挖掘仓储运营中的海量数据,实现了仓储管理的精细化、高效化和智能化,极大地提升了仓储系统的整体性能和服务质量。

1. 数据重构的概念

数据重构是指运用先进的信息技术手段,对智能仓储中分散、异构的数据进行重新组织、分析和优化,构建统一的数据资源体系,从中提取有价值的信息,以使其更加适合特定的业务需求或决策支持,并以此优化仓储运营决策实现智能化管理模式。其内涵主要有:数据整合与统一,即将各类数据整合到统一的数据平台,实现数据集中管理和共享,消除数据孤岛。

数据清洗与预处理,对原始数据进行清洗,去除重复数据、错误数据和噪声数据,然后进行转换和标准化处理和转换,提高数据质量,为后续的数据分析和挖掘提供可靠的数据基础;数据深度分析与挖掘,运用机器学习、深度学习、数据挖掘等先进技术,对整合后的数据进行深度分析,提炼数据背后的潜在规律和价值,为仓储决策提供科学依据。

2. 数据重构的特征

(1) 全要素数字化

全要素数字化是基础特征,指企业在各个运营环节中全面应用数字技术,整合各类数据资源,以实现业务流程的优化和创新。通过数字技术的应用提升企业的管理效率和响应速度是核心,实现数据的集成与共享是重要目标之一。

全要素数字化是现代企业在数字经济时代转型升级的重要战略之一。它不仅涉及技术的应用,还涵盖数据的重构和整合,以实现更高效的业务运营和决策支持。

（2）决策智能化

智能决策是数据重构的核心价值体现,指利用人工智能、机器学习和数据挖掘等技术从海量数据中提取有价值的信息,为企业或组织在复杂环境中提供更为精准和及时的决策建议。智能决策打破经验决策的固化模式,基于数据驱动的结果,能够显著提高决策的科学性和准确性。

智能决策的广泛应用已经成为企业提升竞争力的关键因素。通过分析历史数据、市场趋势和顾客行为,企业能够更好地理解客户需求,优化资源配置,并在变化快速的市场环境中灵活应对。最终形成"算法推荐＋人工确认"的协同决策模式,既保证效率又控制风险。

（3）运营自适应

运营自适应是数据重构的动态特征,智能仓储系统能够通过持续的数据反馈实现自我优化和调整。这主要体现在三个方面：一是对订单波动的自适应,在"双十一"等大促期间,系统可自动识别订单特征变化并调整分拣策略；二是应对市场变化,企业可以根据市场需求、技术进步以及竞争对手的动态变化,迅速调整自己的运营模式；三是对环境变化的自适应,如冷链仓储能根据温湿度数据自动调节制冷参数。

3. 数据重构的基本原则

一致性原则：一致性原则是数据重构的基础保障。在智能仓储系统中,各类数据必须遵循包括数据格式、编码体系、时间戳标准等统一的规范和标准,如,货物编码需要采用 GS1 全球统一标识体系,环境监测数据需要遵循行业校准规范,避免因数据不一致而导致分析错误。这一原则对于数据的有效管理和使用至关重要,因为它直接影响到数据的可用性、可靠性和可理解性。

灵活性原则：灵活性原则是应对业务复杂性的关键要求。智能仓储系统应具有足够的弹性,才能具备处理多样化业务场景的能力。可扩展性和适应性是灵活性原则的两个核心要素,数据结构要支持动态扩展,能够快速接入新型物联网设备产生的数据；算法模型要支持在线学习,能够持续适应业务模式的变化。另外,数据处理流程可以根据不同业务需求灵活组合,实现模块化处理。顺丰的智能仓储平台采用微服务架构设计,通过配置化的数据处理流水线,可以在不修改核心代码的情况下,在短时间内完成对新业务场景的数据支持,大大提升了系统的适应能力。

可追溯性原则:可追溯性原则是质量管控的重要保障。在智能仓储运营中,所有关键决策和操作都需要完整记录其数据依据和变更过程。主要包括:原始数据的完整保存,确保可以随时回溯到最初的数据来源;处理过程的完整留痕,记录数据清洗、计算的每个步骤;决策依据的明确记录,保存算法模型的输入参数和输出结果。可追溯性原则能够有效提升数据质量,降低数据错误的风险,帮助企业遵循合规要求,并在数据审计和分析时提供可靠的依据。DHL在其智能仓储系统中引入了区块链技术,将货物从入库到出库的所有操作记录上链存储,实现了全流程的不可篡改和可追溯。

用户导向原则:用户导向原则是价值实现的根本出发点。重构是以用户的最终需求为导向,目标是为各类用户创造价值,因此需要充分考虑不同用户的需求特点。需要给仓储操作人员提供直观的可视化界面;给管理人员提供多维度的数据看板,支持其进行战略决策;给系统维护人员提供足够的技术细节,便于问题诊断和优化。亚马逊的智能仓储系统就采用了"角色化数据门户"的设计理念,根据不同用户的工作场景定制数据展示方式,使非技术人员也能充分利用数据价值。

10.4.2 智能仓储基本概念

1. 定义

智能仓储是指利用先进技术(如物联网、大数据、人工智能),对传统仓储系统进行全面数字化改造和智能化升级的新型仓储管理模式。它以数据为核心驱动要素,通过自动化设备和智能算法的深度融合,实现仓储作业全流程的自动化、可视化、智能化,使得各个环节能够更加高效地协同工作。

从技术架构来看,智能仓储系统由感知层、网络层、平台层和应用层构成,通过RFID、传感器、机器视觉等技术实时采集仓储运营数据,借助5G、边缘计算等技术实现数据高速传输,依托数据中台和云计算平台进行数据存储与分析,最终通过智能算法优化仓储作业决策。

2. 功能与特点

(1) 功能

自动化操作:智能仓储系统通过自动化货架、AGV小车、无人搬运车等自动化设备进行货物的存储、搬运和拣选,在无需人工干预的情况下完成入库、出库等操作,实现货物的自动入库、精准定位和高效存取,提高了作业效率和准确性。

实时数据分析:智能仓储系统能够实时监控库存状态、运输进度和设备运行情况,收集和分析数据,帮助企业了解库存周转率、需求预测、运营瓶颈等关键信息,减少积压和缺货的风险,预测潜在问题并及时调整管理策略。

智能决策:智能仓储能够根据市场需求的变化,快速调整库存策略。例如,系统可以通过机器学习算法分析历史销售数据,自动优化库存补货策略;通过大数据分析和 AI 算法,系统可自主完成货位优化、路径规划、库存预警等复杂决策;在出库和搬运过程中,智能仓储系统能够通过算法优化搬运路径,减少搬运时间,提高作业效率。

可视化管理:遵循用户导向原则,智能仓储系统提供可视化的操作界面,使得管理者能够实时查看仓库的运作情况,便于快速做出决策。

(2) 特点

灵活性:智能仓储系统可以根据不同的市场需求和业务变化,快速调整仓库布局和运营策略。这种灵活性使得企业能够快速响应客户需求,保持高竞争力。

效率:通过智能设备代替人工操作,实现自动化和实时监控,大幅提升智能仓储货物的处理效率。这减少了人工操作的错误和延迟,确保了货物的快速流转。

成本节约:智能仓储借助库存优化管理和人工成本降低,使得整体运营成本显著下降。同时,数据分析能力的提升也帮助企业在采购和库存管理上实现更高的成本效益。

3. 与传统仓储的差异

(1) 技术应用存在差异

传统仓储主要依赖人工管理和操作,使用的多是简单的技术手段,如条形码、手动记录等。信息的传递相对缓慢,决策依赖于人工经验。这种方式在小规模和低复杂度的仓储管理中可以继续应用,但随着业务的扩大,效率和准确性难以保证。

智能仓储广泛应用了诸如自动化存取系统(AS/RS)、无人机、自动搬运车(AGV)、仓库管理系统(WMS)等现代技术。这些技术能够实现货物的自动化存取、实时监控和数据分析。在此基础上,智能仓储能够实现实时库存管理、预测需求、仓储布局优化等功能,显著提升工作效率和准确性。

(2) 效率和灵活性的对比

传统仓储在效率上因为依赖人工操作而更容易受到人力资源、工作时间和操作技能的限制,导致货物处理速度较慢,且在高峰期容易出现拥堵现象。而智能仓储通过高度自动化的设备和系统,可以在 24 小时内持续工作,大幅提升货物存取和处理的效率。

在灵活性方面,智能仓储能够根据市场需求的变化,快速调整仓储策略和库存水平。例如,智能系统可以自动分析销售数据,预测需求波动,从而及时调整库存,避免出现过剩或短缺的情况。而传统仓储依赖固定的操作流程和人工调整,很难快速适应市场变化,灵活性较差。

(3) 成本结构比较

在成本效益方面,传统仓储在初期投资上较低,但长期来看,由于人工成本高、管理效率低下等因素,整体运营成本会比较高。此外,因人为因素导致的错误率和货物损坏也可能增加额外费用。

智能仓储在初始建设和技术投资方面成本会比较高,但通过智能化管理,有效降低人工成本,提高操作效率,减少库存损耗和错误率。长期来看,智能仓储的成本效益优势逐渐凸显,最终为企业带来更高的投资回报率。

10.4.3 数据重构在智能仓储中的重要性

提高数据质量:企业通过数据重构可以清洗和整理原始数据,去除冗余和不一致的信息,提高数据的准确性和可靠性。这是智能仓储高效运营的基础。同时,通过建立统一的数据标准和集成平台,打破了传统仓储中的"数据孤岛"问题,实现了多源异构数据的深度融合。以京东物流为例,其通过数据重构将来自 WMS、TMS、ERP 等系统的 20 余类数据进行标准化处理,构建了日均处理量超大的企业级数据湖,为智能决策提供了完整的数据基础。

增强决策能力:数据经过重构后,可以提供更为详尽和全面的视角,支持管理层进行更为精准的决策。例如,通过分析库存数据,企业可以预测需求变化,优化库存水平,减少过剩与缺货的情况。数据重构显著提升了仓储运营的智能化水平。通过对历史数据和实时数据的深度挖掘与分析,智能仓储系统能够实现预测性决策和自适应优化。顺丰速运的实践表明,基于重构后的数据训练的 LSTM 需求预测模型,准确率更高。

提供持续动力:在数据重构的基础上,数字孪生、机器学习、物联网等新技术得以有效应用,为仓储创新提供了持续动力。DHL 的智能仓储系统通过数据重构建立了高精度的数字孪生模型,使新策略的测试验证周期从原来的两周缩短至两小时,创新效率提升 80% 以上。这种数据驱动的创新能力,正在推动智能仓储从自动化向自主决策的更高阶段发展,为物流行业的数字化转型提供了核心支撑。

促进系统集成:在智能仓储中,通常需要将多个系统和数据源进行整合。企业处理和统一不同来源的数据需要数据重构,重构形成一个完整且互联的系统,提高信息流动性和透明度。

10.4.4 技术框架与数据流重构

智能仓储的技术架构通常由多个层次组成,包括硬件层、软件层和数据层。每一层都各司其职,共同构成一个高效的智能仓储系统。

主要包括自动化设备、机器人等。传感器可以监测温湿度、库存状态等,确保仓储环境的安全与稳定。

智能仓储在硬件层部署了包括自动导引车(AGV)、自动存取系统(AS/RS)、智能分拣机器人等自动化设备,以及 RFID、传感器、机器视觉系统等数据采集终端。这些硬件设备负责实时采集数据、执行仓库作业,并通过网络与软件系统进行交互。以京东物流"亚洲一号"智能仓为例,其硬件系统包含超过 2 000 台智能机器人和 10 万个数据采集节点,实现了对仓储作业全流程的数据采集和实时监控,为上层应用提供了坚实的物理基础。

软件层是智能仓储的中枢神经系统,主要包括仓储管理系统(WMS)、企业资源规划系统(ERP)和智能决策平台三大核心模块。WMS 负责对仓库内的所有操作进行管理,如入库、出库、库存盘点等操作。ERP 系统则整合了企业的各项资源,确保仓储与生产、销售等环节无缝对接。智能决策平台集成了包括基于深度强化学习的路径规划算法、基于时间序列的需求预测模型等多种智能算法模块,实现了跨系统的协同优化功能。顺丰速运的智能仓储软件平台采用微服务架构设计,通过容器化技术实现快速部署和弹性扩展。该平台整合了需求预测系统、路径规划算法、库存优化模型等多个智能模块。软件层还提供标准化的 API 接口,支持与 ERP、TMS 等外部系统的无缝对接。

数据层是智能仓储的智慧源泉,包含大数据处理与分析、机器学习等技术。通过数据流重构实现对海量数据的存储、融合与价值挖掘。DHL 的智能仓储数据平台采用 Lambda 架构,同时支持批处理和流式计算,日均处理数据量超过 15TB。数据层建立了完整的数据治理体系,包括数据标准制定、数据质量控制、数据安全防护等关键环节。通过构建企业级数据湖,将来自硬件设备、业务系统和外部环境的结构化和非结构化数据进行统一存储和管理,为上层智能应用提供高质量的数据服务。特别值得一提的是,数据层还引入了数字孪生技术,构建了高保真的仓储虚拟模型,支持运营策略的仿真测试和优化验证。

10-3 云视频

10-4 云阅读

10-5 云习题

第 11 章　AI 与电子商务

11.1　数字商业新纪元

11.1.1　AI 与电子商务概述

1．AI 的定义

人工智能（AI）是计算机科学的一个分支，旨在创造能够执行通常需要人类智能的任务的系统。AI 从技术范畴角度主要包含机器学习（包括深度学习）、知识表示与推理和自然交互技术三大领域。AI 的功能包括学习、推理、问题解决、感知和语言理解等。自 20 世纪 50 年代以来，人工智能经历了几个发展阶段。从最初的规则基础系统到后来的机器学习和深度学习，AI 技术逐渐具备了更复杂的处理能力。近年来，随着大数据的普及和计算能力的提升，AI 得到了飞速的发展，尤其是在自然语言处理、计算机视觉、知识图谱和推荐系统等领域。

根据应用场景的不同，AI 可分为弱人工智能（专用 AI）和强人工智能（通用 AI），当前商业应用主要集中于弱人工智能领域。值得关注的是，AI 与大数据、云计算、物联网等技术的融合，不仅重构了电子商务的各个环节，使得效率提升、用户体验优化并创造更具个性化的服务，同时推动第四次工业革命的深入发展。

2．AI 在电子商务中的作用

AI 正逐渐改变电子商务的格局，成为提升企业竞争力和运营效率的关键工具，是推动电子商务创新和发展的核心动力。在电子商务领域的主要应用有智能推荐系统、计算机视觉应用、智能客服系统、供应链优化、精准营销和支付风控等。具体内容会在后续章节详细介绍。

11.1.2　数字商业的智能化转型

1．数字商业的定义及其重要性

数字商业，是指利用数字技术和互联网平台来进行商业活动的模式。这种商业模式不仅涵盖在线零售、数字营销、电子支付和社交媒体营销，还涉及数据分析、人工智能(AI)、物联网(IoT)和云计算等技术的应用。数字商业的出现和发展重构商业活动的决策逻辑,深刻影响了消费者的购物习惯和企业的运营方式。

数字商业已成为企业生存和发展的关键,其重要性在于它为企业提供了更广泛的市场接触、更高效的运营管理以及更精准的客户服务。传统商业模式面临着巨大的挑战,数字化转型已不再是选择,而是迫在眉睫的必然战略。

2. 数字商业的核心特征

数字商业的智能化转型,本质是从"数据辅助决策"向"智能驱动决策"的跃迁,全球商业正经历从"互联网+"向"AI+"的范式转变。传统电子商务依托平台流量和标准化服务,而 AI 驱动的数字商业则通过数据智能、自动化决策和个性化体验重构商业逻辑。核心特征有:

(1) 数据驱动决策

企业通过整合交易数据(支付金额、频次)、行为数据(点击路径、停留时长)、环境数据(地理位置、设备信息)等多源信息的全维度采集,运用智能分析引擎等各类数据分析工具从海量数据中提取出有价值的信息,支持决策过程。

例如,Google Analytics 可以帮助企业跟踪网站流量和用户行为,分析哪些页面最受欢迎,客户从哪些渠道进入网站,从而优化网站结构和内容。另一方面,Tableau 和 Power BI 等工具则能够将复杂数据以图表形式展示,帮助决策者在短时间内获取关键信息,做出快速反应。

(2) 全球化与全渠道无缝融合

数字商业通过互联网的广泛应用,使得企业能够跨越国界与地域的限制,进入新的市场。无论是小型初创企业还是大型跨国公司,皆可通过电子商务平台、社交媒体和数字广告等渠道,将产品和服务推向全球消费者。

线上线下融合(OMO),通过 AI 实现库存、营销和服务一体化。如空间数字化(沃尔玛智能货架通过 RFID 和计算机视觉技术,实现库存准确率的提升);服务无界化(星巴克"啡快"服务实现 APP 下单—门店取货—会员积分全流程数字化);支付无感化(Amazon Go 无人店通过生物识别技术,平均结账时间仅需15秒)。

(3) 超个性化体验

基于深度洞察,为用户提供精准服务:拼多多整合200+维度数据标签,提升用户画像的准确性,从而提升转化率、降低营销成本和增强用户黏性;场景化推荐:抖音电商通过多模态理解技术,将情境相关推荐转化率大幅提高;预测式服务:特斯拉车载系统可以预判用户充电需求,自动导航至空闲充电桩。

3. 技术驱动的转型框架

(1) 智能中枢系统

智能中枢系统(Intelligent Core System)是现代数字商业转型中不可或缺的组成部分。作为决策引擎,深度集成机器学习与运筹优化技术。它是一个集成化的平台,旨在整合企业内外部的各种数据源,并通过智能算法和分析工具为企业决策提供支持。智能中枢系统通过将数据转化为可操作的洞察,帮助企业在瞬息万变的市场中保持竞争力。主要作用有数据驱动决策、提升客户体验、预测与规划。

在支付风控场景,蚂蚁集团风险识别引擎0.1秒内完成风险预警、检测、管控等,AlphaRisk1.0上线后,支付宝的资损率从原先的十万分之一下降至百万分之0.5;知识图谱构建企业级智能大脑,日均处理决策指令超百万条;宝洁通过智能中枢系统,将全球各地的市场数据、消费者反馈和产品性能数据整合在一起,帮助其制定全球市场策略。通过数据驱动的决策,宝洁在市场竞争中取得了显著优势。

(2) 物联感知网络

物联感知网络(Internet of Things,IoT)是指通过各种传感器、设备和网络连接,将物理世界中的实体与互联网连接,使得其能够"感知"周围环境,从而实现数据的采集、传输和分析,并通过互联互通的方式与其他设备或系统进行信息交换。

物联感知网络的核心在于实时数据的获取与处理,从而重构实体商业的数字化触达能力。它可以帮助企业更好地理解客户需求、优化运营流程、提高资源利用率。例如,通过在生产线上安装传感器,企业可以实时监测设备状态,提前预测可能出现的故障,从而减少停机时间,提升生产效率。沃尔玛智能货架通过边缘AI实时监测商品陈列状态,缺货预警响应时间从4小时缩短至15分钟。

(3) 数字交互界面

数字交互界面被定义为人机协同的商业服务范式,是用户与数字系统之间的交互平台。它不仅包括传统的网页和移动应用程序界面,还涵盖了语音助手、虚拟现实(VR)和增强现实(AR)等多种形式。自然语言处理(NLP)技术支持多模态交互,AR/VR技术创造沉浸式体验,数字员工(Digital Human)在服务场景中加速渗透。

根据不同的应用场景和功能需求,数字交互界面可以分为以下几类:图形用户界面(GUI):常见于网页和移动应用中,依靠图形来帮助用户进行交互;语音用户界面(VUI):通过语音识别技术与用户进行互动,适用于智能音箱和手机助手等设备;自然用户界面(NUI):利用触摸、手势和其他自然交互方式,提升用户体验,如在平板电脑或智能家居设备中;沉浸式界面:通过虚拟现实或增强现实技术,为用户提供身临其境的体验,适合培训、游戏和营销等场景。

配套"数字商业特征雷达图""典型企业实践对照表"等教学工具,并设计课堂辩论题:"在数据驱动与隐私保护之间,数字商业应如何取得平衡?"配套"技术架构分层图""关键技术成熟度矩阵"等可视化教具。

11.1.3 AI技术赋能的关键领域

1. 智能营销

(1) 数据分析中AI的应用

在营销决策中,数据分析是不可或缺的一环。AI技术重构了营销决策的全链路,AI能够处理和分析包括购买历史、浏览行为、社交媒体互动在内的海量消费者数据。企业通过对这些数据的深度挖掘,能够识别出潜在的市场趋势、高价值客户群体和消费者偏好,进而制定更为精准的营销策略并实现精准投放。例如,通过分析消费者的历史购买数据,AI可以预测他们未来的购买需求,帮助企业提前做好库存和营销准备。这种数据驱动的决策方式,不仅提高了营销的效率,还能显著降低资源的浪费;智能推荐系统可以根据用户的偏好和行为,提供个性化的购买建议,减少用户的选择疲劳;此外,AI驱动的聊天机器人能够实时响应用户的咨询,提供24小时不间断的服务,解决用户在购买过程中遇到的问题。

基于深度学习的用户画像系统可整合200+维度数据标签(如消费偏好、设备使用习惯、地理位置),拼多多的"农货智能推荐"系统通过分析用户浏览轨迹与社交关系,将农产品点击率提升65%。动态定价算法(如强化学习模型)在携程酒店预订场景中,每15分钟调整一次价格策略,综合供需关系、竞争对手价格及用户支付能力等30余个变量,使酒店收益提升18%。生成式AI(如GPT-4)已实现营销文案自动创作,某美妆品牌通过AI生成5 000条个性化广告语,内容制作成本降低80%,转化率提高22%。实时竞价系统(RTB)运用博弈论算法优化广告投放,阿里巴巴 Uni Desk 平台将广告ROI(投资回报率)提升至传统模式的3倍。

(2) 智能营销的三大技术支柱

智能营销的技术架构包含三大支柱:其一,用户洞察系统通过联邦学习技术打破数据孤岛(允许多个参与者在保持数据隐私的前提下,共同训练一个共享的模型),拼多多"农货营销大脑"整合电商平台与第三方支付数据,精准识别潜在消费者,使农产品推广ROI(投资回报率)提升迅速。某大型金融机构通过联邦学习技术成功打破了与合作银行之间的"数据孤岛"。各银行在不交换用户的具体数据的情况下,共同训练了一个信用评分模型。其二,跨渠道归因分析运用马尔可夫链模型(马尔可夫链模型是一种用于描述随机过程的数学模型,主要用于分析系统状态之间的转移规律)。在营销领域,马尔可夫链可以用来表示消费者在不同营销渠道之间转换的过程。抖音电商平台通过追踪用户从短视频曝光到支付完成的完整路径,优化广告投放策略。一家电商平台在实施马尔可夫链归因分析后,发现社交媒体广告的影响力被低估,其实际转化贡献远高于传统分析结果。基于这一发现,该平台调整了其广告预算,将更多资源投入社交媒体渠道,从而显著提升了整体转化率;其三,实时决策引擎依托边缘计算技术(边缘计算是一种将数据处理推向网络边缘的技术,旨在减少数据传输延迟,提高计算效率),星巴克 APP 在顾客进入门店 500 米范围时,通过地理围栏技术触发个性化优惠推送。在效果评估层面,因果推断模型(如双重差分法)可量化营销活动真实价值,某快消品牌通过该技术识别出 20% 的无效广告支出,年度节省预算超 2 亿元。

(3) 个性化营销策略的制定

个性化营销是现代市场营销的核心。在 AI 的支持下,企业可以根据每位消费者的独特特征和需求,制定出定制化的营销方案。AI 通过分析用户的行为数据,能够实时识别出用户的兴趣点,并提供相应的产品推荐。

例如,电商平台可以利用 AI 算法分析用户的浏览记录和购买历史,进行智能推荐,提升转化率。同时,个性化的邮件营销和社交媒体广告也能通过 AI 来优化,确保信息传达的精准度和时效性。这种以用户为中心的营销策略,不仅提升了客户的参与度,也增强了品牌忠诚度。

2. 供应链优化

(1) AI 在需求预测中的角色

需求预测是供应链管理中的一项关键任务,其准确性直接影响整个供应链的效率。传统的需求预测方法往往依赖历史数据和经验判断,但这些方法容易受到市场变化和消费趋势的影响。AI 技术通过机器学习和大数据分析,能够处理海量的历史数据,识别出潜在的市场趋势和消费模式。

例如,AI 可以分析消费者的购买行为、季节性变化、促销活动的影响等多种因素,从而提供更为精准的需求预测。这种精准度不仅可以减少库存积压和缺货现象,还能帮助企业更好地制订生产计划,从而提升整体运营效率。

(2) 物流调度与成本控制的 AI 解决方案

物流调度是供应链管理中的一个复杂环节,涉及多个变量,如运输路线、车辆调度、交货时间等。AI 技术可以通过优化算法和模拟分析,帮助企业制定最佳的物流策略,降低运输成本。

AI解决方案在物流调度中主要的应用有：

路径优化：利用AI算法分析交通状况和配送需求，优化运输路线，减少运输时间和成本。

动态调度：AI系统可以实时监控运输过程中的各种变化，如天气状况、交通拥堵等，并自动调整调度方案，确保按时交付。

成本控制：通过数据分析，AI能够识别出物流环节中的低效环节，提供改进建议，从而实现整体成本的控制。

（3）供应链优化三重挑战

①数据孤岛问题导致企业供应链数据利用率较低。

②算法黑箱问题引发信任危机，某汽车厂商因AI排产系统缺乏可解释性导致30%的订单延误。

③ESG（环境、社会与治理）要求倒逼技术升级，欧盟《供应链法》要求企业披露四级供应商的碳排放数据，合规成本增加40%。突破路径在于构建联邦学习平台（如华为云联邦学习系统）、发展可解释AI（XAI）技术，以及部署绿色智能算法（如阿里云能耗优化算法）等。

3. 支付风控

（1）AI在支付安全中的应用

AI技术通过其强大的数据处理能力和学习算法，能够有效提升支付安全性。采用机器学习和深度学习算法，系统能够分析大量的交易数据，识别出正常交易与异常交易之间的差异。这种自动化的分析能力，使得支付平台可以实时对交易进行评估，及时阻止可疑交易，减少潜在的财务损失。此外，AI还可以通过用户行为分析，建立用户的交易模式，从而更好地检测到偏离正常模式的交易行为。

（2）识别欺诈行为的算法

在支付风控中，识别欺诈行为是最为核心的任务之一。AI技术通过建立复杂的算法模型，可以识别多种类型的欺诈行为。例如，异常检测算法能够实时监控交易并检测出不寻常的模式，如大额交易、频繁的小额交易等，这些都可能是欺诈的预警信号。此外，基于历史交易数据的预测模型可以帮助商家识别潜在的风险客户并采取相应的防范措施。随着技术的发展，AI算法不断进化，能够应对更加复杂的欺诈手段，提升风险识别的准确性。

（3）实时监控与风险管理

实时监控是支付风控的另一个关键环节。AI技术的引入，使得支付系统能够通过持续监控交易动态，快速响应潜在的风险。系统可以设置阈值，当某笔交易超过预设的风险阈值时，立即触发警报并进行人工审核。这种实时监控能力不仅能提高检测效率,还能大幅度降低欺诈行为的发生率。此外,通过对历史数据的深入分析,企业可以制定更为科学的风险管理策略,优化资源配置,提升整体风险管理水平。

4．客户服务

(1) AI驱动的聊天机器人和虚拟助手

AI驱动的聊天机器人和虚拟助手在客户服务中正发挥着越来越重要的作用。这些智能工具能够通过自然语言处理(NLP)技术,理解并回应客户的查询,提供24小时服务。这不仅减少了客户等待的时间,也降低了人力成本。例如,许多企业部署了聊天机器人来处理常见问题,如订单查询、退货政策等,从而让人工客服专注于更复杂的问题。

通过不断学习和优化,这些聊天机器人能够在与客户的交互中不断提高其响应质量和准确性。一些先进的系统甚至能够根据客户的历史交互记录,提供个性化的推荐和服务,从而进一步增强客户体验。

(2) 智能客户服务体系依托三大技术支柱:

多模态交互引擎:整合语音识别(ASR)、光学字符识别(OCR)和计算机视觉技术,某电商平台结合图像识别技术,允许客户在购物过程中上传产品图片以获取相关信息。当用户上传一张手表的图片时,系统能够识别出该品牌和型号,并提供完整的产品详情及购买链接。这种方式不仅提高了用户的互动体验,也显著缩短了客户找到所需信息的时间。

动态知识管理:基于强化学习的知识库自优化系统,是在知识的获取、整理、更新和分享过程中,能够快速响应市场变化和客户需求的一种管理模式。其必要性包括快速响应客户需求、适应市场变化和促进知识共享与创新。

全渠道协同网络:与传统的多渠道服务不同,全渠道通过电话、电子邮件、社交媒体、在线聊天、实体店等多个渠道与客户进行互动,强调的是各个渠道之间的无缝连接和信息流通。各渠道整合与信息共享的关键要素包括统一客户视图、跨渠道协作和实时数据分析。星巴克客服系统实现用户跨平台服务记录无缝衔接,重复问题处理效率提升;Zappos 不仅在网站、电话和社交媒体上提供服务,还通过整合不同渠道的信息,确保客户在任何接触点都能获得快速和一致的支持。Zappos 的客服团队能够实时访问客户的购买历史和偏好,进一步提升了客户体验。

(3) 未来演进方向

脑机接口服务:将重构客户服务的底层交互逻辑,实现从"被动响应"到"思维感知"的质变。脑机接口是一种连接人脑与外部设备的技术,旨在通过解读脑电波或神经信号,将用户的意图转化为指令。其核心理念在于利用脑电波与计算机系统进行双向通信,实现人机交互的全新方式。脑机接口技术已经在多个领域展现出其潜力。

量子计算赋能:量子计算通过其强大的计算能力,可以快速处理和分析海量数据,将复杂问题处理时效从分钟级压缩至秒级。例如,量子计算能够在瞬间计算出大量变量之间的关系,从而帮助企业识别客户需求、预测市场趋势和优化服务流程。通过量子算法,企业可以对客户反馈、购买历史和行为模式进行深度挖掘,形成更具针对性的服务策略。

ESG 导向服务:ESG 指环境责任、社会责任和公司治理的透明度与道德性。随着公众对可持续发展的关注度持续上升,ESG 已经成为企业战略的重要组成部分。在客户服务领域,ESG 的导入不仅能提升企业形象,还能增强客户忠诚度与满意度。消费者越来越倾向于支持那些在环境保护、社会责任和公司治理方面表现出色的品牌。因此,企业在客户服务中融入 ESG 原则,能够有效提升其市场竞争力,并为社会的可持续发展贡献一份力量。

11.2 AI 驱动的消费体验升级

消费者的购物体验正在因 AI 的应用而发生根本性的变化。传统的购物方式往往需要消费者花费大量时间进行商品比较和查找,而 AI 技术的引入使得这一过程变得更加高效和便捷。智能推荐系统可以根据用户的偏好和行为,提供个性化的购买建议,减少用户的选择疲劳。此外,AI 驱动的聊天机器人能够实时响应用户的咨询,提供 24 小时不间断的服务,解决用户在购买过程中遇到的问题。

11-1 云阅读

11.2.1 个性化推荐系统

1. 个性化推荐系统的概念和重要性

个性化推荐系统基于用户的历史行为数据、兴趣偏好以及社交网络信息,利用机器学习和数据挖掘技术,向用户推荐最相关的产品或内容。这种系统不仅能够提高用户的购买转化率,还能够促进用户与品牌之间的互动,增强用户的品牌忠诚度。其核心在于通过数据智能与算法模型的融合,依托深度学习算法(如 Transformer 架构),实时分析用户历史行为、社交关系、环境上下文等多维度数据,实现消费者需求的精准预测与即时满足。

2. 基于用户行为和偏好的数据分析

个性化推荐系统的核心在于对用户行为和偏好的深入分析。通过收集和整理用户的各种数据，包括浏览记录、购买行为、评分反馈等，企业能够构建用户的详细画像。这些数据可以通过算法进行处理，识别出用户潜在的兴趣和需求。

常见的数据分析方法包括协同过滤、内容推荐和基于模型的推荐等。协同过滤方法利用用户之间的相似性来进行推荐，而内容推荐则基于产品的特征进行匹配。基于模型的推荐则通过建立复杂的数学模型，综合考虑多种因素，为用户提供更加精准的推荐。通过这些分析，企业可以实现动态的、实时的个性化推荐，确保用户在每一次访问时都能看到最符合他们需求的产品。

11.2.2 智能交互技术

1. 智能交互技术的概念及其发展

智能交互技术重塑了人机协作的服务范式。它指的是利用情感计算模型（如BERT）、人工智能（AI）和自然语言处理（NLP）等高级技术，使机器能够与用户进行自然、流畅的互动。自然语言处理（NLP）支持多轮对话系统，情感计算模型（如BERT）可识别用户多种情绪状态。这项技术的发展可以追溯到20世纪60年代，最初的实验性系统如ELIZA仅能通过特定的模式匹配与用户进行简单的对话。随着计算能力的提升和大数据的应用，智能交互技术经历了显著的演变，现如今的聊天机器人和语音助手能够理解复杂的语言结构和上下文，在多种环境中提供有效的互动体验。

在过去的几年里，智能交互技术的应用范围不断扩大，不仅限于客户服务，还涵盖了电子商务、社交媒体和金融服务等多个领域。越来越多的企业认识到，在提升用户体验的同时，智能交互技术能够有效降低运营成本和提高效率。

2. 聊天机器人和语音助手在消费体验中的应用

语音助手和聊天机器人是智能交互技术最具代表性的应用。语音助手通过语音命令与用户交流，为消费者提供更加便捷的购物体验；而聊天机器人则通过文本与用户互动，能够快速解答用户的问题、处理订单、提供个性化推荐等。

在电子商务领域，聊天机器人可以24小时在线，随时随地为用户提供咨询服务。比如，某在线零售商的聊天机器人能够根据用户的购物历史和偏好，主动推荐相关产品，从而提高转化率和客户满意度。此外，语音助手的普及使得消费者能够通过语音指令完成购物、查询订单状态或获取产品信息。这种无缝的互动方式大大提升了消费体验的便利性与效率。

11.2.3 场景化服务创新

1. 智能导购

智能导购通过人工智能（AI）、大数据、机器学习等技术的深度应用，重构了传统导购的交互模式与服务边界，实现了从"被动应答"到"主动预见"的范式转变。其核心在于构建"需求洞察—情境理解—价值交付"的动态服务闭环，依托联邦学习技术整合支付行为（如客单价、消费频次）、浏览轨迹（页面停留时长、点击热力图）及环境数据（地理位置、设备型号）等数据，形成多维度的实时用户画像。三大技术架构为：多模态交互引擎整合语音识别、计算机视觉与自然语言处理技术。京东 JIMI 导购系统可同时处理"帮我找适合海边度假的红色连衣裙，预算 600 元且需要防晒功能"的复合需求，问题解决率达 85%，用户满意度达 90%；强化学习驱动的动态策略优化；知识图谱构建商品关联网络，拼多多"农货中央处理系统"连接超亿条商品关系数据，实现跨品类精准推荐。

在电子支付场景，智能导购与支付数据的深度融合催生创新服务模式。支付宝"支付即导购"系统通过分析用户历史支付记录（如高频消费时段、常用优惠类型等），在结账环节实时推送个性化优惠组合。在跨境导购领域，Visa 的 AI 支付洞察系统通过分析跨境消费流向，帮助欧洲美妆品牌精准定位亚洲高净值客户，降低营销成本的同时增加销售额。在可持续消费场景中，IBM 区块链导购系统实时展示商品碳足迹，引导用户选择低碳商品，提升绿色品类购买转化率。

2. 虚拟试衣与 AR 购物

（1）虚拟试衣的概念及其在购物中的重要性

虚拟试衣与 AR 购物通过 AR、计算机视觉和 3D 建模技术的融合，重构了消费者与商品的交互范式，实现了从"二维浏览"到"三维体验"的质变。其核心在于构建"感知—模拟—决策"的沉浸式购物闭环；基于智能手机或 AR 眼镜等终端设备，通过 SLAM 技术实时捕捉用户体型数据，结合深度学习算法生成高保真虚拟形象。

在数字化消费不断上升的今天，这一技术的引入，改变了传统购物方式。虚拟试衣不仅能帮助顾客节省时间，避免冗长的试衣过程，还能使得消费者能够更直观地理解商品的外观、适合度及风格，从而提升购物的满意度和效率。通过虚拟试衣，商家也能够更好地展示产品，增强顾客的购买欲望，推动销售增长。

（2）虚拟试衣的工作原理

图像捕捉：用户通过智能手机或其他设备的摄像头进行图像捕捉。系统会识别并分析用户的面部特征和身体轮廓。

三维建模:利用计算机视觉技术生成用户的三维模型。这一模型是虚拟试衣的基础,能够精准地反映用户的体形和姿态。

虚拟服装叠加:在用户三维模型的基础上,系统将虚拟服装进行叠加。此时,AR技术确保服装的材质、颜色和光影效果都能够真实呈现,给用户一种身临其境的体验。

实时反馈:用户可以与虚拟试衣进行交互,调整服装的大小、颜色等参数,系统会实时更新视图,以便用户做出最佳选择。

(3) AR购物的优势

AR购物相较于传统购物方式,具有多重优势:

增强互动性:AR技术提供了更加生动和互动的购物体验,用户可以通过虚拟试衣、虚拟试妆等功能,获得更加直观的效果。

减少退换货率:通过虚拟试衣,用户能够在购买前清楚地了解商品是否适合自己,从而显著降低因不合适而产生的退换货情况。

个性化推荐:AR购物可以根据用户的历史数据和偏好,提供个性化的商品推荐,提升用户的满意度和购买意愿。

节省时间:用户无须在实体店中排队试衣,能更迅速地找到合适的商品,从而节省了大量购物时间。

增强品牌忠诚度:通过提供创新的购物体验,商家能够吸引更多的顾客,增强品牌的吸引力与忠诚度。

11.3 个性化营销的革命

11.3.1 动态定价策略

11-2 云阅读

1. 动态定价的概念和重要性

动态定价(Dynamic Pricing)是一种基于实时市场数据与算法模型的弹性定价策略,通过持续感知市场需求、消费者行为、竞争对手价格等因素实时调整商品或服务价格。其本质是借助数字化工具将传统静态定价的"成本+利润"模式升级为"价值发现+市场响应"的智能决策系统。

作为数字经济时代的核心竞争策略,动态定价已成为许多行业的标准做法,尤其是在电商、旅游、航空和酒店等领域。其重要性不仅体现在提高收入和利润上,同时体现在:提升商业效率与利润空间,优化资源配置与市场平衡,增强市场响应与风险抵御能力,驱动技术创新与数字化转型,促进市场竞争与社会福利的提升。

2. 动态定价的历史背景

动态定价并非新兴概念,最早可以追溯到19世纪的商业实践。随着市场经济的发展,商家逐渐认识到,价格并非静态不变,而是可以根据市场情况进行调整。这一理念在航空和酒店行业得到了早期应用。20世纪90年代,航空公司首先采用动态定价策略,以应对座位需求的波动,开创了这一领域的先河。

进入21世纪,信息技术的迅猛发展使得动态定价的实施变得更加灵活和精准。电子商务的崛起为动态定价提供了新的动力,商家能够实时获取消费者行为数据,并根据市场需求、竞争对手价格等因素迅速调整价格。这种基于大数据的动态定价模型,使得企业能够最大限度地提高收入和利润。

3. 动态定价的底层逻辑

动态定价的运作遵循价格弹性理论与博弈论原则,核心要素包含:

需求敏感度监测:通过历史交易数据构建价格弹性曲线(如酒店客房价格提升10%导致销量下降15%的弹性系数为-1.5)。

竞争情报追踪:实时爬取竞品价格(如亚马逊每小时更新200万次商品价格),采用纳什均衡模型预测最优响应策略。

成本动态核算:整合物流、仓储、促销等变动成本(如燃油价格波动对即时配送成本的影响)。

场景感知能力:识别特殊事件(如演唱会期间周边酒店需求激增)并触发定价规则。

4. 技术实现路径

(1) 数据采集层

数据采集层是动态定价系统的感知神经末梢,负责实时捕获影响定价的关键变量。有效的数据采集能够为企业提供实时、准确的信息,从而支持战略决策、市场分析和用户行为研究。数据采集方法有传感器、API(应用程序接口)和爬虫等。

(2) 算法模型层

算法模型动态定价技术架构中的智能决策中枢,是指通过数学和统计学方法建立的,用于描述数据特征与目标变量之间关系的数学表达式或计算框架。它是数据分析和机器学习中的核心组件,能够从历史数据中学习并进行预测或分类。算法模型的构建涉及数据预处理、特征工程以及模型选择与训练等多个步骤。这一层通过构建数学与计算模型,模拟市场运行规律、预测消费者行为、优化定价决策,其本质是建立从数据特征到价格动作的映射函数。

常见的算法模型有：静态优化的机器学习模型，主要包括需求预测模型和价格弹性模型；动态优化的强化学习模型，主要包括 Q-learning 框架和深度强化学习(DRL)。

SHEIN 应用 PPO(近端策略优化)算法，在虚拟环境中模拟 10 万次调价策略，将新品定价决策速度提升至人工的 300 倍。

(3) 决策输出层

决策输出层在整个技术实现路径中扮演着至关重要的角色，将模型结果转化为可操作的定价指令，并建立持续优化机制。它不仅是数据处理和分析的最终成果体现，也是将复杂数据转化为可操作决策的关键环节。

决策输出层的主要功能是将前面各层所产生的结果进行整合、分析和输出。这一层的有效性直接影响到决策的质量和执行的效率。企业或组织通过科学的决策输出，能够在复杂多变的环境中做出更加高效和精准的决策，从而获得竞争优势。

此外，决策输出层还承担着信息传递的职责。其输出结果不仅是决策者的参考依据，更是决策执行者执行任务的重要指南。如何将复杂的数据和分析结果以简洁明了的方式展现出来，是决策输出层面临的重要挑战之一。

如，亚马逊动态定价引擎每小时执行 250 万次调价，通过持续监控发现：价格下降 5% 可使转化率提升 9.7%，但需配合库存预警防止超卖；生成价格区间建议(如航空公司的舱位价格浮动带)或自动执行调价(如 SHEIN 每 30 分钟调整全球 20 万 SKU 价格)等。

11.3.2 精准广告投放

1. 精准广告投放的定义

精准广告投放是指通过数据驱动、智能算法与用户洞察，将广告内容准确投放到特定用户群体面前的营销技术体系。这种方式的核心在于构建"用户—内容—场景"三位一体的动态优化模型，即利用大数据、人工智能和机器学习等现代技术，对用户的行为、兴趣和需求进行深入分析，从而实现广告触达效率(CTR)、转化率(CVR)与用户生命周期价值(LTV)的协同提升。

2. 精准广告投放的技术基础

(1) 数据分析与用户画像

数据分析是广告投放成功的基础。通过有效的数据收集和处理，广告主能够深入了解用户的行为和需求，从而制定出更具针对性的广告策略。

用户画像是精准广告的基石，是基于数据分析构建的对特定用户群体的全面描述。通过对用户的兴趣、行为和偏好的分析,广告主可以更好地理解目标受众,从而制定个性化的广告投放策略。

构建用户画像的过程通常分为几个步骤。第一步是广告主需明确目标受众,收集与之相关的数据,包括人口统计信息(年龄、性别、地理位置等)、行为数据(浏览历史、购买记录等)及心理特征(兴趣爱好、生活方式等);第二步是通过数据分析,广告主可以识别出用户的共同特征,进而形成一个或多个用户群体的画像。这些画像不仅有助于广告投放的精准定位,还可以为后续的产品开发和市场营销提供数据支持。

(2) 场景特征提取

在精准广告投放的过程中,场景特征提取是一个至关重要的环节,需捕捉时空环境与即时意图的耦合效应,是指在特定时间和环境下,用户的行为和情境所表现出的特征。这些特征可以包括用户的地理位置、时间段、设备类型、当前活动、社交互动等。通过分析这些场景特征,它不仅能帮助广告主更好地理解用户的需求和行为,还能显著提升广告的投放效果。特征提取的方法主要有数据收集、行为分析和环境监测。

滴滴在暴雨天气下,结合用户实时定位与历史出行数据,向通勤用户推送"雨天专车券",点击率较常规时段提升近两倍。

(3) CTR 预测模型

CTR(点击率)预测是广告竞价的核心决策依据,依赖深度学习模型与实时反馈机制,是指广告被点击的次数与广告展示的总次数之间的比例,通常以百分比表示。CTR 是衡量广告效果和用户兴趣的重要指标,其计算公式为:

$$CTR = \frac{点击次数}{展示次数} \times 100\%$$

在广告投放中,CTR 的高低直接影响广告的效果和投资回报率(ROI)。较高的 CTR 意味着广告内容能够有效吸引用户的注意力,从而驱动更多的点击和互动。

CTR 是使用机器学习和数据分析技术构建预测模型,通过不断迭代和数据反馈提升预测准确性,从而实现模型优化。

(4) 动态创意优化(DCO)

动态创意优化(Dynamic Creative Optimization,DCO)是一种先进的广告技术,旨在通过生成式 AI 与多模态优化实现广告内容的个性化适配。与传统的静态广告投放方式不同,DCO 能够根据用户的行为数据、兴趣偏好以及实时场景特征,智能地生成和展示个性化的广告创意。这种方法不仅提高了用户的参与度,还能显著提升广告的转化率。通过DCO,广告主可以确保他们的广告内容与目标受众的需求和期望高度契合,从而实现精准营销的目标。

DCO工作原理的关键步骤为数据收集与分析、用户画像构建、创意生成与匹配和实时投放与反馈调整。某电商平台在其促销活动中采用了DCO技术。通过分析用户的购物历史和浏览行为,平台为每位用户生成了个性化的广告内容。通过实时调整广告内容,平台的点击率提升了30%,而转化率也大幅提高,达到了20%的增长。

3. 精准广告投放策略的关键环节

(1) 目标受众的识别

在现代广告投放中,目标受众的识别是精准广告的起点,是制定有效广告策略的基础和关键环节。需通过多维度数据分析与智能算法建模锁定高价值人群,锁定正确的受众不仅能提高广告的投放效果,更能在预算有限的情况下实现最大的投资回报率。

广告主为了有效识别目标受众,需要采用多种数据收集和分析方法,主要有问卷调查、社交媒体分析、网络行为追踪等。然后制定受众画像以指导广告策略。

(2) 广告渠道的选择和优化

广告渠道策略需匹配用户行为场景与媒介特征,实现渠道—内容—人群三重适配。

在精准广告投放策略中,广告渠道的选择和优化是至关重要的环节。不同的广告渠道各有其特点和优势,需要根据目标受众的特征和需求来进行精确选择。

不同广告渠道的特性分析如表11-1所示:

表11-1 不同广告渠道的特性

渠道类型	核心特点	适用场景
社交媒体	高互动性和分享性、兴趣导向	抖音短视频广告、品牌宣传、社区营销
搜索引擎	强意图捕捉	对特定关键词进行精准投放、百度关键词广告
信息流广告	原生体验、长尾覆盖	今日头条资讯流
垂直平台	精准垂类人群	汽车之家论坛广告

需要深入了解目标受众的特征,如年龄、性别、地理位置、兴趣爱好,再选择合适的广告渠道。通过市场调研和数据分析,企业可以识别出目标受众常用的媒体

平台。例如,如果目标受众主要为年轻人,社交媒体广告可能是更有效的选择。

同时要在评估广告渠道的表现基础上,优化广告投放策略以提高效果,最后结合多渠道策略实现更大范围覆盖。

(3) 竞价与预算分配

竞价与预算分配是广告投放策略中至关重要的环节,需平衡成本控制与效果最大化,依托智能算法实现动态决策。合理的竞价策略和预算分配不仅能够提高广告的曝光率和点击率,还能有效控制成本,提高投资回报率。

竞价广告基于一种拍卖机制,广告主通过竞标来争夺在特定关键词或受众面前展示广告的机会。广告主设定一个愿意支付的最高价格(竞价),系统会根据多种因素(如广告质量、相关性和出价)来决定广告的展示顺序。竞价广告的灵活性使得广告主可以根据市场需求和业务目标,实时调整出价,以获取最优的广告位置。

广告预算的制定是确保广告活动成功的基础。合理的预算不仅能够保障广告的持续投放,还能帮助广告主在不同阶段评估广告效果。预算应考虑市场竞争情况、目标受众的大小以及广告渠道的特点。通过合理的预算制定,广告主可以在控制风险的同时,最大化广告投放的效果。

广告效果的监测与分析是动态调整预算分配的基础。广告主应定期评估广告的表现指标,如点击率、转化率和投资回报率等。当某一广告活动表现优异时,可以考虑增加该活动的预算,以进一步扩大影响力;反之,对于表现不佳的广告,应及时调整预算或优化策略。通过这种灵活的预算管理,广告主能够实现资金的最佳利用。

在竞价广告中,选择合适的竞价策略至关重要。常见的竞价策略包括每次点击费用(CPC)和每千次展示费用(CPM)。CPC适用于希望通过点击实现转化的广告主,而CPM则更适合注重品牌曝光的广告活动。广告主应根据其广告目标和受众特征选择最合适的策略,以实现最佳的广告效果。

(4) 持续的优化与调整

在精准广告投放策略中,持续的优化与调整是确保广告效果最大化的重要环节。随着市场环境的变化和消费者行为的不断演变,广告投放后进行全面的监测和调整显得尤为关键。

广告投放后的第一步是进行持续监测。这不仅可以帮助广告主及时了解广告的表现效果,还能帮助其发现潜在的问题。通过对广告点击率、曝光率、转化率等关键指标的实时监测,广告主能够迅速识别哪些广告内容或投放渠道表现良好,哪些需要改进。

第二步是收集和分析广告效果数据,这是优化过程中的核心环节。广告主需要利用各种工具和软件,系统地收集与广告投放相关的数据,例如流量来源、用户互动情况、转化路径等。通过对这些数据进行深度分析,广告主可以更好地理解受众的行为和偏好,从而为后续的广告策略调整提供依据。

第三步是根据数据反馈进行策略调整,在获取和分析了大量的广告效果数据后,广告主需要根据数据反馈进行策略调整。例如,若某一广告素材的点击率远低于预期,广告主可重新设计广告内容,或者调整投放渠道。

第四步是定期进行 A/B 测试以寻找最佳方案。A/B 测试是一种重要的优化工具,能够帮助广告主在实际投放中找到最佳方案。通过将两个或多个广告版本进行对比,广告主可以清晰地看到哪些元素更能吸引目标受众。定期进行 A/B 测试,不仅可以提升广告效果,还能为后续的广告创意提供灵感。

最后,需要在快速变化的市场环境中保持灵活性。灵活性是广告投放成功的关键。广告主应当定期评估市场趋势和消费者需求的变化,及时调整广告策略。例如,某一时段的流行趋势可能会影响消费者的购买决策,广告主需要迅速适应这些变化,更新广告内容或投放策略。此外,灵活的预算分配和资源调配能够帮助广告主更好地应对市场波动,确保广告的持续有效性。

Facebook 的广告系统通过深度神经网络分析用户行为,将广告点击率提升至 3.1%,是行业平均水平的 2 倍。拼多多的"农货智能推荐"系统帮助农产品销售转化率提高了 60%。

11-3 云视频

11-4 云阅读

11.4 挑战与未来展望

在全球电子商务市场不断扩大的背景下,AI 技术在电子商务中的应用持续深化,将会推动行业的创新与变革,帮助企业在竞争中保持领先地位。通过不断探索和应用 AI 技术,AI 将不仅限于数据分析和客户支持,其应用范围将更加广泛。电子商务将在满足消费者需求和提升运营效率方面迎来新的机遇。例如,AI 在语音识别和自然语言处理(NLP)方面的进步,使得消费者能够通过语音命令进行购物,从而进一步提升购物的便利性。

随着消费者对隐私和数据安全的关注度不断上升,企业需要在 AI 应用中更加注重数据保护和透明度,以建立消费者的信任。未来,结合区块链技术,AI 可能会在安全性和透明性方面带来新的解决方案。

11.4.1 技术伦理问题

1. AI 技术带来的隐私和数据安全问题

尽管 AI 技术在电子商务中展现了巨大的潜力,但其带来的隐私和数据安全问题也不容忽视。消费者在享受个性化服务的同时,也会被电子商务平台追踪购买记录、浏览习惯、页面停留时长、点击热力图等行为并构建精准画像,这些数据如果未得到妥善保护,可能会被不法分子利用,导致隐私泄露和身份盗窃。此外,数据泄露事件频频发生,给消费者和企业带来了巨大的经济损失和信任危机。因此,确保数据的安全性和保护消费者隐私,成为亟须解决的关键问题。

技术解决方案包括联邦学习(京东与沃尔玛合作训练模型时数据不出本地)与差分隐私(美团在轨迹数据中注入噪声,降低个体识别率)。在法律层面,欧盟 GDPR 要求企业实施"隐私设计(Privacy by Design)",《中华人民共和国个人信息保护法》则规定用户有权拒绝个性化推荐。

2. 透明性和算法偏见的挑战

除了隐私和数据安全问题,透明性和算法偏见也是 AI 技术在电子商务应用中的重要伦理挑战。许多企业在使用 AI 算法时,往往缺乏透明度,消费者无法了解其数据是如何被收集和使用的。此外,训练数据的偏差也可能导致系统性歧视,例如某些群体可能因为历史数据的不平衡而受到不公正的对待;亚马逊招聘算法对女性简历降权;某外卖平台向高收入社区优先分配优质骑手。这不仅影响了消费者的购物体验,更可能引发法律和伦理的争议。

技术应对需多管齐下:对抗训练消除敏感属性影响、公平性约束算法(添加 Demographic Parity 损失函数)、第三方审计工具(IBM AI Fairness 360 检测超过 200 的偏见维度)。行业实践中,抖音电商要求算法团队提交《公平性影响评估报告》,欧盟《数字服务法》则要求平台公开推荐算法的核心参数。

可解释性技术成为破局关键:LIME 算法生成个体级推荐理由(如"因您浏览过同类商品"),SHAP 值量化特征贡献度,决策树可视化将深度网络转化为规则链。欧盟《人工智能法案》要求高风险系统提供"算法说明书",阿里巴巴"透明度中心"则允许用户查看部分推荐依据。

3. 劳工权益与技术替代冲击

自动化技术重塑就业结构

(1) 技术替代对劳工市场的影响

技术替代是指新技术的引入使得某些工作岗位被机器或软件取代。这种现象在制造业、服务业甚至某些专业领域都愈加明显。随着人工智能、机器人技术和大数据分析的普及,许多传统工作岗位正在被自动化流程取代。研究表明,未来几十年内,数百万个职位将因技术进步而逐渐消失,尤其是在重复性高、技术含量低的岗位上。

然而,技术替代不仅仅是简单的失业问题。它还改变了劳动力市场的供需关系,导致了对技能需求的转变。对于高技能的劳动者来说,技术进步可能带来更多的就业机会和更高的薪酬,而低技能劳动者则可能面临更大的失业风险。因此,劳工市场正在经历一场结构性的变革,迫切需要对现有的劳动力进行再培训和技能提升。

(2) 技术进步与失业率的关系

技术进步与失业率之间的关系复杂且多面。一方面,技术的引入确实可能导致短期内失业率上升。另一方面,技术进步也会创造出新的就业机会。例如,互联网的普及不仅消除了某些传统行业的工作岗位,也催生了大量新兴行业。

此外,经济学家指出,技术的进步往往会提高生产效率,推动经济增长,从而在一定程度上缓解失业问题。关键在于如何有效地管理这一转型过程,以确保各类劳动者都能适应变化,并获得再就业的机会。

(3) 解决方案与政策建议

再培训和技能提升:政府应加大对职业培训和教育的投入,特别是针对低技能劳动者的再培训项目,以帮助他们提升技能,适应新兴岗位的需求。

建立社会保障体系:需要完善社会保障制度,确保所有劳动者都能获得基本的生活保障,尤其是在失业期间。同时,政府应关注零工经济中的劳动者权益,确保他们享有相应的社会保障。

支持创新与创业:促进技术创新和创业环境的改善,通过政策扶持和资金投入,鼓励企业创造新的就业机会,推动经济的多元化发展。

立法保护劳工权益:加强相关法律法规的制定与执行,确保劳动者的基本权益得到保障,特别是在技术替代带来的新型工作模式下,明确企业的责任与义务。

11.4.2 下一代电商形态

1. 技术融合与场景革命

（1）元宇宙电商

元宇宙电商通过扩展现实(XR)、数字孪生与区块链技术，构建一个完全沉浸的三维环境，消费者可通过虚拟化身进入 3D 商城，动态试穿数字服饰（如 Decentraland 中 Gucci 虚拟包试背），或通过 AR 眼镜在真实环境中叠加商品信息（宜家 Place 应用使家具预览）。关键技术包括数字资产确权、社交购物融合和神经交互实验。

巴黎欧莱雅推出"虚拟试妆镜"，用户上传照片即可生成百种妆容效果，线下专柜试色时间缩短至几十秒。但元宇宙电商面临硬件普及率低与数字资产法律归属争议等挑战，需通过边缘计算优化渲染延迟及制定国际数字产权公约来应对。

（2）物联网深化

物联网(IoT)技术正重构电商"人—货—场"的物理连接方式，实现全链路数字化与自动化：智能仓储、冷链监控和无人配送。技术瓶颈集中于数据安全与异构设备互通（需统一 OPC UA 协议标准）方面，联邦学习与边缘计算正成为破局关键。

（3）区块链赋能

区块链技术为电子商务注入透明化与去中心化基因，主要应用场景包括供应链溯源、跨境支付和数字身份认证等。唯品会推出区块链积分系统，消费者可追溯积分产生（购物金额）、流转（转赠记录）与核销（优惠兑换）全流程。但面临吞吐量限制与能源消耗的矛盾，需通过分片技术、POS 共识机制及绿色算力中心来实现可持续发展。

2. 可持续电商的 AI 驱动

（1）碳足迹追踪

AI 技术通过整合供应链全链路数据，可以帮助企业实时监测和分析其运营过程中的碳排放情况。基于区块链的溯源系统（如 IBM Food Trust）记录商品从原材料开采到终端配送的碳排放节点，结合 IoT 传感器采集生产能耗（如纺织厂每米布料的耗电量）、运输排放（货车燃油效率）等多维度数据。机器学习模型（LSTM 时间序列预测）动态评估各环节的碳强度。这些技术不仅能够处理大量复杂的数据，还能识别出潜在的碳排放源，从而为企业制定减排策略提供科学依据。消费者可通过扫描商品二维码查看碳标签，驱动绿色消费选择。挑战在于数据质量参差不齐，需联邦学习技术实现跨企业数据协同验证。

(2) 循环经济支持

AI 技术在推动循环经济实践方面起着至关重要的作用,商品全生命周期管理,推动"生产—消费—回收"闭环的形成。首先,AI 可以通过数据分析和预测模型,帮助企业更好地理解消费者需求,从而优化库存管理和减少过剩库存。这不仅减少了原材料的浪费,还可以提高资源的利用效率。其次,AI 驱动的智能化设计工具可以帮助企业在产品开发阶段考虑可回收性和可维修性,确保产品在生命周期结束后能够被有效处理和再利用。此外,AI 还能够通过监测和分析产品使用情况,提供实时反馈,促进产品的维修和更新,从而延长产品的使用寿命。

某知名时尚电商平台为例,该公司利用 AI 分析消费者的购买行为和产品生命周期数据,优化了其产品设计和库存管理。通过这种方式,该公司成功减少了 30% 的库存浪费,并在产品的设计阶段就考虑到了可回收性,推出了一系列可持续产品。

(3) 绿色物流

AI 技术在绿色物流中发挥着至关重要的作用。通过数据分析、预测和优化算法,重塑物流网络,实现降耗减排与效率提升的双重突破。

首先,AI 可以通过实时数据分析来优化路线规划。利用机器学习算法,AI 能够分析交通情况、天气预报和历史数据,为运输车辆提供最优路线,从而减少燃料消耗和运输时间。其次,AI 还可以预测需求波动,帮助企业合理安排库存和运输计划,减少不必要的运输和仓储成本。

此外,AI 还能够在运输过程中进行实时监控,及时调整运输策略。例如,借助传感器和物联网技术,AI 可以监控每个运输环节的能耗和排放,提供反馈,帮助司机和企业制定更加环保的运输方案。

3. 超级个性化体验升级

电商企业需要不断优化其推荐算法,以准确理解和预测消费者的需求。此外,个性化体验还可以延伸至客服支持,机器人助手和 AI 客服的引入使得消费者能够在任何时间获得个性化的帮助。

(1) 神经交互技术

神经交互技术的核心在于其对大脑活动的解码能力。通过脑电图(EEG)、功能性磁共振成像(fMRI)等先进技术,解码用户生物信号如思维、情绪和行为等,实现"意念驱动"的购物体验。这种技术的出现,使得我们能够更深入地理解用户的需求与偏好,并基于此提升个性化体验的质量。

例如,在游戏行业中,神经交互技术能够根据玩家的情绪反应实时调整游戏环境和难度,从而提供更加沉浸式的体验。

Neuralink 脑机接口实验显示,通过脑电波预测用户偏好准确率达 82%。

(2) 情感计算

情感计算技术通过多模态感知与深度学习,构建用户情感状态—消费行为的映射模型。该技术的实现依赖于多种先进的技术,主要包括面部表情识别和语音分析等。面部表情识别技术可以通过摄像头捕捉用户的面部表情,并利用机器学习算法分析这些表情所对应的情感状态。例如,微笑通常表示快乐,而皱眉可能反映出困惑或不满。通过这种方式,系统能够实时了解用户的情绪变化,并据此做出相应的调整。

另一方面,语音分析则是通过识别用户的语音特征,包括语调、语速、音量等,来判断其情感状态。研究表明,语音的情感特征往往比文本信息更为直接和有效,这使得语音分析在客户服务、智能助手等领域得到了广泛应用。结合这两种技术,情感计算可以形成一个全面的情感识别系统,为用户提供更加个性化的互动体验。

Affectiva 情绪识别系统分析用户观看广告时的微表情,动态调整推送策略,转化率提升 44%。

(3) 多模态交互

多模态交互的实现依赖于语音识别、手势识别、触摸感应、图像处理等一系列先进的技术。这些技术的结合使得设备能够理解和处理来自用户的多种输入方式,进而做出相应的反应。

多模态交互在个性化体验中的应用已经取得了显著成效。例如,在智能家居环境中,用户可以通过语音指令调节灯光和温度,同时也可以通过手势来控制窗帘的开启和关闭。这种灵活的交互方式使得用户能够根据个人喜好快速调整环境设置,提升了生活的舒适度和便捷性。天猫精灵接入 GPT-4,实现语音+视觉+手势的全渠道购物引导。

11-5 云习题

第三篇

应用篇

第 12 章　旅游业电子商务的创新融合

12.1　旅游业的发展现状与趋势

2024 年全球旅游业已基本完成复苏,国际游客数量达 14 亿人次,恢复至 2019 年同期水平,预计 2025 年将增长 3%～5%。旅游业收入方面,2024 年国际旅游收入达 1.6 万亿美元,同比增长 3%,上下游产业(如航空、酒店)全面恢复,国际航空业在 2024 年 10 月已恢复至疫情前水平,酒店入住率也接近 2019 年水平。从国内旅游业来看,2024 年国内旅游人次 55 亿人次,同比增长 14.8%;旅游总花费增长 17.1%,入境游客增长 60.8%,免签入境外国人增长 112.3%。冰雪旅游、乡村旅游、"一带一路"沿线旅游增长显著。

电子商务通过技术赋能与模式创新,成为推动旅游行业升级的核心动力,具体体现在三个方面:电子商务对旅游业营销模式的变革、电子商务对旅游业运营效率的提升、电子商务对旅游业体验的优化。从旅游业营销模式的变革来看,首先,营销渠道更加多元化。传统旅游业的营销渠道主要依赖于线下旅行社、广告宣传和口碑传播,覆盖范围有限且成本较高。电子商务的出现使旅游营销渠道更加多元化,包括在线旅游平台(如携程、去哪儿网)、社交媒体平台(如小红书、抖音)、旅游博客和论坛等。这些平台能够快速传播旅游信息,吸引更多潜在客户。例如,小红书上的用户生成内容(UGC)和抖音上的短视频分享,通过用户的亲身经历和推荐,极大地增强了旅游产品的吸引力。其次,实现精准营销与个性化推荐。电子商务平台利用大数据和人工智能技术,能够深度挖掘用户的行为数据和偏好,实现精准营销和个性化推荐。平台可以根据用户的浏览历史、搜索关键词和预订记录,推送符合用户兴趣的旅游产品和服务,提高营销效果和用户满意度。例如,Airbnb 利用机器学习算法分析用户的浏览和预订历史,为其推荐合适的房源。最后,助力品牌建设与口碑传播。电子商务平台为旅游企业提供了更广阔的品牌展示空间,通过优质的用户体验和良好的服务,可以快速积累口碑和品牌知名度。用户评价和评分系统不仅为其他潜在游客提供了参考,也促使旅游企业不断提升服务质量。例如,携程通过用户评价和反馈机制,不断优化旅游产品和服务,提升品牌形象。

12.2 旅游业电子商务的发展历程

12.2.1 早期在线旅游平台的出现

国外在线旅游平台的兴起是多种因素共同作用的结果。首先,技术发展为其奠定了坚实基础。20世纪90年代,互联网技术的快速普及和电子商务的蓬勃发展,改变了人们的消费习惯,使得在线预订旅游产品成为可能。其次,传统旅游行业的局限性凸显了在线平台的优势。传统旅游预订存在信息不对称、中间环节繁琐等问题,而在线旅游平台打破了信息壁垒,简化了预订流程,降低了成本,提高了效率。此外,市场需求的变化也为在线旅游平台的兴起提供了动力。随着消费者自主性增强和个性化需求的提升,他们渴望更便捷、灵活的预订方式,而在线旅游平台正好满足了这一需求。同时,全球旅游市场的持续增长,尤其是新兴经济体居民旅游需求的释放,为在线旅游平台的扩张提供了广阔空间。在商业模式创新方面,全球在线旅游平台(Online Travel Agency,OTA)通过整合资源提供一站式服务,进一步推动了在线旅游平台的发展。经济环境的变化也起到了重要作用。2008年全球金融危机后,旅游企业通过在线平台快速销售剩余库存,巩固了在线旅游平台的地位;而共享经济理念的兴起则为平台带来了新的发展机遇,例如Airbnb的出现,丰富了住宿选择,打破了传统酒店行业的垄断格局。这些因素相互交织,共同促成了国外在线旅游平台的蓬勃发展。

在全球在线旅游平台(Online Travel Agency,OTA)的发展历程中,Expedia与Booking.com作为两大行业巨头,分别以差异化的战略路径和技术创新重塑了旅游电商生态。二者的发展轨迹不仅体现了互联网经济对传统旅游业的颠覆性影响,更揭示了数据驱动与全球化运营的核心竞争力构建逻辑。

12.2.2 国外在线旅游平台的兴起

1. Expedia:从微软孵化到技术驱动的全产业链整合者

Expedia的诞生源于互联网早期的技术探索。1996年,微软公司推出Expedia.com,最初定位为航空机票预订平台,依托微软的技术资源迅速积累用户流量。2001年,Expedia从微软分拆独立上市,开启战略转型:一方面通过收购Hotwire(2003)、Travelocity(2015)等垂直平台扩大市场份额;另一方面推出动态打包技术(Dynamic Packaging),允许用户自由组合机票、酒店、租车服务,开创了定制化旅游产品的新模式。这一阶段的技术突破使其从单纯的预订工具升级为旅游解决方案提供商。2010 年后,Expedia 进入全球化扩张与技术深化的双轨发展阶段。通过收购欧洲酒店元搜索平台 Trivago（2012 年）、澳大利亚领先 OTA Wotif（2014 年）,构建起覆盖 200 多个国家的多品牌矩阵（Vrbo、Orbitz 等）。其核心技术创新体现在人工智能客服系统（2016 年推出的 AI 聊天机器人）、价格预测算法（基于历史数据动态调整报价）以及 B2B 服务（Expedia Partner Solutions 为航空公司、银行输出预订系统）。截至 2023 年,Expedia 集团年交易额突破 1 000 亿美元,通过全产业链资源整合与技术中台建设,实现了从流量入口到旅游生态基础设施的跨越。

2. Booking.com:酒店聚合模式的精益化革命者

相较于 Expedia 的技术基因,Booking.com 的崛起更凸显了细分市场深耕与运营效率的极致化。公司前身为 1996 年成立于荷兰的 Bookings.nl,早期专注于欧洲酒店预订,2005 年被美国 Priceline 集团（现 Booking Holdings）收购后开启全球化进程。其核心突破在于构建了全球最庞大的住宿库存网络:通过自主研发的酒店管理系统（Pulse）,将中小型独立酒店纳入数字化分销体系,截至 2023 年已连接 280 万家住宿单位（含酒店、民宿、公寓）,覆盖 220 个国家和地区。该平台的成功密码在于三个维度的持续创新:(1) 数据驱动的用户体验优化:首创实时预订确认技术（Instantly Confirmed Bookings）,将传统 48 小时确认周期缩短至毫秒级;基于机器学习开发需求预测模型,动态调整房源排序与推荐策略,使转化率较行业平均水平高出 30%。(2) 商业模式迭代:2013 年推出"Genius"忠诚度计划,通过分层会员权益提升复购率;2018 年拓展至航班、租车领域,但仍保持酒店收入占比超 80% 的聚焦战略。(3) 本地化运营体系:建立包含 85 种语言的客服中心与本地支付解决方案（支持 140 种货币）,在东南亚、拉美等新兴市场构建竞争壁垒。疫情防控期间推出的灵活取消政策（Free Cancellation）更使其在行业危机中实现逆势增长,2022 年净利润达 46 亿美元。

12.2.3 国内早期在线旅游平台的发展

1. 携程旅行网:从线下服务整合到全球化生态布局

携程旅行网成立于 1999 年,是中国在线旅游行业（OTA）的奠基者。其创始团队敏锐捕捉到互联网对传统旅游代理行业的颠覆潜力,初期以"鼠标＋水泥"模式构建核心竞争力:通过线上平台整合机票、酒店等标准化产品,同时自建呼叫中心与地面销售团队强化线下服务能力。2003 年在美国纳斯达克上市后,携程通过资本运作快速扩张,先后收购现代运通（酒店预订）、华程西南旅行社（度假业务),完成从单一票务代理向综合旅游服务商的转型。2010年后,面对移动互联网浪潮,携程启动"移动优先"战略,推出独立APP并引入动态打包技术,实现机票、酒店、景点门票的智能组合销售。2015年以换股方式收购行业最大竞争对手艺龙网,次年通过股权置换控股去哪儿网,构建起覆盖中高端市场的超级平台。2019年升级为"Trip.com集团",通过投资MakeMyTrip(印度)、Skyscanner(全球比价平台)等企业拓展全球化版图,形成涵盖住宿预订、交通票务、定制游、金融支付等业务的全产业链生态闭环。

2. 去哪儿网:技术驱动的价格革命与垂直搜索模式创新

作为后起之秀,去哪儿网于2005年由前百度首席架构师庄辰超创立,开创了中国旅游市场的垂直搜索引擎模式。平台初期聚焦价格比较功能,通过爬虫技术抓取全网机票、酒店价格数据,利用算法实现实时比价,直接冲击携程等传统OTA的定价体系。2011年获得百度3.06亿美元战略投资后,去哪儿网依托百度搜索流量入口迅速崛起,2013年登陆纳斯达克时已成为中国访问量最大的旅游网站。其创新性地推出"TTS(Total Solution)系统",将交易流程内嵌至搜索平台,既保障用户体验又掌握交易数据。2014年启动"穿山甲"竞价排名系统,引入收益管理模型重构酒店分销价值链。然而,激进的价格补贴策略导致长期亏损,2015年与携程的激烈竞争最终以百度促成双方合并告终。合并后去哪儿网定位年轻化市场,重点发展智能推荐算法与AI客服,2020年推出"直播云旅游"和"反向定价"功能,持续探索动态定价与内容电商的结合路径。

12.3 现代旅游业的新兴特征

12.3.1 平台对传统旅游业务的优化

1. 资源整合与供应链优化

通过整合全球范围内的酒店、航空公司和租车公司资源优化供应链。它们通过与供应商的直接合作,降低了采购成本,提高了资源利用效率。在中国市场,携程和去哪儿通过整合国内的酒店、旅行社和交通资源,优化了旅游产品的供应。例如,携程通过与地方旅行社合作,推出了更多个性化和定制化的旅游产品。

2. 营销模式变革

在线旅游平台通过搜索引擎优化、社交媒体营销和用户评价系统,改变了传统旅游企业的营销模式。例如,Booking.com通过搜索引擎营销,吸引了大量用户流量。此外,利用大数据和人工智能技术,这些平台能够根据用户行为和偏好提供个性化推荐,提高了营销效果和用户满意度。

3．用户体验优化

在线旅游平台通过提供便捷的在线预订和支付功能,简化了旅游产品的购买流程。用户可以随时随地预订机票、酒店和旅游线路。实时互动与反馈:这些平台通过在线咨询、用户评价和实时反馈功能,增强了用户与旅游企业之间的互动。例如,Booking.com 通过实时显示酒店预订信息,增强了用户信任。

12.3.2 移动互联网时代的旅游产业变革

1．从线下到线上的服务迁移

移动互联网打破了传统旅游信息不对称的壁垒,移动端旅游应用的大量涌现,催生了以平台为核心的在线旅游服务生态。例如,福建省开发的"一部手机全福游"综合服务平台,整合了信息查询、预订、导览、交通管理等全流程服务,实现了"一机在手,畅游不愁"的便捷体验。类似地,携程等 OTA 平台通过"星球号"等工具,构建目的地私域流量空间,推动旅游营销从粗放式广告投放转向精准化内容运营。这种转型不仅提升了用户决策效率,还通过在线预订、电子地图、语音导览等功能,重构了旅游服务的时空边界。社交媒体与旅游的结合(如小红书、抖音等对旅游目的地的推广)。移动支付在旅游消费中的普及等。

2．用户行为的主动化与个性化

移动互联网使游客从被动接收信息转向主动参与行程设计。例如,武夷山景区通过小程序提供数字化导览服务,用户可基于实时地图和兴趣点(POI)规划个性化路线。同时,社交媒体与短视频平台(如抖音、小红书)的兴起,催生了"云旅游""直播种草"等新业态,用户通过内容分享反向影响目的地热度,形成"游客即内容生产者"的互动生态。

3．产业链的协同与效率提升

移动互联网推动了旅游产业链的数字化协同。景区通过物联网技术实现智能化管理,如成都宽窄巷子利用红外线传感器监测卫生间使用状态,连云港花果山景区搭建"5G+3D"可视化管控平台,实时分析客流与设备运行数据,优化资源调配。此外,移动支付、电子票务等技术的普及,显著降低了交易成本,提升了服务响应速度。

12.3.3 大数据与人工智能的融入

1．个性化服务的规模化实现

人工智能通过数据挖掘与算法推荐,解决了传统旅游业"千人一面"的痛点。

以贵州"AI游贵州"智能体为例,其基于用户偏好生成定制行程,行前提供决策支持,行中实时推送周边资讯与应急服务,行后通过数据分析优化体验闭环。马蜂窝构建的文旅知识图谱整合了数千万 POI 数据,结合自然语言处理技术,使 AI 智能体能深度理解目的地文化细节,避免"一本正经的胡说八道"。

2. 管理效能的智能化升级

大数据技术为旅游管理提供了精准决策依据。例如,贵州省通过游客画像分析,优化资源配置与政策制定;景区利用 5G＋AI 安防系统实时监控人流,预防拥堵与消除安全隐患。此外,AI 在供应链管理中的应用(如需求预测、动态定价)降低了运营成本,提升了收益管理能力。

3. 文化遗产的数字化传承与体验创新

人工智能与扩展现实(XR)技术为文化遗产的活化提供了新路径。泉州洛阳桥通过三维重建与 AR 技术,让游客"穿越千年"感受历史场景;西江千户苗寨的 MR"剧本杀"项目,将苗族传说融入混合现实,增强文化沉浸感。云冈石窟的数字化保护则通过超级算力中心实现洞窟虚拟展示,扩大了文化遗产的传播半径。

4. 营销与商业模式的颠覆性变革

大数据驱动的精准营销成为主流。例如,贵州省利用旅游垂直大模型分析全球游客行为数据,优化产品设计与广告投放;上海"沪小游"智能体通过一站式信息服务整合,提升目的地品牌影响力。同时,AI 技术赋能线下流量变现,如景区通过智能体推荐在地商户,形成"流量即销量"的闭环生态,破解传统景区"门票依赖"困境。

12.4 旅游业与电子商务创新融合的模式

12.4.1 一站式旅游服务平台的构建:从碎片化到生态化整合

一站式平台的兴起依托于大数据、云计算与 API 接口技术的成熟,实现了跨行业资源的无缝整合。例如,携程通过"动态打包"(Dynamic Packaging)技术,将机票、酒店、景区门票、接送机服务等独立产品组合为个性化套餐,用户可自由搭配并享受价格折扣。飞猪则利用阿里生态的支付与信用体系,推出"信用住""免押租车"等服务,通过支付宝端内闭环交易降低用户决策成本。此类平台的核心竞争力:(1) 资源聚合能力。整合全球航司、酒店集团、景区等供应链资源,如 Booking.com 接入超过 2 800 万处住宿房源。(2) 智能推荐算法。基于用户历史行为与实时场景(如天气、地理位置)推荐行程方案,例如 Expedia 的 AI 助手可自动匹配航班延误后的备用酒店。(3)会员体系贯通:如华住集团与携程会员权益互通,积分可跨平台兑换,增强用户黏性。

全流程服务闭环的典型案例有很多。(1)Trip.com 的超级 APP 战略:整合签证办理、货币兑换、旅行保险、当地交通卡(如日本 Suica 卡线上购买)等功能,甚至提供核酸检测点查询与预约服务,覆盖"行前—行中—行后"全周期。(2)美团"酒旅+到店"协同模式:通过本地生活服务数据反哺旅游业务,例如用户预订三亚酒店后,自动推荐附近高评分海鲜餐厅与免税店优惠券,形成"住+吃+购"联动消费的闭环。

12.4.2 主题旅游平台的垂直深耕:从大众化到圈层化旅游

消费升级推动旅游需求从观光向体验转变,催生垂直领域专业平台。如亲子游平台(如"童游"APP),聚焦儿童友好型酒店筛选(如配备安全护栏、亲子餐厅)、研学课程预订(故宫儿童考古体验)、行程节奏设计(每日活动不超过 3 小时);户外探险平台(如"两步路"),提供徒步路线 GIS 地图、应急救援 SOS 功能、装备租赁(卫星电话、登山杖),并与保险公司合作定制高风险运动险;文化体验平台(如"客路 Klook"):深度捆绑非遗传承人资源,推出苏州刺绣工坊、京都茶道体验等产品,通过短视频教程与在线预约系统降低文化消费门槛。社群化运营与内容驱动。马蜂窝"兴趣圈层"策略:针对摄影爱好者推出"星空摄影主题游",行程包含天文专家随行讲解、无人机航拍教学,用户可在社区分享作品并参与赛事评选;小红书"种草—拔草"闭环:用户发布大理扎染体验笔记后,平台直接嵌入商家预订链接,并通过 LBS 定位推送附近相关工坊优惠券。

12.4.3 旅游平台与本地生活服务的融合:从"异地化"到"在地化"

服务场景延伸的逻辑是旅游消费与本地生活边界模糊化。(1)平台通过即时服务(On-demand Service)提升用户体验。即时交通整合:高德地图"景区直达"功能聚合网约车、共享单车、景区接驳巴士选项,并对比价格与耗时。本地美食推荐:美团依托 POI 数据与用户评价,为游客生成"本地人常去的老字号榜单",并联合商家推出"游客专享套餐"(如小份多拼菜品组合)。(2)平台赋能本地商户的实践。抖音"POI+直播"导流:西双版纳夜市摊主通过直播展示傣味烧烤制作过程,用户点击定位标签即可跳转至团购页面,线下核销率达 70%。Airbnb"体验+"计划:招募本地人开设"胡同早餐漫步""曼谷夜市砍价教学"等特色活动,平台抽取 15%佣金,助力小微个体经营者。(3)数据驱动的深度协同:用户画像交叉应用:携程与滴滴合作,根据游客预订的高端酒店信息,自动升级接送机车型至豪华款;动态价格联动:租车平台"神州租车"在旅游旺季与景区联票绑定销售,若当日门票销量超预期,则自动上调周边网点车辆时租价。

12.5 旅游目的地营销的创新与电子商务融合

在数字经济时代,旅游目的地的品牌传播与营销已从单向信息输出转向多平台协同互动的生态化模式。官方网站与社交媒体作为核心传播渠道,通过功能互补与数据联动,结合电子商务平台的创新玩法,能够实现品牌形象立体化传播、用户精准触达及消费转化闭环。以下从品牌塑造、联合活动、内容共创及数据协同四个维度详细阐述其协同机制。

12.5.1 电子商务赋能旅游目的地品牌塑造:直播带货与沉浸式体验

旅游目的地官方网站作为权威信息枢纽,需与社交媒体形成"内容分层+流量互通"的协作体系。例如,官方网站可通过专题页面系统展示地方文化、自然景观与特色产品,而社交媒体(如抖音、小红书、Instagram)则通过短视频、直播等轻量化形式实现"碎片化传播+情感共鸣"。直播带货成为这一协同模式的核心场景:地方文旅部门可联合电商平台(如淘宝、京东)及本地企业,邀请旅游达人、非遗传承人开展"云游直播",实时展示旅游线路、民宿体验、手工艺品制作过程,并嵌入电商购买链接。例如,2023年丽江文旅局联合飞猪直播,通过"古城夜游+纳西族文化表演"的沉浸式直播,带动当地特色客栈预订量增长230%,东巴纸文创产品销量破万单。此外,虚拟现实(VR)技术的引入进一步强化品牌体验:官网可集成VR景区导览功能,社交媒体则分发体验片段,吸引用户跳转至官网完成深度交互,形成"种草—体验—转化"闭环。

12.5.2 电商平台联合推广活动:线上旅游节与定制化套餐

旅游目的地与电商平台的战略合作,能够整合流量资源并激活消费潜力。线上旅游节是典型模式之一:通过天猫"超级品牌日"或携程"旅行狂欢节"等节点,目的地可推出限时折扣门票、酒店连住优惠、本地特产组合套餐等产品,并借助社交媒体话题营销(如微博热搜、抖音挑战赛)扩大声量。例如,2022年三亚市与美团合作"海岛狂欢季",在官网发布活动主会场链接,同步在微信朋友圈投放精准广告,结合KOL打卡短视频,实现订单量同比增长158%。此外,定制化旅游套餐需依托电商平台的数据分析能力:根据用户搜索偏好(如亲子游、户外探险),官网可联合飞猪、马蜂窝等平台推出主题产品组合(如"非遗研学三日游""星空露营套餐"),并通过社交媒体进行场景化内容推送(如小红书"露营装备清单"攻略中嵌入产品链接),实现需求与供给的高效匹配。

12.5.3 用户参与式内容共创:UGC激励与社交裂变

社交媒体与电商平台的协同需激发用户创造力,形成"官方引导—用户创作—二次传播"的生态循环。旅游目的地可通过官网发起话题挑战赛(如"#发现敦煌之美"摄影大赛),鼓励游客在社交媒体分享原创内容,并设置电商优惠券作为奖励。例如,张家界景区在抖音发起"悬崖栈道创意视频大赛",获奖作品在官网首页展示,同时参与者可获得景区联名款文创产品的折扣码,实现内容传播与销售转化双赢。此外,社交裂变机制可提升活动参与度:通过拼多多"拼团游"模式,用户邀请好友组队购买旅游套餐即可享受额外优惠,借助微信社群快速扩散,官网则提供组团进度查询与客服支持,增强用户体验的连贯性。

12.5.4 数据协同与精准营销:全域流量管理与智能推荐

官方网站与社交媒体的数据打通是协同营销的技术基石。通过埋点追踪用户在官网的浏览路径(如景点详情页停留时长、套餐点击率),结合社交媒体平台的用户画像(如抖音兴趣标签、微博社交关系链),目的地可构建动态用户数据库,并利用 AI 算法实现精准推荐。例如,针对在官网查询"亲子酒店"但未下单的用户,可在微信朋友圈推送包含儿童乐园实景视频的广告,并关联携程独家折扣;同时,电商平台的消费数据(如复购率、客单价)可反向优化官网内容布局,例如高销量特产区域在官网首页优先展示。

12.6 旅游供应链与电子商务的融合

12.6.1 旅游供应商与电商平台的直接合作:渠道拓展与价值重构

在传统旅游供应链中,供应商(如酒店、景区、旅行社)多依赖线下分销网络和第三方代理渠道,存在信息不对称、交易效率低、利润空间压缩等问题。随着电子商务的深度渗透,旅游供应商与电商平台的直接合作已成为行业变革的核心驱动力。通过接入携程、飞猪、美团、Booking.com 等综合性电商平台,或马蜂窝、途牛等垂直旅游平台,供应商得以突破地域限制,触达全球消费者。例如,酒店集团通过直连平台实现房态实时同步与动态定价,景区借助 OTA(在线旅行社)开放API 接口实现门票秒出票,旅行社通过自建电商小程序开展定制游预售。这种直接合作模式不仅降低了分销成本(佣金比例从传统代理的 20%～30% 降至

5%～15%),更通过平台流量池构建私域用户画像,实现精准营销。此外,Airbnb Experiences、Klook等新兴平台通过"供应商入驻＋平台赋能"模式,将小众旅游资源(如非遗体验、在地文化工坊)纳入供应链体系,推动旅游产品多元化与长尾市场开发。

12.6.2 旅游供应链的数字化管理:全链路效率革命

旅游供应链的数字化管理涵盖资源采购、库存调度、订单处理、服务交付四大核心环节,其本质是通过信息化工具重构业务流程。在库存管理方面,云PMS(物业管理系统)与CRS(中央预订系统)的深度融合,使酒店客房、航班座位、景区承载量等"易逝性库存"实现动态优化。例如,万豪集团通过RMS(收益管理系统)结合历史数据与实时需求预测,自动调节价格策略,使客房收益率提升了12%～18%。订单处理环节,XML/API直连技术取代人工抄单,订单确认时间从小时级缩短至毫秒级,且通过区块链技术实现B2B结算的智能合约化,纠纷率下降60%。物流配送的数字化则体现为"服务履约链"重构:电子门票通过NFC或动态二维码实现无接触核销,包车服务通过LBS定位与路径算法优化接驳效率,跨境旅游商品采用保税仓前置＋跨境支付清关一体化系统,配送时效提升3倍以上。此外,基于物联网的智能设备(如景区闸机、酒店自助入住终端)与ERP系统的无缝对接,形成"数据采集—分析—反馈"闭环,推动供应链响应速度进入分钟级时代。

12.6.3 电商平台对旅游供应链的整合优化:数据驱动与生态协同

电商平台凭借其数据聚合能力与算法优势,正在从交易撮合者进化为供应链协调者。通过构建旅游大数据中台,平台整合机票搜索量、酒店浏览热力图、景区点评情感分析、社交媒体舆情监测等多维数据,形成需求预测模型。例如,飞猪在黄金周前3个月即通过搜索关键词聚类分析,预判小众目的地爆发趋势,提前协调目的地供应链资源部署。在资源调度层面,平台运用运筹学算法实现供需动态匹配:当某区域酒店预订量超阈值时,自动触发周边交通运力补充建议;当团队游退订率异常时,实时调整地接社服务人员排班。更深入的优化体现在供应链弹性构建上,美团通过"淡季资源池"机制,将滑雪场夏季闲置设施转化为夏令营基地,资源利用率从41%提升至78%。平台还通过开放数据接口赋能中小供应商,如向民宿业主提供周边竞品定价曲线,向旅行社输出客户旅程偏好图谱,推动全链路的智能决策。最终,电商平台成为连接C端需求与B端能力的"数字枢纽",形成以用户为中心、按需定产的柔性供应链网络。

12.6.4 技术集群的融合应用:从信息化到智能化

旅游供应链的电子商务化底层依赖技术集群的交叉创新:5G与边缘计算保障了景区AR导览、远程VR选房的实时交互体验;AI图像识别技术应用于酒店布草清洁质检,使供应链服务质量控制节点前移;数字孪生技术构建目的地虚拟仿真模型,辅助制定供应链灾备预案。特别值得注意的是,区块链技术在供应链金融领域的突破:基于智能合约的"旅游应收账款证券化"平台,使中小供应商账期从90天压缩至T+0结算,融资成本降低35%。而元宇宙技术的兴起,正在催生"数字旅游供应链"新形态——虚拟景点NFT门票、DAO(去中心化自治组织)模式的旅游合作社、基于数字身份的跨界权益互通,预示着一个虚实融合的供应链未来图景。

12.7 旅游业与电子商务创新融合的案例分析

12.7.1 国际典型案例

1. 国际旅游目的地的电子商务营销策略

(1) TikTok的"内容+电商"模式

TikTok在东南亚市场通过短视频和直播带货重塑了旅游产品营销链路。例如,泰国的SkydiveThailand跳伞体验项目通过短视频展示刺激的跳伞场景,结合平台内嵌的"小黄车"功能,用户可直接下单购买优惠券,实现"内容激发需求—即时购买—线下体验"的闭环。TikTok还推出本地化直播策略,支持英语、泰语、越南语等多语言直播,覆盖泰国、马来西亚等国的自由行用户,并与当地KOL合作扩大影响力。数据显示,印尼的潜水课程供应商通过KOL体验式短视频推广,订单量增长超过60%。

(2) Shopee的"购物节+旅游产品"整合

东南亚电商巨头Shopee通过购物节促销旅游服务,例如在"10·10购物节"期间,新加坡滨海湾花园门票以36%折扣上线,吸引大量本地消费者。SkydiveThailand在Shopee开设官方店铺后,75%的订单来自该平台,其核心优势在于佣金率低于传统OTA(仅10%),且通过优惠券形式实现轻量化销售。尽管平台设计更偏向实物商品,但旅游企业通过邮寄实体优惠券与线下服务结合,成功触达国内游客市场。

2. 国际大型旅游集团的电子商务运营模式：携程的全球化整合与 Airbnb 的共享经济

(1) 携程的 B2C 全产业链整合

携程通过"一站式服务＋技术赋能"巩固其全球市场地位，包括多元化产品线：整合机票、酒店、景区门票、定制游等全品类，覆盖用户行前、行中、行后需求。例如，其"超级会员"体系提供专属折扣和优先客服，提升用户忠诚度。

智能算法应用：基于用户历史行为数据推出"动态打包"功能，自动组合低价机票与酒店套餐，节省用户比价时间。疫情防控期间，携程通过直播业务单场 GMV 破亿，通过限时折扣激活存量市场。全球化布局：收购英国机票搜索平台 Skyscanner、印度 OTA 巨头 MakeMyTrip，构建跨区域协同网络，强化国际供应链能力。

(2) Airbnb 的 C2C 共享经济模式

Airbnb 以"独特住宿体验＋社交化运营"为核心，构建全球化短租平台。房东审核机制：通过严格的身份验证和公开透明的评价体系保障服务质量。文化沉浸式体验：推出"Airbnb Experiences"功能，允许房东设计本地化活动（如京都茶道体验、巴塞罗那街头艺术之旅），将住宿与文化旅游深度融合。数据驱动的个性化推荐：利用 AI 分析用户偏好，例如常预订城市公寓的用户会收到周边小众景点推荐，增强用户黏性。

3. 国际旅游科技企业的创新实践：GlobalTix 与连连数字的技术驱动

(1) GlobalTix 的票务自动化解决方案

新加坡科技企业 GlobalTix 专注于旅游票务的数字化分销，其技术平台实现景点、活动供应商与电商渠道的无缝对接。例如，疫情防控期间与新加坡政府合作，通过其系统处理"重新探索新加坡"旅游券的发放与核销，支持超 300 万张电子票务的自动化管理。核心创新包括：API 集成：将景点库存实时同步至 Shopee、Lazada 等电商平台，减少人工操作误差。动态定价工具：根据供需数据调整门票价格，例如淡季自动触发折扣促销，提升景区收入。

(2) 连连数字的跨境支付服务生态

中国跨境支付机构连连数字（LianLian Global）在东南亚市场构建支付服务体系：泰国市场：通过整合本地卡组织、银行渠道和电子钱包，推出线下商户收款、线上独立站收单等解决方案。例如，曼谷的泰式按摩店 GWellness 通过连连系统实现微信支付、支付宝、Visa 等多渠道整合，提升支付效率。越南市场：为跨境卖家提供实时到账的收款服务，解决开户难、提现慢等问题。例如，越南 POD 卖家 Nguyen Minh Hoang 通过连连账户实现提现实时到账，资金周转效率提升 30％

以上。

12.7.2 国内典型案例

1. 旅游城市的电子商务发展经验

(1) 河北兴隆县:农旅融合的"三个经济"模式

兴隆县依托农业与旅游资源的双重优势,通过电子商务进农村综合示范项目,构建了"在地经济""后备箱经济""链接经济"三大模式,推动农旅深度融合。在地经济:在景区、高铁站等场景设立农产品购物网点,结合旅游流量实现即时消费;后备箱经济:游客体验后可选择快递发货,解决携带难题,提升购买转化率;链接经济:产品包装二维码链接线上商城,实现游客复购与长期消费。同时,兴隆县打造了"兴隆山楂""兴隆游礼"等区域公用品牌,并通过供应链体系优化物流效率,2020年入选国家电子商务进农村示范县,成为北方农旅电商标杆。

(2) 河北秦皇岛:智慧旅游体系的全面升级

秦皇岛与中兴通讯合作,构建了涵盖 B2B 分销、B2C 直销、O2O 联动的智慧旅游体系。B2B 分销:对接 400 余家旅游分销商,整合旅行社、酒店资源;B2C 直销:联动 156 家景区及农家乐,实现门票预订、检票一体化;O2O 平台:接入携程、去哪儿等主流平台,形成全域营销网络。通过智慧应急指挥中心实时监控客流与安全,秦皇岛智慧旅游体系成为北方智慧旅游的典范。

(3) 海南三亚:区块链技术赋能旅游电商平台

三亚科技投资集团联合清华大学团队,打造基于区块链的"自贸港旅游电商平台",实现供应商信用追溯与供应链金融服务。信用标记:区块链记录交易数据,提升分销商透明度;智能分析:AI算法优化游客行程规划,动态调整景区客流量;供应链金融:为涉旅企业提供低息贷款,2023 年平台交易规模目标 50 为亿元。该项目被列为国家文旅科技创新工程,推动海南旅游从传统模式向数字化信任经济转型。

2. 国内领先旅游平台的创新举措

(1) 高德地图

数字化文旅推荐:2025 年"5·19 中国旅游日"期间,高德地图打造"2025 中国旅游日文旅推荐地图",汇聚各地优质文旅目的地,为游客提供一站式决策支持,缓解传统旅游信息分散问题。

线上线下融合互动:推出"城市寻宝"玩法,设置线上虚拟宝箱,用户到达指定区域可开箱赢取福利,领取文旅优惠券礼包,推动文旅消费向线上线下融合升级。

国际化服务拓展:推出英文版 APP"AMAP",为海外游客提供全英文界面导航服务;上线覆盖 200 余个国家和地区的全球地图服务,为国人海外出游提供便利。

区域出行无缝对接:实现内地与香港"一个 APP 无缝叫车",内地游客可在香港通过高德一键打车,并享受补贴。

文旅消费补贴引流:活动期间推出总计价值超 1 亿元的文旅消费补贴,用户可领取涵盖多种优惠权益的补贴券包,帮助景区、酒店等关联产业合作伙伴增收。

(2) 携程

入境游服务升级:携程入境游景区融合服务平台通过数字化手段,推进景区入境融合服务平台建设,扩充语言站点、拓展支付通路、读取护照信息,助力各地打通境外游客预约及购买渠道。

智慧旅游体验优化:引入国际化版本售票机,提供线下场景购票和支付服务;完善外国游客门票线上预约和支付流程,提升多种语言服务覆盖范围,上线超 1.1 万家国内景区的门票在售服务。

沉浸式体验创新:推动沉浸式文旅体验消费,如《唐朝诡事录·西行》国潮沉浸剧场,基于全感剧场沉浸式体验解决方案打造,游客借助 VR 技术和大空间定位技术"穿越"古今,实现场景交互的沉浸式体验。

(3) 腾讯文旅

全域智慧旅游服务体系:以"一部手机游云南"为例,融合深度智能搜索、多终端融合、异构大数据,以及 VR、AR 和基于人工智能的智能识物、个性化智能推荐等技术,实现互联网和旅游公共服务的深度融合。

慢直播与智能推荐:在"一部手机游云南"APP 中设置慢直播板块,游客可提前了解景区天气情况;通过 LBS 大数据应用平台分析游客出游情况,精准挖掘旅游热点和兴趣点,进行精品线路智能推荐。

AI 识物与智慧导览:APP 利用人工智能和图像识别技术,对景点和花草植物进行拍照识别,识别率达 99%;智能闸机覆盖云南省 16 个州市 5A、4A 景区 100%,游客可实现 1 秒入园。

(4) 中国旅游集团

一站式数字化平台:打造"旅游目的地数字化平台",为景区提供智慧服务、智慧营销、智慧产品、智慧运营管理等应用场景建设与运营,游客可通过景区小程序实现从查询、预订到入园核销的一站式服务。

数字化营销与会员运营:与携程、美团等渠道及多个景区业务系统对接,提升自营直销能力,支持产品打包组合营销;开通微信服务号、视频号、小程序、抖音号等线上宣传媒体,整合媒体矩阵流量,沉淀粉丝量和会员。

创新产品与商业模式：通过 5G、AR/VR、AI 等技术，探索元宇宙、数字藏品、沉浸式体验等创新产品形态；采用"合作建设、共同运营、收入分成"的商业模式，如沙坡头景区 Vlog、世界之窗无人机外卖配送等项目，提升营销转化率和景区收入。

12.8 旅游业与电子商务创新融合面临的挑战

旅游业与电子商务的融合在推动行业效率提升的同时，也面临信任危机、同质化竞争和监管滞后三大核心挑战。

12.8.1 技术层面的挑战

在旅游业与电子商务创新融合的进程中，技术层面的挑战尤为突出，涉及数据安全、算法可靠性以及新兴技术应用成本与效果等多重复杂问题。

1. 旅游大数据的安全与隐私保护问题

已成为行业发展的核心痛点。随着在线预订、用户行为追踪、地理位置服务等功能的普及，海量用户数据（包括个人信息、支付记录、行程偏好等）被集中存储和流转，数据泄露风险显著增加。例如，黑客攻击、内部管理漏洞或第三方合作伙伴的数据滥用，可能导致用户隐私泄露甚至身份盗用。此外，全球数据保护法规（如欧盟 GDPR、中国《个人信息保护法》）的差异性和动态调整，要求企业投入大量资源构建合规的数据治理体系，包括数据脱敏、加密传输、权限分级等措施。然而，技术措施与法律合规之间的平衡仍面临挑战：过度严格的数据匿名化可能削弱数据的商业分析价值，而过度依赖用户授权协议又可能引发伦理争议。如何在用户隐私保护与数据价值挖掘之间找到平衡点，成为行业亟待解决的难题。

2. 人工智能算法的准确性和可靠性

人工智能算法的准确性与可靠性问题直接影响用户体验与商业决策的有效性。在旅游场景中，AI 技术被广泛应用于个性化推荐、动态定价、需求预测等领域，但其表现高度依赖数据质量与算法模型的设计。例如，在旅游资源分布不均或历史数据稀少的地区（如小众目的地），算法可能因训练数据不足而出现推荐偏差；而在突发事件（如疫情、自然灾害）导致市场剧烈波动时，传统机器学习模型可能因缺乏实时数据反馈而失效。更严峻的是，算法可能隐含偏见。例如，基于历史预订数据训练的推荐系统可能倾向于高消费群体，忽视中低端用户需求，从而加剧市场分化。此外，算法的"黑箱"特性使得其决策逻辑缺乏透明性，用户对算法推荐结果的信任度可能因偶发的错误（如错误的路线规划、不合理的价格波动）

而受损。如何通过可解释 AI(XAI)技术提升算法透明度,并通过持续的数据迭代与模型优化增强其鲁棒性,是技术落地的关键。

3. 虚拟现实/增强现实技术在旅游场景中的应用成本与效果平衡

虚拟现实(VR)与增强现实(AR)技术的应用成本与效果平衡成为制约其规模化推广的瓶颈。在旅游场景中,VR/AR 技术被寄予厚望,例如通过虚拟景区漫游提升预订转化率,或通过 AR 导航增强线下游览体验。然而,技术实施面临多重挑战:一方面,高质量 VR 内容的制作成本极高,需专业团队进行 3D 建模、场景渲染及交互设计,单个景区的数字化开发成本可达数十万至百万级别,且硬件设备(如头显、AR 眼镜)的采购与维护费用进一步推高企业投入。另一方面,用户体验与预期效果之间存在落差。例如,VR 设备的分辨率、延迟问题可能导致眩晕感,削弱沉浸式体验;AR 应用则受限于环境光线、网络稳定性等现实条件,在复杂户外场景中易出现识别误差。此外,技术投入的商业回报尚不明朗:尽管部分研究表明 VR 预览能提升 10%～15% 的预订意愿,但用户转化率与客单价的实际增长是否足以覆盖技术成本,仍需长期验证。因此,企业需在技术选型上谨慎权衡,例如优先在高端定制游或文化遗产保护等附加值较高的场景中试点,逐步探索可持续的商业模式。

综上所述,技术挑战的突破需要跨学科协作与生态共建。从数据安全的标准制定、算法伦理的行业规范,到 VR/AR 技术的成本分摊机制,均需企业、技术供应商、监管机构及学术界的协同创新,方能推动旅游与电子商务的深度融合。

12.8.2 市场层面的挑战

1. 用户对旅游电子商务的信任建立与维护

旅游电子商务的信任危机主要源于信息不对称和服务质量的不确定性。消费者在线上预订旅游产品时,往往无法直接体验实际服务,导致对虚假宣传、欺诈行为的担忧。例如,部分商家通过虚构低价套餐或夸大服务内容吸引用户下单,但实际交付的产品与描述严重不符,甚至出现"幽灵酒店"或"虚假航班"等问题。此外,用户对数据隐私的担忧加剧了信任危机。旅游电商平台需处理大量敏感信息(如身份信息、支付数据),一旦泄露可能引发身份盗用或诈骗等风险。尽管《在线旅游经营服务管理暂行规定》明确禁止"大数据杀熟"并要求保障消费者评价权,但实际操作中仍存在商家删除差评、操控评分等行为,进一步削弱用户信任。应对策略:技术驱动信任建设,例如三亚通过区块链技术构建旅游电商平台,实现交易数据不可篡改和供应商信用可追溯,增强透明度。强化监管与平台责任,如文旅部要求抖音、淘宝等平台完善审核机制,核验商家资质,从源头杜绝非法经营行为。

2. 旅游市场竞争激烈导致的平台同质化现象

旅游电子商务市场的同质化现象显著,表现为商业模式趋同、产品服务缺乏差异化。综合型OTA平台(如携程、同程)以"机票＋酒店"为核心业务,虽通过横向整合资源占据市场主导地位,但过度依赖佣金模式导致与供应商关系紧张,且难以满足用户个性化需求。特色型平台(如途牛、马蜂窝)虽聚焦细分市场(如跟团游、UGC内容),但在产品设计上仍局限于"标准化套餐",难以突破"制式化"局限。此外,价格战频发进一步压缩利润空间,例如酒店预订市场因平台低价竞争导致服务质量下降,形成恶性循环。由于技术壁垒不足,多数平台缺乏核心技术(如智能推荐算法或定制化服务系统),依赖流量和渠道优势,难以形成独特竞争力。用户需求多样化:现代游客更倾向于个性化、沉浸式体验(如定制游、VR导览),但现有平台多停留在基础服务层面,创新投入不足。针对该困境应差异化定位,如悠哉网通过"电子货架"整合旅行社线路与自主研发产品,尝试"非标准化"服务。

3. 旅游电子商务市场的法律法规监管滞后

旅游电子商务的快速发展使得现有法律法规难以覆盖新兴问题。例如,尽管《规定》明确禁止"大数据杀熟"和虚假宣传等行为,但实际操作中仍存在取证难、维权成本高等问题。此外,跨境旅游电商涉及多国法律差异,数据跨境流动的合规性(如GDPR)成为企业拓展国际市场的障碍。在市场监管方面,部分中小平台因审核不严成为非法低价游的温床,而文旅部虽开展专项整治行动(如2021年查处715家违规网站),但动态监管机制尚未完全建立。具体挑战:数据安全与隐私保护。尽管《网络安全法》要求平台加强数据防护,但技术漏洞和内部管理不善仍导致信息泄露事件频发。新兴业态监管空白:如旅游直播、元宇宙导游等创新模式缺乏明确的法律界定,易引发消费纠纷。针对该困境,应推动动态立法与政策协同,例如海南通过自贸港政策试点离岸金融与区块链技术应用,探索适应数字旅游的监管框架。实现多方共治机制,鼓励行业协会、消费者组织参与监督,形成"政府＋平台＋用户"的立体监管网络。

12.8.3 人才层面的挑战

旅游业与电子商务的深度融合正面临严峻的人才瓶颈,主要体现在复合型人才短缺、传统员工技术适应困难以及电商平台对旅游专业人才吸引力不足三大方面,这些问题严重制约了行业的创新发展。

1. 旅游与电子商务复合型人才的短缺

复合型人才的结构性短缺是当前最突出的矛盾。随着"旅游＋电商"模式的快速发展，市场亟须既掌握旅游行业特性（如服务流程、资源整合、文化 IP 开发）又精通电子商务技术（如数据分析、数字营销、平台运营）的跨界人才。然而，这类人才供给严重不足，根源在于教育体系与产业需求脱节。高校培养机制存在明显缺陷：旅游管理专业课程仍以传统酒店管理、导游服务为主，数字化课程占比普遍低于 20%；而电子商务专业又缺乏旅游产品设计、目的地运营等垂直领域知识。这种学科壁垒导致毕业生难以适应行业需求，企业不得不承受高昂的招聘成本。以携程为例，其在开发智慧景区系统时，既需要熟悉景区运营逻辑的产品经理，又要求团队具备云计算、物联网等技术能力，但此类人才招聘周期往往长达 6～8 个月。部分院校虽已尝试改革，如桂林旅游学院与美团合作开设"旅游电商实验班"，但仍面临师资力量不足的困境——仅 30% 的教师具备双领域经验。企业端的培训同样收效有限，飞猪推出的"数字文旅训练营"多停留在基础工具操作层面，缺乏对旅游供应链优化、AI 算法应用等前沿技术的系统性培训。

2. 旅游企业员工对电子商务技术的适应与培训

传统旅游企业员工的数字化转型困境同样不容忽视。旅行社、景区等传统业态在向电商转型过程中，普遍遭遇员工技术适应难题。中国旅游协会 2023 年的调研显示，仅 35% 的旅行社员工能独立完成在线产品上架，掌握大数据分析的员工比例不足 8%。这种技能缺失直接影响了服务质量，如九寨沟景区引入 AI 智能导览系统后，因部分导游操作不熟练，导致游客投诉率上升 12%。深层原因在于培训体系陈旧——多数企业仍采用"填鸭式"线下授课，黄山旅游的 VR 景区管理模拟系统使用率不足 15%。更关键的是，传统绩效考核体系未与技术应用能力挂钩，某省级文旅集团的调查显示，仅 22% 的员工认为"掌握电商技能会影响晋升机会"，严重削弱了员工学习动力。一些企业已开始探索创新解决方案，如乌镇旅游推出"数字技能工坊"，将电商工具学习嵌入直播带货模拟等实际工作场景，使员工实操能力提升 60%；浙江省旅游职业学院与携程联合开发的"旅游电商运营师"职业认证项目，则为行业输送了超过 2 000 名兼具平台运营和 SEO 优化能力的专业人才。

3. 电子商务平台对旅游专业人才的需求与吸引

电商平台与旅游人才的需求错配构成了第三重挑战。电商平台在拓展旅游业务时，往往因缺乏行业专业人才而遭遇发展瓶颈。拼多多"多多旅行"初期就因团队缺乏旅游产品设计经验，导致低价团购套餐与实际服务不符，差评率高达 34%。抖音生活服务虽高薪招聘传统旅行社产品经理，但因互联网"快节奏迭代"

模式与旅游行业特性不符,半年内离职率超过45%。这种矛盾源于结构性认知偏差:电商平台过度强调流量运营等通用能力,忽视旅游产品的非标准化特性。某头部直播平台旅游板块的招商团队中,仅10%的成员具有导游或景区运营经验,导致合作商家频繁投诉"规则不符合行业实际"。薪酬体系错配也是重要因素——传统旅游行业薪资水平较低,而电商平台对旅游人才的需求多集中在中基层岗位,难以吸引高端人才。为破解这一困局,美团到店事业群创新设立"文旅专家岗",提供"互联网薪资+股权激励+弹性工作制"组合方案,2023年成功引进30余名资深从业者;京东旅行则与北京第二外国语学院共建"数字文旅产业学院",通过"双导师制"实现"入学即入职"的产教深度融合。

12.9 旅游业与电子商务创新融合的发展趋势

随着信息技术的迅猛发展,旅游业与电子商务的融合正经历前所未有的变革。技术创新不仅重塑了旅游行业的商业模式,也极大地提升了消费者的体验。其中,区块链技术、5G通信和物联网(IoT)成为推动旅游电子商务升级的核心驱动力,分别在交易安全、实时交互和智能化管理方面展现出巨大潜力。

12.9.1 技术创新趋势

1. 区块链技术在旅游电子商务中的应用前景

区块链技术的去中心化、透明性和不可篡改性为旅游电子商务带来了革命性的改变。在旅游交易中,区块链可以消除对传统中介机构的依赖,实现点对点的交易模式,从而降低佣金成本并提高效率。例如,基于智能合约的旅游平台可以自动执行机票预订、酒店支付和行程确认,减少人为干预和纠纷。此外,区块链的分布式账本技术能够确保旅游数据的真实性和安全性,防止虚假评论或篡改订单信息。在旅游供应链管理中,区块链还可用于追溯旅游资源(如酒店房源、景区门票)的真实性,打击"黄牛"倒卖和欺诈行为。未来,随着去中心化身份(DID)技术的发展,游客甚至可以通过区块链实现跨平台的数字身份认证,简化签证、入住和支付流程。

2. 5G技术对旅游电子商务体验的提升

5G网络的高带宽、低延迟和大连接特性为旅游电子商务提供了沉浸式的交互体验。在营销层面,5G支持超高清视频直播和虚拟现实(VR)内容传播,使游客能够通过实时直播"云游览"目的地,或通过VR预览酒店房间和景区实景,从而增强预订信心。在服务层面,5G赋能实时在线互动,例如导游远程高清视频解说、多语言即时翻译等,打破地理和语言障碍。此外,5G 与增强现实(AR)的结合可以丰富线下旅游体验,游客通过手机扫描景点即可获取叠加历史信息的 AR 导览,或在购物时通过 AR 试穿当地服饰。对于旅游企业而言,5G 还能优化后台运营,例如通过高速数据传输实现景区人流监控和动态定价,提升资源调配效率。

3. 物联网技术在旅游设施管理中的应用

物联网通过将物理设备联网,推动旅游设施向智能化、自动化方向发展。在住宿领域,智能酒店利用物联网传感器实现客房环境的个性化调节,如根据入住者偏好自动调节灯光、温度和音乐,同时通过智能门锁和人脸识别技术提升安全性。在景区管理中,物联网设备可以实时监测设施状态(如缆车、洗手间的使用情况),并通过大数据分析优化维护周期,降低运营成本。此外,穿戴式物联网设备(如智能手环)为游客提供无缝服务,例如在主题公园中实现无现金支付、快速通行和位置追踪,提升游玩效率。未来,随着边缘计算的普及,物联网设备的数据处理能力将进一步增强,实现更精准的预测性维护和游客行为分析,为旅游电子商务的精准营销和服务定制提供支持。

12.9.2 市场拓展趋势

1. 线上线下融合与消费场景创新

旅游电子商务的市场边界不断拓宽,线上线下一体化成为主流模式。一方面,平台通过数字化技术整合资源,例如在线预订系统、智能推荐算法和移动支付功能,显著提升用户体验与运营效率。另一方面,社交电商与直播带货等新业态兴起,如携程、途牛等平台通过直播推广旅游线路,2024 年携程直播交易额突破 15 亿元,同比增长 200%。此外,虚拟现实(VR)和增强现实(AR)技术被应用于"云游"场景,例如贵州黄果树夜游项目通过光影技术打造沉浸式体验,延长游客停留时间并带动周边消费。这种"线上引流+线下体验"的闭环模式,正推动旅游消费从单一预订向全场景服务延伸。

2. 全球化与本地化并重:国际协同与本土特色挖掘

全球化方面,政策红利与技术赋能加速跨境旅游电商发展。我国对 54 个国家实行过境免签政策,推动入境游订单量增长超 1.5 倍;头部平台如"丝路电商"通过海外年货专区推广非遗手工艺品和国潮产品,覆盖东南亚及 20 多个春节文化国家。本地化层面,电商平台深度挖掘区域特色,例如贵州通过"村超""村 BA"等文体 IP 吸引游客,结合数字技术呈现长征文化,打造"红飘带"等沉浸式红色旅游项目。这种"国际流量引入+本土文化输出"的双向策略,既拓展了国际市场,又强化了地方品牌辨识度。

3. 乡村振兴赋能：电商驱动乡村经济提质升级

旅游电商成为乡村振兴的重要引擎。通过"电商＋文旅"模式，乡村资源得以高效转化：例如连城县构建"党建＋电商＋物流"体系，2023年网络零售额突破40亿元，带动2.5万人就业；其地瓜干、铁皮石斛等特产通过直播电商"货找人"，形成"吃住购玩"闭环经济。此外，乡村旅游产品设计趋向深度体验，如浙江安吉的竹海民宿、湖南十八洞村的苗族手作课程，结合短视频传播吸引游客参与，带动农产品销量倍增。政策层面，"游购乡村"等活动推动农文旅融合，2024年前三季度全国乡村旅游收入达1.32万亿元，同比增长9.8％。

4. 文化创意融合：IP开发与沉浸式体验创新

文化内涵的注入使旅游电商产品更具附加值。IP赋能方面，鼓浪屿通过"生活卡"整合景点与人文故事，打造独特的文化场域；泉州青年以"鲤城"为灵感开发文创产品，实现资源变现。技术驱动的沉浸式体验成为新亮点，如西安"长安十二时辰"主题街区融合数字技术与传统文化，贵州西江苗寨通过元宇宙交互游戏让游客参与剧情推进。此外，红色文旅项目如《伟大转折》剧目运用全域沉浸式演艺，将历史场景以科技手段重现，吸引超10万人次参观。此类创新不仅提升了旅游的文化附加值，还通过内容IP引流，形成"以文塑旅、以旅兴商"的良性循环。

12.9.3 商业模式创新趋势

1. 共享经济模式：重构旅游资源配置与体验升级

旅游业与电子商务的创新融合正通过共享经济模式、会员制与定制化服务以及金融深度融合三大路径，不断重塑行业生态。在共享经济领域，旅游电商平台通过整合碎片化资源，打破了传统资源配置的壁垒，形成灵活高效的供需匹配机制。以民宿共享为例，Airbnb、途家等平台通过动态定价算法与智能管理系统，盘活了全球闲置房源资源，2023年中国共享民宿交易规模突破300亿元，占整体民宿市场的六成以上。途家推出的"无忧房东"计划，结合智能门锁与标准化保洁服务，将房源入住率提升至85％，同时降低了运营成本。交通共享领域同样呈现爆发式增长，神州租车、凹凸租车等平台通过分时租赁与异地还车功能，大幅降低用户出行门槛，2024年春节共享租车订单量同比激增120％，西藏、新疆等偏远地区因车辆覆盖率提升，自驾游人次增长超3倍。共享模式还延伸至导游服务与旅行装备租赁等细分场景，例如"8只小猪"平台聚集全球3 000多名当地向导，提供个性化深度游服务；"内啥"平台则通过户外装备共享，推动"轻装出行"理念普及，促进旅游产业链向低碳化、轻资产化转型。

2. 会员制与定制化服务：分层运营与精准需求响应

会员制与定制化服务则成为旅游电商平台提升用户黏性与消费价值的关键策略。头部平台通过分层会员体系精准锁定高净值用户，例如携程"超级会员"以218元年费提供专属客服、酒店升房等权益，2023年会员复购率达72%，会员贡献平台总交易额的35%；飞猪"F4会员"与航空、酒店集团权益互通，会员年均消费额是非会员的4.2倍。与此同时，AI技术与大数据驱动下的个性化定制服务蓬勃发展：高端旅行平台赞那度推出"私人旅行管家"，结合用户行为数据定制南极邮轮、非洲野奢营地等小众行程，客单价超10万元；穷游网开发的"行程规划器"通过整合用户兴趣标签与实时地理位置数据，2024年一季度生成个性化路线超500万条；家庭用户则可通过同程旅行"亲子板块"一键预订"酒店＋乐园＋接送"组合产品，此类定制套餐的复购率较标准产品提升40%。这种从标准化到个性化的服务升级，标志着旅游消费从"产品导向"向"需求导向"的深刻转变。

3. 金融深度融合：风险对冲与消费场景延

金融服务的深度融合则为旅游电商注入新动能，形成覆盖消费端与供给端的全链条生态。在消费端，场景化保险产品创新显著提升了风险应对能力：携程引入区块链技术的"航班延误险"实现2小时内自动理赔，马蜂窝与平安合作推出的"户外运动险"覆盖滑雪、潜水等高风险项目，2023年保费规模同比增长150%。消费金融工具激活了潜在需求，去哪儿网"拿去花"分期服务将用户平均账单金额提升至4 200元，支付宝"信用住"服务覆盖20万家酒店，"免押金、后付款"模式使预订转化率提高25%。在供给端，供应链金融创新缓解了中小旅游企业融资难题，同程金融基于景区门票预售数据推出的"景区经营贷"累计放款超15亿元，途牛"旅企贷"通过订单质押将融资成本降低30%。众筹模式则成为小众项目破局利器，贵州肇兴侗寨民宿项目通过"开始吧"平台3天内募资超千万元，投资者同时转化为品牌传播节点。这种金融与旅游场景的深度耦合，不仅拓展了消费边界，更构建起资金流动与价值创造的闭环。

12.10 结论

12.10.1 旅游业与电子商务创新融合的重要意义

旅游业与电子商务的创新融合，不仅重塑了传统旅游产业的运行逻辑，更为数字经济时代的消费升级与产业协同提供了全新范式。这一融合对旅游产业的转型升级、电子商务行业的边界拓展以及用户旅游体验的质变均产生了深远影响。

1. 对旅游产业转型升级的推动作用

从产业转型升级的维度看,旅游电子商务通过数字化手段破解了传统旅游业的资源错配与效率瓶颈。在线预订平台(如携程、飞猪)借助大数据分析技术,将分散的酒店、景区、交通资源整合为动态供应链,使全球旅游产品库存实时可视化,资源利用率提升30%以上。疫情防控期间,传统旅行社通过抖音、小红书等社交电商直播转型线上获客,2022年旅游直播交易规模突破1000亿元,推动行业从"门店等客"转向"内容引流"的数字化生存模式。更为重要的是,区块链技术在旅游合同存证、电子门票防伪等场景的应用,重构了产业信任机制——敦煌莫高窟引入区块链门票系统后,票务纠纷率下降了82%,景区运营成本降低了15%。这种从资源整合到信任重构的变革,驱动旅游产业从劳动密集型服务业向技术驱动的智慧经济转型。

2. 对电子商务行业拓展新领域的贡献

对电子商务行业而言,旅游领域的渗透开启了万亿级市场蓝海。传统电商以实物商品交易为核心,而旅游电商通过服务产品化开辟新增长极:2023年中国在线旅游市场交易规模达1.3万亿元,旅游电商占电商整体市场份额从2018年的7.4%跃升至12.6%。美团、饿了么等本地生活平台推出"即订即走"旅游产品,将外卖用户的即时消费习惯迁移至周边游场景,2023年周末短途游订单量同比增长210%。更为前沿的探索在于虚实融合——腾讯依托微信生态打造"数字文旅实验室",将云游故宫、敦煌数字供养人等文化IP转化为虚拟商品,2024年数字藏品交易带动相关景区线下客流增长17%。这种"服务电商化、体验数字化"的突破,使电商行业从商品交易平台进化为全场景生活服务生态。

3. 对用户旅游体验提升的价值

对于消费者而言,旅游电子商务彻底重构了旅游体验的价值链。移动支付与智能推荐技术消除了信息壁垒,用户可通过比价工具(如天巡网)在30秒内完成全球航班价格扫描,成本节约幅度达15%~40%。个性化算法驱动的"千人千面"服务成为常态:马蜂窝基于2.6亿用户行为数据构建的AI行程规划系统,能结合天气、交通、用户偏好生成动态路线,使行程规划时间从平均5小时压缩至10分钟。沉浸式技术更带来体验升维,黄山景区通过AR导览眼镜还原历史场景,游客凝视迎客松即可触发《徐霞客游记》全息投影,此类创新使游客满意度提升28个百分点。而在服务保障层面,蚂蚁集团的"旅行保障链"整合延误险、退订险等12类险种,利用智能合约实现90%以上理赔自动化,将风险应对从被动补偿转为主动预防。这种从行前决策到行后保障的全流程体验优化,标志着旅游消费从功能性满足向情感价值创造的转变。

12.10.2 未来发展的展望与建议

1. 政府在旅游电子商务发展中的政策支持与监管引导

政府层面需扮演"规则制定者"与"生态培育者"双重角色。政策支持方面,应加大财政倾斜力度,例如设立省级旅游电商创新基金,对乡村文旅电商项目给予最高50%的补贴,并实施税收优惠——参照杭州对数字文旅企业实行企业所得税减免15%的政策,2023年该市新增旅游科技企业数量同比提升37%。监管框架需平衡创新激励与风险防控,加快出台《旅游电商数据安全管理办法》,明确用户生物识别信息、行程轨迹等敏感数据的采集边界,同时建立动态信用评价体系,如借鉴日本《推进观光立国基本法》经验,对平台虚假宣传实施营业额3%~5%的阶梯式罚款措施。基础设施建设上,建议推进"数字旅游新基建工程",在5A级景区全域部署5G+边缘计算节点,支持AR导览、实时客流预警等应用,并依托"东数西算"工程在贵州、甘肃等文旅资源大省建设旅游大数据区域中心,降低数据存储与处理成本30%以上。

2. 旅游企业和电子商务平台的战略合作与协同创新

旅游企业与电商平台的战略合作需突破浅层流量互通,向价值共创深化。在资源整合维度,建议构建"数据共享联盟",例如携程与故宫博物院合作开放近十年的游客行为数据,通过机器学习预测参观峰值,使故宫单日接待效率提升22%。技术创新协同方面,可探索成立旅游元宇宙实验室,如华侨城集团联合腾讯开发"智慧景区数字孪生平台",将张家界地貌特征转化为3D建模参数库,使VR云游项目的开发周期从6个月压缩至45天。针对乡村旅游振兴,建议采用"平台+合作社"模式:抖音生活服务与云南诺邓村合作,通过流量扶持、达人培训、物流体系共建,使当地火腿电商复购率从12%提升至58%,带动户均年收入增长4.3万元。此外,企业需建立ESG协同机制,如Airbnb与途家联合发起"碳中和民宿计划",通过安装智能电表监测能耗,对减排达标房源给予搜索权重提升的奖励,2024年参与房东平均节能收益达1.2万元。

3. 行业协会在标准制定与人才培养中的作用

行业协会应成为标准制定者、人才孵化器与国际合作桥梁。在标准化建设方面,中国旅游协会需牵头制定《旅游电商服务质量分级标准》,从响应速度、售后处理、隐私保护等12个维度建立量化评估体系,并推动与ISO/TC228国际旅游标准委员会互认,目前江苏已试点该标准,旅游投诉率下降41%。人才培养需构建"政产学研"四位一体体系,建议联合高校开设"旅游数字化运营"微专业,课程涵盖收益管理算法、跨境支付结算等实务模块,同时推行"数字游民导师制",如中青旅与南开大学合作培养的复合型人才,起薪较传统旅游专业高35%。在国际合作领域,可发起"丝绸之路电商文旅走廊"项目,组织敦煌数字文保技术、杭州直播电商经验等特色模块化输出,2023年该模式在东盟试点,带动成员国旅游电商交易额增长19%。此外,协会需建立创新容错机制,设立旅游科技伦理委员会,对AI定价歧视、元宇宙沉迷等前沿议题开展动态评估,为监管提供决策依据。

12-1 云习题

第13章 农业电子商务的创新融合

13.1 农业电子商务的现状与核心痛点

13.1.1 产销信息不对称

农业电商面临的首要痛点是生产端与消费端的信息割裂。由于缺乏实时、精准的市场需求反馈,农户往往依赖经验种植,导致供需错配。

1. 造成信息不对称的原因

信息获取渠道有限:许多农民缺乏获取市场信息的渠道,尤其是在偏远地区,信息传播的滞后使得他们难以及时了解市场动态和消费者需求。

技术限制:虽然互联网技术的发展为农民提供了更多的信息获取手段,但不少农民由于缺乏相应的数字化技能,未能有效利用这些工具。

市场结构复杂:农业市场通常是由多个中间环节组成,信息在这些环节中可能会失真或丢失,使得生产者与消费者之间的信息传递出现障碍。

2. 信息不对称对农民和消费者的影响

农民的影响:由于对市场需求的不了解,农民可能会盲目生产,导致产品积压或供不应求,最终影响到他们的收入和经济效益。此外,由于缺乏对市场价格的透明了解,农民面临着被低价收购的风险。

消费者的影响:消费者在选择农产品时,由于无法获取足够的信息,往往面临选择困难,甚至可能购买到质量不佳的产品。这种不信任感可能导致消费者对整个农业电子商务平台的信任度下降,从而影响其购买意愿。

3. 解决产销信息不对称的举措

信息共享平台:帮助农民构建农业信息共享平台,通过数据集成和实时更新,农民可以获取准确的市场信息。例如,某些电商平台通过大数据分析,为农民提供市场分析报告和消费者需求预测等服务。

数字化培训:加强对农民的数字化技能培训,提高他们利用互联网获取信息的能力。部分地方政府和社会组织已开展相关培训项目,以提升农民对电子商务的参与度。

直接销售模式：鼓励农民通过农产品直销模式减少中间环节，直接与消费者对接，提升信息透明度。例如，一些线上平台实现了"农田到餐桌"的直接销售，缩短了供需链条。

13.1.2 物流损耗严重

在农业电子商务的快速发展中，物流环节的作用越发显得重要。物流不仅是连接生产者与消费者的桥梁，更是影响农产品质量和销售价格的关键因素。然而，物流损耗问题一直是制约农业电子商务发展的核心痛点之一。

1．物流损耗的主要原因

运输条件欠缺：许多农产品在运输过程中面临着恶劣的天气、路况等问题，导致损耗增加。

包装不当：不合适的包装材料和技术使得农产品在运输过程中容易受损，尤其是易腐烂的水果和蔬菜。

管理不善：货物在运输过程中因为物流管理体系不完善、信息传递滞后，导致调度和分配效率低下。

技术水平不足：许多农业电商平台和物流公司未能有效利用现代科技手段进行物流监控和管理，在技术运用上存在短板。

2．物流损耗对农产品质量和价格的影响

物流损耗不仅影响农产品的外观和品质，还直接影响其市场价格。当农产品在运输过程中发生损耗时，受损的产品往往无法以正常价格出售，导致农民和商家面临经济损失。此外，消费者在购买时对产品的信任度也会降低，进而影响品牌形象和市场口碑。长期以来，物流损耗问题严重制约了农业电子商务的发展，农产品的流通效率低下，影响了农民的收入和消费者的选择。

3．主要的改进措施和成功案例

技术升级：很多电商平台和物流公司开始引入物联网技术，实时监控运输过程中的温度、湿度等环境因素，确保农产品在运输过程中的安全。

优化包装：使用新型环保材料和智能包装技术，提升包装的防护性能，降低运输过程中的损耗率。

完善管理体系：建立健全物流管理系统，通过数据分析优化运输路线和调度，提高物流效率。

成功案例：例如，某知名农业电商平台通过实施智能物流系统，成功将运输损耗率降低了30%，并在市场上树立了良好的品牌形象，得到了消费者的广泛认可。

13.1.3 品质信任危机

1. 农产品品质信任危机的背景

在农业电子商务迅速发展的背景下,农产品的品质问题日益受到消费者的关注。随着网络购物的普及,消费者对农产品的选择不再局限于传统市场,而是通过各类电商平台进行购买。然而,农产品的品质信任危机逐渐显露,消费者对农产品来源、生产过程以及品质的担忧日益加重。这种信任危机不仅影响了消费者的购买决策,更对整个农业电子商务生态造成了深远的影响。

2. 消费者对农产品的信任度下降的原因

品质信任危机折射出电商生态的深层矛盾。由于缺乏有效的质量追溯体系,消费者对网销农产品的农药残留、添加剂使用等问题存在普遍担忧,而农户缺乏标准化生产意识与质量管控能力,导致"以次充好""虚假宣传"等现象频发,影响了市场的信任度。尽管部分平台引入第三方检测认证机制,但检测成本高企与执行力度不足使得品质管控难以常态化。此外,农产品标准化程度低、品牌认知度弱等问题,进一步削弱了消费者的信任基础。

3. 影响信任危机的因素

影响农产品品质信任危机的因素主要包括检测和认证机制的缺失。当前,市场上缺乏统一、权威的农产品质量检测和认证体系,导致消费者对产品质量的判断缺乏依据。同时,部分电商平台的自我认证标准不够严格,难以获得消费者的信任。此外,农产品的种植、加工和运输过程中的品质控制也未能得到有效监管,这些都加剧了消费者对产品质量的担忧。

4. 提升消费者信任的策略和实践

可以通过以下策略和实践提升消费者对农产品的信任。首先,建立透明的信息披露机制,确保消费者能够获得真实、全面的农产品信息,包括产地、生产方式、检测报告等。其次,推行第三方认证制度,引入独立的质量检测机构,对农产品进行定期抽检和认证,以增强消费者对农产品的信任。第三,利用区块链等新兴技术,记录农产品的生产、加工和销售全过程,确保信息的不可篡改性和可追溯性,从而增强消费者的信任。最后,农业相关企业和电商平台应加强与消费者的互动,积极回应消费者的关切,提升品牌形象和信誉度。

13.1.4 农民数字化能力不足

信息化快速发展的时代,数字化已经渗透到各个行业,农业也不例外。然而,农民在数字化能力上的不足,成为制约农业电子商务发展的核心痛点。

1. 农民数字化能力不足的现状

尽管近年来我国农村地区的信息化建设取得了一定的进展,但整体而言,农民的数字化能力仍然相对较低。调查数据显示,许多农民对电子商务平台的使用感到陌生,缺乏基本的操作技能,比如在线下单、支付、信息查询等。此外,由于年龄、教育程度和经济条件的差异,不同农民在数字化能力上存在明显的分化。一些年轻农民能够较好地适应数字化工具,而大多数老年农民依然习惯于传统的销售和管理方式,这使得他们在参与数字经济时处于劣势。

2. 数字化对农民生产和销售的影响

数字化的普及对农民的生产和销售模式带来了深远的影响。首先,数字化工具能够提升农民的生产效率。通过精准的农业管理系统,农民可以更好地掌握农作物的生长情况,实现科学种植。其次,在销售环节,电子商务平台为农民提供了更广阔的市场,减少了中间环节,增加了收益。然而,由于部分农民缺乏必要的数字技能,他们无法充分利用这些工具,导致潜在的市场机会和经济收益未能实现。

3. 改善农民数字化能力的措施

为了提升农民的数字化能力,必须采取一系列有效的措施。首先,开展针对农民的数字技能培训是关键。通过组织线上和线下的培训班,帮助农民掌握使用电子商务平台的基本技能、信息获取和处理能力。其次,推广简单易用的数字化工具,降低使用门槛,使农民能够快速上手。此外,建立农民互助网络,鼓励有经验的农民分享经验,形成良好的学习氛围,也是提升农民整体数字化能力的重要途径。

4. 政府和社会组织的支持

政府和社会组织在提升农民数字化能力方面也发挥着不可或缺的作用。各级政府应加大对农村数字化基础设施建设的投入,确保网络覆盖率和信号稳定性。同时,政府可以通过设立专项资金,支持农业电子商务的创新项目,鼓励企业和社会组织参与农民的数字化培训。此外,社会组织可以联合高校和企业开展多样化的公益活动,提供技术支持和资源共享,帮助农民更好地融入数字经济。

13.2 电子商务在农业领域的重要意义

在当今社会,电子商务已成为各个行业发展的重要驱动力,尤其在农业领域,其重要性愈加凸显。随着信息技术的迅猛发展,农业与电子商务的结合不仅提升了市场的效率和透明度,也为农民和消费者创造了更多的机会。以下是电子商务在农业领域的几项重要意义。

13.2.1　电子商务提升农业市场的透明度与效率

1. 电子商务如何改变传统农业市场

传统农业供应链层级冗杂,常常存在信息不对称的问题,农民难以获得市场需求、价格波动等信息。从田间到消费者需经历多级批发商,流通成本占比高。电子商务平台通过数据驱动的"订单农业"模式,推动产销精准对接。平台整合消费大数据,反向指导农户种植品类、规模与周期,减少盲目生产导致的资源浪费。京东"京喜农场"通过预售模式锁定需求,提前规划采摘与物流,将滞销率远远降低,实现供需动态平衡。

2. 效率提升对农民和消费者的双重好处

电子商务的推广,极大地提升了农业市场的交易效率。对于农民而言,通过电子商务平台,他们可以更快速地找到合适的买家,缩短了销售周期,从而提高了资金周转速度。在此过程中,农民不再需要等待传统市场的开市或是参与繁琐的中介环节,减少了时间和成本的浪费。

对于消费者来说,电子商务的便利性使得他们能够随时随地购买新鲜的农产品,免去了前往农贸市场的时间成本。同时,电子商务平台的多样化选择也让消费者能够根据各自的需求进行更为灵活的选择。这样一来,消费者不仅能够享受到便利的购物体验,更能获得更高质量的农产品。

13.2.2　农民通过电子商务平台接触更广阔的市场

电子商务为农民提供了一个与广大消费者直接对接的渠道。过去,农民主要依赖于地方市场,受限于地理位置和交通条件,而如今,通过网络平台,农民可以将自己的产品销售到全国甚至全球的市场。这种接触更广阔市场的能力,不仅拓宽了农民的销售渠道,也为他们提供了更多的收入来源,促进了农村经济的发展。

农民要想在电子商务平台上成功销售自己的产品,需要掌握以下策略和技巧。

优化产品展示:在电商平台上,产品的照片和描述至关重要。农民应确保拍摄高质量的产品照片,并撰写详细且吸引人的产品描述,以吸引消费者的关注。

利用社交媒体推广:农民可以利用微信、微博等社交媒体,宣传自己的电商店铺,分享产品信息,吸引潜在客户。这种方式不仅能够提高品牌的曝光率,还能与消费者建立更紧密的联系。

参与平台活动：许多电商平台会定期举行促销活动和节日特卖，农民可以通过参与这些活动，提升销量并增加客户的黏性。

李女士经营着一个小型果园，起初只依靠传统销售方式。后来，她通过结合社交媒体和电商平台的方式，成功将果园的水果销售给城市消费者。她还通过直播等方式与消费者互动，使得销售额大幅提升。

13.2.3 消费者获取新鲜农产品的便利性

1. 短链直供打破地域壁垒

传统农产品流通需经多级批发商与零售商，环节冗长且时效性差。电商平台通过"原产地直采＋社区化服务"模式，缩短供应链层级。对于消费者来说，电子商务平台使得购买新鲜农产品变得更加便捷，而且产品的选择更多样，如有机食品、地方特色产品以及新兴的健康食品等。消费者可以通过手机或电脑选择自己喜欢的商品进行购买。消费者不仅能够在一个平台上找到来自不同地区的农产品，还可以根据季节性和供应情况选择自己喜欢的产品。此外，电子商务平台通常会提供详细的产品信息和用户评价，帮助消费者更好地了解产品的质量和来源，提高购物的信心。例如，盒马鲜生依托全国几个直采基地，将云南野生菌在48小时内送达北上广深，使消费者无需亲赴产地即可享时令鲜货。社区团购平台（如美团优选）采用"中心仓—网格仓—团长"三级网络，实现今日下单、次日自提的"短半径"服务，覆盖县域及乡镇市场。

2. 冷链技术与即时配送保障新鲜度

智能化冷链体系与即时物流网络成为新鲜农产品触达消费者的关键支撑，冷链技术的工作原理是依赖于温度控制设备的协同工作。首先，农产品在采摘后会被迅速送入冷却设施，以降低其温度。接着，通过冷藏车或冷藏集装箱进行运输，确保产品在运输过程中的温度不升高。最后，在零售环节，商家也需使用冷藏展示柜来保持产品的新鲜。

随着消费者对新鲜农产品需求的急剧增加，实时配送成为保障新鲜度的重要手段。通过即时配送，农产品可以在最短的时间内送达消费者手中，减少配送过程中的时间延误，从而有效防止产品新鲜度下降。

在新鲜农产品的供应链中，实时配送不仅提高了响应速度，还能通过精确的温控技术保障产品在运输过程中的质量。电商平台与物流公司的合作，利用数据分析和智能调度，能够实现更高效的配送路径选择，从而确保产品以最佳状态到达消费者手中。

京东物流"产地仓＋销地仓"模式中，采摘后的水果经预冷处理（0～4℃锁鲜),通过全程温控运输(误差±0.5℃)直达城市前置仓,结合无人机、无人车等"最后一公里"配送,将草莓、樱桃等高损品类的腐损率从25%降至5%以下。

3. 溯源系统增强消费信心

区块链与物联网技术构建的品质溯源体系,让消费者"所见即所得"。通过扫描包装上的追溯码,可查看农产品从生产到消费的全过程,包括种植、采摘、运输、加工等全流程信息。其意义在于提升信任度、保障食品安全和促进可持续消费。依靠现代科技与系统化管理,通过数据采集、信息系统和认证机制。

随着消费者食品安全和健康意识的提升,透明溯源已成为他们选择农产品的重要依据。具体需求如下:

信息透明度:消费者希望能够获取详细的产品信息,包括生产地、生产者及其管理措施等,以作出更为明智的消费决策。

食品安全保障:消费者对生鲜食品的安全性有着高度关注,透明的溯源能够让他们对食品的安全性有更高的信心。

提升消费体验:通过透明溯源,消费者能够享受到参与感和掌控感,从而提升整体的购物体验。

13.2.4 促进农业与现代科技的结合

科技飞速发展的时代,电子商务不仅深刻地影响了各行各业,也在农业领域中发挥着至关重要的作用。通过将电子商务与现代农业技术相结合,农业的生产、销售及管理方式正发生着革命性的变化。

1. 电子商务与现代农业技术的融合

电子商务的兴起为现代农业技术的推广与应用提供了新的平台和机遇。传统农业往往依赖于经验和手工操作,而现代农业技术的引入,例如精准农业、智能灌溉系统和无人机监测等,可以极大地提高农业生产的效率和质量。通过电子商务平台,农民可以便捷地获取最新的农业技术信息和产品,同时也能利用这些技术来优化生产过程。

例如,借助电子商务平台,农民可以轻松购买到高效的农业机械、智能传感器和生物技术产品,进而提升作物的产量和质量。此外,电子商务也为农业企业提供了一个展示和推广新技术的窗口,使得更多的农民能够接触到前沿的农业科技,从而加速了技术的普及和应用。

2. 数据分析在农业决策中的作用

数据分析技术在农业管理中扮演着越来越重要的角色。通过收集和分析市场数据、气候数据、土壤状况和作物生长情况等数据,农民可以做出更为精准的决策。电子商务平台通过大数据、云计算、人工智能等技术,可以帮助农民了解市场需求变化,进而调整生产策略,优化资源配置。

例如,当农民通过电子商务平台获得市场销售数据时,他们可以及时调整产品种类和数量,以满足消费者的需求。同时,电子商务平台也可以根据消费者的购买行为进行精准营销,提供个性化的产品推荐。这种数据驱动的决策方式不仅能提高农民的经济效益,还能促进农业生产的可持续发展。随着大数据技术的发展,未来农业决策将更加科学高效。

13.2.5 响应"双碳"目标,促进绿色可持续发展

1. 绿色物流体系的构建

绿色物流是指在物流活动中,尽量减少对环境的负面影响,通过优化运输、仓储、包装和信息管理等各个环节,实现资源的高效利用和环境的有效保护。绿色物流体系的核心要素包括:绿色运输、高效仓储、环保包装和信息化管理。其重要性主要有:一是促进资源的节约和循环利用,降低企业的运营成本;二是提升企业的品牌形象和市场竞争力,满足消费者日益增长的环保需求;三是推动社会的可持续发展,助力国家实现减排目标。技术创新是推动绿色物流发展的重要驱动力。政府的政策支持也至关重要。

某物流公司在其仓储中心安装了太阳能发电系统,实现了部分能源的自给自足,降低了运营成本。

2. 循环经济模式的深化

(1) 循环经济的概念与发展历程

循环经济是一种致力于资源的高效利用和环境保护的经济模式,强调在生产与消费过程中通过技术创新减少资源消耗与废弃物产生,从而实现资源的循环利用,推动"生产—消费—回收"闭环。其基本概念源于生态学,强调系统思维,通过优化资源流动,降低环境影响。

循环经济的起源可以追溯到20世纪60年代,随着全球环境问题的日益严峻,循环经济的理念逐渐被广泛接受和推广。进入21世纪后,尤其是在全球气候变化和资源短缺的背景下,许多国家和地区开始积极探索和实施循环经济模式,以期在经济发展与生态保护之间找到平衡。

(2) 循环经济模式对资源利用的优化

循环经济模式通过再利用、再制造和资源回收等策略,显著优化了资源的使用效率。通过建立闭环的经济体系,企业能够将生产过程中的废弃物转化为新的资源,减少对自然资源的依赖。例如,许多企业开始采用可再生材料,结合技术创

新,实现生产过程中的零废弃目标。这种优化不仅降低了生产成本,还提升了产品的市场竞争力,同时也减少了对环境的负担。

(3) 产业链各环节的协同发展

在循环经济模式中,产业链的各个环节之间需要紧密协作,以实现资源的高效流动与利用。生产企业、供应商、分销商及消费者等各方共同参与,形成一个互相依赖、互相促进的闭环系统。例如,制造企业可以与回收企业建立战略合作关系,通过回收旧产品中的可用材料,来降低生产新产品所需的原材料成本。此外,消费者的参与也至关重要,只有当消费者主动选择可循环产品时,整个产业链的循环经济模式才能真正发挥作用。

瑞典的"零垃圾"政策通过鼓励回收和再利用,成功将废弃物减少到了可忽略的程度。荷兰的"循环经济 2025"计划则通过政策引导和市场激励,致力于在 2025 年前实现所有产品的可循环设计。

3. 绿色消费生态的培育

(1) 绿色消费的定义与重要性

绿色消费是指在消费过程中,消费者在选择商品和服务时,优先考虑其对环境的影响,选择那些在生产、使用和废弃过程中对生态环境影响较小、资源利用效率较高的产品。这种消费模式不仅关注个人的消费需求,还强调对社会和环境的责任,旨在推动经济的可持续发展。

绿色消费的重要性体现在多个方面。首先,它有助于减少环境污染和资源浪费,促进生态平衡。其次,绿色消费推动了清洁能源和可再生资源的发展,促进了绿色技术的创新与应用。最后,绿色消费还可以提升消费者的生活质量,使其在享受便利与舒适的同时,贡献于社会的可持续发展。

(2) 消费者意识的提升与市场反应

近年来,随着环保理念的普及和社会责任意识的增强,消费者对绿色产品的需求逐渐上升。根据市场研究机构的数据,越来越多的消费者在购买决策时,愿意为绿色产品支付溢价。这一市场反应不仅反映了消费者意识的提升,也为企业提供了新的商业机会。

消费者意识的提升主要得益于教育和传媒的广泛传播。各类环保宣传、社交媒体上的绿色生活倡导,以及环境问题的日益突出,使得消费者更加关注自己的消费选择对环境的影响。此外,消费者对品牌的价值观和社会责任的关注,也推动了企业在产品设计和市场策略上更加注重绿色理念。

(3) 政府和企业在绿色消费中的角色

政府和企业在推动绿色消费生态的培育中扮演着至关重要的角色。政府可以通过立法、政策引导和财政激励等手段,促进绿色消费的实现。例如,制定环保法规、提供绿色产品的补贴、开展绿色消费宣传等,都是有效的政策措施。

企业则是绿色消费生态的实践者和推动者。通过研发和推广绿色产品,企业不仅能满足消费者的需求,还能提升自身的市场竞争力。同时,企业还应积极践行社会责任,建立透明的供应链管理体系,确保其产品在生产和流通过程中符合环保标准。与政府合作也是企业实现绿色转型的重要途径。

13.3 技术驱动的农业电子商务创新融合

13.3.1 物联网与精准农业

1. 智能种植监测

(1) 智能种植监测的概念

智能种植监测是指利用现代信息技术,尤其是物联网(IoT)技术,对农业生产过程进行实时监控和管理的一种新兴方式。这一概念的核心是通过传感器、云计算等技术对种植环境、作物生长状态等关键因素进行精准监测,进而提高农业生产效率和资源利用率。

智能种植监测的重要性体现有三方面:首先,通过数据驱动的决策,可以帮助农民更科学地管理作物生长,减少人为因素导致的生产风险;其次,精准的监测能够有效降低水肥等资源的浪费,推动可持续农业发展;最后,智能监测技术的应用,可以提高作物的产量和质量,从而提升农民的经济收益。

(2) 物联网技术在农业中的应用

物联网技术在农业中的应用正迅速崛起,其基本功能是通过传感器、无线网络和数据分析平台将农业生产中的各个环节连接起来。在智能种植监测中,传感器是核心设备。它们能够实时获取土壤湿度、温度、pH 值、空气温湿度等环境数据,农民根据这些数据进行精准施肥、灌溉和病虫害防治。传感器的作用不仅在于数据的收集,更在于提供基础信息,使得农民能够对农作物的生长状态进行全面评估,识别出作物生长中的潜在问题,从而及时做出调整,确保作物的健康成长。此外,物联网技术还可以实现远程监控,农民即使不在田间,也能通过手机或电脑随时掌握作物的生长情况。这种技术的应用,不仅提高了农业生产的效率,还显著降低了劳动强度。

2. 区块链溯源系统

区块链技术是一种去中心化的分布式账本技术,具有不可篡改和透明性等特点。该技术为农产品建立不可篡改的"数字身份证",能够有效追踪农产品的每一个环节,包括种植、施肥、收割、运输和销售等,实现全生命周期溯源。

农民可以通过智能传感器和物联网设备实时记录农作物的生长数据,并将这些数据上传到区块链上。每当农产品经过一个环节时,该环节的相关信息(如时间、地点、处理方式等)都会被记录并保存。这种追踪机制不仅提高了数据的准确性,也使得消费者在购买时能够方便地查询产品的详细信息,进一步增强了信任。

一些大型零售商也开始与农场合作,通过区块链系统实现对农产品的追溯。这种合作不仅提高了供应链的效率,还减少了因信息不对称而导致的损失。通过区块链技术,农产品的生产和运输过程变得更加透明,消费者在购买时能获得更高的安全感和信心,从而推动整个农业生态系统的可持续发展。

3. AI 病虫害识别

在现代农业中,病虫害的管理是确保作物健康和高产的重要环节。随着科技的迅速发展,人工智能(AI)技术在农业病虫害管理中的应用日益广泛,极大地提高了农民的作业效率和作物的产量。

(1) AI 技术在农业病虫害管理中的应用

AI 技术的引入为农业病虫害的识别和管理提供了新的解决方案。通过数据分析和模式识别,AI 能够在早期阶段识别出潜在的病虫害,从而采取及时的防治措施。这种技术不仅提高了识别的准确性,还能够减少因人为因素导致的错误判断。AI 的应用不仅限于简单的识别,它还可以通过模拟和预测病虫害的发展趋势,帮助农民制订更加科学的防治计划。

(2) 如何利用机器学习模型识别病虫害

机器学习模型是 AI 技术在病虫害识别中最核心的部分。通过对大量历史数据的学习,这些模型能够识别出不同病虫害的特征。例如,利用卷积神经网络(CNN)分析植物叶片的图像,可以准确判断出病虫害的种类及其严重程度。数据准备阶段非常重要,需要收集大量标注好的病虫害图像,以提升模型的训练效果。此外,模型的持续学习和优化也至关重要,随着新数据的不断输入,模型的识别能力会不断提高。

(3) 提高农业生产效率和减少化学药剂使用的优势

AI 技术的应用不仅能提高农业生产的效率,还能有效减少化学药剂的使用。传统的病虫害管理往往依赖于广泛喷洒农药,这不仅增加了成本,还有可能对环境造成严重影响。通过 AI 的精准识别,农民可以在病虫害初期就采取针对性措施,从而减少不必要的化学药剂使用。此外,这种精准施药的方式还能够保护生态环境,促进可持续农业的发展。

13.3.2 大数据与市场预测

1. 需求预测模型

需求预测模型是通过对整合历史销售、消费者行为、季节周期等多维度信息的分析,预测未来产品或服务需求变化的一种工具,该技术颠覆了传统农业依赖经验的种植决策。在农业电子商务中,需求预测尤为重要,因为农产品受季节、天气、市场趋势、消费者购买习惯等多种因素的影响,这使得准确预测需求成为确保供应链效率、降低库存成本和优化生产计划的关键。一个高效的需求预测模型能够帮助农民和企业更好地制定销售策略,合理安排生产和物流,预判市场趋势并反向指导生产,从而提升整体经济效益。

常用的需求预测模型有时间序列模型、回归分析模型和机器学习模型。

例如,拼多多"农地云拼"模式聚合碎片化需求,提前锁定订单量,引导农户按需种植特色农产品,有效避免盲目扩产导致的滞销风险。这种"以销定产"机制显著提升供需匹配效率,减少资源浪费,同时降低市场价格波动对生产端的冲击。

2. 价格波动预警

价格波动预警系统依托实时数据监测与机器学习技术,通过对大量历史数据、实时市场数据和相关外部数据的分析,识别影响农产品价格的关键变量(如天气异常、政策调整、竞争品上市等),构建风险预警模型。平台通过动态追踪大宗商品期货指数、区域批发市场行情及社交媒体舆情,生成价格波动热力图。当监测到供需失衡或突发事件信号时,系统自动触发预警并推送应对建议,如提前出货或延迟上市等。这种智能预警机制帮助农户与经销商规避市场风险,稳定收益预期,同时为消费者提供价格透明化的购物参考。

例如,一些先进的价格预警系统能够通过算法分析预测未来几天或几周的价格走势,帮助农民合理安排生产计划,减少因价格波动造成的经济损失。此外,这些系统还可以为政策制定者提供数据支持,从而制定更加科学合理的农业政策。

3. 直播电商与内容营销

直播电商通过内容创新与实时互动重塑消费决策链路。大数据分析用户兴趣标签,精准匹配 KOL、场景与产品组合,例如针对年轻群体推出"产地溯源+美食教程"的沉浸式直播。

内容营销是指通过创造和传播有价值的内容,以吸引和留住目标受众的一种营销策略。在直播电商中,内容营销的应用尤为重要。通过高质量的内容,商家可以有效地传递品牌故事、产品信息以及使用技巧,从而增强消费者的购买意愿。

内容营销在农业电商的直播过程中有多方面体现。

教育性内容：通过介绍农业知识、产品使用方法、健康饮食理念等，增强消费者对产品的理解和信任。

情感共鸣：短视频平台利用算法推荐机制，将农民的故事、产品的生产过程等转化为情感化内容，激发用户购买欲望，拉近品牌与消费者之间的情感距离，提升品牌忠诚度。

互动性内容：通过实时问答、抽奖活动等增强用户参与感，使消费者更加主动地参与到品牌的传播中。

4．原产地直播

原产地直播通过透明性、互动性、情感连接和品牌宣传等优势的可视化技术消除消费者对农产品品质的疑虑，构建"眼见为实"的信任纽带。同时通过专家参与、消费者反馈和数据支持的方式取得消费者信任。农户或主播深入田间地头，实时展示种植环境、采摘过程与分拣标准，如云南菌农在雨季直播松茸采摘，观众可直观感受新鲜度与采摘难度。5G技术支撑下的高清直播与VR全景视角，让消费者身临其境体验产品生长环境，强化"天然无添加"的认知。部分平台推出"云监工"功能，允许用户远程参与生产监督（如果园疏果、茶叶炒制等），进一步深化参与感与信任度。

13.4 电子商务在农业领域的模式创新

13.4.1 C2F（消费者到农场）定制农业：需求驱动的精准生产

1．C2F模式的定义和背景

C2F（Consumer to Farm）定制农业是一种新兴的农业经营模式，通过电商平台直接连接消费者与农业生产者，打破传统供应链的中间冗余，实现"以需定产"，它强调消费者与农场之间的直接互动与需求对接。与传统的农业生产模式相比，C2F模式更加强调市场导向和消费者的个性化需求。在这一模式下，消费者不仅是产品的最终购买者，更成为农业生产过程中的重要参与者，直接影响农产品的种植、收获和销售。

C2F模式源于现代消费趋势的变化。随着消费者对食品安全、健康和可持续发展的关注度不断提高，传统农业已无法满足市场需求。因此，C2F模式应运而生，旨在通过精准生产提升农产品的质量与可追溯性。

2．消费者需求如何影响农业生产

在C2F模式下，消费者的需求直接驱动农业生产的各个环节。通过收集和

分析消费者的偏好、购买习惯及反馈信息,农民可以更精准地调整种植结构和生产方式。例如,消费者对于有机食品的需求增加促使农民转向有机种植,减少化肥和农药的使用。同时,消费者对产品的新鲜度和品质的关注也促使农场采用更为科学的管理和物流方式,以确保产品在最短时间内送达消费者手中。通过这种方式,农民不仅能够提高产量和收益,还能更好地满足市场需求,实现双赢。

C2F模式的技术支撑主要有:区块链溯源确保认养透明度,物联网传感器实时回传生产数据,AI预测模型优化种植周期。

3. C2F模式的案例

会员制农场:消费者预付年费成为农场会员,定期接收当季农产品。在北京"分享收获"CSA(社区支持农业)项目中,会员可在线查看作物生长直播,参与种植决策。

数字认养经济:蚂蚁链推出"云养牛"平台,用户通过NFT认养草原奶牛,实时查看饲养数据,认养牛产出的牛奶直供用户,年销量大幅增加。

个性化种植:拼多多"多多果园"允许消费者投票选择种植品类,农户根据票选结果调整生产计划,订单满足率稳步提升。

13.4.2 县域电商综合体:产业集群的数字化升级

1. 县域电商综合体的概念

县域电商综合体是一种新兴的商业模式,它通过整合分散资源形成规模化产业带,以数字化手段推动地方产业集群的升级和发展,推动"一县一品"向"一县一链"转型。具体而言,县域电商综合体不仅仅是一个简单的电商平台,它更是一个集销售、物流、服务和信息交流为一体的综合体,旨在为地方农产品提供更广阔的市场空间和更高效的流通渠道。

2. 数字化对地方产业集群的影响

数字化转型在地方产业集群中扮演了至关重要的角色。首先,数字化手段能够提高信息透明度,让生产者和消费者之间的联系更加紧密。其次,借助大数据分析,地方政府和企业能够更精准地把握市场需求,调整生产策略,避免资源浪费。此外,数字化还能够提升供应链管理的效率,缩短产品从生产到消费者手中的时间,从而提高整体产业链的反应速度和市场竞争力。

3. 县域电商综合体的案例

曹县汉服产业带:依托淘宝、快手等平台,曹县整合设计(AI打版系统)、生产(智能裁床)、销售(直播基地)等环节,年产值超70亿元,占据全国汉服电商市场

40%的份额。

跨境农贸枢纽：广西凭祥东盟农产品电商园通过 RCEP 政策，构建"跨境直采＋保税仓发货"体系，泰国榴莲 48 小时直达中国餐桌，价格降低 40%，年交易额突破百亿元。

数字供销网络：供销总社联合京东打造县域电商服务中心，提供品控、物流、培训一体化服务，孵化出 5 000 余个乡村电商品牌。

创新价值：电商平台聚合设计、生产、营销资源，推动传统农业向"标准化、品牌化、国际化"跃迁。

13.4.3 社会化协同网络：共享经济重构农业服务

社会化协同网络作为一种新型的经济模式，正逐渐改变着农业服务的面貌。社会化协同网络的形成是基于人与人之间的信任和合作，通过大数据匹配供需资源，区块链实现服务可信存证，AI 优化调度算法等技术的支撑，各类资源得以高效共享。在农业领域，这种网络的出现为农民、消费者等参与者提供了更为便利和高效的服务。

1. 社会化协同网络的形成及其在农业中的应用

社会化协同网络的形成离不开互联网、物联网和社交媒体等技术的快速发展。这些技术使得不同的农业参与者能够通过网络平台进行有效的沟通与协作。例如，农民可以通过社交平台分享种植经验，消费者可以直接与农民进行交流，甚至参与到农产品的生产过程中。这种模式不仅拉近了农民与消费者之间的距离，也促进了农业生产的透明化和可追溯性。

在农业中的应用方面，社会化协同网络可以通过建立农民合作社、农业服务平台等形式，使得农民能够共享设备、技术和市场信息，从而降低生产成本并提高生产效率。同时，消费者也能通过这些平台获得新鲜、优质的农产品，进而推动农业的可持续发展。

2. 共享经济提升农业服务效率

共享经济的核心在于资源的高效利用和价值的最大化。在农业领域，这意味着通过共享资源和信息，不同的农业参与者可以更好地协作，从而提升服务效率。例如，农民可以共享农机具、种子和肥料等生产资料，而消费者则可以参与到农场的运营中，协助农民进行种植和采摘工作。这种互利的合作关系使得农业生产变得更加灵活和高效，减少了资源的浪费。

此外，借助于数字化技术，农民可实时获得市场需求信息，从而调整生产策略，确保生产的农产品能够满足消费者的需求。这种精准化的生产方式不仅提高了农业服务的效率,也增强了农产品的市场竞争力。

3. 案例分析

"农场云"平台通过建立一个农业共享生态系统,实现了农民、消费者和服务提供者之间的高效对接。农民可以在平台上发布自己的农产品信息,消费者则能够直接下单购买,省去了中间环节,降低了交易成本。此外,平台还提供了农技服务、市场分析等增值服务,帮助农民提高生产效率和市场应对能力。

另一个成功的案例是"共享农场"项目,它将城市居民与农村农民连接起来,允许城市居民在农村体验种植和采摘的乐趣,同时也为农民创造了额外的收入来源。这种模式不仅促进了城乡交流,也提升了农民的经济收益。

共享冷链物流:京东"青流计划"开放冷链仓,中小农户按需租用仓储空间,成本低廉。美团优选"中心仓—网格仓—团长"三级网络现已覆盖全国 26 个省市的社区与下沉市场。

众包生产协作:极飞科技搭建农业无人机共享平台,农户在线预约无人机植保服务,每亩成本从 50 元降至 15 元,效率提升 8 倍。

数字金融赋能:网商银行基于农户电商交易数据授信,使云南咖啡农获贷率从 18% 提升至 73%,贷款利率下降 3 个百分点。

13.4.4　跨境农贸平台:全球市场的数字化对接

跨境农贸平台的兴起与全球化进程息息相关。随着国际贸易壁垒的降低和多语言 AI 客服、智能报关系统、跨境支付结算工具等技术的进步,越来越多的农产品能够顺利进入国际市场。早期的跨境农贸主要依赖传统的贸易方式,信息传递缓慢且成本高昂。进入 21 世纪以来,电子商务的迅猛发展为农贸行业提供了新的机遇。跨境农贸平台的出现,使得农产品的交易更加便捷,农民能够直接与海外消费者对接,减少了中间环节,提升了效率。

1. 品牌出海新路径

在全球化不断加深的今天,农产品品牌出海已成为各国农业企业发展的重要战略。随着国际市场的开放,消费者对多样化、高质量农产品的需求不断上升,这为各国农产品品牌提供了丰富的出口机会。然而,当前农产品品牌在出海过程中仍面临诸多挑战,包括市场准入标准、品牌知名度不足、文化差异等问题。

许多国家的农产品品牌开始意识到,仅依靠传统的出口模式已无法满足日益变化的市场需求。相反,通过跨境农贸平台的数字化对接,品牌能够迅速进入国际市场,实现与全球消费者直接互动。数据显示,越来越多的农产品品牌通过线上渠道拓展市场,逐渐形成了以电商为核心的出海新路径。

福建茶叶通过亚马逊、速卖通打入欧美市场,以"茶文化叙事+有机认证"提升附加值,单价较传统出口提高 3 倍。

2. 直采直供模式

直采直供模式是指跨境电商企业通过自主采购并直接向消费者提供产品的商业模式。这一模式打破了传统供应链中的多层中介环节,实现了供应商与消费者之间的直接对接。其优势主要有成本降低、效率提升、透明度增强和定制化服务。

直采直供模式降低成本的方式也有很多,如减少中间商费用、批量采购、优化物流和供应链管理。盒马与新西兰牧场直连,通过区块链溯源实现 72 小时鲜奶直达,价格较进口超市低 30%。

3. 政策红利捕捉

在全球化的背景下,各国的农产品贸易政策正处于不断变化之中,这些变化对跨境农贸平台的运营和发展产生了深远的影响。为了有效捕捉这些政策红利,企业需要深入了解政策变化的背景、具体表现以及如何利用这些红利来提升自身的市场竞争力。

(1) 各国政策对跨境电商的支持

近年来,多国政府相继推出了一系列政策,以促进跨境电商的发展。例如,中国的"跨境电子商务零售进口试点"政策,不仅降低了进口税率,还简化了海关手续,使得品牌更容易进入国际市场。此外,欧美等发达国家也在不断优化跨境电商的法律法规,提供税收优惠和资金支持,以吸引更多的外资和品牌进入本国市场。这些政策措施的实施,为跨境电商的发展奠定了良好的基础,使得品牌能够在更广阔的国际市场上进行竞争。

(2) 政策红利的具体表现

在政策红利方面,关税减免和市场准入是最为显著的表现形式。许多国家在特定时期内会对某些农产品进行关税减免,以促进其进口。例如,某些发展中国家可能会降低对特定农产品的关税,以帮助本国消费者获得更为实惠的产品。这种政策红利能够直接降低企业的运营成本,提高其利润空间。

此外,市场准入政策的放宽也为企业提供了新的机遇。许多国家在与其他国家签署自由贸易协定时,会承诺降低某些农产品的市场准入门槛。这使得企业能够更容易地进入新市场,拓展其业务范围,从而在全球市场中占据更有利的位置。

杭州跨境电商综试区试点"9810"出口模式,茶叶、菌菇等农产品海外仓前置备货,物流时间大幅缩短。阿里巴巴国际站、京东全球购等大型电商平台,已经开始积极布局跨境农贸,形成了多样化的服务和产品体系,促进了各国农产品的交易。与此同时,各类小型农业电商平台也在不断涌现,为特定市场提供定制化的解决方案,丰富了跨境农贸的生态系统。

13-1 云习题

第 14 章　跨境电子商务的创新融合

14.1　跨境电子商务的定义与发展历程

14.1.1　跨境电子商务的定义与分类

跨境电子商务(Cross-Border E-Commerce)是指通过电子商务平台进行的国际贸易活动,涉及不同国家或地区的买卖双方。它不仅涵盖商品和服务的销售活动,还涉及支付流程、物流配送以及售后服务等多个关键环节。随着互联网技术的发展,跨境电子商务已成为全球经济的重要组成部分。根据交易对象,跨境电商可分为 B2B(企业对企业)、B2C(企业对消费者)和 C2C(消费者对消费者)三种主要模式。B2B 模式主要面向批发市场,交易规模大但增速相对较慢;B2C 模式直接面向终端消费者,增长迅速,代表平台包括亚马逊、全球速卖通等;C2C 模式则为个人卖家提供跨境交易机会,如 eBay。这些不同类型的跨境电商模式满足了多样化的市场需求,推动了全球贸易的发展。

14.1.2　跨境电子商务的重要性

跨境电子商务的重要性体现在多个方面:

首先,跨境电子商务为企业打造国际品牌提供了新机会。在互联网时代,品牌、口碑是企业竞争力的重要组成部分,也是企业赢得消费者青睐的关键因素。跨境电子商务能够有效打破渠道垄断,减少中间环节,节约交易成本,缩短交易时间,为企业创建品牌、提升品牌的知名度提供了有效的途径,尤其是给一些"小而美"的中小企业创造了新的发展空间,从而催生出更多具有国际竞争力的"隐形冠军"。

其次,跨境电子商务是促进产业结构升级的新动力。跨境电子商务的发展,直接推动了物流配送、电子支付、电子认证、信息内容服务等现代服务业和相关电子信息制造业的发展。跨境电子商务将会引发生产方式、产业组织方式的变革,促使企业以消费者为中心,加强合作创新,构建完善的服务体系,在提升产品制造工艺、质量的同时,加强研发设计、品牌销售,重构价值链和产业链,最大限度地促进资源优化配置。

此外,跨境电子商务为政府提升对外开放水平提供了新抓手。发展跨境电子商务,既涉及商务、海关、检验检疫、财政、税务、质量监督、金融等多个部门,也涉及多领域的国际合作,这对政府的快速反应、创新、合作等能力提出了新要求,也对政府传统的体制机制提出了新挑战。以跨境电子商务为抓手,推动政府各部门资源共享、统一协作、高效运行、创新服务,将对提升我国政府对外开放水平起到有力的推动作用。

最后,跨境电子商务也极大地便利了消费者。消费者可以方便地获取其他国家的商品信息,并购买到物美价廉的商品,极大地丰富了消费者的购物选择。

综上,跨境电子商务在推动经济发展、促进产业升级、提升政府对外开放水平以及便利消费者等方面都具有重要的战略意义。

14.1.3 跨境电子商务的发展历程

跨境电子商务突破了传统的国际贸易壁垒,为消费者提供了更多的选择和更大的灵活性。跨境电子商务这种新型贸易模式在中国已经发展了 20 多年,从起步到逐渐成熟,见证了中国对外贸易的不断创新和变革。总体来看,我国跨境电商的发展主要分为以下几个阶段:

1. 跨境电商萌芽阶段(1999—2003 年)

阿里巴巴集团成立,并将跨境电子商务引入中国市场,开创了中国跨境电商的先河。这一阶段的跨境以在线广告的形式将产品的信息呈现给海外消费者,然后通过电话和传真等传统线下方式进行交易。这种模式虽然拓展了国外市场,但也存在效率低、成本高、风险大的问题。

2. 跨境电商成长阶段(2004—2012 年)

此阶段,跨境电商平台主要的交易模式以 B2B 模式为主,代表性事件是中国第一家面向中小企业的跨境电商 B2B 交易平台——敦煌网正式上线,是国内首个允许中小企业参与国际贸易的平台。在这个阶段,跨境电商开始走向平台化、标准化发展。但商业模式还不完善,产业链上的各角色分工还不够明确,行业还有待沉淀。

3. 跨境电商发展阶段(2013—2017 年)

在此阶段,跨境电商正式走入大众视野,国内企业纷纷入局,抢占跨境电商市场。Wish、Shein 等新平台、新品牌不断涌现,借助大数据、人工智能、社交媒体等科技手段,实现了更精准的市场定位和更个性化的商品推荐,提升了用户体验。

4．跨境电商成熟阶段（2018年至今）

2018年以来，跨境电商逐步进入多种模式融合发展时期。2018年，《中华人民共和国电子商务法》正式通过，对跨境电商等电商平台进行法律监督和指导，完善监管流程和制度，促进行业走向程式化、规范化。在这个阶段，跨境电商市场格局呈现出多元化与精细化并存的特点，包括市场多元化、产品多元化、渠道多元化，以及运营管理和品牌建设的精细化。同时，新兴平台如TikTok Shop等迅速崛起，为中国跨境电商行业带来了新的增长点。

综上所述，跨境电子商务经历了从萌芽到成熟的发展过程，每个阶段都有其特定的特点和标志性事件。随着全球数字化进程的加速和跨境电商政策的不断完善，中国跨境电商行业或将保持高速增长态势。

14.1.4 跨境电子商务现状

当前阶段，跨境电子商务市场正经历着迅猛的发展。根据官方统计数据，全球跨境电商市场规模已达到数万亿美元，并且预计在未来数年内仍将保持强劲的增长势头。总体而言，市场展现出以下几个显著特征。

1．市场规模持续扩大

近年来，全球跨境电商市场规模呈现出稳步增长的趋势。权威数据显示，跨境电商交易总额在过去几年中保持了较高的增长率。越来越多的国家和地区开始参与跨境电商贸易，无论是发达国家还是发展中国家，均认识到跨境电商所蕴含的巨大商业潜力。例如，中国作为全球主要的电商市场之一，其跨境电商出口业务增长迅猛，众多中小企业通过跨境电商平台将产品推向国际市场。同时，欧美等发达国家的消费者对跨境商品的需求日益增长，他们越来越倾向于购买来自亚洲、南美洲等地区的特色产品。

2．竞争格局日益激烈

随着跨境电商市场的蓬勃发展，越来越多的企业涌入这一领域，导致竞争日益激烈。一方面，传统的大型电商企业如亚马逊、速卖通等不断拓展业务范围，增加在跨境电商领域的投资，通过优化平台功能、提升服务质量等方式吸引更多的卖家和买家；另一方面，一些新兴的跨境电商平台也在不断涌现，以独特的定位和创新的商业模式试图在市场中占据一席之地。例如，专注于某一特定品类或某一特定地区市场的平台逐渐增多。此外，众多中小企业直接参与到跨境电商竞争中，通过在各大平台开设店铺，销售自有品牌产品或代理产品，进一步加剧了市场竞争。此竞争环境下，价格战、营销战在企业间屡见不鲜，如何在众多竞争对手中脱颖而出，成为跨境电商企业面临的重要挑战。

3. 消费者行为变化显著

在电子商务时代,跨境电商消费者的行为发生了显著变化。首先,消费者的购物习惯更加倾向于线上化。他们通过互联网搜索、比较不同国家和地区的产品信息、价格和评价,然后选择在跨境电商平台上下单购买。其次,消费者对产品品质和品牌的关注度不断提高。在跨境购买中,由于无法直接接触产品,消费者更加依赖产品的品牌声誉、用户评价以及平台的质量认证等信息来做出购买决策。最后,消费者对购物体验的要求越来越高。他们期望跨境电商平台能够提供便捷的购物流程、快速的物流配送、良好的售后服务以及安全的支付方式等。例如,消费者希望能够实时跟踪商品的物流信息,在遇到问题时能够及时得到客服的积极响应。

这些变化不仅促使跨境电商企业不断提升服务质量,还推动了跨境电商平台在技术创新和服务模式上不断探索。

14.1.5 跨境电子商务面临的挑战

电子商务时代为跨境电商的发展带来了前所未有的机遇,同时也伴随着一定挑战。跨境电商企业要在激烈的市场竞争中取得成功,就要深入了解市场营销的现状,准确把握市场趋势,积极应对各种挑战。

1. 物流配送难题

跨境电商的物流配送涉及多个国家和地区,因此面临一些难题。一是物流成本较高。由于运输距离远、环节多,包括国内运输、海关清关、国际运输、目的国配送等,使得物流费用在跨境电商成本结构中占比较大,不仅压缩了企业的利润空间,而且在一定程度上提高了商品价格,降低了产品的竞争力。二是物流时效性难以保证。跨境物流过程中可能遇到各种不可抗力因素,如恶劣天气、海关检查延误等,导致商品配送时间延长,无法满足消费者快速收货的期望,容易引起消费者不满,甚至导致退货等问题,增加企业的运营成本。三是物流信息跟踪不透明。在跨境物流中,不同国家和地区的物流企业之间信息对接不畅,使得消费者难以准确、实时地了解商品的运输状态,影响了整体购物体验。

2. 支付结算风险

跨境电商支付结算面临着很多风险,其中,支付安全问题是消费者和企业最为关注的问题之一。跨境支付涉及不同国家的金融体系和网络环境,存在信息泄露、诈骗等风险。例如,黑客可能攻击支付平台,窃取用户的信用卡信息或支付密码,给消费者造成经济损失。同时,支付方式的多样性和复杂性也给跨境电商带来了挑战。不同国家和地区的消费者偏好不同的支付方式,如欧美地区使用信用卡支付较为普遍,而亚洲一些国家则更倾向于移动支付。跨境电商企业需要对接多种支付渠道,增加了企业的运营成本和管理难度。此外,汇率波动也是跨境支付结算中的一个重要风险因素,汇率的不稳定可能导致企业在收款或付款时面临汇兑损失,影响企业的利润核算。

3. 品牌建设困境

在跨境电商市场中,品牌建设对于企业的长期发展至关重要,但一些跨境电商企业面临着品牌建设的困境。一方面,国际市场上品牌竞争激烈,消费者对知名品牌的忠诚度较高。跨境电商企业尤其是中小企业,在品牌知名度和品牌影响力方面与国际大牌相比存在较大差距,难以在短时间内获得消费者的信任和认可;另一方面,品牌营销的难度较大。跨境电商企业需要针对不同国家和地区的文化差异、消费习惯等制定个性化的品牌营销策略,但由于对目标市场的了解有限,企业在品牌定位、品牌传播等方面容易出现偏差,导致品牌建设效果不佳。例如,一些企业在品牌宣传中使用的广告文案、形象设计等不符合目标市场的文化审美,引起消费者的反感,反而损害了品牌形象。

4. 各国跨境电商税收政策收紧

目前,各国高度重视电子商务发展,相继出台跨境电商政策。一是东南亚地区跨境电商税收政策加快出台,新兴市场政策收紧。如马来西亚海关2023年1月发布公告,从2023年1月1日起,一年内国外低价值商品(LVG)总销售价值超过50万令吉(马来西亚货币单位)的网店卖家(无论是国内个人还是国外卖家),必须进行卖家注册;从2023年4月1日起,马来西亚将对该国网上销售的低价值商品(LVG)征收10%的销售税。新加坡将从2023年1月1日起对低价值进口商品征收消费税,对在新加坡注册消费税的海外公司提供的所有远程服务征收新的数字服务消费税。二是成熟市场的跨境电商政策持续调整。如欧盟的数字市场法(Digital Markets Act,以下简称"DMA")于2022年获批并将于2024年初开始实施,该法规自2023年5月2日起适用,旨在规范大型技术公司的市场行为,确保公平竞争,特别是在跨境电商领域,其中涉及的规定可能会对亚马逊(Amazon)、阿里巴巴(Alibaba)和速卖通(AliExpress)等在线市场平台产生影响。2023年6月15日,美国参议员和众议员提出了《进口安全和公平法案》(Import Security and Fairness Act),提议阻止对来自某些国家(尤其是中国和俄罗斯)的进口进行快速、免关税处理,旨在取消对价值低于800美元的货物征收关税和税收的豁免政策,以遏制来自国外的跨境电商进口。各国跨境电商政策的收紧,将会增加我国跨境电商出口的遵从成本。

14.2 跨境电子商务的创新融合方式

随着全球化进程的加速和互联网技术的飞速发展,跨境电子商务正逐渐成为推动国际贸易的重要力量。在这一过程中,创新融合成为跨境电商不断发展的核心动力。本节将探讨五种主要的创新融合方式:技术创新在跨境电商中的应用、跨境电商与传统商业模式的融合、跨境电商中的供应链创新、支付与金融创新以及营销创新。

14.2.1 技术创新在跨境电商中的应用

1. 大数据——驱动精准化运营

通过采集用户行为数据(如浏览记录、购买历史、搜索关键词)、供应链数据(库存、物流信息)和市场数据(竞品分析、行业趋势),构建完整的商业智能(BI)系统。使跨境电商能够实现精准营销、智能推荐和需求预测,从而提升运营效率和用户体验。

应用场景:(1) 精准营销——构建用户画像,通过数据埋点(如 Google Analytics、Facebook Pixel)收集用户行为,使用 RFM 模型(最近购买时间、购买频率、消费金额)划分高价值客户。(2) 智能推荐——使用协同过滤算法,可以基于用户历史行为推荐商品(如"购买了 A 的用户也购买了 B"),如亚马逊的推荐系统贡献了其 35% 的销售额(2023 年数据)。(3) 需求分析——使用时间序列分析模型(ARIMA、Prophet 等)预测商品的需求量,如菜鸟网络通过 AI 预测海外仓备货量,降低滞销率 20%。

2. 区块链——构建可信跨境交易网络

通过区块链技术,交易记录不可篡改,供各方验证,增加了跨境交易的可信度。

应用场景:(1) 供应链透明化——通过区块链记录商品从原材料采购、生产、质检、物流到清关的全流程数据,确保供应链中每一个环节的信息都公开可查,如钻石品牌 DeBeers 用区块链记录钻石从开采到销售的全流程,杜绝"血钻"。(2) 支付安全——区块链中去中心化特性和加密技术,有效解决了传统支付系统中的信任与欺诈问题,在跨境电商中提升了效率,增强了信任,如智能合约自动执行支付技术,结算时间从 3~5 天缩短至秒级,手续费降低 50%~70%。(3) 分布式存储——区块链技术的去中心化可以让交易数据分散存储于全球节点,避免中心化服务器被攻击(如 2020 年阿里云宕机事件影响数百万跨境商家)的情况发生。

3. 物联网——智能化物流与仓储

物联网(IoT)在跨境电商中的应用正在重塑全球贸易的效率和用户体验,其核心价值在于打破地理界限,实现实时互联。

应用场景:(1)货物智能运输—通过物联网技术实现对货物运输环境的实时追踪控制,如中集集团的智能集装箱配备 GPS＋温湿度传感器,数据实时上传云端;顺丰的"冷运温控平台"实时监控三文鱼温度,将变质率降至 0.5％。(2)运输线路优化—智能物流系统可以通过实时监控和大数据分析,优化运输路线,降低运输成本。(3)提升终端效率——俄罗斯 PickPoint 网点通过重量传感器＋人脸识别技术,跨境包裹取件速度提升 3 倍。

14.2.2 跨境电商与传统商业模式的融合

跨境电子商务不仅是一种新兴的商业模式,还在不断与传统商业模式进行融合与创新,这一点在我国跨境电商的快速发展中得到了充分体现。传统企业借助跨境电商平台拓展国际市场,形成了线上线下相结合的多元化经营模式。

1. 跨境电商＋传统零售企业

在面对跨境电商强劲冲击时,传统零售企业取长补短,认识到跨境电商线上交易和线上营销的价值。目前有很多传统零售企业入驻各大电子商务平台,依托于线下的供应链和物流,加速全国和全球化的物流仓储中心布局,线下提供"到店选购""程序下单,配送上门"的服务,线上提供"跨境选购,全球配送"的服务,逐步使用"全渠道"零售模式,为全球消费者提供多样化的零售服务。

例如,华润万家"e 万家"跨境体验区。华润万家在宁波鄞州店设立跨境商品体验区,展示进口尿不湿、面膜等热门商品,顾客通过扫码下单,实现"线下体验＋线上下单＋直送到家"的闭环。该模式利用实体店流量为线上导流,同时跨境电商业务反哺实体店,使实体店销售额增长 30％。

2. 跨境电商＋传统制造业

传统制造业也正在通过跨境电商平台进行转型升级。许多制造商不再仅仅依赖批发商或代理商,而是直接面向终端消费者进行销售。这种直销模式不仅精简了供应链流程,还削减了中间费用,从而为企业带来了更为可观的利润空间。

例如,TEMU(拼多多旗下跨境电商平台)的全托管模式,吸引传统制造商直接对接海外消费者,平台负责物流和售后,商家专注于商品制造和成本优化。深圳某智能猫砂盆商家通过 TEMU 海外仓实现日销千单,配送时效缩短至 2～7 天。

3. 跨境电商+传统外贸业

随着经济全球化步伐的加快与互联网技术的全面渗透,消费者需求呈现出前所未有的个性化与多元化特征,这对传统外贸企业的业务模式带来了严峻挑战,促使外贸企业更加敏捷地响应市场波动,提供定制化服务,构建起覆盖全球的营销网络。越来越多的传统外贸企业转向跨境电商,通过跨境电商平台,企业能够直接在平台上发布产品信息,与客户进行洽谈并签订合同,无需再通过中间商进行贸易活动。这不仅减少了中间环节,降低了交易成本,还提高了交易的直接性和透明度。

例如,敦煌网(DHgate)作为中国领先的B2B跨境电商平台,通过整合「在线交易+供应链服务+跨境支付」闭环,为中小企业提供从选品、报关到物流的一站式服务。它专注于帮助中小企业拓展国际市场,特别是通过提供丰富的市场推广工具和多样化的物流解决方案,助力中国品牌直接面向世界。

4. 跨境电商+农业

跨境电商为农业产业数实融合发展提供了新动能,使其赋能作用从单一的销售辅助向创新动力升级。(1)重塑市场经营决策过程。通过发挥跨境电商在农业产业资源中的集中配置优势,推进农业产业标准化、质量可追溯和生产协同化,使其与农业生产、种植、加工、经营决策和市场销售等全过程相融合,全面助力农业产业数字化转型。(2)重构资源共享机制。农业跨境电商突破了农业产业的市场局限,打破了农业产业资源要素、服务供给的流动限制,并以开放、共享的产业模式,提升了农业产业的市场影响力,引领农业产业向数字化发展。(3)重建市场供需体系。随着数字经济不断发展,跨境电商对农业产业的影响从单一产品销售向生产制造、品牌输出等领域延伸,通过利用电商平台,广泛整合各类要素,重塑农业产业模式,在降低生产、加工、物流等经营成本的同时,提高了农产品供需匹配度。

跨境电商平台具备优势资源集聚、技术动力充足和市场开放等特征,通过发挥平台主体协同、数字创新等优势,整合品牌、营销渠道、技术和商家等多种资源,从而激发农业产业的创新动力,孕育农业新业态。

14.2.3 跨境电商中的供应链创新

供应链的创新是跨境电子商务成功的重要保障。由于跨境电商的特点,涉及国际运输、海关清关、仓储管理等多个环节,传统的供应链模式在效率和成本上常常面临挑战。因此,跨境电商企业需要在供应链的各个环节进行创新。

1．跨境电商的运营模式

平台型运营模式。这种模式下，跨境电商企业搭建自己的电商平台，为国内外消费者提供商品展示、交易、支付、物流等一站式服务。

供应链整合型运营模式。该模式以供应链为核心，整合采购、仓储、物流、销售等环节，实现资源的优化配置和高效利用。

直播＋内容营销模式。该模式在我国电商领域较为成熟，逐步深入跨境电商领域，依托成熟的推荐算法和优质内容生态，将直播与短视频形成"种草—转化"的闭环。用户通过短视频被吸引后，可直接跳转直播间完成购买，缩短消费链路。例如，2024年，TikTok在东南亚的活跃用户达2.65亿，2024年前10个月销售额同比增长280％。

2．跨境电商中的物流服务

越来越多的跨境电商企业开始与物流公司合作，探索"跨境电商专线"，以提高运输效率和缩短运输时间。同时，智能化的物流管理系统使得货物的追踪变得更加透明，通过在货物包装、运输车辆乃至仓储设施中嵌入智能传感器，构建起一张覆盖全链条的物联网，实现货物状态的即时感知与信息共享，这一举措不仅让电商企业与物流伙伴能够洞悉每一环节的细微变化，还能在潜在问题显现之初进行预警与干预，从而显著提升物流作业的响应速度与执行可靠性，为消费者带来更加顺畅的购物体验。

在跨境电商的广阔舞台上，构建一个高效、智能的物流系统已成为提升企业竞争力的核心策略。这一系统不仅融合了最前沿的信息技术，还深度集成了供应链管理的各个环节，旨在实现物流全链条的数字化、自动化与智能化。跨境电商物流系统应首先聚焦于流程的精简与优化。通过集成订单管理、库存管理、包裹预报、运输跟踪及财务核销等功能模块，企业能够实现对物流作业的一站式管理，大幅减少人工干预，提高工作效率。同时，利用微信小程序、邮件推送等便捷渠道，为客户提供实时的运费估算、订单状态查询及物流轨迹追踪服务，极大地提升了用户体验，增强了客户黏性。

3．跨境电商中的仓储管理

目前跨境电商有海外仓模式和边境仓模式。通过建设海外仓，企业能够在目标市场建立更近的库存，从而实现更快的交货速度，有效降低国际运输成本。例如，亦邦物流指出，海外仓模式通过在目标市场建立本地化仓库，提前储备商品，实现就近发货，不仅缩短了交货时间，还降低了运输成本。此外，海外仓还提高了电商供应链的灵活性。通过在不同国家或地区设立仓库，企业可以更好地管理库存，根据不同市场的需求进行调整。海外仓的建设有助于提升客户体验和品牌价值、快速、可靠的物流服务是电商成功的重要因素之一。通过建立海外仓，企业可以实现更迅速的订单处理和交货，提高客户体验，有助于建立品牌信誉和口碑。在数字经济时代，海外仓还需向多功能化转型，以更全面地融入跨境电商生态系统，包括但不限于提供商品展示、营销推广、售后维修等增值服务，形成集仓储、销售、服务于一体的综合服务平台。同时，为避免行业内恶性竞争，海外仓企业应注重差异化发展，根据自身优势与市场需求，打造特色化服务模式。例如，专注于某一细分市场或特定品类商品，提供定制化仓储解决方案；或利用大数据、人工智能等技术优化库存管理、预测市场需求，提升运营效率与客户体验。

边境仓作为连接国内外市场的桥梁，通过在国内邻近边境地区建设或租赁仓库，实现了商品的前置存储与快速响应。绝对边境仓策略聚焦于紧邻目标市场的边境区域，例如，针对俄罗斯市场的商品备存于新疆阿勒泰或黑龙江北部，有效缩短了跨境物流距离；而相对边境仓则针对非接壤国家，通过选择与目标国毗邻的第三方国家设立仓库，例如利用加拿大边境仓服务我国卖家，极大缩减了跨国运输时间。这些策略不仅规避了直接海外设仓的高成本与风险，还借鉴了海外仓在提高物流效率、降低成本、增强客户体验等方面的成功经验。边境仓模式有效降低了企业在海外的运营成本，同时显著提升了供应链的稳健性和应变能力，尤其适用于那些对时效性有着高要求的畅销产品。

14.2.4 跨境电商中的支付与金融创新

在跨境电子商务市场中，企业必须创新支付手段与金融服务，以提升消费者体验并降低交易成本，从而增强市场竞争力。为确保支付流程的安全性、便捷性与高效性，企业应采取以下措施。

首先，强化支付安全防护。企业应积极采用前沿的加密技术和身份验证手段，为消费者的支付信息打造坚不可摧的安全屏障。例如，借助 SSL 加密协议的应用，支付页面在数据传输过程中能够确保万无一失的安全性，有效避免敏感信息的任何泄露。同时，采用多重身份认证机制，如短信验证码、指纹识别等，可显著提高用户账户的安全性，有效预防账户被盗用。此外，与专业的支付安全服务商建立合作，定期对支付系统进行全面的安全检测与漏洞修复，是防范和应对支付安全风险的关键措施。

在确保支付安全的前提下，拓展多元化的支付渠道，有效提升消费者购物的便捷性。企业应深入研究不同国家和地区的支付习惯，积极整合当地流行的支付方式。例如，在亚洲某些国家和地区，支付宝和微信支付因其便捷性和高普及率而受到广泛欢迎。而在欧洲，SofortBanking 等支付方式则颇受欢迎。通过提供多样化的支付选项,企业能够显著降低购物车放弃率,提高消费者购物满意度。

针对汇率波动风险,跨境电子商务企业需采取灵活多变的风险管理策略。例如,运用套期保值工具,包括远期外汇合约、外汇期权等,以在一定程度上锁定汇率,避免汇率波动可能带来的损失。此外,合理规划资金收付时间,以减少汇率风险。企业可依据汇率走势的预测,选择在汇率有利时进行收款或付款,以实现利益最大化。同时,优化产品定价策略,合理应对汇率波动。企业应将汇率波动因素纳入产品定价考量,根据汇率变动适时调整产品价格,以确保利润水平的稳定性。如亚马逊平台考虑巴西增值税的变动,利用动态定价系统调整跨境商品价格,确保卖家利润。

14.2.5　跨境电商的营销创新

在全球跨境电商竞争日益激烈的背景下,强化品牌营销策略成为提升企业核心竞争力、获取消费者信任与忠诚度的关键。为达成此目标,跨境电商企业必须从精准的品牌定位、个性化品牌传播以及卓越的品牌体验三个维度着手。

首先,精准的品牌定位要求深入分析目标市场。跨境电商企业应对目标市场进行详尽的研究,包括文化背景、消费需求、市场竞争状况等关键因素,以明确品牌的核心价值、目标客户群体以及独特的品牌卖点。例如,针对欧美发达国家的高端时尚服饰市场,企业可将品牌定位为集时尚、品质与环保理念于一体的高端服饰品牌,专注于服务追求高品质时尚生活且具备高消费能力的年轻族群。这种精准的品牌定位有助于企业在目标市场中树立鲜明的品牌形象,吸引目标客户的关注与青睐。

其次,个性化品牌传播策略的实施,旨在有效提升品牌知名度。鉴于不同国家和地区存在文化差异和媒体环境的多样性,跨境电商企业需制定符合当地特色的品牌传播策略。在宣传内容上,企业应结合当地的文化习俗和审美观念进行创意设计,确保广告文案、图像等元素能够引发当地消费者的共鸣。在传播渠道的选择上,企业应充分利用当地的主流媒体和社交媒体平台,如欧美的Facebook、Instagram等,通过发布具有吸引力的内容、开展互动营销活动等方式,提高品牌的曝光度和美誉度。此外,跨境电商企业需与时俱进,积极与当地网红、意见领袖合作,作为扩大品牌影响力的有效途径。

最后,提供卓越的品牌体验是巩固品牌忠诚度的关键。跨境电商企业需从产品质量、包装设计、购物流程以及售后服务等关键环节入手,确保消费者能够享受到全方位、高品质的品牌体验。在产品质量方面,企业需严格把控,确保产品符合国际标准和目标市场的质量要求。在包装设计方面,企业需注重精美与环保的结合,展现品牌的独特魅力。在购物流程方面,企业需追求简洁、便捷,提升用户的购物体验。在售后服务方面,企业需及时、周到地解决消费者的问题,如提供便捷的退换货服务、专业的产品使用咨询等。通过这些努力,企业可建立消费者与品牌之间深厚的情感联系,提高消费者对品牌的满意度和忠诚度,进而促进品牌的口碑传播和持续发展。

综上所述,跨境电子商务的创新融合方式体现在技术创新、传统商业模式的融合、供应链及支付和金融的创新等多个方面。这些创新不仅推动了跨境电商的发展,也为企业在全球市场中的竞争提供了新的机会与挑战。

14.3　跨境电子商务的创新融合案例

跨境电子商务作为当今全球经济的重要组成部分,其创新融合案例的探索与分析不仅为行业发展提供了宝贵的经验,也为其他企业的转型与升级提供了借鉴。以下将从成功的跨境电商案例分析、各行业的创新融合实例以及未来发展趋势与挑战这三个方面进行深入探讨。

14.3.1　成功的跨境电商案例分析

1. 希音(SHEIN)

SHEIN 是一家跨境 B2C 快时尚电商平台,目前已成长为中国出海独立站标杆企业。公司以婚纱业务起家,2012 年创立独立网站 SHEINSIDE.COM,2015 年 SHEINSIDE 更名为 SHEIN。经过多年发展,公司销售品类从女装逐步扩展至童装、男装、美妆、饰品、家居等,业务覆盖全球超过 200 个国家和地区。

SHEIN 之所以能成为中国出海独立站标杆企业,连续四年入选 BrandZ™ 中国全球化品牌 50 强榜单,以下几点值得其他企业借鉴:

(1) 产品定价具有较强竞争优势。根据中信证券数据,SHEIN 各产品线最低售价保持在 2~3 美元,为同行业中价格下限最低;价格上限则处于行业中游水平。

(2) 上新速度快、品类多样,能更好地满足消费者多样化、实时性需求。根据"SHEIN 招商"微信公众号数据,SHEIN 每日在售可供选择商品 60 万件,每日上新产品 6 000 件。

(3) 利用大数据追踪系统和 Google Trends Finder 2,抓取最新流行趋势,快速抢占消费者心智。Marketplace Pulse 数据显示,2022 年 5 月 3 日,SHEIN 首次登上 iPhoneAppStore 美国地区所有类别 APP 下载排行榜榜首,超过了 TikTok、

Instagram 和 Twitter，并远远领先于亚马逊。

（4）多渠道营销，持续扩大品牌影响力。SHEIN 成立之初即启动网红营销策略，以独家折扣、佣金、付费等方式与大小 KOL 合作，提升品牌形象。此外，公司顺应线上营销发展趋势，从 Google、Facebook 等广告投放，到联盟营销，以及 Instagram、Twitter、TikTok 等社交媒体营销，打造多元丰富的营销渠道，有效提升品牌影响力、提高用户黏性。

（5）构建完整高效的供应链体系，实现产品快速、高质量交付。SHEIN 致力于以数字化赋能柔性供应链，目前已形成覆盖设计、生产、销售、物流等全流程的完整高效的供应链体系。

2．天猫国际（Tmall Global）

天猫国际是阿里巴巴集团旗下专注跨境进口电商的 B2C 平台，为境外企业提供「零距离入华」解决方案。根据海关总署的数据，2023 年其保税仓业务占全国跨境电商零售进口额的 58.7%。天猫国际作为全球新品的重要汇聚地，为商家提供了丰富的资源和策略支持，帮助新品快速打入市场并实现爆发。在新品打造和推广方面，具有以下几个创新。

（1）利用数据赋能选品，分析消费趋势。天猫国际通过大数据分析和 AI 技术，为商家提供市场趋势洞察。商家可以根据这些数据，提前布局新品开发，确保新品符合市场需求。如推动日本小众美妆品牌 FUJIKO 通过"趋势 C2M"，定制中国特供款，首月销量破 10 万件。

（2）新品推广与营销策略。天猫国际提供从新品孵化、种草、爆发到续销的全链路支持。资源位支持时长从 60 天延长至 90 天，确保新品在天猫首发即打爆。通过线上线下联动的方式，扩大新品的影响力。例如，通过小红书达人种草、新品简历投递、创意事件吸引关注等方式，提升新品的知名度，实现有效的销售转化。

（3）新品上市与销售转化。天猫国际的"天猫 U 先"推出"入仓模式"，品牌方将小样商品送入指定仓库，由平台进行管理和派样，降低入仓成本。并通过"全球新品 TOP100 计划"，将优质新品推向市场。这些新品不仅在双 11 期间亮相，还在进博会等重要场合展示，加速新品在中国市场的落地。

（4）品牌合作与生态支持。天猫国际通过与全球品牌合作，引入更多优质新品。例如，Eucerin（优色林）与天猫国际深度合作，成功打造了多款明星产品。天猫国际为新品牌提供"超新星孵创营"，通过五大福利和主要营销阵地的升级，帮助新品牌快速成长。

3. Oceanpayment

Oceanpayment 是一家全球数字支付技术解决方案和服务提供商,成立于2014年,由全球支付领域的资深技术、风控和运营专家联合组建。该公司致力于为跨境外贸、旅游航空、数字游戏、教育培训等互联网 B2C(B)电子商务模式提供全球数字支付技术解决方案和服务。Oceanpayment 坚持全球化战略布局,以技术研发实力、产品服务能力为依托,自研风控模型,为全球客户提供定制化数字支付解决方案,持续构筑竞争壁垒,是中国唯一一家拥有全球数字支付技术和业务资质全牌照的公司,公司以下方面持续领先:

(1) 全球化产品覆盖,支持商户多国家拓展。公司拥有全球数字支付技术和业务资质全牌照,长期与 Visa、MasterCard、American Express、WeChatPay、Alipay 等近百家国际金融机构保持战略合作,支持全球 500 多种支付产品,覆盖 200 多个国家和地区,服务全球免税零售巨头 Dufry、中免集团、韩国新罗免税集团以及国泰航空、中国移动、Anker 等多行业海量优质商户。

(2) 本地化运营服务和系统支撑,提升收单成功率。公司深耕收单业务多年,以深度理解各国文化、政策、法规及消费者支付习惯等为基础,并结合客户自身能力,提供差异化、精细化解决方案。同时,公司在香港、新加坡、美国、澳洲等核心区域设立了本地运营支持中心,有利于提升收单成功率。

(3) 自研智能风控模型,保障数据和交易安全。公司自主研发智能风控模型,同时充分发挥香港城市大学、中山大学、湖南大学等合作资源优势,运用人工智能、大数据等数字技术,全力保障数据安全,抵御 99% 以上的交易风险。

(4) 金融科技领域不断创新,AI 技术提升交易效率。通过 AI、区块链、开放 API、数字服务等技术的融合,推动全球化展业。这些技术不仅简化了现有流程,还为商业增长开辟了新途径。

4. 燕文物流

燕文物流是中国领先的跨境出口电商综合物流服务商。公司成立于 1998 年,专注于为全球跨境出口电商企业和消费者提供综合物流服务。公司积极整合全球物流资源,以自主研发的综合物流信息管理平台为支撑,打造多元化物流产品服务体系,与全球速卖通、亚马逊、Wish、eBay 等跨境电商第三方平台和独立站建立了长期稳定的合作关系。燕文物流通过构建技术驱动的全球智慧物流体系,助力综合竞争力提升。

(1) 搭建物流信息管理系统,引入自动化分拣设备。燕文物流通过建立高度协同的智慧物流体系,实现揽收、分拣、运输、通关、派送等跨境电商物流各环节数据信息的实时交互,致力于以数字技术助力高效物流作业和低成本生产运营。

(2)自研物流信息管理系统,快速响应客户需求。公司持续加强信息系统基础架构建设投入,搭建了以专有云为基础、公有云为扩展的混合云架构,并依托多年跨境电商物流领域的业务经验和技术积累,建成模块化、高可用、易扩展的业务中台系统和敏捷灵活的前台业务系统,实现各环节资源高效调配和产品不断迭代创新,更好满足客户需求。

(3)智能物流设备助力降本增效。公司较早引入自动化分拣设备,实现仓内作业全流程高度智能化,在提高工作和管理效率、保障物流服务时效性的同时,有助于控制运营成本,进而提升公司综合竞争力。

成功的跨境电商、跨境支付企业和跨境物流企业案例往往展现了对市场需求把握、商业模式创新以及技术应用的完美结合。这些成功案例的背后,离不开对市场动态的敏锐洞察、对用户需求的深刻理解以及对技术创新的持续投资。

14.3.2 行业的创新融合实例

跨境电商的创新融合不仅限于平台本身,各行业也在不断探索新的商业模式。下面介绍跨境电商与皮革制品企业融合发展的模式。跨境电商能够促进皮革制品行业转型和创新。通过提升设计和品质、引入绿色理念、推进数字化转型、人才培养、拓展国际市场、创新商业模式、政策支持等关键措施,提高产品附加值和竞争力,满足消费者需求,适应市场和行业变化。提升设计和品质能更好地满足消费者需求,提高产品附加值和市场竞争力。引入绿色理念,促进可持续发展,减少污染和资源浪费。数字化转型提高生产效率、降低成本、拓宽销售渠道,同时加强对企业的监管,确保产品质量安全和市场秩序稳定,为行业可持续发展提供有力保障。

1. 具体措施

(1)选择合适的跨境电商平台

为了拓宽市场覆盖范围并增加销售机会,皮革制品企业应积极建立线上销售渠道。跨境电商平台需突破地域限制,将产品推广至更广阔的市场。在选择平台和技术时,企业应根据自身需求和目标做出必要的决策。考虑合作平台的全球化程度,确保产品能够覆盖更广泛的市场。关键是要确保平台的可扩展性、稳定性和安全性。对于皮革制品企业来说,第三方合作有助于降低企业的运营成本,如租金和人力成本等,从而提高经营效率。通过精心策划和执行,跨境电商平台将成为皮革制品企业扩大市场份额和提升品牌影响力的重要工具。

(2)产品策略调整

皮革制品企业应注重产品创新,开发具有独特设计和功能的产品,以满足不同消费者的需求。尤其是区域用户的消费习惯不同,例如美国的皮革制品风格通常强调实用、舒适和自由,设计师们更倾向于打造既适合日常穿着又能够展现个性魅力的产品。国外对皮革制品有更高的安全要求,主要涉及产品的物理和化学性能。例如,皮革制品的甲醛含量、六价铬含量等都需要符合相关标准。此外,皮革制品还需要经过拉伸强度、撕裂强度、抗张强度、崩裂强度等物理性能测试,以确保产品的安全性和耐用性。

(3) 加强品牌宣传与推广

皮革制品走向海外需要制订全面的品牌宣传计划,提升品牌在目标市场的知名度和美誉度。例如,运用社交媒体、网红营销等新型推广方式,扩大品牌影响力。皮革制品企业需要选择与目标市场受众最匹配的社交媒体平台,如Instagram、Facebook、Twitter、TikTok等。这些国外社交媒体平台可以精确定位目标受众,通过产品展示、用户评价、使用教程、产品趋势等来提高品牌曝光率。同时,选择参加与产品相关、影响力大的国际展览和论坛,例如美国拉斯维加斯旅行用品箱包展、意大利米兰国际皮革展览会等,确保能够接触到高质量的潜在客户和行业专家,从而与潜在客户建立联系,进而寻求合作机会。

2. 具体案例

(1) 跨境电商进军皮革产品领域

京东跨境电商平台自建立以来,始终致力于电子产品和家居用品的在线销售业务。然而,随着近年来全球皮革制品市场的不断扩大,该平台决定进军这一领域。在商品种类上,该平台主要销售各类皮革制品,包括皮包、皮鞋、皮带、皮手套等。该平台的目标群体是全球范围内对皮革制品有需求的消费者,而其主要客户群体则包括那些追求品质生活的中高收入人群,以及从事时尚行业的消费者。京东与中国皮革协会在北京签署战略合作协议,将共同为消费者筛选出优质商家及高品质的皮革制品。通过"真皮标志"打标的方式,提升消费者的消费体验,营造安心的消费环境,推动皮革行业产品品质维护与升级。

(2) 皮革制品公司开展跨境电商

万里马是广东万里马实业股份有限公司旗下的自有品牌,也是国内知名的皮具品牌,具有较高的品牌知名度和美誉度。在跨境电商领域,拥有品牌优势的企业更容易获得消费者的信任和认可。万里马根据公司发展战略,为了拓展电子商务业务,实施"引进来、走出去"战略,与国外品牌合作,开展跨境电商,设立了"杭州宇岛"负责跨境电商品牌的运营和市场推广。随着数字化和智能化技术的不断发展,皮革制品企业可以借助先进的技术手段进行产品研发、设计、生产、营销等环节的优化升级。例如,利用人工智能和大数据分析技术,可以对消费者进行购买行为进行分析,为生产商提供更加精准的产品推荐和销售服务。

14.3.3　文化产品创新融合案例

　　2012年,螺蛳粉首次登上央视《舌尖上的中国》栏目,凭借其独特的制作工序与风味"走红"于美食界;2018年,国家支持建设一个以螺蛳粉为主导、融合一二三产业的现代农业产业园,同年,"柳州螺蛳粉"获得国家地理标志商标,为螺蛳粉的国际化传播构筑了夯实的产业基础。据柳州市税务局数据,2023年柳州螺蛳粉全产业链销售收入达690.8亿元,实现出口3 167.1吨,同比增长19.4%;出口货值8 727.2万元,同比增长28.5%,其主要销往欧盟、东盟等地区,包括德国、意大利、新加坡、马来西亚等国家。自2020年疫情对东盟民众日常生产生活产生严重冲击以来,数字媒介技术愈发深入介入民众的日常生活,跨境电商开始迈入"直播时代"。在这一过程中,螺蛳粉凭借其多年的产业基础与独特口味风味,成功占据跨境电商直播的跑道,并不断扩大生产规模与销售渠道,将产品投放到东盟最流行的电商平台Lazada、Shopee中,成为远销东盟的爆款美食产品。螺蛳粉真正脱离了官方语境中的外宣式传播,构建为软文化互动符号,让地方非物质文化遗产凭借跨境电商平台成为连接国际的跨文化传播符号。

　　据调查,在Lazada电商平台以"noodle"作为关键词进行查找,评分位列前五的有三款为螺蛳粉,从评论区来看,东盟用户评论多聚焦于螺蛳粉风味独特与销售模式等,褒义评价较多。此外,在YouTube平台上,在李子柒的影响下,YouTube开始出现了诸多东盟博主奔赴广西亲测"挑战"螺蛳粉的视频,获得了诸多东盟用户的围观,其点击量从150万～5 000万不等,将螺蛳粉的销售以及地方非物质文化遗产的文化意涵真正联结到国际民众的意识与行为之中。

　　如何以跨境电商为载体、文化产品为内容,打造文化IP。具体而言,其主要有三点:其一,加强筛选与完善本土文化所遵循原则的研究,主要包括确立输出不可重复原则(如瓷器和丝绸文化一直以来就指代中国文化,因此无须多做解释)、提升国家积极形象原则以及影响外国人生活方式原则等。其二,加强对文化输出目的地的文化适应性研究。美国人雷德菲尔德(Redfield)和哈斯科维茨(Haskovitz)提出了"文化适应"理论:当来自不同文化群体的人们长期不断地直接接触时,一方或双方原始文化发生变化就可以称之为"文化适应"。因为改变或者影响外国人生活方式最重要的措施就是增强本土文化在国外的适应性,所以创新是至关重要的。其三,要对中国文化进行高度凝练。可以考虑从茶文化、酒文化以及建筑文化等方面入手,因为这些文化不仅在世界上具有普遍性,而且能够代表中华民族的独特品牌,所以它们非常适合用外国的"瓶"来对中国的"酒"进行包装。只有凝练与商品承载相适应的中国文化,才能解决中国文化输出中的"器物"与"文化"相分离的问题。

中国文化的输出要以文化适应性为导向,提炼和创新传统文化,这是因为不是所有的文化都适宜输出,也不是某一文化的不同方面都适宜输出。为此,我们要遵循一定的原则(如融入世界、不重复输出)来提炼与创新传统文化,争取做到去粗取精。例如,可以将汉语、英语等语言中的一些符号雕刻在器物上进行特定文化的传承,当然,这些特定文化也可以浓缩为一定的符号或某种语言符号,从而实现文化与器物的完美统一。也就是说,只有当某种器物既能在国外发挥应有作用,也能成为当地人的一种生活方式时,此时的文化输出才能算真正意义上的成功。

14.3.4 未来发展趋势与挑战

AIGC(人工智能生成内容)时代来临,开启人工智能新纪元。利用大数据、AI、深度学习、NLP 以及沉浸式技术,跨境电商企业可以通过 AIGC 不断创新营销手段,提升用户体验并提高转化率。无论是在个性化推荐、智能客服,还是在智能搜索和沉浸式购物体验的优化方面,AIGC 技术都能带来巨大的进步,帮助跨境电商企业在激烈的全球市场竞争中脱颖而出。

1. 技术领域

(1) 大数据与 AI 驱动的个性化体验

跨境电商企业可以结合大数据分析与智能生成技术,自动化生产定制化的营销内容,提供个性化的用户体验。通过构建和实时更新用户画像,平台能够预测用户需求和行为,进而制定精准的营销策略。借助智能推荐系统,电商平台可以基于用户的行为数据和购物历史,自动生成个性化的商品推荐、广告文案和促销活动,确保展示最相关的商品。同时,平台可以根据不同市场的用户特征调整推荐策略,生成符合当地语言、文化和偏好的广告内容,从而提高广告的精准性和转化率。

(2) 深度学习与 NLP 优化客户互动

深度学习与自然语言处理(NLP)技术能够显著提升跨境电商企业的客户互动效率。通过智能客服系统,结合多语言支持,企业可实现自动化的售前和售后服务,提供实时、个性化的回应,减轻人工客服压力。售前阶段,系统可以自动推荐产品并回答常见问题;售后阶段,能够生成退换货政策、订单查询等内容,提升客户满意度。结合情感分析,系统还可以识别客户情绪并生成恰当回应,尤其对于投诉或不满的客户,提供安抚性回复,从而增强客户忠诚度并优化沟通体验。

(3) 智能搜索与沉浸式购物体验

借助语音搜索、视觉搜索和 AR/VR 技术，跨境电商企业能够提供智能化、个性化和沉浸式的购物体验。通过图像识别技术，用户上传照片或扫描商品图像即可找到相似商品，系统自动生成商品的标题和描述，提高搜索效率。语音搜索结合自然语言处理，支持多语言，方便用户通过语音指令进行商品查找，提升购物便捷性。AR/VR 技术让用户在虚拟环境中试穿衣物或查看家居效果，增强购物体验。虚拟购物助理和沉浸式广告内容进一步提升用户的互动感和购买欲望，通过个性化的虚拟场景和内容，打造全球化的沉浸式购物环境。

2. 营销领域

(1) 全球化与本地化平衡

跨境电商企业可以利用人工智能与 AIGC 技术根据不同市场的文化背景、语言偏好和消费习惯，自动化生成个性化的产品描述、广告文案和促销活动。这种智能化本地化能力将提升全球市场的适配性，帮助企业在进入新的市场时迅速调整营销策略，提高产品的吸引力和市场接受度。

(2) 跨平台整合营销 AI 和 AIGC

技术可以帮助跨境电商在多个社交平台（如 Instagram、TikTok、Facebook 等）之间实现数据和内容的整合。通过分析各平台的用户行为和内容消费偏好，AI 可以自动优化广告投放，并生成符合不同平台特性的定制化内容，提升跨平台广告的点击率和转化率，实现跨平台的营销协同效应。

(3) 互动营销与动态定价

AI 与 AIGC 能够通过实时分析消费者行为数据，进行个性化互动，提升用户参与感。同时，AI 可利用历史销售数据、竞争对手定价及市场趋势，动态调整产品价格，提供定制化的优惠和促销策略。这种基于实时数据的预测性定价和互动营销不仅能增强用户的品牌忠诚度，还能提高利润空间，优化跨境电商的整体营销效果。

跨境电商的迅速发展不仅得益于市场需求的增长，还离不开技术创新，尤其是人工智能技术的支持。AI 技术在跨境电商中的广泛应用，提升了运营效率，优化了客户体验，并推动了营销方式的转型。在个性化推荐、广告投放、智能客服等领域，AI 技术为企业提供了更精准的营销策略，同时也帮助消费者实现更高效、个性化的购物体验。然而，跨境电商在技术应用的过程中仍面临着数据质量、多语言处理、文化差异、消费者隐私等多方面的挑战。未来，跨境电商企业需要在全球化与本地化之间找到平衡，利用 AI 不断创新营销手段，并保障数据隐私和遵守伦理合规，以应对日益激烈的市场竞争。只有不断提升技术创新能力和市场适应性，跨境电商企业才能在全球市场中脱颖而出。

14-1 云习题

第 15 章　金融电子商务的创新融合

15.1　数字支付：从工具到生态的跃迁

数字支付作为电子商务的核心基础设施，已超越交易结算功能，成为连接消费、金融与商业场景的核心枢纽。技术支撑主要有边缘计算保障离线支付安全、联邦学习实现跨平台用户画像融合和区块链确保交易可追溯。

15.1.1　生物识别支付

1. 生物识别支付的概念及工作原理

生物识别支付依托指纹、面部、虹膜等个人独特的生物特征，构建起"人即密码"的认证体系。与传统的密码或卡片支付相比，这种支付方式正通过生物识别技术、场景化金融创新与数字货币应用，重新定义交易的安全边界、服务维度与价值传递方式，从而实现安全、便捷的支付。

生物识别支付的工作原理主要包括以下几个步骤：首先，用户在支付时需要提供生物特征信息；其次，系统通过传感器采集这些信息，并将其转化为数字信号；随后，这些数字特征会与数据库中存储的用户特征进行比对；最后，若比对成功，系统将允许交易完成。

支付宝"蜻蜓"系统是支付宝于 2018 年 12 月宣布推出的一款全新刷脸支付产品，直接将刷脸支付的接入成本降低 80%。已在全国超 300 万家商户部署刷脸支付终端，误识率控制在百万分之一以下，交易耗时缩短至 1 秒以内，同时实现自动核销优惠券与积分兑换功能。苹果 Apple Pay Later 服务深度融合 Face ID 活体检测与信用评估模型，用户在电商平台消费时无需手动输入密码即可完成"先享后付"。技术突破聚焦多模态生物特征融合（如掌静脉＋声纹双因子认证）与边缘计算隐私保护，通过本地加密存储生物模板数据，确保敏感信息不出设备，有效防范数据泄露风险。

2. 主要的生物识别技术

指纹识别：利用指纹的独特性，通过扫描用户的指纹来确认身份。该技术广泛应用于智能手机及其他移动设备的解锁和支付功能。

面部识别：通过摄像头捕获用户的面部图像，并与数据库中的面部信息进行比对。面部识别技术在智能设备的解锁、安防监控等领域有着广泛应用。

虹膜识别：虹膜是眼睛中颜色部分的独特图案，虹膜识别技术通过分析虹膜的细微特征来进行身份验证。虽然该技术相对复杂，但其准确性和安全性非常高。

3．生物识别支付的安全性及便利性

生物识别支付的安全性相较于传统支付方式有显著提升。首先，由于生物特征是个人独有的，难以被复制或伪造，因此其安全性较高。其次，生物识别支付通常采用多重验证机制，例如结合生物特征与密码，进一步提高安全性。

在便利性方面，生物识别支付无疑为用户提供了极大的便利。用户无需记忆复杂的密码或携带多张卡片，只需简单的生物特征扫描即可完成支付，这大大提高了支付的效率和用户体验。此外，生物识别支付还能够在拥挤的场合下迅速完成交易，减少排队等候的时间。

15.1.2 场景化支付金融

1．场景化支付的概念及其重要性

场景化支付是指根据特定的商业场景或用户需求，提供定制化的支付解决方案。这种支付方式与传统的支付方式不同，它强调在特定场景下的灵活性与便捷性，旨在提升用户体验和交易效率。随着数字经济的快速发展，消费者对支付方式的要求也在不断提高，场景化支付应运而生，成为连接消费者与商家的重要桥梁。场景化支付金融也深度嵌入消费链条，使支付行为从交易终点演变为服务起点。

场景化支付的重要性体现在多个方面。首先，它能够提升交易的便捷性，减少传统支付过程中可能存在的摩擦。例如，在餐饮场景中，顾客可以通过手机应用快速完成支付，而不必排队等候。其次，场景化支付还能够增强用户的消费体验，通过个性化的服务提升客户满意度。此外，场景化支付为商家提供了更精准的消费数据，帮助他们更好地理解消费者需求，优化产品和服务。

美团支付在外卖场景中创新推出"餐饮贷"产品，用户点餐界面实时显示预授信额度（基于历史消费、配送地址等维度数据建模），已填写职业信息的用户通过率可提升37％，资金秒级到账用于餐费支付。微信"小店烟火计划"为街边摊贩打造"智能收款码＋数字化账本＋供应链金融"一体化解决方案，小微商户可凭扫码支付流水数据获得无抵押贷款。在跨境支付领域，连连国际开发的"一码付全球"系统支持187种货币实时结算,通过区块链技术压缩中间银行层级,将汇率损失从传统模式的1.5%降至0.3%。

2. 不同商业场景下的支付解决方案

在不同的商业场景中,场景化支付的解决方案各具特色,涵盖了线上购物、线下餐饮、交通出行等多个领域。

线上购物:在电商平台,消费者通过一键支付、分期付款等多种支付方式,能够快速完成交易。同时,商家可以利用支付接口嵌入个性化推荐,提高转化率。

线下餐饮:许多餐厅采用扫码支付方式,顾客只需通过手机扫描二维码即可完成支付。这种方式不仅加快了结账速度,还减少了现金交易带来的安全隐患。

交通出行:在公共交通领域,场景化支付的应用越来越广泛。用户可以通过手机APP或交通卡进行无现金支付,享受更加便捷的出行体验。此外,基于大数据分析的智能调度系统也能够优化交通资源配置,提高出行效率。

15.1.3 数字货币应用

1. 数字货币的定义及与传统货币的区别

数字货币是以数字形式存在的货币,主要依赖于计算机网络进行交易和存储。与传统纸币和硬币等货币相比,数字货币没有实物形态,存在于电子账户中。正在重构货币发行与流通的底层逻辑,其本质上是由算法生成并且以密码学技术确保安全性的一种新型货币形式。传统货币通常由国家中央银行发行,并受到法律的保护和保障,而数字货币则可以由个人、公司或机构发行,例如,企业的代币或特定区块链项目的数字资产。此外,数字货币的交易通常是实时且无国界的,这使其在流动性和效率方面具有优势。

2. 各国央行数字货币的研究与发展

近年来,全球许多国家的中央银行开始积极研究和开发中央银行数字货币(CBDC)。例如,中国的数字人民币(e-CNY)已经进入了试点阶段,意在提升支付便利性、降低交易成本,并打击洗钱等非法活动。欧洲央行也在探索数字欧元的可能性,以应对数字化经济带来的挑战和机遇。各国央行在研究CBDC时,普遍关注其对货币政策、金融稳定的影响,以及如何确保用户隐私和交易安全。随着技术的不断进步和政策环境的变化,CBDC的发展将对全球金融体系产生深远影响。

3. 数字货币在国际贸易和跨境支付中的应用潜力

数字货币在国际贸易和跨境支付中展现出巨大的应用潜力。传统的跨境支付通常需要经过多个中介机构,处理时间长、费用高,而数字货币可以通过区块链技术实现点对点的直接交易,极大地缩短支付时间并降低交易成本。例如,企业可以使用稳定币在全球范围内进行快速结算,避免汇率波动带来的风险。此外,数字货币的无国界特性使得国际贸易中的交易更加灵活,能够促进全球商业的快速发展。

4. 数字货币对金融体系的影响及面临的监管挑战

数字货币的崛起对传统金融体系带来了深刻的影响。其一,数字货币可能改变中央银行的货币政策实施方式,影响利率和流动性管理;其二,数字货币的普及可能削弱商业银行在存款和支付领域的中介角色,从而挑战传统银行的商业模式。然而,随着数字货币的快速发展,监管挑战也随之而来。如何制定有效的监管框架以确保金融稳定、保护消费者权益、打击非法活动等,成为各国政府和金融监管机构亟待解决的问题。平衡创新与监管之间的关系,确保数字货币的健康发展,是未来金融领域的重要任务。

15.2 供应链金融:普惠小微的智能解法

电商平台依托交易数据重塑供应链金融风控逻辑,从而破解中小微企业融资难题。创新之处在于以数据替代抵押物,信用穿透供应链层级。

15.2.1 动态授信模型

1. 动态授信模型的概念和重要性

动态授信模型是一种基于实时数据分析与评估的小微企业融资方式,颠覆了传统抵押贷款逻辑,旨在根据企业的经营状况、市场环境和信用历史等多维度信息,灵活地调整企业的信用额度和融资方案。与传统的静态授信模型相比,动态授信模型能够更及时地反映企业的信用变化,从而提高融资效率,降低信贷风险。

在当今经济环境中,动态授信模型的引入,填补了小微企业面临着融资难、融资贵这一市场空白。通过动态调整,金融机构能够更好地满足小微企业的资金需求,同时提升自身的风险控制能力。因此,动态授信模型不仅有助于小微企业的可持续发展,也在一定程度上促进了整个经济的增长。

京东金融"京保贝"系统整合供应商历史订单、库存周转率、用户评价等多项指标,通过 XGBoost 算法实时评估信用风险,实现"秒级授信、分钟放款"。区块链技术重塑票据融资信任机制,腾讯"微企链"将核心企业应付账款转化为不可篡改的链上数字凭证,支持信用拆分流转至多级供应商。某汽车零部件供应商凭借一级供应商的链上信用凭证,首次获得银行融资利率仅5.6%,融资周期从传统模式的30天压缩至10分钟,融资覆盖率从产业链头部的1%企业扩展至末端80%的长尾供应商。

2. 动态授信模型如何提高小微企业的融资效率

动态授信模型通过实时监测和分析小微企业的经营数据,能够快速响应企业的融资需求,提升融资效率。传统授信通常依赖于历史财务报表和静态信用评估,这种方式往往导致融资周期延长,且信用额度难以快速调整。而动态授信模型则能够依托大数据技术,实时获取企业的销售情况、供应链状态、货款回收等信息,从而精准评估企业的信用状况。

例如,当一家小微企业在销售高峰期,销售额大幅上升时,动态授信模型能够及时调整其信用额度,确保企业获得足够的资金支持,避免因资金短缺而错失商机。同时,在企业经营状况不佳的情况下,动态授信模型也能迅速反应,降低授信额度,降低金融机构的风险。

3. 运用实时数据分析优化授信决策

动态授信模型的核心是其实时数据分析的能力。通过集成多种数据源,包括企业的内部财务数据、外部市场数据、行业趋势以及宏观经济指标等,动态授信模型能够构建出更加全面的信用评估体系。这种系统化的数据分析,不仅提高了授信决策的科学性和准确性,也使得金融机构在面对小微企业时能够做出更加灵活的反应。

例如,运用人工智能算法,动态授信模型可以对企业运营过程中产生的实时数据进行深度学习,识别出潜在的融资需求和风险点。通过这种方式,金融机构能够在短时间内做出授信决策,减少传统授信流程中的冗余环节。同时,企业也能在融资过程中享受到更为高效、便捷的服务体验。京东金融"京保贝"基于供应商历史订单、库存周转、退货率等指标,实现秒级授信。

15.2.2 区块链+票据融资

1. 区块链概述及其在金融领域的应用

区块链去中心化的分布式账本技术使得它能够在网络中的多个节点之间安全地存储和共享数据。该技术的透明性、不可篡改性和安全性等核心特性使其在金融领域的应用潜力巨大。区块链可以用来简化交易流程、降低交易成本并提高交易的安全性。在金融服务方面,区块链被广泛应用于支付结算、资产管理、融资和合规等多个领域,极大地推动了传统金融体系的变革。

2. 票据融资的传统问题及区块链的解决方案

票据融资是指企业利用应收票据进行融资的一种方式，但在传统融资过程中，存在多个问题。首先，票据的真实性难以验证，导致伪造和欺诈风险高。其次，票据的流转和管理往往涉及多个中介，增加了交易成本和时间延迟。此外，信息不对称也使得小微企业在融资过程中处于不利地位。

区块链技术通过智能合约，票据的发行、流转、支付等环节可以在区块链上自动化执行，有效解决了这些问题。确保所有交易的透明和可追溯，每一笔交易都被记录在区块链上，无法被篡改，从而增强了票据的真实性和安全性。

3. 区块链如何提高票据融资的透明度和安全性

区块链技术的透明性来源于去中心化的特性。所有参与者都可以访问同一个账本，从而实时查看票据的状态和交易记录。这种透明度不仅提高了信任度，还减少了信息不对称，使得融资决策更加科学和合理。

安全性方面，区块链通过加密技术确保数据的安全性。每一笔交易都经过多个节点的验证，只有当达成共识后，交易才能被记录。这种机制有效防止了伪造和欺诈行为，降低了金融风险。此外，区块链的不可篡改性确保了票据融资过程中的信息完整性，保护了所有参与方的利益。

腾讯"微企链"将应付账款转化为链上数字凭证，核心企业信用可拆分流转至多级供应商，融资成本大大降低。中国某大型银行与区块链技术公司合作，推出了一项基于区块链的票据融资平台。该平台通过记录每一张票据的生成、流转和支付过程，使得所有参与者都能实时查看票据的状态。这一创新不仅大幅降低了融资成本，还提升了融资效率。参与该平台的小微企业普遍反映，区块链技术使他们能够更快速、更便捷地获得融资，从而推动了业务的发展。

15.2.3 物联网仓单质押

1. 仓单质押的传统方式及其局限性

仓单质押是指企业以仓库中存储的货物作为担保，向金融机构申请融资的一种方式。传统的仓单质押流程通常涉及纸质仓单、繁琐的审核程序以及较长的融资周期。企业需要提供大量的文件和证据来证明其货物的真实性和价值，而金融机构也需要耗费大量时间进行现场检查和评估。

这种传统方式的局限性主要体现在以下几个方面。

信息不对称：金融机构往往依赖于企业提供的静态信息，难以实时掌握货物的实际状态，从而增加了风险。

融资周期长：由于需要多方确认和审查，融资申请的处理时间往往较长，影响企业的资金周转。

运营成本高：传统流程中的纸质文件管理和人工审核会提高运营成本，尤其对于小微企业而言，这种成本可能是不可承受的。

2. 物联网如何优化仓单质押流程，提高融资效率

物联网技术的引入，为仓单质押流程带来了革命性的变化。通过在仓库中部署传感器等智能设备，企业可以实时监测货物的状态、数量和位置等信息。这些数据通过网络实时传输到金融机构，使得融资过程中的信息透明度得到大幅提升。

具体而言，物联网在仓单质押流程中的优化体现在以下几个方面。

实时数据共享：金融机构能够实时获取仓库中货物的信息，减少了对企业的依赖，增强了金融机构对企业的信任。

自动化审核：通过智能合约和数据分析，金融机构可以快速完成融资申请的审核，缩短处理时间。

降低风险：实时监测货物状况，降低了信息不对称带来的风险，使得金融机构能够更好地评估贷款风险。

通过这些优化，物联网不仅提高了小微企业的融资效率，还降低了小微企业的融资成本，促进了普惠金融的发展。菜鸟智能仓通过 RFID 与 AI 对质押商品进行全生命周期追踪，实时评估货值波动。

15.2.4 创新价值

供应链金融通过整合供应链上下游的资源，利用先进的技术手段，为小微企业提供更加高效和灵活的融资服务。创新的金融产品和服务能够降低融资门槛，提高资金流动性，从而帮助小微企业解决资金短缺的难题。例如，动态授信模型能够根据企业的实时经营数据和市场变化，及时调整授信额度，提高融资的时效性和有效性。这不仅增强了小微企业的融资能力，还促进了其可持续发展。

供应链金融的创新技术正在重新定义金融的内涵。通过提高交易的透明度和安全性，这些技术降低了金融机构对小微企业的信贷风险评估成本，使更多的小微企业能够获得融资。同时，这些技术也促进了信息的共享与流动，使资金能够更高效地流向真正需要的地方，推动了金融创新的深入发展。金融创新的实现不仅能够提高小微企业的生存能力，还能促进整体经济的增长和社会的稳定。

15.3 区块链金融：信任机制的重构

区块链技术推动金融电子商务向去中心化、透明化方向演进。

15.3.1 智能合约保险

在区块链金融的背景下，智能合约作为一种创新的技术，正在逐步改变保险行业的运作模式。智能合约是一种自动执行的合约，其条款和条件以代码的形式存储在区块链上。这种技术不仅提高了合约的安全性和透明度，还为保险行业带来了前所未有的效率和可靠性。

1. 智能合约的定义及其在保险行业中的应用

智能合约通过代码化的契约执行机制，重构了传统保险行业的信任基础。其核心在于其自动执行的能力。基于区块链的智能合约保险将保险条款写入可自动执行的程序代码，当合约的条件如事故、航班延误、自然灾害触发传感器数据等被满足时，系统无需人工审核即可自动完成理赔支付。在保险行业，智能合约可以用于自动理赔、风险评估和承保流程等多个环节。

例如，以太坊上的航班延误险，通过接入航空公司 API 实时验证航班状态，触发赔付逻辑并直接向用户钱包转账。这种应用不仅减少了人工干预的需要，也降低了出错的可能性，同时消除了道德风险与逆向选择问题，从而提升了客户的满意度。然而，其发展仍面临法律效力认定、代码漏洞风险（如 2021 年 Poly Network 被黑事件）以及多源数据可信接入等技术—法律协同挑战，需通过预言机（Oracle）网络与监管沙盒机制实现突破。

2. 智能合约提高保险理赔效率和透明度的方式

智能合约的使用能够显著提高保险理赔的效率和透明度。首先，由于合约的执行是自动化的，保险公司能够在短时间内完成理赔流程，减少客户等待时间。传统保险理赔往往需要经过繁琐的审核和人工处理，而智能合约能够即时响应，确保投保人在符合条件的情况下迅速获得赔偿。其次，区块链技术提供的透明性意味着所有交易和合约执行的记录都是可追溯的，任何人都可以查看合约的执行过程，从而增加了信任度，减少了纠纷的可能性。

众安保险推出"航班延误险"，用户在航班延误后 2 个小时内都能够购买，弥补了延误险领域"不能实时实地购买"的空白。航班数据上链后自动触发理赔，人工介入大大减少。

15.3.2 跨境支付清算

1. 传统跨境支付的挑战

在全球化经济高速发展的背景下,跨境支付已然成为国际贸易与金融活动中不可或缺的一部分。然而,传统的跨境支付系统面临着诸多挑战,这些挑战不仅影响了交易的时效性,还导致了高昂的交易成本。首先,传统跨境支付通常涉及多个中介机构,包括银行、清算机构和外汇公司等,这使得支付流程繁琐且耗时。其次,由于各国法律法规和金融监管的差异,不同国家间的资金流动往往会受到限制,进一步增加了交易的复杂性。此外,传统支付方式还面临信息不对称和安全隐患的问题,导致交易双方的信任度降低。总体来看,传统跨境支付的高成本、低效率和缺乏透明度使其难以满足现代经济的需求。

2. 区块链技术如何简化跨境支付流程

区块链技术通过建立全球统一的分布式清算网络,为传统跨境支付 SWIFT 系统多级代理行架构导致的效率低下和成本高昂等痛点提供了新的思路。首先,区块链技术能够实现点对点的直接交易,消除了传统中介机构的需要,从而显著降低了交易成本并缩短了时间。通过智能合约,交易双方可以在区块链上自动执行合约条款,确保交易的透明性和不可篡改性,从而增强信任机制。此外,区块链的分布式账本技术使得所有交易记录都可以在网络中实时共享,参与者可以随时查询交易状态,进一步提高了透明度。

更为重要的是,区块链技术的去中心化特性使得跨境支付不再受制于某一国的监管政策,交易双方可以跨越国界进行自由交易。这对于提升跨境贸易的便利性和效率、降低交易风险,具有重要的现实意义。由此可见,区块链不仅能简化跨境支付流程,还能重塑跨境支付的信任机制。

RippleNet 通过 XRP 代币作为流动性桥梁,结合 RippleNet 网络实现银行间即时跨境支付。Ripple 的解决方案极大地简化了国际支付流程,降低了交易费用,并加快了资金到账的速度。通过与多家金融机构合作,Ripple 已在多个国家和地区实现了跨境支付的实用化。

另一个值得关注的案例是 IBM 与马士基合作推出的 TradeLens 平台,该平台利用区块链技术提高全球供应链的透明度和效率。通过将货物运输的数据记录在区块链上,参与方能够实时追踪货物状态,从而加速清关和支付流程,降低跨境交易中的风险和成本。

更值得关注的是央行数字货币(CBDC)的 mBridge 项目,通过定制化的区块链平台支持多国央行直接进行外汇交易,2023 年试点中完成价值 2 200 万美元的跨境支付,验证了"监管节点＋隐私计算"的技术可行性。但跨境支付网络需平衡监管合规(如FATF旅行规则)、隐私保护(零知识证明应用)与系统互操作性(跨链协议),这将成为下一阶段技术演进的核心方向。

15.3.3 数字资产交易

数字经济快速发展的过程中,数字资产的交易已成为一个备受关注的领域。数字资产不仅包括加密货币,还涵盖了各种以区块链技术为基础的资产,如代币化的房地产、艺术品、股票等。随着技术的进步和市场需求的增加,数字资产的定义及其增长趋势正不断演变。

1. 数字资产的定义及其增长趋势

数字资产是以数字形式存在的资产,通常基于区块链技术进行管理和交易。区块链重构了资产交易的基础设施,通过智能合约实现传统金融工具(借贷、衍生品、ETF)的去中介化运作。这类资产的增加不仅反映了人们对数字化交易方式的接受度提升,也显示出金融市场创新的不断深化。根据多项研究报告,全球范围内的数字资产市场在过去几年中经历了爆炸式增长。这一增长的背后,除了加密货币的蓬勃发展,也得益于去中心化金融(DeFi)和非同质化代币(NFT)等新兴概念的兴起。

例如,DeFi平台通过智能合约提供无需中介的金融服务,使得用户可以直接参与借贷、交易等活动。而NFT则为艺术家和创作者提供了新的收入渠道,使其作品能够在全球范围内进行交易。随着数字资产种类的多样化以及使用场景的扩展,预计未来几年内,数字资产的交易量还将持续增长。

2. 区块链在数字资产交易中的角色

区块链技术作为数字资产交易的基础设施,其重要性不言而喻。区块链提供的去中心化、不可篡改和透明性等特性,使得数字资产交易得以在信任度相对较低的环境中安全进行。每笔交易记录都在区块链上进行加密,确保了交易的安全性和可追溯性。

此外,区块链技术还简化了资产的流通过程。通过智能合约,交易双方可以在没有中介的情况下直接进行交易,大幅降低了交易成本并缩短了时间。而在资产的确认和交割环节,区块链的实时数据更新能力又确保了交易的高效性。这种全新的交易机制不仅提升了用户体验,也为市场提供了更高的流动性。

3. 重要的数字资产交易平台及其影响

在数字资产交易领域,多个平台的崛起极大地推动了这一市场的发展。以Coinbase、Binance、Kraken和Huobi等为代表的交易平台已成为全球用户进行数字资产交易的主要渠道。这些平台不仅提供了多样化的交易选项,还为用户提供了安全存储和易用的界面。

例如,Coinbase通过其直观的用户界面和强大的安全措施,吸引了大量新用户,特别是在美国市场。同时,Binance凭借其丰富的交易对和低手续费,迅速成为全球最大的加密货币交易所之一。这些平台的成功,不仅推动了数字资产的普及,也引发了对金融监管、合规性以及市场稳定性的新思考。

随着这些平台的影响力不断扩大,数字资产交易市场也面临着新的挑战和机遇。如何在保障用户权益的同时,推动市场的健康发展,将是未来数字资产交易必须面对的重要课题。

15.3.4 技术突破

1. 区块链技术的发展现状

近年来,区块链技术取得了显著进展,尤其在其可扩展性、效率和安全性方面。以太坊、比特币等公有链的成功实施,证明了区块链在去中心化数字货币和智能合约领域的潜力。此外,新的共识算法如权益证明(PoS)和分片技术的引入,显著提高了网络的交易处理速度和能源效率。这些技术的演变不仅推动了区块链的应用范围扩展,也为金融行业带来了新的机遇。

与此同时,私有链和联盟链的发展使得企业能够在保护敏感数据的同时,享受区块链带来的透明性和可追溯性。金融机构开始探索这些技术,以提升其内部流程的效率,降低交易成本,并增强客户信任。许多银行和金融科技公司已经开始试点区块链项目,涵盖从跨境支付到资产管理的各个领域。

2. 未来的技术创新及其对金融行业的影响

未来的区块链技术将面临更多的创新机遇。例如,跨链技术的进步可能会实现不同区块链网络之间的互操作性,从而促进资产在不同平台之间的流动。这一技术的实现将使得金融产品和服务的多样化成为可能,进一步推动全球金融市场的融合。

此外,零知识证明等隐私保护技术的发展,将使得交易的隐私性和安全性得到更好的保障,满足金融行业对合规性的严格要求。这不仅可以提升客户的信任度,也将推动更多机构接受区块链技术。

最后,人工智能与区块链的结合,将使得数据分析更加精准,智能合约的执行更加高效和自动化,从而提升金融产品的个性化和改善客户体验。随着这些技术的不断成熟,区块链在金融行业的应用将会更加广泛,区块链技术彻底改变传统金融的运作模式。

3. 区块链技术重塑信任机制

区块链技术的崛起，不仅在技术层面带来了突破，更在信任机制的构建上提供了全新的视角。传统金融体系依赖于中心化的信任机构，而区块链通过去中心化的方式，让所有参与者能够在透明、安全的环境中进行交易。这种转变让信任不再依赖于单一的机构，而是通过算法和经济激励机制来实现。

基于区块链的透明性与不可篡改性，金融交易的各个环节都变得可追溯，这大大减少了欺诈的可能性，同时提升了合规性。客户在使用区块链金融产品时，能够获得更高的信任感和安全感。区块链技术的应用不仅提升了金融服务的诚信度，还促使整个行业逐步走向更加开放和透明的未来。

15.4 智能投顾：普惠理财的数字化革命

电商平台通过 AI 技术降低理财门槛，实现"千人千面"的资产配置。

15.4.1 AI 理财助手

1. 智能投顾和 AI 理财助手的概念

智能投顾（Robo-Advisor）是利用算法来提供投资咨询服务的数字化平台，旨在为广大用户提供低成本、高效率的理财解决方案。AI 理财助手则是在智能投顾的基础上，进一步运用人工智能技术，分析用户的财务状况、投资目标和风险承受能力，从而制定个性化的投资策略。

AI 理财助手的核心在于其自动化和智能化的特点，使得投资决策不再依赖传统的人工分析，而是通过复杂的数据处理和机器学习算法，提供更为精准的投资建议。这一技术的普及标志着普惠理财的新时代，致力于让更多人享受到专业的理财服务。

2. AI 理财助手的工作原理

AI 理财助手的工作原理主要包括数据收集、分析与决策三个步骤。首先，系统会收集用户输入的财务信息、风险偏好和投资目标等数据。接下来，AI 算法会对这些数据进行深度分析，利用历史市场数据、经济指标、行业趋势等信息，构建出用户的投资画像。在分析完成后，AI 理财助手会生成个性化的投资建议，包括推荐的投资组合、具体的资产配置比例以及定期的调整方案。这一过程不仅高效，还可以实时跟踪市场变化，及时调整策略，以最大限度地降低风险并提高收益。

3. AI理财助手在投资决策中的优势

AI理财助手在投资决策中具有明显的优势,主要体现在市场分析和风险评估两个方面。一方面,AI能够实时处理海量的市场数据,识别出潜在的投资机会和风险点,这种速度和准确性是传统投资顾问无法比拟的。AI算法还可以通过学习历史数据,预测市场走势,帮助投资者更好地把握市场脉搏。另一方面,在风险评估方面,AI理财助手可以综合考虑市场波动、经济环境、政治因素等多种因素,进行多维度的风险分析。这种全面的风险管理能力有助于投资者在不确定的市场环境中做出更加明智的决策,从而保护其投资资产。

15.4.2 社交化投资

1. 社交化投资的概念及其发展背景

社交化投资是一种新兴的投资理念,区块链与Web 3.0技术催生的社交化投资平台,正在重构"专业机构—散户"的二元对立结构。强调投资者之间的相互合作与交流,借助社交平台的力量改善投资决策过程。其核心在于利用社交网络的特性,聚集来自不同经验和背景的投资者,分享建议、观点和市场信息。社交化投资的起源可以追溯到社交媒体兴起的时代。随着技术的进步,越来越多的投资者在在线平台上分享自己的投资经验和策略,这种趋势在过去十年间迅速发展。

社交化投资的背景也与传统投资方式的局限性密切相关。传统投资依赖于专业机构和个体投资者的单独决策,限制信息流通的同时,也使得许多普通投资者难以获得有效的市场洞察。而社交化投资的兴起打破了这一壁垒,以更民主的方式让广大投资者参与到市场中来。

2. 社交平台促进投资者之间的互动和信息分享

社交平台的出现为投资者之间的互动提供了前所未有的机会。这些平台不仅允许投资者分享个人投资经历、策略和成功案例,还能够让用户实时交流市场动态。通过评论、点赞、转发等功能,投资者可以迅速获取来自其他用户的反馈和建议,形成一个信息共享的生态系统。

此外,社交平台还可以通过算法推荐相关内容,帮助投资者发现与自己投资偏好相符的投资者和话题。这种个性化的信息流动有助于提高用户的参与度与互动性,形成更活跃的投资者社区。在这种环境中,投资者不仅是信息的接收者,更是信息的创造者和传播者。

3. 成功的社交化投资平台

在社交化投资领域,有几个成功的案例值得关注。以"eToro"为例,这是一家全球知名的社交交易平台，不仅允许用户进行交易，还可以跟随顶尖投资者的策略进行投资。eToro 的"复制交易"功能使得新手投资者能够轻松模仿经验丰富的投资者的投资策略，从而降低投资风险并提升成功率。

另外，国内的"雪球"平台同样值得一提。雪球致力于为投资者提供一个分享和获取投资信息的社区，用户可以在平台上撰写投资分析、讨论市场动态、发布个人观点。通过这个平台，投资者能够获取多元化的视角，形成自己的投资决策。雪球财经嵌入淘宝生态，用户可"跟投"KOL 组合。

4．社交化投资对个人投资者的影响

社交化投资对个人投资者的影响是深远的。首先，它打破了知识和信息的壁垒，使得初学者和普通投资者能够更容易地获取市场信息和投资建议。其次，社交化投资提升了投资者的信心。通过与其他投资者的互动，个人投资者可以获取支持与鼓励，形成更强的投资决策信心。同时，社交化投资还促使投资者更加关注风险管理与资产配置，鼓励他们在投资过程中更加理性和谨慎。最后，社交化投资还推动了投资者的教育与自我提升。通过平台上丰富的讨论和分析，投资者不仅能够了解市场动态，还能不断学习到新的投资理念和技巧，从而提升自己的投资能力和素养。

15.4.3 ESG 智能筛选

1．ESG（环境、社会和公司治理）筛选的定义和重要性

ESG（环境、社会和公司治理）投资的智能化转型，推动责任投资从理念层面向实操层面跨越，是一个用于评估投资对象在环境保护、社会责任和公司治理方面表现的标准。这一筛选工具的引入，旨在帮助投资者识别那些不仅追求经济利益，同时也对社会和环境负责的企业。在当今社会，可持续发展的理念日益深入人心，ESG 标准的重要性愈加显现。越来越多的投资者意识到，企业的社会责任和环境影响直接关系到其长期的财务表现。因此，ESG 筛选不仅是道德选择，更是理性投资的必要考量。

2．如何利用智能技术进行 ESG 筛选

随着科技的进步，智能技术在 ESG 筛选中的应用变得愈发广泛。通过大数据分析、机器学习和自然语言处理等技术，投资者能够快速而精准地获取企业在环境、社会和治理等方面的相关数据。例如，智能算法可以实时分析企业发布的年度报告、新闻文章和社交媒体动态，从而评估其 ESG 表现。这种技术的运用不仅提高了筛选的效率，还增强了结果的客观性和准确性，使投资者能够做出更加明智的决策。

3. ESG 筛选在投资组合中的应用案例

许多投资机构已经成功地将 ESG 筛选融入其投资组合中。例如，一些大型资产管理公司通过建立 ESG 评分系统，筛选出在环境和社会责任方面表现突出的公司，并将其纳入投资组合。这些公司通常在可再生能源、社会福利项目或企业透明度等领域表现优异。通过这种方式，投资者不仅能够实现财务收益，还能推动企业更好地履行社会责任。此外，某些基金专门投资于符合高 ESG 标准的企业，以吸引那些关注可持续投资的客户群体。

4. 投资者的潜在益处

ESG 智能筛选为投资者带来了多重潜在益处。首先，通过投资高 ESG 评分高的公司，投资者可以降低投资风险，因为这些公司通常更具韧性，能够在市场波动中保持稳定，甚至在危机中表现出色。其次，越来越多的研究表明，ESG 表现良好的公司往往能够实现更好的财务回报，因此，ESG 投资不仅符合道德标准，也可能带来可观的经济收益。此外，随着公众对可持续投资的关注度增加，投资者能够通过 ESG 筛选吸引更多的投资者，从而提升其投资组合的整体价值。

15.4.4 数据驱动

在现代投资理财的背景下，数据驱动投资逐渐成为推动市场发展的重要力量。随着信息技术的进步，数据的获取与分析能力不断提升，投资决策的制定也越来越依赖于数据。

1. 数据驱动投资的基本概念

数据驱动投资是指通过对大量数据的收集、分析和解读，来指导投资决策的过程。与传统的投资方式相比，数据驱动投资更强调定量分析和实证研究，利用数据来寻找潜在的投资机会和风险。投资者不再仅仅依赖于主观判断或市场直觉，而是通过科学的方法论来制定投资策略。这种方法的核心在于数据本身的丰富性和准确性，通过对市场趋势、公司财务状况、宏观经济指标等数据的深入分析，投资者可以更好地评估投资项目的价值。

2. 差异化数据在投资决策中的作用

在数据驱动投资中，投资决策的依据可以来自多种类型的数据，包括但不限于：

市场数据：如股票价格、交易量和市场波动性等，这些数据能够帮助投资者了解市场趋势和情绪。

公司财务数据：包括利润表、资产负债表和现金流量表等，能提供对公司财务健康状况的深刻洞察。

经济指标：如 GDP 增长率、失业率和消费者信心指数等，能够反映宏观经济环境的变化。

非结构化数据：如社交媒体评论、新闻报道和分析师报告等，这些数据能够提供额外的市场情绪和舆论信息。

不同类型的数据相互交织，形成一个全面的投资决策支持系统，帮助投资者在复杂的市场环境中做出明智的选择。

3. 与时俱进的数据分析工具和技术

随着数据科学和人工智能技术的不断进步，数据分析工具和技术也在快速发展。如今，投资者可以利用诸如机器学习、自然语言处理和大数据分析等技术来处理和分析海量数据。许多金融科技公司和投资机构开发了先进的分析平台，支持实时数据处理和复杂的模型构建，使得投资者能够更快速地洞察市场变化并及时调整投资策略。

例如，量化交易平台利用算法模型自动执行交易，基于历史数据和实时市场信号做出决策。同时，数据可视化工具的兴起也使得投资者可以更直观地理解复杂的数据关系，进一步提高决策的效率和准确性。

4. 实际案例：数据驱动投资的成功实例

实际案例中，许多投资机构和个人投资者已经成功应用数据驱动投资策略。例如，某知名对冲基金通过建立自有的数据分析平台，整合多种市场数据和公司财务数据，成功预测了某科技公司的股价上涨，从而获得了丰厚的回报。

此外，一些在线投资平台也开始使用数据驱动的投资策略为用户提供个性化的投资建议。这些平台通过分析用户的风险偏好、投资目标和市场动态，帮助用户制定适合自身的投资组合，从而实现了更好的投资回报。

15.5 消费金融创新：场景即金融

电商消费金融深度嵌入购物场景，重构"消费—信贷—再消费"闭环。

15.5.1 先享后付

1. 先享后付的概念与发展历程

"先享后付"是一种新兴的消费金融模式，允许消费者在未支付款项的情况下，先行享受商品或服务。该模式的核心理念在于提升消费者的购物体验，使其能够更灵活地进行消费决策。随着互联网和移动支付的快速发展，先享后付逐渐在全球范围内获得广泛应用。

这一概念源于传统的信用消费方式,但随着技术的进步,其形式和应用场景不断丰富。2010年代,部分电商平台就开始尝试将先享后付与分期付款相结合,进而推动了这一模式的普及。近年来,特别是在年轻消费者群体中,先享后付模式因其灵活性和便利性而受到青睐,成为消费金融的重要模式之一。

2. 消费者如何利用先享后付的模式进行消费

消费者在利用先享后付的模式进行消费时,通常需要通过特定的在线平台或商家进行注册和信用评估。这一过程通常比较简便,消费者只需提供基本的个人信息和信用记录,系统便会快速审核并确认其信用额度。一旦获得批准,消费者即可在合作商家处进行购物,无需在购买时立即支付全部款项。

在实际操作中,消费者可以选择将购物金额分摊到未来的几期进行支付,或是选择在规定的宽限期内还款。这种灵活的支付方式不仅降低了消费者的经济压力,还鼓励他们在消费时做出更大胆的选择。例如,消费者在购买电子产品时,可以先享受产品带来的便利,而将支付的压力延后。

3. 先享后付在消费金融中的优势与挑战

先享后付模式在消费金融领域的崛起,带来了诸多优势。首先,它提高了消费者的购买力,使得更多人能够在短时间内获取所需产品或服务。其次,这一模式有效地促进了消费的增长,尤其是在年轻群体中,先享后付成为一种新的消费趋势,推动了各类商品的销售。

然而,先享后付模式也面临一些挑战。首先,消费者在享受便利的同时,可能会因缺乏财务规划而产生过度消费的风险。当消费者的还款能力未能匹配其消费行为时,逾期还款的情况将显著增加,这对金融机构而言无疑是一个风险。其次,随着这一模式的普及,市场竞争愈发激烈,各大金融机构和商家需要不断创新以吸引消费者。这不仅要求他们在技术和服务上有所突破,还需在风险控制和合规性上保持高标准,以确保消费者的权益受到保护。

15.5.2 场景化分期

1. 场景化分期的定义及其重要性

场景化分期是一种与消费者特定消费场景相结合的分期付款方式,旨在通过便捷的支付解决方案,满足消费者在特定情境下的资金需求。这种模式的核心在于将金融服务与日常消费场景紧密结合,使消费者在购物体验中能够无缝地享受到分期付款的便利。

场景化分期的重要性体现在多个方面。首先,它能够提升消费者的购物体验,减轻一次性支付对家庭财务的压力。其次,商家在提供场景化分期服务时,能够吸引更多消费者,提升销售转化率。最后,金融机构能够通过精准的数据分析和风险控制,提供个性化的金融服务,进而建立良好的客户关系。

2. 不同消费场景下的分期付款解决方案

场景化分期的解决方案可以根据不同消费场景进行定制,以下是一些常见的消费场景及其对应的分期付款方案:

电商购物:在电商平台上,消费者可以选择在结账时使用分期付款选项,通常可以选择3期、6期、12期等不同的分期方案。这种灵活性使得消费者能够根据自身的财务状况选择合适的还款周期。

线下零售:在实体店面,商家可以通过与金融机构合作,提供现场分期付款服务,消费者在购买大件商品(如家电、家具等)时,可以现场申请分期,快速获得审批并享受分期付款的便利。

旅游和酒店预订:消费者在预订旅游产品时,可以选择分期付款,以减轻一次性支付带来的经济负担。例如,一些旅游平台允许用户在预订机票和酒店时选择分期付款,方便用户在旅游高峰期消费。

教育培训:随着在线教育的普及,许多教育机构开始提供分期付款方案,消费者可以在报名时选择分期支付学费,减轻了学习成本的压力。

3. 实际案例分析:成功的场景化分期应用

京东金融的"白条":京东金融推出的"白条"服务实现了场景化分期的成功应用。消费者在京东购物时,可以选择使用"白条"进行分期付款,享受免息期,增强了消费者的购买意愿。通过大数据分析,京东金融能够为不同用户提供个性化的信用额度,提升了服务的精准度和用户体验。

支付宝的"花呗":支付宝的"花呗"功能也实现了场景化分期的创新。在电商平台、线下商家及生活服务领域,消费者可以使用"花呗"进行分期付款,不仅提高了支付的便利性,还促进了消费的增长。

美团的旅游分期:美团通过推出旅游分期付款服务,满足了消费者在旅游高峰期的需求。消费者在选择旅游产品时,可以选择分期付款,有效减轻了支付压力,增强了用户黏性。

15.5.3 数据增信

在当今的消费金融领域,数据增信成为提高信贷审批效率和降低风险的重要手段。随着大数据技术的快速发展,金融机构能够更精准地评估消费者的信用状况,从而做出更为明智的信贷决策。

1. 数据增信的基本概念与作用

数据增信,顾名思义,是通过收集和分析多维度的数据来增强信贷决策的可靠性。传统的信贷审批往往依赖于有限的信用记录和财务信息,这可能导致对借款人信用状况的误判。而数据增信则利用大数据技术,从社交媒体、消费行为、电子支付记录等多个渠道获取信息,通过数据分析模型来综合评估借款人的信用风险。

数据增信的主要作用有:提升信用评估的准确性:通过多维度的数据分析,金融机构能够更全面地了解借款人的财务状况和还款能力,从而降低信贷风险;加快信贷审批流程:借助数据增信技术,信贷审批的时间可以大幅缩短,因为系统能够自动化处理大量信息,减少人工干预;扩大信贷覆盖面:数据增信能够帮助金融机构识别那些在传统信用评估方法下被忽视的优质客户,进而拓展借款人群体。

2. 如何通过大数据提升消费金融的信贷审批效率

在消费金融中,信贷审批的效率直接影响客户的体验和金融机构的运营成本。大数据技术的应用为信贷审批带来了革命性的变革。具体来说,通过以下几种方式,大数据能够显著提升信贷审批效率:

实时数据分析:金融机构可以实时访问和分析借款人的数据,包括交易记录、社交媒体活动、消费习惯等。这种及时性使得信贷决策可以在几分钟内完成,而非数天。

智能算法:使用机器学习和人工智能算法,可以对大量历史信贷数据进行学习,自动识别出可靠的信用特征,并生成信贷评分模型。这些模型能够在短时间内处理复杂的数据集,从而提高审批的效率和准确性。

风险预测模型:通过构建预测模型,金融机构能够识别潜在的违约风险,从而在审批阶段采取相应的风险控制措施,例如调整利率或设定信贷额度等。

3. 数据增信的风险与合规性问题

尽管数据增信在提升消费金融效率和降低风险方面具有显著优势,但也面临一些不可忽视的风险和合规性问题。这些问题主要包括:

数据隐私与安全:在收集和处理个人数据时,必须遵循相关法律法规,保护用户隐私。数据泄露和滥用可能导致法律责任和声誉损失。

数据质量问题:数据增信的效果依赖于数据的准确性和完整性。如果所用数据存在错误或缺失,可能导致信贷决策失误,从而增加金融风险。

合规性挑战:金融机构需要确保其数据增信策略符合监管要求,不同地区的法律法规可能存在差异,这给跨区域的金融业务带来了合规性挑战。

抖音电商联合银行推出"直播贷",主播历史GMV、粉丝互动数据纳入风控模型,年放贷规模破百亿元。

15.5.4 风控革新

1. 风控革新的背景与意义

在消费金融行业快速发展的背景下,金融机构面临着日益复杂的风险挑战。传统的风控模式往往依赖于静态数据分析和人工审核,无法有效应对瞬息万变的市场环境和消费者行为。因此,风控革新的迫切性日益凸显。通过革新风控手段,金融机构不仅能够提高风险识别和管理的效率,还能在降低违约率的同时,提升客户体验。尤其是在数字化转型的浪潮中,风控的创新不仅是企业生存的需要,更是推动行业持续健康发展的重要动力。

2. 新技术在风控中的应用

在风控革新中,新技术的应用扮演了至关重要的角色。其中,人工智能(AI)和区块链技术的结合为风控提供了全新的视角和解决方案。

人工智能:通过机器学习和深度学习算法,金融机构能够分析海量的数据,并快速识别潜在风险。例如,AI可以实时监测交易行为,识别异常活动,从而及时采取措施降低风险。此外,AI还可以根据用户的历史数据和行为模式,建立更精准的信用评分模型,提高信贷审批的效率和准确性。

区块链:区块链技术的去中心化和不可篡改特性为风控提供了更为透明和安全的数据管理解决方案。通过区块链,金融机构可以实现跨行业的数据共享,增强信息的真实性和可靠性,从而提升风险管理的有效性。此外,智能合约的应用也可以自动化风险控制流程,降低人为错误的发生概率。

3. 成功的风控创新案例及其对行业的影响

在风控创新过程中,一些成功的案例为行业提供了重要的借鉴。例如,某知名消费金融公司利用AI技术成功构建了一个动态风险评估系统。该系统不仅能够实时分析客户的消费行为和信用状况,还能根据市场变化自动调整信贷政策。这一创新显著降低了违约率,并提升了客户满意度。

此外,另一家金融科技公司通过引入区块链技术,实现了跨平台的数据共享,提高了风险识别的准确性。这一举措不仅提升了自身的风控能力,也推动了行业内其他机构的数字化转型,形成了良性竞争的局面。行为生物识别如鼠标轨迹、滑动速度反欺诈,图计算识别团伙骗贷,联邦学习保护用户隐私。

15.6 跨境金融：全球化市场的数字桥梁

跨境电商金融解决汇率、合规、结算等核心痛点。

15.6.1 多币种钱包

1. 多币种钱包的定义和功能

多币种钱包是一种数字钱包，能够支持多种不同货币的存储与交易。这类钱包不仅限于法定货币，还包括如比特币、以太坊等多种数字货币，使用户能够在一个平台上管理多种资产。多币种钱包的基本功能包括接收、存储、发送和兑换各种货币。这些钱包通常提供用户友好的界面，便于用户进行实时交易、查看余额及交易历史。

2. 便捷性和灵活性的优势

多币种钱包的最大优势在于其便捷性和灵活性。用户无需在不同的平台上注册多个账户或进行繁琐的货币兑换，从而节省了时间和费用。此外，这种钱包还支持即时交易，使用户能够快速响应市场变化，抓住投资机会。多币种钱包可以轻松实现全球范围内的支付和交易，尤其在跨境电商和国际业务中，极大地提高了资金流动效率。

3. 典型应用场景

多币种钱包的应用场景十分广泛。在跨境电商中，消费者和商家可以使用多币种钱包进行交易，支持不同国家和地区的货币，消除了汇率转换的复杂性。在旅游行业，用户可用多币种钱包在不同国家支付，避免携带大量现金的风险。此外，投资者也可以利用多币种钱包在不同数字货币间快速转换，实现资产多样化与风险分散。

4. 支持的货币种类与交易方式

现代的多币种钱包通常支持多达数十种甚至上百种不同的货币，包括常见的美元、欧元、人民币等法定货币和多种主流及小众的数字货币。用户可以通过多种交易方式进行资金的转换和支付，例如即时支付、定时支付以及服务费用的自动扣款等。这种多样化的支持使得多币种钱包在全球化市场中显得尤为重要，能够适应不同用户的需求和偏好。通过及时的市场更新，用户可以轻松获取汇率信息，帮助他们做出更为明智的交易决策。

15.6.2 合规科技(RegTech)

在全球化市场日益增长的背景下,合规科技(RegTech)作为一个新兴领域,已经成为跨境金融中不可或缺的一部分。合规科技不仅帮助金融机构应对不断变化的监管环境,还在提高效率、降低成本的同时,确保合规性和透明度。

1. 合规科技的定义与重要性

合规科技是指利用创新技术来帮助金融机构更有效地管理合规风险和满足监管要求的科技。随着金融市场的复杂性和全球化程度的加深,合规要求也越来越严格,金融机构面临着巨大的合规压力。合规科技通过自动化和数据分析,帮助机构更快速地适应监管变化,从而降低合规成本,提高合规效率。

合规科技的重要性体现在以下几个方面:首先,它能够提高合规的准确性,减少人为错误;其次,通过实时监测和报告,合规科技能够帮助金融机构及时识别和应对潜在风险;最后,合规科技的应用可以提高透明度,增强客户和监管者的信任。

2. 如何帮助金融机构遵守法规

合规科技通过多种方式帮助金融机构遵守法规。首先,合规科技工具能够实时监测交易,识别可疑活动,从而帮助机构满足反洗钱(AML)和反恐融资(CFT)的要求;其次,合规科技还可以自动生成报告,确保金融机构按时向监管机构提交所需的合规文档;此外,合规科技还通过数据整合和分析,帮助金融机构更全面地了解其合规状况,制定有效的合规策略。

例如,许多金融机构利用合规科技进行客户尽职调查(CDD),通过自动化流程和人工智能技术,快速评估客户的风险等级,确保在客户开户或交易前满足相关法规要求。

3. 典型的合规工具与技术

自动化合规管理系统:这些系统能够帮助金融机构整合合规流程,自动生成报告,并实时监控合规状态。

数据分析和机器学习工具:通过大数据分析和机器学习技术,金融机构能够识别潜在的合规风险,优化合规策略。

区块链技术:在交易透明度和可追溯性方面,区块链技术为合规提供了强有力的支持,确保所有交易记录都可以被追踪和验证。

身份验证和KYC工具:通过生物识别技术和数字身份验证,金融机构可以更有效地进行客户身份验证,降低合规风险。

4. 案例研究：合规科技在跨境金融中的应用

以一家国际银行为例，该行在其跨境支付业务中引入了合规科技解决方案，以应对不同国家和地区的合规要求。通过一个集成的合规管理平台，该行能够实时监控所有跨境交易，识别潜在的洗钱活动，并自动生成合规报告。

15.6.3 数字银行服务

1. 数字银行的崛起

随着全球经济的不断发展，数字银行这一新兴金融服务形态逐渐崛起。数字银行通过互联网和移动设备提供各类金融服务，改变了传统银行业的运作模式。近年来，消费者对便捷、高效、个性化金融服务的需求日益增加，推动了数字银行的迅猛发展。疫情防控期间，线下银行服务受限，数字化服务成为人们获取金融服务的主要方式，进一步加速了数字银行的普及。

2. 与传统银行的服务对比

数字银行与传统银行在服务模式上存在显著差异。传统银行通常依赖于实体网点，客户需要亲自前往银行办理业务，而数字银行则依托互联网技术，客户可以随时随地通过手机或电脑进行金融交易。数字银行的服务通常更加快捷高效，客户可以在几分钟内完成开户、转账、支付等操作。此外，数字银行往往具有更低的运营成本，能够提供更加有竞争力的利率和费用结构。

3. 特色服务

数字银行不仅提供基础的存款和转账服务，还推出了一系列特色服务，例如在线贷款、财富管理、投资顾问等。在线贷款服务允许客户在没有繁琐手续的情况下快速申请贷款，资金在审核通过后即可迅速到账。财富管理服务则利用大数据分析和人工智能技术，向客户提供个性化的投资建议，帮助他们更好地管理自己的资产。这些特色服务不仅提升客户体验，也为数字银行吸引大量年轻用户。

15.6.4 技术底座

在全球化的经济格局中，跨境金融作为连接不同国家和地区的桥梁，依赖于强大的技术基础设施。这些技术不仅提升了金融服务的效率，也为用户提供了更为安全、便捷的交易体验。

1. 跨境金融的技术基础设施

跨境金融的技术基础设施是指支撑金融交易、数据处理和信息传递的硬件和软件系统。这些基础设施包括云计算平台、支付网关、数据库管理系统等。这些技术的整合使得跨境交易能够实时处理和结算,降低了交易成本,提升了资金流动效率。

在此基础上,金融机构能够实现多币种交易、跨境支付、合规审查等功能,满足全球市场的多样化需求。此外,随着技术的进步,金融服务的可达性和包容性也在不断增强,使得更多的用户能够参与全球金融体系。

2. 区块链、人工智能与大数据的应用

区块链技术在跨境金融中发挥着至关重要的作用。其去中心化的特性不仅提高了交易的透明度和安全性,还减少了对中介的需求,从而降低了交易成本。通过智能合约的应用,跨境交易的执行和结算可以在没有人为干预的情况下自动完成,从而进一步提高效率。

人工智能(AI)和大数据的结合为金融机构提供了强大的数据分析能力。AI算法可以实时分析交易数据,识别潜在的欺诈行为和风险,帮助金融机构做出快速决策。同时,大数据技术使得金融机构能够理解客户需求,提供个性化的金融产品和服务,提升客户体验。

3. 安全性与隐私保护的挑战

尽管技术为跨境金融带来了许多便利,但安全性与隐私保护的挑战依然存在。网络攻击、数据泄露和欺诈行为等风险日益严重,给金融机构和用户带来了巨大的损失。尤其是在跨境交易中,涉及多个国家的法律法规和数据保护标准,使得安全防护的复杂性加大。

为了应对这些挑战,金融机构需要加强网络安全建设,采用多层次的防护措施,如加密技术、多因素身份验证等。同时,建立完善的合规体系,确保在遵循各国法律的前提下,保护用户的隐私和数据安全,是跨境金融成功的关键。

SWIFT GPI 加速跨境清算,量子加密保障数据安全,RPA 自动化处理报关文件。

15-1 云习题

电子商务专业英语

1. E-commerce

E-commerce is a transaction of buying or selling online. Electronic commerce draws on technologies, such as mobile commerce, electronic funds transfer, supply chain management, Internet marketing, online transaction processing, electronic data interchange (EDI), inventory management systems, and automated data collection systems. Modern electronic commerce typically uses the World Wide Web for at least one part of the transaction's life cycle although it may also use other technologies such as e-mail.

E-commerce businesses may employ some or all of the following:

(1) Online shopping web sites for retail sales direct to consumers.

(2) Providing or participating in online marketplaces, which process third party business-to-consumer or consumer-to-consumer sales.

(3) Business-to-business buying and selling.

(4) Gathering and using demographic data through web contacts and social media.

(5) Business-to-business (B to B) electronic data interchange.

(6) Marketing to prospective and established customers by e-mail or fax (for example, with newsletters).

(7) Engaging in retail for launching new products and services.

(8) Online financial exchanges for currency exchanges or trading purposes.

2. Timeline

A timeline for the development of e-commerce:

(1) 1971 or 1972: The ARPANET is used to arrange a cannabis sale between students at the Stanford Artificial Intelligence Laboratory and the Massachusetts Institute of Technology, later described as "the seminal act of e-commerce" in

John Markoff's book What the Dormouse Said.

(2) 1979: Michael Aldrich demonstrates the first online shopping system.

(3) 1981: Thomson Holidays UK is the first business-to-business online shopping system to be installed.

(4) 1982: Minitel was introduced nationwide in France by France Télécom and used for online ordering.

(5) 1983: California State Assembly holds first hearing on "electronic commerce" in Volcano, California. Testifying are CPUC, MCI Mail, Prodigy, CompuServe, Volcano Telephone, and Pacific Telesis (Not permitted to testify is Quantum Technology, later to become AOL).

(6) 1984: Gateshead SIS/Tesco is first B2C online shopping system and Mrs Snowball, 72, is the first online home shopper.

(7) 1984: In April 1984, CompuServe launches the Electronic Mall in the USA and Canada. It is the first comprehensive electronic commerce service.

(8) 1989: In May 1989, Sequoia Data Corp. Introduced CompMarket, the first internet based system for e-commerce. Sellers and buyers could post items for sale and buyers could search the database and make purchases with a credit card.

(9) 1990: Tim Berners-Lee writes the first web browser, WorldWideWeb, using a NeXT computer.

(10) 1992: Book Stacks Unlimited in Cleveland opens a commercial sales website (www.books.com) selling books online with credit card processing.

(11) 1993: Paget Press releases edition No. 3 of the App store, The Electronic App Wrapper.

(12) 1994: Netscape releases the Navigator browser in October under the code name Mozilla. Netscape 1.0 is introduced in late 1994 with SSL encryption that made transactions secure.

(13) 1994: Ipswitch IMail Server becomes the first software available online for sale and immediate download via a partnership between Ipswitch, Inc. and OpenMarket.

(14) 1994: "Ten Summoner's Tales" by Sting becomes the first secure online purchase through NetMarket.

(15) 1995: The US National Science Foundation lifts its former strict

prohibition of commercial enterprise on the Internet.

(16) 1995: Thursday 27 April 1995, the purchase of a book by Paul Stanfield, Product Manager for CompuServe UK, from W H Smith's shop within CompuServe's UK Shopping Centre is the UK's first national online shopping service secure transaction. The shopping service at launch featured W H Smith, Tesco, Virgin Megastores/Our Price, Great Universal Stores (GUS), Interflora, Dixons Retail, Past Times, PC World (retailer) and Innovations.

(17) 1995: Jeff Bezos launches Amazon.com and the first commercial-free 24-hour, internet-only radio stations, Radio HK and NetRadio start broadcasting. eBay is founded by computer programmer Pierre Omidyar as AuctionWeb.

(18) 1996: IndiaMART B to B marketplace established in India.

(19) 1996: ECPlaza B to B marketplace established in Korea.

(20) 1996: The use of Excalibur BBS with replicated "Storefronts" was an early implementation of electronic commerce started by a group of SysOps in Australia and replicated to global partner sites.

(21) 1998: Electronic postal stamps can be purchased and downloaded for printing from the Web.

(22) 1999: Alibaba Group is established in China. Business.com sold for US $7.5 million to eCompanies, which was purchased in 1997 for US $149,000. The peer-to-peer file sharing software Napster launches. ATG Stores launches to sell decorative items for the home online.

(23) 2000: Complete Idiot's Guide to e-commerce released on Amazon

(24) 2000: The dot-com bust.

(25) 2001: Alibaba.com achieved profitability in December 2001.

(26) 2002: eBay acquires PayPal for $1.5 billion. Niche retail companies Wayfair and NetShops are founded with the concept of selling products through several targeted domains, rather than a central portal.

(27) 2003: Amazon.com posts first yearly profit.

(28) 2003: Bossgoo B to B marketplace established in China.

(29) 2004: DHgate.com, China's first online B to B transaction platform, is established, forcing other B to B sites to move away from the "yellow pages" model.

(30) 2007: Business.com acquired by R. H. Donnelley for $345 million.

(31) 2009: Zappos. com acquired by Amazon. com for $928 million. Retail Convergence, operator of private sale website RueLaLa. com, acquired by GSI Commerce for $180 million, plus up to $170 million in earn-out payments based on performance through 2012.

(32) 2010: Groupon reportedly rejects a $6 billion offer from Google. Instead, the group buying websites went ahead with an IPO on 4 November 2011. It was the largest IPO since Google.

(33) 2012: Zalora Group was founded and started operations around Asia.

(34) 2014: Overstock. com processes over $1 million in Bitcoin sales. India's e-commerce industry is estimated to have grown more than 30% from 2012 to $12.6 billion in 2013. US e-commerce and Online Retail sales projected to reach $294 billion, an increase of 12 percent over 2013 and 9% of all retail sales. Alibaba Group has the largest Initial public offering ever, worth $25 billion.

(35) 2015: Amazon. com accounts for more than half of all e-commerce growth, selling almost 500 Million SKUs in the US.

3. Governmental Regulation

In the United States, certain electronic commerce activities are regulated by the Federal Trade Commission (FTC). These activities include but not limit to the use of commercial e-mails, online advertising and consumer privacy. The CAN-SPAM Act of 2003 establishes national standards for direct marketing over e-mail. The Federal Trade Commission Act regulates all forms of advertising, including online advertising, and states that advertising must be truthful and non-deceptive. Using its authority under Section 5 of the FTC Act, which prohibits unfair or deceptive practices, the FTC has brought a number of cases to enforce the promises in corporate privacy statements, including promises about the security of consumers personal information. As a result, any corporate privacy policy related to e-commerce activity may be subject to enforcement by the FTC.

The Ryan Haight Online Pharmacy Consumer Protection Act of 2008, which came into law in 2008, amends the Controlled Substances Act to address online pharmacies. Conflict of laws in cyberspace is a major hurdle for harmonization of legal framework for e-commerce around the world. In order to give a uniformity to e-commerce law around the world, many countries adopted the UNCITRAL Model Law on Electronic Commerce (1996).

Internationally there is the International Consumer Protection and Enforcement Network (ICPEN), which was formed in 1991 from an informal network of government customer fair trade organizations. The purpose was stated as being to find ways of co-operating on tackling consumer problems connected with cross-border transactions in both goods and services, and to help ensure exchanges of information among the participants for mutual benefit and understanding. From this came Econsumer.gov, an ICPEN initiative since April 2001. It is a portal to report complaints about online and related transactions with foreign companies.

There is also Asia Pacific Economic Cooperation (APEC) was established in 1989 with the vision of achieving stability, security and prosperity for the region through free and open trade and investment. APEC has an Electronic Commerce Steering Group as well as working on common privacy regulations throughout the APEC region.

In Australia, Trade is covered under Australian Treasury Guidelines for electronic commerce, and the Australian Competition and Consumer Commission regulates and offers advice on how to deal with businesses online, and offers specific advice on what happens if things go wrong.

In the United Kingdom, The Financial Services Authority (FSA) was formerly the regulating authority for most aspects of the EU's Payment Services Directive (PSD), until its replacement in 2013 by the Prudential Regulation Authority and the Financial Conduct Authority. The UK implemented the PSD through the Payment Services Regulations 2009 (PSRs), which came into effect on 1 November 2009. The PSR affects firms providing payment services and their customers. These firms include banks, non-bank credit card issuers and non-bank merchant acquirers, e-money issuers, etc. The PSRs created a new class of regulated firms known as payment institutions (PIs), who are subject to prudential requirements. Article 87 of the PSD requires the European Commission to report on the implementation and impact of the PSD by 1 November 2012.

In India, the Information Technology Act 2000 governs the basic applicability of e-commerce.

In China, the Telecommunications Regulations of the People's Republic of China (promulgated on 25 September 2000), stipulated the Ministry of Industry and Information Technology (MIIT) as the government department regulating all telecommunications related activities, including electronic commerce. On the same day, The Administrative Measures on Internet Information Services released, is the first administrative regulation to address profit-generating activities conducted through the Internet, and lay the foundation for future regulations governing e-commerce in China. On 28 August 2004, the eleventh session of the tenth NPC Standing Committee adopted The Electronic Signature Law, which regulates data message, electronic signature authentication and legal liability issues. It is considered the first law in China's e-commerce legislation. It was a milestone in the course of improving China's electronic commerce legislation, and also marks the entering of China's rapid development stage for electronic commerce legislation.

4. Global Trends

In 2010, the United Kingdom had the highest per capita e-commerce spending in the world. As of 2013, the Czech Republic was the European country where e-commerce delivers the biggest contribution to the enterprises total revenue. Almost a quarter (24%) of the country's total turnover is generated via the online channel.

Among emerging economies, China's e-commerce presence continues to expand every year. With 668 million Internet users, China's online shopping sales reached $253 billion in the first half of 2015, accounting for 10% of total Chinese consumer retail sales in that period. The Chinese retailers have been able to help consumers feel more comfortable shopping online. E-commerce transactions between China and other countries increased 32% to 2.3 trillion yuan ($375.8 billion) in 2012 and accounted for 9.6% of China's total international trade. In 2013, Alibaba had an e-commerce market share of 80% in China. In 2014, there were 600 million Internet users in China (twice as many as in the US), making it the world's biggest online market. China is also the largest e-commerce market in the world by value of sales, with an estimated US$899 billion in 2016. In 2013, Brazil's e-commerce was growing quickly with retail e-commerce sales expected to grow at a double-digit pace through 2014. By 2016, eMarketer had expected retail e-commerce sales in Brazil to reach $17.3 billion. India has an Internet user base of about 243.2 million as of January 2014. Despite being third largest user base in world, the penetration of Internet is low compared to markets like the United States, United Kingdom or France but is growing at a much faster rate, adding around 6 million new entrants every month. In India, cash on delivery is the most preferred payment method, accumulating 75% of the e-retail activities.

E-commerce has become an important tool for small and large businesses worldwide, not only to sell to customers, but also to engage them.

In 2012, e-commerce sales topped $1 trillion for the first time in history.

Mobile devices are playing an increasing role in the mix of e-commerce, this is also commonly called mobile commerce, or m-commerce. In 2014, one estimate saw purchases made on mobile devices making up 25% of the market by 2017.

For traditional businesses, one research stated that information technology and cross-border e-commerce is a good opportunity for the rapid development and growth of enterprises. Many companies have invested enormous volume of investment in mobile applications. The DeLone and McLean Model stated that three perspectives contribute to a successful e-business: information system quality, service quality and users' satisfaction. There is no limit of time and space, there are more opportunities to reach out to customers around the world, and to cut down unnecessary intermediate links, thereby reducing the cost price, and can benefit from one on one large customer data analysis, to achieve a high degree of personal customization strategic plan, in order to fully enhance the core competitiveness of the products in company.

5. Impact on Markets and Retailers

Economists have theorized that e-commerce ought to lead to intensified price competition, as it increases consumers' ability to gather information about products and prices. Research by four economists at the University of Chicago has found that the growth of online shopping has also affected industry structure in two areas that have seen significant growth in e-commerce, bookshops and travel agencies. Generally, larger firms are able to use economies of scale and offer lower prices. The lone exception to this pattern has been the very smallest category of bookseller, shops with between one and four employees, which appear to have withstood the trend. Depending on the category, e-commerce may shift the switching costs—procedural, relational, and financial—experienced by customers.

Individual or business involved in e-commerce whether buyers or sellers rely on Internet-based technology in order to accomplish their transactions. E-commerce is recognized for its ability to allow business to communicate and to form transaction anytime and anyplace. Whether an individual is in the US or overseas, business can be conducted through the internet. The power of e-commerce allows geophysical barriers to disappear, making all consumers and businesses on earth potential customers and suppliers. Thus, switching barriers and switching costs may shift. eBay is a good example of e-commerce business individuals and businesses are able to post their items and sell them around the Globe.

In e-commerce activities, supply chain and logistics are two most crucial factors need to be considered. Typically, cross-border logistics need about few weeks time round. Based on this low efficiency of the supply chain service, customer satisfaction will be greatly reduced. Some researchers stated that combining e-commerce competence and IT setup could well enhance company's overall business worth. Other researcher stated that e-commerce need to consider the establishment of warehouse centers in foreign countries, to create high efficiency of the logistics system, not only improve customers' satisfaction, but also can improve customers' loyalty.

6. Impact on Supply Chain Management

For a long time, companies had been troubled by the gap between the benefits which supply chain technology has and the solutions to deliver those benefits. However, the emergence of e-commerce has provided a more practical and effective way of delivering the benefits of the new supply chain technologies.

E-commerce has the capability to integrate all inter-company and intra-company functions, meaning that the three flows (physical flow, financial flow and information flow) of the supply chain could be also affected by e-commerce. The affections on physical flows improved the way of product and inventory movement level for companies. For the information flows, e-commerce optimised the capacity of information processing than companies used to have, and for the financial flows, e-commerce allows companies to have more efficient payment and settlement solutions.

In addition, e-commerce has a more sophisticated level of impact on supply chains: Firstly, the performance gap will be eliminated since companies can identify gaps between different levels of supply chains by electronic means of solutions; Secondly, as a result of e-commerce emergence, new capabilities such implementing ERP systems, like SAP ERP, Xero, or Megaventory, have helped companies to manage operations with customers and suppliers. Yet these new capabilities are still not fully exploited. Thirdly, technology companies would keep investing on new e-commerce software solutions as they are expecting investment return. Fourthly, e-commerce would help to solve many aspects of issues that companies may feel difficult to cope with, such as political barriers or cross-country changes. Finally, e-commerce provides companies a more efficient and effective way to collaborate with each other within the supply chain.

7. Social Impact

Along with the e-commerce and its unique charm that has appeared gradually, virtual enterprise, virtual bank, network marketing, online shopping, payment and advertising, such this new vocabulary which is unheard of and now has become as familiar to people. This reflects that the e-commerce has huge impact on the economy and society from the other side. For instance, B to B is a rapidly growing business in the world that leads to lower cost and then improves the economic efficiency and also bring along the growth of employment.

To understand how the e-commerce has affected the society and economy, this article will mention six issues below:

(1) e-commerce has changed the relative importance of time, but as the pillars of indicator of the country's economic state that the importance of time should not be ignored.

(2) E-commerce offers the consumer or enterprise various information they need, making information into total transparency, and enterprises are no longer able to use the mode of space or advertisement to raise their competitive edge. Moreover, in theory, perfect competition between the consumer sovereignty and industry will maximize social welfare.

(3) In fact, during the economic activity in the past, large enterprises frequently had the advantage of information resources at the expense of consumers. Nowadays, the transparent and real-time information protects the rights of consumers, because the consumers can use the internet to pick out the portfolio to their own benefit. The competitiveness of enterprises will be much more obvious than before; consequently, social welfare would be improved by the development of e-commerce.

(4) The new economy led by e-commerce changes humanistic spirit as well, but above all, employee loyalty. Due to the market with competition, the employee's level of professionalism becomes crucial for enterprise in the niche market. The enterprises must pay attention to how to build up the enterprises inner culture and a set of interactive mechanisms and it is the prime problem for them. Furthermore, though the mode of e-commerce decreases the information cost and transaction cost, its development also makes human beings overly computer literate. Emphasizing a more humanistic attitude to work is another project for enterprise to development. Life is the root of all and technology is merely an assistive tool to support quality of life.

(5) Online merchants gather purchase activity and interests of their customers. This information is being used by the online marketers to promote relevant products and services. This creates an extra convenience for online shoppers.

(6) Online merchandise is searchable, which makes it more accessible to shoppers. Many online retailers offer a review mechanism, which helps shoppers decide on the product to purchase. This is another convenience and a satisfaction improvement factor.

E-commerce is not a new industry, technically speaking, but it is creating a new economic model. Most people agree that e-commerce will positively impact economic society in the future, but in its early stages its impacts are difficult to gauge. Some have noted that e-commerce is a sort of incorporeal revolution. E-commerce has numerous social benefits: one, the cost of running an e-commerce business is very low when compared with running a physical store; two, there is no rent to pay on expensive premises; and three, business processes are simplified and less man-hours are required to run a typical business smoothly. In the area of law, education, culture and also policy, e-commerce will continue to rise in impact. E-commerce will truly take human beings into the information society.

实验实践

实验1：

登录系统的地址：http://219.230.50.35/syeb/index.asp。

1. 登录系统用户名的注册。
2. 电子商务购物系统中个人用户的注册。
3. 认证中心中 PIN 码注册，注册好后自己完成审批，在管理登录中登录：用户名：cacommon，密码 11111111，审批密码：111111。
4. 个人 CA 的注册，注册好后自己完成审批，在管理登录中登录：用户名：cacommon，密码 11111111，审批密码：111111。
5. 个人 SET 的注册，注册好后自己完成审批，在管理登录中登录：用户名：cacommon，密码 11111111，审批密码：111111。
6. 个人银行的申请，注册好后自己完成审批，在管理登录中登录：用户名：yinhang，密码 yinhang1。

实验2：

个人网店管理：

申请发布个人产品，管理产品库存，设置销售优惠形式。

（1）产品管理：可以添加、修改、删除产品信息。

（2）库存管理：产品入库、库存统计、库存安全设置、缺货报警。

（3）销售管理：销售活动管理。

我的包厢：

（1）我是买家

可发布求购信息，管理求购信息。查看我下的订单。

（2）我是卖家

可发布并管理供应信息，可免费开店，管理商品信息。查看管理下给我的订单，拍卖资料。

（3）留言管理

管理我的留言及给我的留言。

实验 3

B2C 后台登录地址：http://219.230.50.35/B2C/admin/login.aspx。

登录账号：student。

密码：student。

该账号的管理内容如下：

1. 图书资料管理。

2. 销售管理中心。

3. 游戏动漫管理。

4. 资讯中心。

5. 特色服务管理。

实验 4：

B2B 后台登录地址：http://219.230.50.35/B2B/backmanage/login.aspx。

登录账号：infoadmin。

密码：infoadmin。

该账号可以管理的内容如下：

1. 行业类型管理。

2. 证书管理中心。

3. 供求信息管理。

4. 流量信息统计。

5. 招聘中心。

6. 广告服务。

参考文献

[1] 埃弗雷姆·特班,乔恩·奥特兰德,戴维·金(DavidKing),等.电子商务:管理与社交网络视角(原书第9版)[M].占丽,孙相云,时启亮,等译.北京:机械工业出版社,2020.

[2] 周曙东.电子商务概论[M].4版.南京:东南大学出版社,2015.

[3] 彭丽芳.电子商务理论、方法与案例[M].北京:人民邮电出版社,2022.

[4] 秦勇.电子商务[M].天津:南开大学出版社,2022.

[5] Luo N. Innovation of E-Commerce Development Model under the Background of Artificial Intelligence and Wireless Communication[J]. Wireless Communications and Mobile Computing,2022:8572911.

[6] 加里·P.施奈德.电子商务(原书第10版)[M].张俊梅,徐礼德,译.北京:机械工业出版社,2014.

[7] 肯尼思·劳东,卡罗尔·圭尔乔·特拉弗.电子商务:商务、技术、社会[M].7版.劳帼龄,译.北京:中国人民大学出版社,2014.

[8] 陆川.电子商务概论[M].北京:对外经济贸易大学出版社,2007.

[9] 邵兵家.电子商务概论[M].4版.北京:高等教育出版社,2019.

[10] Gary P. Schneider.电子商务:英文精编版·原书第12版[M].北京:机械工业出版社,2020.

[11] 张润彤,朱晓敏.电子商务概论[M].2版.北京:中国人民大学出版社,2014.